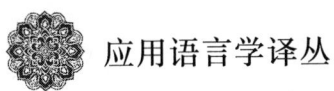

应用语言学译丛

语言政策导论：
理论与方法

〔美〕托马斯·李圣托　编著

何莲珍　朱　晔　等译

刘海涛　审订

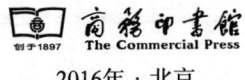

2016年·北京

© 2006 by Blackwell Publishing Ltd
First published 2006 by Blackwell Publishing Ltd

An introduction to language policy : theory and method /
edited by Thomas Ricento.
  p. cm. —(Language and social change ; 1)

All Rights reserved. Authorised translation from the English language edition published by Blackwell Publishing Limited. Responsibility for the accuracy of the translation rests solely with The Commereial Press Ltd. and is not the responsibility of Blackwell Publishing Limited. No Part of this books may be reproduced in any form without the written permission of the original copyrigth holder, Blackwell Publishing Limited.

编委会名单

顾　问　桂诗春　冯志伟　Gabriel Altmann　Richard Hudson
主　编　刘海涛
副主编　何莲珍　赵守辉
编　委　董燕萍　范凤祥　冯学锋　封宗信　郭龙生　蒋景阳
　　　　江铭虎　梁君英　梁茂成　刘美君　马博森　任　伟
　　　　王初明　王　辉　王　永　许家金　许　钧　张治国
　　　　周洪波

译者名单(以姓氏拼音排序)

方富民　傅　莹　何莲珍　蒋景阳

林　晓　王海虹　闻人行　熊海虹

徐　明　周颂波　朱晓宇　朱　晔

审　订

刘海涛

目 录

撰稿人名单 ·· iii
前言 ·· vii

第一部分　语言政策的理论视角

语言政策的理论视角:概述 ·· 3
第一章　语言政策:理论和实践——引言 ··· 10
第二章　语言政策与规划的框架和模型 ··· 23
第三章　语言政策中的批判理论 ··· 41
第四章　语言政策中的后现代主义 ··· 59
第五章　语言政策中的经济因素 ··· 75
第六章　政治理论与语言政策 ·· 91
第七章　语言政策与语言文化 ·· 106

第二部分　语言政策的方法视角

语言政策的方法视角:概述 ··· 123
第八章　历史研究的经验:对语言政策和语言规划的启示 ····················· 129
第九章　语言政策中的民族学的研究方法 ·· 147
第十章　语言政策中的语言学分析 ·· 165
第十一章　语言政策中的地理语言学分析 ·· 188
第十二章　语言政策的社会心理分析 ··· 202

第三部分　语言政策的论题

语言政策的论题:概述 ··· 225

第十三章	语言政策和民族身份	231
第十四章	语言政策与少数族群权利	247
第十五章	语言政策与语言人权	264
第十六章	语言政策及语言少数族群的教育	283
第十七章	语言政策与语言转用	301
第十八章	语言政策和手语	318
第十九章	语言政策和语言帝国主义	335

索引 …… 351

撰 稿 人 名 单

柯林·贝克(Colin Baker)
威尔士大学(英国)(University of Wales, Bangor, UK)

简·布罗马特(Jan Bloommaert)
根特大学(比利时)(Ghent University, Belgium)

苏雷什·卡纳伽拉雅(Suresh Canagarajah)
纽约城市大学巴鲁克学院(美国)(Baruch College of the City University of New York, USA)

唐·卡特赖特(Don Cartwright)
西部安大略大学(加拿大)(University of West Ontario, Canada)

乔舒亚·A. 菲什曼(Joshua A. Fishman)
叶史瓦大学(美国)(Yeshiva University, New York, USA)

弗朗索瓦·格林(François Grin)
日内瓦大学(瑞士)(University of Geneva, Switzerland)

凯·海德曼(Kai Heidemann)
匹兹堡大学(美国)(University of Pittsburgh, USA)

南希·H.霍恩伯格(Nancy H. Hornberger)
宾夕法尼亚大学(美国)(University of Pennsylvania, USA)

斯蒂芬·梅(Stephen May)
怀卡托大学(新西兰)(University of Waikato, New Zealand)

克里斯蒂娜·布拉特·波尔斯顿(Christina Bratt Paulston)
匹兹堡大学(美国)(University of Pittsburgh, USA)

阿拉斯泰尔·彭尼库克(Alastair Pennycook)
科技大学(澳大利亚)(University of Technology, Sydney, Australia)

罗伯特·菲利普森(Robert Phillipson)
哥本哈根商学院(丹麦)(Copenhagen Business School, Denmark)

蒂莫西·里根(Timothy Reagan)
罗杰威廉姆斯大学(美国)(Roger Williams University, USA)

托马斯·李圣托(Thomas Ricento)
得克萨斯大学圣安东尼奥分校(美国)(University of Texas, San Antonio, USA)

哈罗德·希夫曼(Harold Schiffman)
宾夕法尼亚大学(美国)(University of Pennsylvania, USA)

罗纳德·施密特(Ronald Schmidt, Sr)
加利福尼亚州立大学长滩分校(美国)(California State University, Long Beach, USA)

撰稿人名单

杜夫·斯库特纳布-坎加斯(Tove Skutnabb-Kangas)
罗斯基勒大学(丹麦)(Roskilde University, Denmark)

詹姆斯·W. 托尔夫森(James W. Tollefson)
国际基督教大学(日本)(International Christian University, Japan)

特伦斯·G. 威利(Terrence G. Wiley)
亚利桑那州立大学(美国)(Arizona State University, USA)

鲁斯·沃达克(Ruth Wodak)
兰卡斯特大学(英国)(Lancaster University, UK)

前　言

本书将为读者详尽介绍目前语言政策研究的主要理论与研究方法。在风格上尽量通俗易懂,使社会科学诸多领域的非专业读者都能理解,同时也使语言政策不仅成为社会语言学领域的研究课题,而且在社会科学与人文研究的广阔领域中也占有一席之地。书中每一章节都有一个共同点,那就是语言及其在社会生活中的作用。我想在此表达一个"论点":若要理解语言与我们社会生活的方方面面之间存在的错综复杂的关系,我们需要借鉴学习社会科学各个核心学科的多种观点和视角,这些学科包括民族学、地理学、历史学、语言学、政治学、心理学和社会学。本书所介绍的理论与方法将为大家提供一个框架(或者说是视角),以便我们能更好地审视语言在社会生活中的各种作用;至于这些理论和方法的效用如何,留待读者们根据各自不同的研究兴趣进行判断与评定。

读者在此也许会问:语言政策研究都包含哪些论题呢?本书的第三部分"语言政策的论题"中就有不少例子,这些论题均为近年来的研究焦点,分布于多种多样的语境中,还引发了不少争议(社会科学研究通常还会火上浇油),因此我们选择这些论题进行介绍和讨论。在任何一个学术研究领域,研究课题与方法的选择总会涉及一系列复杂的因素。社会科学研究尤其如此,重大学术进展总会期望改变社会制度,或是支持现有社会政策与做法,或是抵抗人性中的霸权意识。这些都是更大的衡量尺度。例如,人们对世界范围内语言消亡日益加剧的忧虑至少在一定程度上推动了近年来的语言政策研究。这引起学者们开始思考语言政策与经济、政治和社会结构之间的关系,促使他们进一步研究语言与社会意识形态对语言行为与语言政策造成的影响。根据各种政策(及决策方法)在减缓甚至逆转语言消亡和语言转用方面的作用,学者们还可以评估原有政策或提出新政策(请参考第十四、十五、十七和十九章中相关的例子)。正是这种推动社会变革的诉求推动着研究领域的不断发展,而并非一味脱离实际地构建空洞的理论。理论和模型有着启发价值,使我们能够不断深入地理解各种不同语境中的语言行为。这种理论与实践的互动为语言政策研究带来了活力,又让它变得难以预测。对于那些既重视理论/方法的严密性又不失社会变革热情的人们来说,语言政策研究是一个充满魅力的研究领域。本书将为那些有志于着手相关研究的人提供一个坚实可行的起点。

这本书覆盖面广、内容丰富,是在集体努力之下完成的。首先我想向本书全体撰稿人表达真挚的谢意。作为各个学术领域内的著名学者,他们从一开始就对此书倾注心血,撰写出各自领域内具有权威性也颇具可读性的文章,他们投入的工作让我倍感荣幸。每个章节都是为本书专门撰写的,旨在引发读者兴趣,深入了解语言在人类社会中发挥的作用。每一章的作者都提供了专业领域内值得深入阅读的参考文献;还为教师或其他读者设计了讨论题,以便他们在真实问题或假设情形下学习运用书中介绍的理论。各位撰稿人对其他章节的内容也都有所了解,这不仅可以避免内容重复,还便于他们相互引证。

我个人关于语言政策的想法受到了数百位人文与社会科学领域学者的影响,特别是在批判理论、语言学、哲学、政治学和社会学领域。当然,这几年来本书各位撰稿人的研究也对我产生了很大的影响。此外我还受教于本领域内一些开创性的学者,包括查尔斯·弗格森(Charles Ferguson)、埃纳·豪根(Einar Haugen)、海因茨·克洛斯(Heinz Kloss)、琼·鲁宾(Joan Rubin)以及其他众多学者。博纳德·斯波斯基(Bernard Spolsky)、罗伯特·卡普兰(Robert Kaplan)和理查德·巴尔道夫(Richard Baldauf)在近年来都曾针对语言政策撰写过颇具权威性的著作,他们也分别负责创办和主编了《语言政策》(*Language Policy*)、《语言规划的当前问题》(*Current Issues in Language Planning*)等学术期刊。苏·赖特(Sue Wright)在本领域也做出许多重要贡献,特别是在欧洲地区。所有这些成果和许多其他学者的研究最终使语言政策研究成为一个严肃的学术方向。

我还想感谢布莱克威尔出版公司(Blackwell Publishing)邀请我承担本书编著的工作。我很荣幸能先后与泰米·卡普兰(Tami Kaplan)和莎拉·科尔曼(Sarah Coleman)合作；他们从一开始就对这项工作倾力支持、热心相助。我还想感谢詹妮弗·寇茨(Jennifer Coates)、詹尼·切希尔(Jenny Cheshire)和尤安·雷德(Euan Reid)，他们负责开发了本书所属的《语言与社会变化》(The Language and Social Change Series)书系。

我还特别想要感谢凯莉·琳·格兰汉姆(Kelly Lynne Graham)，当时她还是圣安东尼奥得克萨斯大学双文化-双语研究所的见习助理。若没有她不知疲倦的勤奋工作和事无巨细的尽心投入，本书也许根本就无法完成。她负责跟进各项变动，协调统一文档，联系撰稿学者，查找历史资料，还有其他数不胜数的烦琐事务。在大半年的时间里，她毫无怨言、完美无憾地完成了全部的工作。感谢你，凯莉！

最后，我还想感谢圣安东尼奥得克萨斯大学，我不仅获得了该校教育与人类发展学院的小型资助，还受惠于2004年度教职工发展休假的时间，方得以完成本书中的若干概要和开篇介绍。我还想感谢在2002年秋季学期我所开设的"语言政策高级论题研讨会"的博士生们，他们不仅积极参与研讨，还提出了颇具探索精神的问题，体现了学术研究应有的态度与素养。

托马斯·李圣托
得克萨斯州 圣安东尼奥市

第一部分
语言政策的理论视角

语言政策的理论视角:概述

托马斯·李圣托

首先,如罗纳德·施密特(Ronald Schmidt)在为本书撰写的那一章中所说,"理论"一词,可以追溯到古典主义时期的希腊哲学家,尤其是柏拉图和亚里士多德。它源于希腊词"theoria",意思是"观看""观察者"。因此,理论是由一个人或者一群人提出来的一个或一系列表述,是对物质的和非物质的世界或其中某一方面的看法或理解。理论可以聚焦于某个特殊的与人类经验或者能力有关的领域。如人类语言能力的理论认为,语言是与生俱来的,是大脑某区域高度专业化的能力(参考乔姆斯基)。理论也可以是比较抽象和普遍的,如"真理是在权威人士的话语中构建和复制的"那些理论(参考福柯的有关论述)。这些例子显示了有关语言的理论的广度(如语言是什么,"存在"于何处,在社会生活中又有什么作用),同时也引发了语言政策和规划领域内的研究。以下我们将简要叙述第一部分各章节中所涉及的一些语言理论,并思考它们对于语言政策的意义。

这些章节中大部分的理论研究都基于一个普遍的假设,即语言是一种代码,其形式多样(书面的、口头的、标准的、非标准的等)、功能各异(在一个行政体系内,通常体现在特定语域和相对的地位不同),具有特定价值(作为交流的媒介,具有特殊的物质和非物质的特性)。后现代对语言特性进行重新描述,对上述"语言是一种固定的代码"的观点提出了质疑。语言学家保罗·霍珀(Paul Hopper)(1998:157—158)认为:"语言没有自然的、固定的结构。相反,人们从他们先前的交谈经历中借用大量的语言,用于类似的情况、讨论相似的话题以及与同一类型的谈话者交谈。按照这种观点,语言的常用形式被放入临时的子系统中形成积淀,所谓语言的系统性则是积淀或部分积淀产生的虚幻。"(参见本书第四章)如果说各种重叠交错的语言社团所共享的并非是一种语言,而是一种话语,那这种语言观对语言政策和规划的研究就会产生重要的意义。影响之一就是,某些宏大叙事现在看来过于简单与确定,比如有关"大"语言(如英语)在扼杀其他语言中的作用(语言帝国主义立场,参见罗伯特·菲利普森(Robert Phillipson)撰写的第十九章和托马斯·李圣托(Thomas Ricento)所撰写的第一章)。这种宏大叙事的基本观念是,英语是一种以数百万人计的言语社团所共享的一种离散代码。但上述新的语言观(或语言理论)则把"英语"看作是"各种英语"(Englishes)来讨论,这种混合型的英语反映了从其他语言(或话语)借用、与其他语言(或话语)混合以及文体模仿的复杂过程。与此相关,"英语"在不同的使用场合有不同的象征和实际功能;它不依附于某个特殊的文化或社会经济的视角。因此,根据这一理论,语言具有多重的和多种的话语、功能和地位,若要推断或预测某种语言(或语言变体)在某个场合(无论是本地、本国或超国家)中可能发挥的作用,这既不可能也没必要。尽管有证据表明,提倡以往殖民者语言的做法可能使原本说当地语言(尤其是少数族群语言)的人转向使用多数人共用的语言,或者使后代忘记原来的当地语言,或者只在有限领域使用它。但在有些地方,例如非洲,在南非取得反种族隔离胜利后,南非非洲人国民大会(ANC)仍然采用了原来的殖民者语言(英语)。因此,语言接触可能会产生两种后果,一是发生语言转用并导致原语言使用领域的丧失,二是语言在社会文化服务中得到应用并逐步改变适应。对这两种结果优劣利弊的评估在很大程度上取决于语言之外的因素,这些因素都涉及什么是对社会"有益"的问题,包括促成社会经济平等和公平的最低标准(本概述后面会涉及;还可参见詹姆斯·W. 托尔夫森(James W. Tollefson)在第三章中的论述)。此外,语言变化是长期语言接触不可避免的产物,最明显的例子是那些成千上万个来自于嘻哈文化、技术和广告中的英语单词已进入世界上数百种语言之中,而英语变体也在几个世纪以来吸收了数以万计的法语、德语、西班牙语、希腊语、拉丁语、意大利语以及许多其他外语中的单词。

这种语言观对语言地位的概念化有着启发意义。在语言政策和规划中,地位通常是指某种语言的相对价值,往往与社会效用有关。社会效用涵盖了语言作为交际模式的市场价值,还包括其他一些更主观的特征,哈罗德·希夫曼(Harold Schiffman)在第七章中将其称为社会的语言文化。因此,语言被赋予的价值并非完全或一定取决于某个国家通过执法、立法或司法机构所确立的官方或法定地位。例如,希夫曼在第七章中说到,法语成为法国的国语并不是因为它被赋予了任何特殊的法定或官方的地位(希夫曼指出,这样的地位充其量也是极其微低的),而是因为种种深入人心的语言政策观念。希夫曼的研究表明,下至法国民众,上至撰写语言政策文章的法国学者,都坚信存在着一些关于法语使用的历史法律条文,但实际上这类法律条文直到20世纪90年代(Schiffman,第117页)才制定出来,总称为杜邦法(la loi Toubon);而此前这类法律条文根本就不存在。希夫曼还指出,法国语言文化的一个重要内容是它控制着许多生活细节(即所谓雅各宾主义)。自法国革命以来始终存在着这样一种观念,即非标准的语言(方言、俚语、行话)不仅是有缺陷的或低人一等的,更糟糕的是,它们还有着令人生厌的特征、想法或意识形态,威胁到法国革命,因此必须将其灭绝(第120页)。由此可见,流行观念、美学和政治意识形态(还有许多其他可能性)在语言地位的归属和获取方面都是核心因素,语言政策虽然着意强化或修正语言的社会作用和功能,但这些政策所发挥的作用未必大于被希夫曼所称的社会"语言文化"。希夫曼还讨论了其他背景下语言文化的作用,如泰米尔语在印度的使用以及德语在美国的使用。

除了意识形态对语言地位的归属和获取的影响以外,南希·H.霍恩伯格(Nancy H. Hornberger)在第二章中也指出,语言规划几乎总是发生在多语种、多文化的环境中。在这种环境中,对某种语言进行规划会对其他的语言和族群造成影响。决定某种语言为某种目的而规划,最终反映了不同群体之间的权利关系和社会政治及经济利益。尽管库珀指出:"如果理论是指逻辑上相互关联、实证上可以被证实的命题,那么在这个意义上我们目前还没有一个得到普遍接受的语言规划理论"(Cooper,1989:41),但我们也很清楚,若要合理解释事情的因由缘起,若要在提出、实施和评估语言计划与语言政策时澄清利弊、判断价值,那么任何有理论依据的模式或方法都应充分考虑到意识形态、社会生态和主体性这几方面的问题(如霍恩伯格所说)。

把语言政策和规划的重点放在意识形态、社会生态和主体性上有以下重要意义。首先,那些被普遍接受的范畴,如"民族—国家"的划分,需要根据历史和当下情况进行重新考虑。18 世纪的赫尔德(Herder)、费希特(Fichte)和其他人所普及的欧洲式的关于"民族—国家"的概念,已无法体现当今多民族国家、新近诞生的(和新组建的)国家、无法正常运作的国家(参看第十三章中简·布罗马特(Jan Bloommaert)关于坦桑尼亚的讨论)、分裂的国家等不同的特征。同时,国家制度本身也在发生变化,尤其是在经济和文化领域的变化程度剧烈,速度惊人。因此,国家的功能和角色正发生着重大改变,特别是在宗教、经济或政治意识形态等与民族主义和泛民族主义运动紧密相关的领域。在国家无法控制民众或领土的情况下,跨国的力量渗透可能会在国家控制缺失的情况下决定语言政策。例如:在索马里,政府功能缺失,唯一运作的学校教育是由阿拉伯人资助的,这就意味着在学校的课程设置中阿拉伯语取代了国语——索马里语(Farah,2004)。这些地理政治变化明显影响了语言政策和规划中有关国家作用的理论。例如:语言帝国主义的理论认为国家是作为控制所辖地区人口的主要管理人(无论是作为"帝国"代理人还是"真正"的国家主义的支持者)。面对全球地理政治的急剧变化,该理论需要修改。在地理政治的变化过程中,国家在语言政策上的决定权深受内外压力的影响和约束,这些压力与经济文化力量以及区域性的和全球性的跨国迁移相关。

政治学家们的理论研究为我们提供了一些有用的工具,有助于我们更好地了解在和语言相关的冲突中什么是利益攸关的。罗纳德·施密特(Ronald Schmidt)在第六章提供了两个与语言政策领域当前争议相关的例子。第一个与语言认同有关,施密特认为语言认同是大多数与语言政策相关的冲突的核心。施密特引用了邦尼·霍尼格(Bonnie Honig)(2001)关于移民作用的一句话:"(移民)有助于维持和拯救美国文化中一些核心理念,而正是这些理念让美国人自视为一个民族"(第100页),这也有助于我们理解目前在对待族群语言群体时,为什么同时存在崇外症和恐外症,为什么某些语言政策(如在没有任何其他语言威胁的情况下,宣布英语为国家官方语言的举动)会得到热烈的支持。

另有一个政治学研究方面的例子,也有助于我们更好地理解和解释在与语言有关的争议中什么是利益攸关的。该例子涉及语言政策冲突中"平等"及"不平等"这两个概念。在美国的环境中,同化论者认为非英语人士要获得同等的机会,关键是他们要尽快地学会英语。因此,根据同化论者的观点,鼓励不说英语的人继续依赖他们的本族语,例如双语教育、双语投票等,实际上是在妨碍他们获取社会平等的机会。从另一方面来说,多元论者认为,尽管英语一直是主流的语言,美国始终是一个多语言的社会。对多元论者来说,语言、社会平等和流动性之间的关系不是那么清晰的,他们认为要取得同等的机会得考虑国家最基本的族群语言的多样性。在这一问题上,政治理论家威尔·金里卡(Will Kymlicka,第六章中引用)有关多元文化公民的研究成果以详尽的论证为多元论者观点提供了支撑。对金里卡来说,个人的福利是任何一个公平社区应有的道德基础,而这种福利必须由个人(而不是别的机构或国家)来界定,也就是说,每个人都有自由权来决定自己生活中什么才是有意义的和有价值的。金里卡认为,由于个人的选择是在特定的文化环境下做出的,因此个人赖以生存的社区对个人有利害关系,因为社区的文化结构给"我"提供了"做选择的环境"(Kymlicka,1989:164—165)。因此,金里卡认为,为了保持对个人而言有意义的"好的"选择,维护社区文化结构是十分重要的。由于国家是在一个语言和文化的范围内运作的,所以不可能在语言和文化方面保持中立,尽管有些人相信一个国家在宗教多样性问题上可能保持中立。施密特把这种方法运用到语言政策和规划,并总结道:

> 金里卡的观点对于作为多语言国家的基本构成成分的族群语言群体而言是十分有意义的。为了给每个人平等的机会以实现他们自己概念中的美好生活,国家必须尽量为整个国家的每个族群语言社区提供

同样有效的支持。这似乎就是要对语言政策提供强有力的合乎逻辑的支持,以支持多语言国家的多语言现象。(第106页)

金里卡区分了多民族和多种族国家这两个概念,认为民族群体(通过征服、吞并或自愿合并而加入一个国家)权利比自愿以移民形式加入的种族群体应享有更多的文化保护(包括语言保护)。斯蒂芬·梅(Stephen May)在第十四章中也讨论了金里卡的理论及其对于语言政策与规划的意义。

正如施密特所说,人们常常用牺牲少数族群语言的方法来换取对多数族群语言的扶持,这其中一个关键因素是,多数族群语言有助于社会流动、提高收入并融入主流文化。早在20世纪60年代的语言经济研究(参见弗朗索瓦·格林所撰写的第五章),已经用经济模型和原则把这些说法当作是可验证的假设。其研究的论题包括语言和收入、语言动态学、语言和经济活动以及语言政策评价的经济学。研究的重要结论之一是:尽管主流经济模型和分析能够提供有用的数据,以帮助决策者做出决定,可一旦涉及语言多样化问题时,几乎任何类型的"市场失灵"都会出现。格林认为,正因如此,为了维护语言多样化而进行的国家干预不仅是合理的,而且是必要的。

总的来说,不同学科对于语言政策和规划理论的贡献可包括以下几个方面:

1. 语言政策方面的论争总是超越语言本身。来自政治、经济和社会等领域的见解可以给语言政策和规划研究的学者提供工具,解释什么是利益攸关的、为什么重要以及某些政策或政策手段对诸如此类的论争会(或不会)有什么样的作用。

2. 语言政策和规划的学者和研究者对"语言""语言政策""国家""平等"等术语的界定和使用将影响到他们关于语言规划和/或语言政策问题的分析与建议。

3. 对于语言总体的认识,尤其是对某些特定语言的认识,对语言政策和行为有实际的影响,很大程度上限定了在语言规划和政策制定的领域什么是可能的或不可能的。

4. 语言政策和规划的研究必须理解为既是多学科的研究,又是跨学科的研究,应该合理整合不同学科的概念和方法,将其用于涉及语言的各种现实问题和挑战。

参 考 文 献

Cooper, R. L. (1989). *Language planning and social change*. New York: Cambridge University Press.
Farah, N. (2004). Another little piece of my heart. *New York Times*, August 2, A21.
Honig, B. (2001). *Democracy and the foreigner*. Princeton, NJ: Princeton University Press.
Hopper, P. (1998). Emergent grammar. In M. Tomasello(ed.), *The new psychology of language* (pp. 155—75). Mahwah, NJ: Lawrence Erlbaum.
Kymlicka, W. (1989). *Liberalism, community, and culture*. New York: Oxford University Press.

蒋景阳　译　　何莲珍　校对

第一章 语言政策:理论和实践——引言

托马斯·李圣托

本章的目的是将语言政策(Language Policy, LP)视为社会科学和人文科学的一个研究领域。我认为,对语言政策研究的历史回顾应该从一些人们广泛关注的研究领域入手,思考研究中的一些发现是如何在研究目标和研究方面引发人们进行批判性思考的,其中包括在解决社会不平等方面我们的研究到底能起多大作用的叩问。按照这一思路,下面我将探讨理论与实践之间的相互影响。

语言政策研究的理论

在展开论述之前,我将首先介绍语言政策研究方面的理论。本书一个重要的观点是:因为涉及社会和语言的问题往往比较复杂,在语言政策和规划中并没有一个总体的理论。作为研究者和政策分析人士,我们应该对世界上所发生的事件提出各种基本的问题,例如:为什么标准的语言会被认为比方言"好"?为什么某些移民群体成员能够几代人都维持着自己的语言,而另一些群体的成员在一两代以后就失去了自己的语言?英语在全球的蔓延是否必然会导致发展中国家原住民语言的边缘化或最终消亡?如果是那样,这是好现象还是坏现象?在有些情况下,基于对当时最佳实际状况的再三权衡,可能会提出一个理论或模型来解释某一种现象。菲什曼的著名的代际传递分级表(Graded Intergenerational Disruption Scale, GIDS)(Fishman, 1991)就是一个例子。地区或少数族群语言为了自存而不得不与优势语进行竞争,菲什曼对前者的相对生存强度划分了八个等级。在其他情况下,研究者们还可能关心各种语言社区内部的态度和语言使用模式之间的关系。GIDS 力求在真实案例的基础上对一种语言的生存可能性进行预测,在语言政策领域,这样的理论模型寥寥可数。这类模型只有在少数族群或社会希望"逆转"语言替换或者语言消亡并通过具体政策来"保护"该语言的时候才略有价值。语言习得、使用、替换、复兴或消亡的理论本身对于争取某种具体的语言政策而言是无济于事的。恰恰相反,为了倡导具体的政策或政策导向,学者们需要从实证和理念的角度表明这些政策给社会带来的益处及相关成本。若要达成这一目的,最好是把不同学科的实证数据收集起来(本书就提供了这样的视角和例证),以说明某些政策建议的价值,而不论这种价值是如何界定的。尽管收集这些证据并不等同于制定语言政策,甚至也不能提供设计或评价有效政策选项的路径图(参看格林在 2003 年有关语言政策的评估),但是,对于公共政策的选择和实现,这些工作却是必不可少的。

尽管很多研究者都认为语言行为与社会政策都受制于意识形态,但仅仅揭示这些意识形态的形成过程,并不足以让某些决策显得更加合理。例如,有人认为语言多样化是实实在在的社会"利益",若要证明这种假设,仅靠道德或"自然"论据是不够的。毕竟语言政策并不仅仅是一种哲学探索,它更应该针对那些和语言相关的社会问题,提出实际的补救方法。但是,寻求解答的起点并非始于理论或方法上的真空状态,研究者们往往是从有关世界运行的各种假设开始的。若条件适当,他们还会对研究话题进行反思,看看自己如何理解亲身所处的各种现象,也对研究过程中体现出的一系列认识论和理论假设进行质疑和检验。智慧就是始于这样一种认识:在这类研究中,并不存在所谓"科学的"超然的客观性,因为研究者总是从特定的经历或观点出发,对于社会"利益"可能是什么,又是何种社会(包括语言)政策变化可能推进那种利益,研究者们总是怀有各自的理解与愿景。遗憾的是,社会科学家包括语言政策的研究者们并不总认可这一点。可尽管如此,好的和不太好的研究之间还是有较明确差异的,具体表现在:1)理论和概念框架或方法的相对清晰度和关联性;2)数据的代表性、深度和质量;3)数据和结论对理论假设的相对支持程度;4)研究发现与某些语言政策目标的关联性。好的研究不一定导致有效的政策,但是不好的研究会导致对整个领域研究的怀疑,从而削弱好研究的可信度。

到目前为止,我所要强调的就是,"探究的范围"的介绍比直入"语言政策理论"更容易使人接近语言政策研究,因为研究者们通常会探讨一些有关语言的具体问题或特定领域,而不是寻找数据来证明某种先验的理论。在某些情况下(如前文所说的菲什曼的 GIDS),从具体案例中获得的数据能够推动模型或理论的产生,然后在一些新的情况下进行检验。然而,这通常并不是研究的主要目的。为了寻找研究语言政策的有效方法,我们不妨提出这样一个问题:专门研究语言政策的学者们究竟在做些什么?

若要回答这个问题,我们最好对近半个世纪以来的语言政策研究做一个历史性的考察,看看哪些话题曾引起大家的注意,并分析一下本书所概括的理论和方法是如何重塑语言政策研究的本质和目的的。语言政策目前是一个跨学科的领域,最初是社会语言学的一个分支。在 20 世纪五六十年代,接受西方训练的语言学家受雇于很多新兴的非洲、南美洲和亚洲国家,帮助那些国家编写语法书、研究书写系统、编纂原住民语言词典。描写语言学的学者们都热衷于搜集语言数据,提出关于语言结构和使用的新理论。语言社会学领域的重要人物乔舒亚·A. 菲什曼(Joshua A. Fishman,1968:11)认为,发展中国家"为新一代真正的社会语言学家提供了一个不可或缺、极具魅力的实地考察场所"。这方面的研究与语言规划直接相关,尤其是和本体规划的许多方面相关(参看第二章的本体和地位规划)。除了对语言理论的好处之外,许多社会语言学家还认为他们的研究有益于国家的构建和统一。某种语言(无论是殖民者语言还是原住民的语言)是否能服务于社会利益常常取决于这种语言能否使一个国家接触到先进的,也就是西方的技术和经济支持。西方社会语言学家之间常有一个共识,即一种主要的欧洲语言(通常是法语或者英语)应该用于规范和专业的领域,而当地的语言可以发挥其他的功能(Ricento,2000:198)。这样一种稳定的双言体制有可能在无意间降低了原住民语言的地位,令其使用范围降为地方性使用,而先前的殖民者语言的地位获得了提升,使用范围也扩大到国家的政治和精英教育领域,从而保持了殖民地时代形成的基于阶级的社会分层结构。

从20世纪70年代后期开始一直到90年代,有些学者就已经注意到语言能加强或延续社会和经济不平等。受批判理论和后现代理论的影响,他们对早期语言政策研究中的一些设想产生了质疑。例如:一些学者反思了新独立国家中语言学在语言规划活动中所扮演的角色,认为语言学家的作用并不是记录语言或者中立地描述社会语言的现实,而是帮助创造了语言(Crowley,1990)。在一些批判学者和语言学家看来,将语言视为一个受标准语法所界定的、离散而有限的实体的语言观其实只是实证主义语言学的研究方法和价值体现(如:Harris,1981;Le Page,1985;Mühlhäusler,1990;1996;Sankoff,1988)。甚至"双言"的构念,原来是用来描述许多发展中国家的语言现状的,也被有的学者指责为"社会语言现状在观念上的放任"(Woolard & Schieffelin,1994:69),使语言和(相关的)社会不平等得以持续。主流语言学理论中一些广为接受的核心概念,如"本族语者""母语"和"语言能力",也受到一些学者的质疑甚至摈弃,他们认为这些术语不足以应对世界范围内许多语言接触环境中复杂的社会多语现象。因此,语言规划者所采用的语言学理论,并非中立、客观和科学的工具,20世纪80年代后的批判学者们认为那些理论在复杂的多语言环境下并不利于公平的语言政策的发展,一些早已被接受的观点也引起了广泛的质疑。人们不仅开始反思语言的本质,也开始重新审视一些语言学基本假设,这些假设往往以牺牲原住民的语言和当地经济发展为代价,使殖民者语言和伴随而来的经济利益合理化。在始于20世纪80年代的一些重要文章和论著中,我们可以看出认识论的研究方法逐步从偏向实证转向偏重批判。如:沃尔夫森和马内斯(Wolfson & Manes,1985:ix)所辑的文章都是关于"语言使用反映并影响了社会、经济或政治的不平等现象"的。在其著作的前言中,德尔·海姆斯(Dell Hymes,1985:vii)指出:

> 即使世界上没有政治统治或社会分层,语言的不平等依旧存在……分配不公和等级是内在固有的。我们不应低估人们甚至包括我们自己在

现状的形成方面的作用。朝着更平等方向的有效变化只会部分地表现在观念的变化上，或表现在消除外在的统治方面，在很多情况下它和社会制度的变化是不可分割的。

效率的提高会促成更广泛的统一，基于这一论点，有人认为，发展中国家社会经济的平等和国家语言的确立（或强制认定）有一定的关系。现在也有人质疑这种观点。很显然，对于刚独立的非洲国家而言，在经济发展方面需要克服许多障碍，因此不能把一切问题都归咎于语言政策；不过类似语言政策观念在基于西方理念的更宽泛的国家模式中还是适用的。在国家发展过程中，近代西方理念认为，社会经济的平等必须语言统一。这一理念已为多种族语言的新兴国家所接受。换言之，20世纪五六十年代西方的语言规划和语言政策的研究常包含了下列观念：1）语言的本质，即作为有限的、稳定的、标准化的、受规则制约的交际工具；2）单语制以及文化的同质性是社会经济发展、现代化和国家统一的必要条件（稳定的双言制则作为退路和妥协）；3）语言选择是一种"理性的选择"，每个人都有平等或尽可能地平等选择的权利。这些基本假想与当时基于西方理念和受训于西方的国家规划者和政策分析者们的想法是一致的，他们在20世纪五六十年代在发展中国家开展国家构建（重构），直到今天这些设想仍有影响力。

除了认为语言政策有利于大多数人或者主流群体的利益，牺牲了少数人和非主流群体的利益以外，批判学者们，如托尔夫森（Tollefson，1986，1991），卢克、麦克霍尔和梅（Luke，McHoul & May，1990），认为这些利益往往是隐性的，并包含在霸权的意识形态中（如前文所述）。实际上，这类霸权意识已经被广泛接受，在西方社会尤其如此。热衷于促进社会经济平等的批判学者们总是力求揭示这些观念和相关的政策，以促成社会变化。这一举动和当时许多用新兴的批判理论武装自己的语言政策学者的研究兴趣是一致的。所谓的批判理论致力于"研究社会不公的产生和持续过程，力求减少不公以争取更大形式的社会公平"（本书第三章，第46页——此种页码指原书页码，即本书边码——译者注）。

在此我们不难发现,主流社会语言学研究和批判研究之间逐渐形成了分歧。主流社会语言学研究语言接触中的语言转用,使用人口普查的数据、访谈和民族学的方法(参看 Fasold,1984:213—245);而批判研究不是把语言转用视为一种语言接触的自然结果,而是不对称的权力关系的象征,这种权力关系依据社会结构和观念把社会群体和他们的语言在社会中分成三六九等,其研究的重点不在语言本身,而转向了语篇和与之相伴的意识形态,以及那些反映社会关系的各种场所(参看第三章和第四章)。学者们也不把社会语言的现状看作是不可避免的或符合逻辑的,而看作是政治进程和国家观念的结果。从这个观点来看,社会的多语制,而不是单语制,才是正常的现象。认可并接受了这样的语言观,是真正民主的重要前提,因为只有当国家各个群体的文化和语言都受到尊重,并通过机构认可和支持赋予合法性后,他们才能更好地作为平等的人参与社会活动。

上文中的讨论意在说明,在有的环境中,语言理论会影响语言接触研究,在另一些环境中又可能是语言接触研究影响了语言理论。我们对语言的理解会在很大程度上影响到我们对于语言现状(linguistic arrangements)以及相关的显性和隐性政策的评价。这种语言政策的研究思路有利于我们用更深更广的视角看待语言冲突,但这种冲突往往被降格为技术性的讨论,即讨论在某个领域或者部门,学习或使用一种或另一种语言或语言变体的利弊。

语言政策的理论和实践

与任何学术领域一样,理论在语言政策研究中起着重要的作用。本书第一部分的各个章节中所介绍的理论主要是关于语言和语言政策在社会中所发挥的作用。其中之一就是语言帝国主义的模式(Phillipson,1992),该模式试图解释从前和现今的帝国,主要是美国、英国、法国,是如何通过经济、政治、社会、文化、教育统治和剥削的手段在以前的殖民地以伤害原住民语言为代价来推广自己的语言。这一引人深思、颇具争议的观点产生了大量的研究和文献,它们都试图在新的研究范式[1]下证实、辩驳或改写原来的论断。用语言帝国主义作为一个描述性模式来解释许多国家的语言转用和消亡现象,这种做法的有效性颇受争议。尽管如此,菲利普森等人的观点还是影响了语言教学、语言学习和语言使用等一系列话题。例如,人们质疑在发展中国家教英语这样的"大"语种所涉及的道德问题,也质疑了招聘决策时优先选择本族语者而不是非本族语者的偏见。菲利普森(Phillipson,2003)自己也认为,英语不仅威胁到发展中国家的原住民语言,也威胁到一些欧洲小语种。不过也有一些应用语言学研究表明,一些关于语言帝国主义的强势论断并没有在实证研究中得到验证。如彭尼库克(Pennycook,2003)的研究证明,英语的推广并非不可避免地会导致"世界文化的同质化",他展示了说唱和嘻哈音乐中的语言混合是如何为全球流行文化做出贡献的。这种文化超越了国家的界限和观念,同时又反映了当地的文化和语言形式。其他的一些研究还表明,无论是在象征意义还是功能意义上,不同地区的人们可以用英语来反抗南非殖民政府的压迫(de Klerk,2002),也可以用以反抗斯里兰卡的极端民族主义观念(Canagarajah,2000)。因此,该模式激发了人们用新的方式去思考和研究在过去几十年和几百年间英语和法语的推广问题。

菲利普森提出的语言帝国主义的模式还引发了其他不少研究与反思,包括用合适的方法来冲销或减少"大"语言传播对少数族群语言及其使用者所造成的负面影响。这其中就包括语言权利或语言人权的研究(参看第十五章)。斯库特纳布-坎加斯和菲利普森两人均认为一个人学习自己的本族语是一个基本的人权,就像行使宗教权或种族群体坚持他们自己的文化和信仰一样。斯蒂芬·梅(Stephen May,2001,以及本书第十四章)参考了金里卡(Kymlicka,1995)的研究,提出国内少数族群的语言,相比移民少数族群语言,应受到国家明确的保护和推广,因为这些少数族群是民族—国家中的合法群体,应该和优势群体一样受到国家的保护。

语言帝国主义和语言人权不仅在过去几十年间的语言政策研究中颇具影响力,它们也适用于一系列更广泛的、不断发展且相互关联的研究领域。这些相互关联的研究领域最终是否会上升成为传统意义上某个宏大理论的新范式,进而能够解释语言接触条件下的语言行为模式,或能够预测具体语言政策对语言行为的作用,目前尚不清楚。然而在语言政策领域,越来越多的研究是关于语言——无论是作为实体还是作为语篇——如何影响着社会各阶层权力的产生、行使和相互竞争,还包括权力在从百姓的日常交流到政府的官方政策各类语言实践中的作用。各类研究都涉及通过语言所能体现的权力的本质及运用,而各类研究之所以不同,是由于其研究所聚焦的基点不同。例如:在后现代研究中,文本和语篇被看作是研究的基点,在这一基点上,各种权力关系就表现并产生于各种样式的话语和书写中。而有关国家身份的研究(如 Blommaert & Verschueren,1998;Wodak et al.,1999),则远远超越了文本,置身于更广泛的社会历史框架之中,分析当代的政治演说、法规、报纸报道和专题小组讨论。在地理语言学研究中,国家、区域、城市、地区等地理环境下的移民和定居模式关系到特定政治、文化和经济历史环境下的语言使用、转用和消亡的模式。这些研究的共同之处在于:无论就个人、家庭、群体、国家、地区或超国家的团体如欧盟而言,它们不仅意识到而且愿意研究那些涉及语言的决策过程中的权力运作。

　　我们已经说过,语言政策作为一个跨学科的研究,理论在它的发展过程中起着重要的作用,激励着教育、经济、政治、历史、社会、地理和其他领域中各种涉及语言问题的研究,如同语言帝国主义和语言人权的理论那样,来自这些学科的研究成果又有助于语言政策研究综合模式的发展。目前,有关语言规划的实践问题却还没有深入的探讨,即具体语言政策的制定、实施和评估。可以肯定地说,正因为语言政策研究的最初传统是把研究焦点放在理论上(本章前面已有论述),这也成为此类研究中[2]尚有不足的一个方面。此外,研究者们对语言规划的机制缺乏兴趣还另有一个原因:大多数的社会语言学家和应用语言学家缺乏政策科学方面的科研训练。目前也有一些研究针对加拿大语言政策的作用(参见爱德华兹 1998)和美国语言政策中的各个方面,尤其是针对少数族群语言教育的联邦政策(如:Cazden & Snow,1990;Fernande,1987;Ricento,1998a,1998b),当然这里引用的只是很多国家和研究中的一部分。有待填补的研究空白还有不少,包括明确可行、用以分析比较特定的环境下不同政策的研究模式,还有在不同的场合用以评估政策效果的研究方法。这些工作并不容易,因为在规划政策的提出阶段需要考虑很多变量,而且鉴于各类群体有不同期待,成功和失败也难以客观衡量。[3] 格林(Grin,2003)提供了迄今为止最详细的政策评估建议,或许他的成果会激发语言政策和规划领域的更多重要研究。

结　　论

尽管语言政策作为有组织的研究领域相对来说还是一个新生事物,但语言政策研究的主题却早已在社会科学和人文科学的更大范围研究中被触及。本章希望通过介绍这些话题,分析理论与实践的相互作用,把语言政策定位为一个研究领域,引发对理论假设的质疑,催生新的研究思路和模式。在社会的各个领域,人们制定语言政策,或者隐性地默许或实施着各种语言政策。我着重介绍了在过去半个世纪里受到学者广泛关注的那些方面,这是因为,若要深入理解语言在社会生活中的作用,研究者们就必须应对一系列理论、方法和实践上的挑战,其中包括:1)对语言本质清晰准确的表述,且对语言变体和语言变化的进程有广泛理解;2)对于社会结构的各个层级和过程中的权力在语言政策里的表征与体现有所理解;3)把研究者的角色定位为"感兴趣的"研究参与者;4)坚持高质量的研究标准,尤其是在数据的代表性、深度和广度方面,特别应关心研究结果对理论假设的支持或证伪作用。

尽管保护濒临灭绝的语言和英语全球化的后果等话题在学术界和大众媒体中非常热门,但是,立法者、教育领导者、字典编撰者、商界和广告商所做的关乎语言的各种决定,更有可能影响到人们的语言态度和语言使用模式,它们的作用可能超过了所有的语言保护措施。当然,立法者、教育者和商界也深受"自下而上"的社会变化和实践的影响。例如:始于 20 世纪 60 年代的社会运动促成了美国和其他地方的语言使用和态度的重要变化。妇女运动对改变英语和其他语言中的性别歧视也有强大的影响,导致了大量词汇层面上的语言变化。美国的民权运动指出了少数民族和种族群体与多数群体之间教育机会的不平等,结果,在美国南部,民权运动废除了把英语读写能力作为选举的条件,在不能使用英语选举的选民超过5%的选区提供双语选票。这一运动也是1968年《双语教育法案》得以通过的一个重要因素,该法案规定对英语以外其他语言的课堂教学提供联邦资助。

计算机和因特网的出现对世界范围内的语言选择、使用和结构产生了深刻的影响,这包括语言混杂,成百上千个新词和首字母缩略词的产生,以及交流模式和语言风格的变化。尽管大多数人认为试图"整顿"因特网语言的努力是徒劳的,但还是有许多官方的团体和组织力求保护自己的语言,避免受到网络"混乱"的影响。这其中主要有各种国家层面的协会,很多是在欧洲,如法语协会(参看第七章)。尽管人们无力阻止语言的变化,也无法保持国家语言的"完整性"(integrity),但这些协会、词典和大学的语言系共同促成了一种理念,那就是确有一种标准的、正确的、"固定的"语言(英语、法语或西班牙语等),并且学生必须到学校去"学习"他们的母语。"语言产业",尤其是在西方或西方化的国家,促成了社会机构尤其是学校的"把关"功能(gate-keeping),他们强调,掌握"标准"语言变体的人就比说"非标准"语言变体的人更有社会优势。这个例子说明隐性的语言政策对于数百万人的社会升降会造成很大的影响。这种政策是看不见的,因为大多数公民觉得这是合理、自然、公平、有效的。而事实上根本不是这么回事,因为没有人会说那种想象中的标准的语言变体,而每个人说的其实都是某种语言的某一种变体。对所谓"非标准"语言的歧视随处可见,受害者却找不到法律救助,因为语言政策往往是霸权性的(参见 Lippi-Green,1997)。

当我们把语言问题看成个人的具体问题,而不是远离日常生活的抽象概念,不难发现语言政策其实与我们每个人都休戚相关,因为它们直接关系到我们在社会中的位置以及我们的某个目标能否得到实现。学校、工作单位、邻里、家庭,在所有这些场所,语言政策都会决定或者影响我们使用什么语言,决定我们在求职、婚姻、晋升等不同场合所使用的语言究竟是"好的/可以接受的"还是"糟糕的/不可接受的"。我们大多数人在大部分情况下都把语言视作理所当然的事情。也有些时候,我们发现自己的语言(或语言变体)有别于他人,或遭人轻视,或者因为我们不说/不懂某种语言或语言变体,不知在某种场合如何恰当有效地使用,使我们的语言选择受到限制。只有在这些情况下,我们才开始注意到语言。因此,语言政策研究有助于我们了解人们在不同的语境中遭遇的各种语言感受,理解隐性或显性政策如何强化或者抵消性别、种族、族群、宗教、文化、地区和政治差异造成的社会经济上的不平等。

注 释

1. 近期围绕这一争议有一些学术讨论,参看下列期刊《语言、身份和教育》(*Journal of Language, Identity, and Education*:1(3),2002;3(1),2004;3(2),2004.)
2. 参看卡普兰和巴尔道夫(Kaplan & Baldauf,1997)以及期刊《语言规划的当前问题》(*Current Issues in Language Planning*)。
3. 参看卡普兰和巴尔道夫(Kaplan & Baldauf,1997)的相关讨论。

参 考 文 献

Bloomaert, J. & Verschueren, J. (1998). *Debating diversity: Analysing the discourse of tolerance.* London: Routledge.

Canagarajah, A. S. (2000). Negotiating ideologies through English: Strategies from the periphery. In T. Ricento(ed.), *Ideology, politics and language policies: Focus on English* (pp. 121—132). Amsterdam: John Benjamins.

Cazden, C. B. & Snow, C. E. (eds.) (1990). English plus: Issues in bilingual education. *Annals of the American Academy of Political and Social Science* 508.

Crowley, T. (1990). That obscure object of desire: A science of language. In J. E. Joseph & T. J. Taylor(eds.), *Ideologies of language* (pp. 27—50). London: Routledge.

de Klerk, G. (2002). Mother-tongue education in South Africa: The weight of history. *International Journal of the Sociology of Language*, 154, 29—46.

Edwards, J. (ed.) (1998). *Language in Canada.* New York: Cambridge University Press.

Fasold, R. (1984). *The sociolinguistics of society.* Oxford: Blackwell.

Fernandez, R. R. (1987). Legislation, regulation, and litigation: The origins and evolution of public policy on bilingual education in the United States. In W. A. V. Horne(ed.), *Ethnicity and language. Vol. VI* (Ethnicity and Public Policy Series) (pp. 90—123). Milwaukee, WI: University of Wisconsin System.

Fishman, J. A. (1968). Sociolinguistics and the language problems of the developing countries. In J. A. Fishman, C. A. Ferguson, & J. Das Gupta(eds.), *Language problems of developing nations* (pp. 491—498). New York: John Wiley & Sons.

Fishman, J. A. (1991). *Reversing language shift: Theoretical and empirical foundations of assistance to threatened languages.* Clevedon: Multilingual Matters.

Grin, F. (2003). *Language policy evaluation and the European charter for regional or minority languages*. Houndmills: Palgrave Macmillan.

Harris, R. (1981). *The language myth*. London: Duckworth.

Hymes, D. (1985). Preface. In N. Wolfson & J. Manes (eds.), *Language of inequality* (pp. v - viii). Berlin: Mouton.

Kaplan, R. B. & Baldauf, R. B. (1997). *Language planning from practice to theory*. Clevedon: Multilingual Matters.

Kymlicka, W. (1995). *Multicultural citizenship: A liberal theory of minority rights*. Oxford: Clarendon Press.

Le Page, R. (1985). Language standardization problems of Malaysia set in context. *Southeast Asian Journal of Social Science*, 13, 29—39.

Lippi-Green, R. (1997). *English with an accent: Language, ideology, and discrimination in the United States*. London: Routledge.

Luke, A., McHoul, A., & Mey, J. (1990). On the limits of language planning: Class, state and power. In R. Baldauf & A. Luke (eds.), *Language planning and education in Australia and the South Pacific* (pp. 25—44). Clevedon: Multilingual Matters.

May, S. (2001). *Language and minority rights: Ethnicity, nationalism and the politics of language*. London: Longman.

Mühlhäusler, P. (1990). "Reducing" Pacific languages to writings. In J. E. Joseph & T. J. Taylor (eds.), *Ideologies of language* (pp. 189—205). London: Routledge.

Mühlhäusler, P. (1996). *Linguistic ecology: Language change and linguistic imperialism in the Pacific region*. London: Routledge.

Pennycook, A. (2003). Global Englishes: Rip slyme and performativity. *Journal of Sociolinguistics*, 7, 513—533.

Philipson, R. (1992). *Linguistic imperialism*. Oxford: Oxford University Press.

Philipson, R. (2003). *English-only Europe? Challenging language policy*. London: Routledge.

Ricento, T. (1998a) National language policy in the United States. In T. Ricento & B. Burnaby (eds.), *Language and politics in the United States and Canada: Myths and realities* (pp. 85—112). Mahwah, NJ: Lawrence Erlbaum.

Ricento, T. (1998b). The courts, the legislature and society: The shaping of federal language policy in the United States. In D. Kibbee (ed.), *Language legislation and linguistic rights* (pp. 123—141). Amsterdam: John Benjamins.

Ricento, T. (2000). Historical and theoretical perspectives in language policy and planning. *Journal of Sociolinguistics*, 4, 196—213.

Sankoff, D. (1988). Sociolinguistics and syntactic variation. In F. J. Newmeyer (ed.), *Linguistics: The Cambridge Survey. Vol. IV: Language: The socio-cultural context* (pp. 140—161).

Cambridge: Cambridge University Press.
Tollefson, J. W. (1986). Language policy and the radical left in the Philippines: The New People's Army and its antecedents. *Language Problems and Language Planning*, 10, 177—189.
Tollefson, J. W. (1991). *Planning language, planning inequality*. New York: Longman.
Wodak, R., de Cillia, R., Reisigl, M., & Liebhart, K. (1999). *The discursive construction of national identity* (trans. A. Hirsch & R. Mitten). Edinburgh: Edinburgh University Press.
Wolfson, N. & Manes, J. (eds.) (1985). *Language of inequality*. Berlin: Mouton.
Woolard, K. A. & Schieffelin, B. B. (1994). Language ideology. *Annual Review of Anthropology*, 23, 55—82.

蒋景阳 译 何莲珍 校对

第二章 语言政策与规划的框架和模型

南希·H. 霍恩伯格

20世纪90年代，人们对语言政策与规划研究重燃兴趣，在很大程度上是由于英语和其他全球性语言的大范围传播，以及同时造成的世界范围内的原住民语言和小语言社区的消亡和濒临灭绝触目惊心。大量涌现的语言教学和语言复兴计划对语言政策和规划的研究提出了迫切的现实需求。在社会科学领域，批判理论和后现代理论的发展也为语言政策和规划的研究带来新的视角和研究重点。

20世纪90年代，语言政策和规划领域有大量综论和评论文章问世，很多人都建议这一领域亟须构建新的理论方向。其中库珀（Cooper, 1989）和托尔夫森（Tollefson, 1991）的论著最早出现，影响也最为深远。库珀围绕着"什么行动者试图影响什么人的什么行为，在何种条件下，为了什么目的，通过什么方式，经过什么决策过程，产生了什么效果？"（Cooper, 1989: 98）这一系列问题展开论述，构建了一个解释性框架，将语言政策和规划定义为一种描述性活动。同时他也清楚地表明，需要一种社会变革理论以进一步推进语言政策和规划的研究。托尔夫森寻求的是"为定格在社会理论内的语言规划理论做出贡献"（Tollefson, 1991: 8）。

在20世纪90年代，语言规划和语言政策两个领域的融合更加全面，逐渐被并称为"语言政策与规划"，如格拉贝（Grabe, 1994）有关语言政策和规划的专刊《应用语言学年鉴》（*Annual Review of Applied Linguistics*, *ARAL*），霍恩伯格和李圣托（Hornberger & Ricento, 1996）的关于语言政策与规划和英语语言教学的专刊《TESOL季刊》（*TESOL Quarterly*），许布纳和戴维斯（Huebner & Davis, 1999）编辑的有关美国语言政策和规划状况的文集，以及阿格(Ager,2001)的语言政策和规划动机的专著等。费蒂斯(Fettes,1997:14)认为,语言规划和语言政策之间存在以下联系:

> 语言规划……必须联系语言政策的批判性评价:前者提供合理性和有效性的标准,后者则是将理论联系实际,以促进……语言规划模型的改善与发展。这样一个领域更应该被称为"语言政策与规划"。

事实上,语言政策与规划这个说法,不仅提醒人们关注语言规划和语言政策之间不可分割的密切联系,认识到各自所扮演的重要角色,也说明两者关系在本质上也无法达成一致。究竟是规划包括政策(Fettes,1997:14)还是政策包括规划?(Ricento,2000:209;Schiffman,1996:4)政策是不是规划的结果?未必如此,因为"很多语言政策的制定充满危机,且有失协调,远远没有达到语言规划的理想状态"(Fettes,1997:14)。语言规划是否将政策作为其预期的结果?也不尽然,因为语言规划首先是一种社会变革(Cooper,1989;Rubin & Jernudd,1971;Tollefson,1991)。鉴于这两者之间的分离关系(Grabe,1994:viii)和模糊边界,"语言政策与规划"这个说法提供了一个统一的概念,可以让我们更深入地理解政策—规划之间的复杂关系,从而深入地认识到语言政策与规划在社会变革进程中的作用。

20世纪90年代语言政策和规划的研究逐步复苏,有鉴于此,本章将追溯相关研究框架和模型的发展过程,以便说明当前研究与前人研究之间的传承与超越。

语言政策与规划的历史发展

几个世纪以来,一直都有语言政策与规划活动的开展,一般认为,"语言规划"这个术语在相关学术文献中首次出现是始于豪根对挪威的语言标准化的研究,他曾提到:

我认为,语言规划是一种准备规范的正字法、语法和词典的活动,旨在非同质言语社区中指导书面和口头语言的运用。在语言学知识的实际运用中,我们超越描写语言学的范畴,在现有的语言形式中进行选择判断。(Haugen,1959:8)

从此,语言政策与规划的视野开始超越豪根上述强调的正字法、语法和词典,但是在理论和应用知识(理论和实践)之间一直存有矛盾。其实豪根的表述中也曾提到,要实现从描写到选择的跨越。在过去的半个世纪中,这种矛盾始终是这个领域发展的一个重要特征。

因为出现了一系列主题明确的会议、项目和出版物,该领域在早期很容易辨别。这其中包括 1968 年的《发展中国家的语言问题》(*Language problems of developing nations*. Fishman,Ferguson & Das Gupta),源自 1966 年在弗吉尼亚举行的爱丽会议(在爱丽会议中心举行);《语言可以被规划吗?》(*Can language be planned*?Rubin & Jernudd,1971)一书的出版,是来自 20 世纪 60 年代福特基金会赞助的语言规划过程国际研究项目,该项目由菲什曼、达斯—顾普塔、鲁宾和耶努德等人负责,他们分别关注一个国家的语言政策和规划情况,如以色列、印度、印度尼西亚和瑞典;以及《语言规划过程》(*Language planning processes*. Rubin et al. ,1977),源自 1969 年在檀香山的东西方中心召开的会议,也是同一个项目中的一部分(Huebner,1999:7—8;Paulston & Tucker,2003:409)。这些出版物成为本领域的经典,为我们提供了早期语言政策和规划国别研究的经验性和描述性资料。

李圣托(Ricento,2000)将语言政策与规划的发展分为三个阶段,基本上是每个阶段都是二十年,每个阶段的语言政策和规划研究都有重大的社会政治事件、认识论范式和战略目标。他认为前两个阶段主要是关注新兴国家的实际语言问题,早期语言政策和规划研究崇尚乐观主义和意识形态中立,后来逐步意识到这些现代化和发展模式中潜在的消极影响和内在局限性。

到了 20 世纪七八十年代(李圣托所提的第二个阶段),语言政策和规划研究者开始激烈地批评早期的描写性模型,呼吁建立理论性更强的研究框架。1983年,科巴鲁比阿斯和菲什曼编辑了一本著作,乐观地取名为《语言规划的进展》(*Progress in language planning*. Cobarrubias & Fishman,1983),豪根在书中重提并扩展了他在1966年提出的四阶段模型,即选择、立法、实施和评价。他同时指出,并不能就此"认定这一模型可以被称之为语言规划的理论"(Haugen,1983:274)。科巴鲁比阿斯本人对地位规划中的伦理问题进行了深入讨论(Cobarrubias,1983),鲁宾(Rubin,1983)对所谓的理性的规划模型提出了疑问,并认为语言地位规划是一种"邪恶"的规划(这一术语借用自城市规划师里特尔和韦布,见 Rittel & Webber,1973)。同样,在1986年的《语言规划》专辑(*Language planning*. Annamalai,Jernudd,& Rubin)中,鲁宾报告了1980年在印度语言中央研究所召开的国际语言政策和规划研究会的情况,进一步详述了以上几点。该专辑的其他几位作者还探讨了多语言的国别语言政策和规划案例(如印度、泰国、尼泊尔和其他国家),这些论述向现代化和发展理论(Ricento,2000:198;Hornberger,2002;May,2001)中"一个国家一种语言"的意识形态原则提出了挑战。

总体来看,这一时期,大家对语言政策和规划普遍存在不满,认为该领域的发展受阻,迫切需要新的理论和实践以推动进一步发展。这也是20世纪90年代所面临的问题。要理解上述发展及其意义,首先应理解和巩固在先前的三四十年间发展起来的概念和模型。为此,我们在下文中将首先介绍由霍恩伯格(Hornberger,1994)最先提出的综合性框架。

一个综合性的语言政策和规划框架[1]

《巴别塔的诅咒》("The curse of Babel")是一篇值得铭记的文章,埃纳·豪根(Einar Haugen)在文中雄辩地指出,"语言[多样性]并不是一个问题,除非是将其用于歧视"(Haugen,1973:40)。二十年后,德尔·海姆斯(Dell Hymes)提醒我们注意语言中潜在的平等并不一定是实际的平等——尽管所有语言都有潜在的平等性,但由于社会的原因,它们在事实上并不平等

(Hymes,1992:2—10)。那么,对于多语语境中的语言规划和决策者来说,问题不是如何去发展语言,而是为什么要发展语言,尤其是如何发展、为何目的去发展那些与全球性的、不断扩展的语言相比而言更为本土的、受到威胁的语言。[2] 为了回答这些问题,我们需要建立一个框架,以便列出各种选项,识别不同的语言(和识读能力)和它们各自不同的使用目标。这类框架目前已有不少,我将在下文中进行综述。[3]

语言政策和规划的类型和方法

这个框架的两个主轴(见表2.1)代表早期语言政策和规划文献中提出的被广泛接受的区别性概念,即语言政策和规划类型与语言政策和规划方法。最先运用地位规划/本体规划类型区分的是海因茨·克洛斯(Heinz Kloss,1969)。作为第三种类型的语言规划,习得规划是二十年后才被引入这一框架的(Cooper,1989)。我们将地位规划视为在特定言语社区中为了分配语言/读写能力功能而进行的努力;本体规划是与语言/读写能力的形式或结构的得体规范有关的活动;习得规划则是影响使用者的分配或语言/读写能力的分布的有关活动,具体实现方式是通过创造或改进学习语言的机会和动机,或两者兼而有之。这三种类型构成了本图的纵向轴。

水平轴代表了另一类语言规划早期文献中的分类,即语言规划的政策和培养维度(Neustupny,1974)。政策维度关注宏观层面,即社会和国家的事务,强调语言/读写能力的分布,主要关注标准的语言,通常被视作与地位规划等同;而培养维度关注微观层面,即语言/读写能力问题,强调讲话/写作的方式及分布,主要关注文学性语言,通常被视为与本体规划等同。然而这种等同并非完全等同,豪根提供了一个更精确的解释,将这种两分法(地位/本体和政策/培养)制成一个四分矩阵,以由社会/语言、形式/功能为轴,包含规范的选择、规范的汇编、功能实施和语言功能扩展等作为四个维度(Haugen,1966,1983)。我在这里将运用他的解释,增加习得规划作为第三种类型,这样产生六个而非四个语言/识读能力规划的维度。

表 2.1　语言政策和规划目标：一个综合性的框架

类型	政策规划（形式）	培养规划（功能）
地位规划 （关于语言的使用）	官方化 国家化 标准化 （其他）语言的禁用	复兴 维护 传播 语际交流——国际性的、国内的
习得规划 （关于语言的使用者）	群体 教育/学校 文学的 宗教的 大众媒体 工作	再习得 维护 转换 外语/第二语言/读写能力
	选择 语言在社会中的正式角色 语言之外的目标	实施 语言在社会中的功能性角色 语言之外的目标
本体规划 （关于语言）	语料库的标准化 辅助码的标准化 文字化	现代化（新功能） 词汇的 文体的 革新（新的形式，旧的功能） 语言净化 语言改革 文体简化 术语统一
	汇编 语言的形式 语言的目标	细化 语言的功能 半语目标

注：语言政策和规划类型以普通的铅字字体呈现，方法以下画线呈现（原文中为斜体字），目标以黑体字呈现。

目标被置于六个单元之中。豪根（Haugen,1983）的四个维度的矩阵以阴影部分显示，对这四个部分的解释性评论置于虚线以下。

图中括号内为额外的解释性评论。

本图融合了 Cooper(1989); Ferguson(1968); Haugen(1983); Hornberger(1994); Kloss(1968); Nahir(1984); Neustupny(1974); Rabin(1971); Stewart(1968)的研究成果。

语言政策与规划的目标

语言规划的类型和方法本身不带有政治倾向,但语言政策和规划学者们越来越意识到其中蕴含的政治本质,他们便开始关心语言政策和规划中的各种类型和方法可能实现哪些目标。正是那些目标决定了可能预见的变革方向(Hornberger,1990:21),因此该图代表了语言政策和规划的中心目标。类型和方法的矩阵确定了各种参数,目标确定了在那些参数的各种备选项目。这个框架的六个单元包括了近30个目标,都已在各类文献中获得广泛的认可;但是我倒并不认为这些是仅有的可能的目标。

弗格森(Ferguson,1968)在讨论语言本体的标准化、文字化和现代化时最先提出了语言规划的目标,在图中分别置于本体政策和本体培养规划之下(弗格森的术语"语言发展"似乎与本体规划相对应)。语言本体的标准化指的是开发某种读写标准,它优先于地区和社会对读写能力的规定,正字法是指为一种非书面体的语言确定一个书写体系。两者都关注语言/读写能力的正式程度方面(参见豪根的"编典"部分,1983:271—272);现代化指的是语言/读写能力在词汇和文体上的发展,目的是使这种语言/读写能力扩展到未曾使用的领域,关注特定功能的语言/读写能力的培养。

纳希亚(Nahir,1977,1984)在两篇文章中确定了语言规划的11个目标,我认为其中9个代表培育规划,另1个是地位规划,还有1个是本体规划。语言复兴(近似的术语还包括语言新生、重建以及语言变更的逆转;有关这些术语的对比讨论请参见 Hornberger & King,1996:428;King,2001:23—26)、维护、传播和语内交流都是地位培育的例子,或者说,一种语言的地位培育是通过增加它的使用功能(参见豪根的"实施"部分,1983:272);词汇现代化、语言净化、语言改革、文体简化、术语统一等都属于语言本体培育,即培育一种语言的额外功能(参见豪根的"细化"部分,1983:273—276)。

必须注意到,尽管词汇现代化与弗格森(Ferguson,1968)最先提出的现代化(包括词汇和文体的现代化)相对应,其余四个本体培育目标(净化、改革、文体简化和术语统一)却并非如此。库珀(Cooper,1989)将革新作为第四个本体规划的目标,对弗格森最初的标准化、正字法和现代化进行了补充,为后来的四个小目标建立了适宜的框架。确实,正如库珀(Cooper,1989:154)指出的那样,现代化和革新之间的区分(在我的框架中两者都属于本体培养规划)在于现代化设法令现有语言形式能够满足新的功能,而革新刚好相反,它是为满足现存的功能而寻找新的形式。小目标如净化、改革、文体简化和术语统一都属于后一种目标,即革新。

纳希亚其他的两个目标——标准化和辅助码标准化——有助于我们更深入地理解"标准化"这个概念。在语言规划文献中,这一概念的内涵广泛,既包括过程和结果(Nahir,1984:303—304,对比 Tauli,1974:62);也包括语言地位和语言语料库(Nahir 对比 Tauli & Ray,1963:70,由 Karam,1974:114引用;参见 Ferguson,1968:31);还包括各种各样的具体方式,或识别或认可某种已有标准(Ferguson),或创造、选择或强制实行另一个标准(Nahir, Ray, Tauli)。在这个框架中,地位标准化指的是接受或强制实行某种语言作为标准的语言规划活动;而本体标准化是指将某一标准语言形式作为统一标准的语言规划活动,即编写词典。与后者相关的是辅助码标准化,它试图在语言的辅助性方面建立统一的标准,其中包括"为聋哑人准备的标识、地名、字译和转录的规则,这样做既是为了减少歧义,促进沟通,又是为了满足不断变化的社会、政治或其他需求或目的"(Nahir,1984:318)。

从本体标准化回到地位标准化,我们就进入了规划的地位——政策维度(参见豪根的"选择",Haugen,1983:270—271)。表 2.1 中除了地位标准化还包括了三个目标,其中无一出现在弗格森、纳希亚或库珀的类型中,但是它们在语言规划活动中也已经得到广泛认可:官方化(参见 Cooper,1989:100—104;Stewart,1968)、国家化(Heath,1985)和禁止其他语言的使用(参见 Kloss,1968)。

如前所述,库珀引入了第三种规划的类型,即习得规划(Cooper,1989:157—163)。与地位规划不同,习得规划是关于语言的使用者而不是某种语言的使用。与本体规划相比,它与地位规划有更多共同之处。库珀建议,习得规划可以根据它公开的目标进行分类,为此他确定了以下几种可能:重新习得、维护、外语/第二语言习得,我还增加了第四种可能的目标——语言变更,这样就能完全对应上述四种地位培育目标(复兴、维护、语内交流和传播)。至于习得—政策规划,即库珀在地位规划中讨论和修订的斯图尔特的后五种功能,构成了这里的六个目标。根据使用者在不同领域学习某一语言的机会和/或动机进行区分,如族群、教育/学校、文学、宗教、大众媒体和工作场所。

若要探究语言/读写能力的发展问题,那我建议,上述框架不仅可以为我们确定可能的目标,也可以使人们意识到,无论目标是什么,只要它们同时能沿着多种维度进行,那么语言/读写能力规划将得以圆满实施。这与菲什曼的观点相一致,即地位和本体规划"通常(也是最有效的)是联合进行的"(Fishman,1979:12)。举个简单的例子:当宣布某种语言是某国的官方语言时,如果既不提供激励也不提供机会使之成为学校的语言,也不提供一个书写体系和标准化的语法,那它也无法最终达成既定的目标实现。同样,为一个国家的官方语言创制新的书写系统,使之与某些地方性的第一语言更协调(改革),但是又不提供激励或机会让人们为了某种跨地区的交流目的而去学习或使用这种语言,它也不能圆满实现既定目标。另一方面,在选择全国性的官方语言时,应力求将该语言的使用范围拓展至语内交流,在宗教、工作和教育领域提供各种机会和动机,使人们将其作为第二语言去学习,同时确保书写系统的标准化和词汇的现代化,这样成功的机会就会大大增加。总之,若能全面考虑本框架中的所有六大维度,语言政策和规划将会得到最有效的执行。

本框架中没有显示出来一些想法,那就是,语言规划从来不会独立于其他语言的发展(Hornberger,1994:83)。为此我转向语言的意识形态,特别是转向鲁伊斯的语言规划路径的概念(Ruiz,1984),我的结论是,随着人们将多样化的语言视为一种资源而不是一个问题,那么地方性语言将随着全球的语言的发展而兴盛。原住民的盖丘亚语(Quechua)母语读写者作为自下而上的语言政策和规划主体,就是地方语言政策和规划的最好例子。这些都表明在世纪之交语言政策和规划逐步开始关注意识形态、生态和语言主体。

结　　论

这个综合性框架是在20世纪90年代初提出的,在那个时候,人们对语言政策和规划的研究兴趣复燃,越来越多的研究者呼吁,语言政策和规划研究应该从描写性转向更具理论性、预测性和解释性的方向发展。库珀注意到,"如果我们将理论定义为一套逻辑上相关联、实际可测的命题,那我们还没有普遍被接受的语言规划理论"(Cooper,1989:41)。甚至更早的时候,豪根曾建议,一个对语言规划的解释性理论将"肯定是立足于价值判断的"(Haugen,1983:276),这就预示着对批判性和理论性的语言政策和规划视角的重点关注。到了20世纪90年代,一些相关论文和专辑不断出现,其中很多作者也是本书若干章节的作者。除了在引言中提到的各类文献以外,其他一系列著作也应得到关注。威利(Wiley,1996)强调,鉴于语言在权力和统治权争斗中所扮演的角色,要充分意识到语言规划不仅仅是一种技术性的活动,它往往会引发冲突而不是解决冲突。波尔斯顿(Paulston,1997)采用了一个建立在理论基础之上的语言规划方法,提出要关注语言政策中的语言权利问题。科森呼吁对语言规划采取一种真正的批判性的方法,这种方法"将其研究和决策过程尽量不要交给那些利益共同者"(Corson,1997:177)。

语言政策和规划研究中的新重点：意识形态、生态和语言主体

批判理论学者如菲利普森和托尔夫森以及后现代主义学者如彭尼库克和卡纳伽拉雅等都曾阐述过语言政策和权力的意识形态之间的关系。李圣托(Ricento,2000)对此展开了分析,并认为"将批判理论的元素和语言生态学相结合就形成了一种新的范式"(Ricento,2000:206);后来,"将传统的实

证性的/技术性的方法与新的批判性的/后现代的方法区分开来的最主要因素就是语言主体概念,即个人和集体在语言使用、态度和最终政策中的角色"(Ricento,2000:208)。他认为,语言政策和规划中对意识形态、生态和语言主体的研究将进一步推动这一领域的理论发展。

确实,自20世纪90年代以来,这些领域已经积累了丰富的研究成果。鲁伊斯在语言政策与规划方向的研究影响深远(Ruiz,1984),这预示着语言政策和规划学者对语言的意识形态产生了越来越浓厚的兴趣,例如贾菲(Jaffe,1999)关注的是语言意识形态在科西嘉岛是如何通过政策和双语教育得以实现的。人们不仅日益关注语言的濒危问题(Grenoble & Whaley,1998; Krauss,1992; Nettle & Romaine,2000),同时也不遗余力地致力于语言复兴事业(如Hinton & Hale,2001)。在这样一个时代,语言生态的概念(也称语言的生态、生态语言学)在语言政策和规划领域既是一种隐喻又是一种范式,日益受到人们的欢迎(如Fill & Mühlhaüsler,2001; Hornberger,2002; Mühlhaüsler,1996,2000; Phillipson & Skutnabb-Kangas,1996)。不过这个说法也可能遭到误解,似乎暗示语言的发展是自然进化竞争的结果,降低了这其中人的主体性和语言的创造作用(Pennycook,2003)。此外,这一系列的研究成果都呼吁人们更多地关注人的主体性问题,尤其是语言政策与规划中自下而上的主体性(如Canagarajah,2002; Davis,1999; Freeman,1998,2004; Ricento & Hornberger,1996)。综上所述,这些批判的观点和对意识形态、生态和主体越来越多的关注将有力地推动语言政策和规划领域在新千年不断地发展。

尽管新的理论视角推动了语言政策与规划研究的发展,但正如豪根最初在1959年所定义的那样,语言政策和规划始终是一个处于理论和实践之间的领域。费蒂斯也重申了这种双重性,提出语言政策和规划概念可能是"一整套管理语言生态体系的理论和实践"(Fettes,1997:19,引自Mühlhaüsler,1996)。近年来出现的语言政策和规划框架考虑到了意识形态、生态和主体问题,其中包括菲什曼(Fishman,1991,2001)的代际传递分级表(GIDS),卡普兰和巴尔道夫(Kaplan & Baldauf,1997)提出的语言生态中各种力量的模型,以及霍恩伯格(Hornberger,2003)的双文框架连续体等,我希望这些框架能够有助于解决真正的语言政策问题,满足迫切的实践需求。毕竟,理论研究的真正价值最终在于是否可以满足语言政策与规划的现实需求。

值得深入阅读的文献提要

Cooper, R. L. (1989). *Language planning and social change*. New York: Cambridge University Press.

  这本参考书兼教科书篇幅短小但内容紧凑,其中包括明确定义的语言政策概念和大量的相关实例、关于四种经典语言政策案例的简明概述、行为变化研究的四种模式(创新的传播、营销、政治和决策)以及一个综合性的语言政策解释性框架。

Fishman, J. A. (1991). *Reversing language shift: Theoretical and empirical foundations of assistance to threatened languages*. Clevedon: Multilingual Matters.

Fishman, J. A. (ed.) (2001). *Can threatened languages be saved?" reversing language shift" revisited*. Clevedon: Multilingual Matters.

  这两部专集,一部由菲什曼所著,另一部由其编辑,分别提出和论述了他的8个阶段的代际传递分级表(GIDS)的理论和实践,这些理论和实践针对的是逆转语言变更问题。这些专集面向地方语的提倡者、为国家内部和国际组织工作的语言—政策专家、学术研究者及学者。专集根据 GIDS 框架对全世界约20种濒危语言的现状和未来发展趋势做出评估,这些评估也进一步验证了 GIDS 框架。

Hornberger, N. H. (ed.) (2003). *Continua of biliteracy: An ecological framework for educational policy, research and practice in multilingual settings*. Clevedon: Multilingual Matters.

  双文框架连续体将多语视为一种资源、将语言喻为一种生态。该框架是一个全面灵活的模型,指导教育者、研究者和决策制定者设计、实施、评价为培养双语和多语学习者而制定的教育项目,每个项目都适应其自身特定的环境、媒介和内容。这部著作不仅对该模型展开了概念性的探讨,又提供了全世界不同背景下的应用实例。

Kaplan, R. B. & Baldauf, R. B. (1997). *Language planning from practice to theory*. Clevedon: Multilingual Matters.

该书涉及语言政策的定义、目标、过程和经济问题等。语言政策案例研究涉及了国家主义与语言权利、语言身份与种族身份以及为科学、商业和高等教育等特定目的而使用的专门用途语言等。作者提供了教育中的语言规划的过程和政策类型的蓝本。在总结性章节中,他们通过实例提出了一个描述语言生态系统中各种力量(或语言变化因素)的模型。

Tollefson, J. W. (1991). *Planning language, planning inequality: Language policy in the community*. London: Longman.

该书的编排形式非常有利于教学,广泛应用批判社会理论,对语言政策的具体问题依次展开分析,并采用了来自世界各地的案例,如母语教育、英语教学、难民语言教育、国家语言的选择、语言权利等。每个案例都立足于个人在国家语言政策的束缚下所面对的艰难的语言选择困境。作者认为应该对语言政策采取历史—结构的方法,强调那些限制或者阻挡语言结构和语言使用变革的社会、政治和经济因素。在托尔夫森看来,语言政策反映了权力关系,但是它同样也能用于改变权力关系,这一点至关重要。

讨 论

1. 近来对意识形态和语言主体的关注日益增加,这对语言政策和规划的深入理解会有什么帮助?
2. 选取你所了解的一个语言规划和语言政策案例,运用本章中的综合性框架进行分析。
3. 我们如何区分语言规划和语言政策?它们最显著的特征是什么?
4. 未来的语言政策与规划的框架包括什么?未来的语言政策和规划会研究

哪些问题？
5. 什么类型的研究方法适合不同领域的语言政策与规划研究（如生态、过程和主体等）？
6. 语言政策和规划研究依靠其他什么领域的研究（如社会语言学）？具体该如何开展？
7. 哪些人应该参与语言政策的制定过程？
8. 语言政策和规划对教育有影响吗？为什么？[4]

注　释

1. 这里的很大一部分，包括稍作修改后的复制图表，来自霍恩伯格（1994）的著作，得到了英格兰克利夫登（Clevedon）的多语事务出版社（Multilingual Matters）的允许。原文或部分原文也在霍恩伯格（Hornberger, 1996），波尔斯顿和塔克（Paulston & Tucker, 2003），李圣托和霍恩伯格（Ricento & Hornberger, 1996），瓦格纳、维尼斯基和斯特里特（Wagner, Venezky & Street, 1999）的著作中再次收录。
2. 在1994年的文章中，我是从读写能力这个角度提出这个问题的，但在此文中我是从更广义的语言（包括读写能力）的角度提出。我在1994年的文章专门从语言规划角度探讨读写能力规划，因此明确提出对语言的关注必须包括对读写能力的关注；此文中，语言规划中蕴含着读写能力，这一点自不待言，不做旁注。
3. 1994年的文章指的是语言规划，而这里我采用了语言政策与规划的说法。
4. 我非常感激戴维·卡斯尔斯·约翰逊（David Cassels Johnson）设计了这些讨论题，他还对本章的初稿提出了非常重要的宝贵意见。

参 考 文 献

Ager, D. (2001). *Motivation in language planning and language policy*. Clevedon：Multilingual Matters.

Annamalai, E., Jernudd, B., & Rubin, J. (eds.) (1986). *Language planning：Proceedings of an institute*. Mysore：Central Institute of Indian Languages.

Canagarajah, S. (ed.) (2002). Celebrating local knowledge on language and education. (Special issue). *Journal of Language, Identity, and Education*, 1(4).

Cobarrubias, J. (1983). Ethical issues in status planning. In J. Cobarrubias & J. Fishman (eds.), *Progress in language planning：International perspectives* (pp. 41—86). Berlin：Mouton.

Cobarrubias, J. & Fishman, J. (eds.) (1983). *Progress in language planning：International perspectives*. Berlin：Mouton.

Cooper, R. L. (1989). *Language planning and social change*. New York：Cambridge University Press.

Corson, D. (1997). Critical realism: An emancipatory philosophy for applied linguistics? *Applied Linguistics*, 18, 166—188.

Davis, K. A. (1999). The sociopolitical dynamics of indigenous language maintenance and loss: A framework for language policy and planning. In T. Huebner & K. A. Davis (eds.), *Sociopolitical perspectives on language policy and planning in the USA* (pp. 67—97). Amsterdam: John Benjamins.

Ferguson, C. A. (1968). Language development. In J. Fishman, C. A. Ferguson, & J. Das Gupta (eds.), *Language problems of developing nations* (pp. 27—35). New York: John Wiley & Sons.

Fettes, M. (1997). Language planning and education. In R. Wodak & D. Corson (eds.), *Language policy and political issues in education* (pp. 13—22). Dordrecht: Kluwer Academic.

Fill, A. & Mühlhaüsler, P. (eds.) (2001). *The ecolingusitics reader: Language, ecology, and environment*. New York: Continuum.

Fishman, J. A. (1979). Bilingual education, language planning, and English. *English World-Wide*, 1, 11—24.

Fishman, J. A. (1991). *Reversing language shift: Theoretical and empirical foundations of assistance to threatened languages*. Clevedon: Multilingual Matters.

Fishman, J. A. (ed.) (2001). *Can threatened languages be saved? "Reversing language shift" revisited*. Clevedon: Multilingual Matters.

Fishman, J. A., Ferguson, C., & Das Gupta, J. (eds.) (1968). *Language problems of developing nations*. New York: John Wiley & Sons.

Freeman, R. D. (1998). *Bilingual education and social change*. Clevedon: Multilingual Matters.

Freeman, R. D. (2004). *Building on community bilingualism*. Philadelphia: Caslon.

Grabe, W. (1994). Language policy and planning. *Annual Review of Applied Linguistics*, 14.

Grenoble, L. A. & Whaley, L. J. (1998). *Endangered languages: Language loss and community response*. Cambridge: Cambridge University Press.

Haugen, E. (1959). Planning for a standard language in Norway. *Anthropological Linguistics*, 1 (3), 8—21.

Haugen, E. (1966). Lingusitics and language planning. In W. Bright (ed.), *Sociolinguistics* (pp. 50—71). The Hague: Mouton.

Haugen, E. (1973). The curse of Babel. In M. Bloomfield & E. Haugen (eds.), *Language as a human problem* (pp. 33—43). New York: W. W. Norton.

Haugen, E. (1983). The implementation of corpus planning: Theory and practice. In J. Cobarrubias & J. Fishman (eds.), *Progress in language planning: International perspectives* (pp. 269—290). Berlin: Mouton.

Heath, S. B. (1985). Bilingual education and a national language policy. In J. Alatis & J. Staczek (eds.), *Perspectives on bilingualism and bilingual education* (pp. 75—88). Washington, D. C: Georgetown University Press.

Hinton, L. & Hale, K. (eds.) (2001). *The green book of language revitalization in practice.* San Diego, CA: Academic Press.

Hornberger, N. H. (1990). Bilingual education and English-only: A language planning framework. *Annals of the American Academy of Political and Social Science*, 508, 12—26.

Hornberger, N. H. (1994). Literacy and language planning. *Language and Education*, 8, 75—86.

Hornberger, N. H. (ed.) (1996). *Indigenous literacies in the Americas: Language planning from the bottom up.* Berlin: Mouton.

Hornberger, N. H. (2002). Multilingual language policies and the continua of biliteracy: An ecological approach. *Language Policy*, 1, 27—51.

Hornberger, N. H. (ed.) (2003). *Continua of biliteracy: An ecological framework for educational policy, research and practice in multilingual settings.* Clevedon: Multilingual Matters.

Hornberger, N. H. & King, K. A. (1996). Language revitalisation in the Andes: Can the schools reverse language shift? *Journal of Multilingual and Multicultural Development*, 17, 427—441.

Hornberger, N. H. & Ricento, T. K. (eds.) (1996). Language planning and policy. (Special issue.) *TESOL Quarterly*, 30(3).

Huebner, T. (1999). Sociopolitical perspectives on language policy, politics, and praxis. In T. Huebner & K. A. Davis (eds.), *Sociopolitical perspectives on language policy and planning in the USA* (pp. 1—15). Amsterdam: John Benjamins.

Huebner, T. & Davis, K. (eds.) (1999). *Sociopolitical perspectives on language planning and policy in the USA.* Amsterdam: John Benjamins.

Hymes, D. H. (1992). Inequality in language: Taking for granted. *Working Papers in Educational Linguistics*, 8, 1—30.

Jaffe, A. (1999). *Ideologies in action: Language politics on Corsica.* Berlin: Mouton.

Kaplan, R. B. & Baldauf, R. B. (1997). *Language planning from practice to theory.* Clevedon: Multilingual Matters.

Karam, F. (1974). Toward a definition of language planning. In J. Fishman (ed.) *Advances in language planning* (pp. 103—124). The Hague: Mouton.

King, K. A. (2001). *Language revitalization processes and prospects: Quichua in the Ecuadorian Andes.* Clevedon: Multilingual Matters.

Kloss, H. (1968). Notes concerning a language-nation typology. In J. Fishman, C. Ferguson, & J. Das Gupta (eds.), *Language problems of developing nations* (pp. 69—85). New York:

John Wiley & Sons.

Kloss, H. (1969). *Research possibilities on group bilingualism: A report.* Quebec: International Center for Research on Bilingualism.

Krauss, M. (1992). The world's languages in crisis. *Language*, 68, 4—10.

May, S. (2001). *Language and minority rights: Ethnicity, nationalism and the politics of language.* Harlow: Pearson Education.

Mühlhaüsler, P. (1996). *Linguistic ecology: Language change and linguistic imperialism in the Pacific Region.* London: Routledge.

Mühlhaüsler, P. (2000). Language planning and language ecology. *Current Issues in Language Planning*, 1, 306—367.

Nahir, M. (1977). The five aspects of language planning—a classification. *Language Problems and Language Planning*, 1, 107—122.

Nahir, M. (1984). Language planning goals: A classification. *Language Problems and Language Planning*, 8, 294—327.

Nettle, D. & Romaine, S. (2000). *Vanishing voices: The extinction of the world's languages.* New York: Oxford University Press.

Neustupny, J. V. (1974). Basic types of treatment of language problems. In J. Fishman (ed.), *Advances in language planning* (pp. 37—48). The Hague: Mouton.

Paulston, C. B. (1997). Language policies and language rights. *Annual Review of Anthropology*, 26, 73—85.

Paulston, C. B. & Tucker, G. R. (eds.) (2003). *Sociolinguistics: The essential readings.* Malden, MA: Blackwell.

Pennycook, A. (2003). The perils of language ecology. Paper presented at the International Conference on Language, Education, and Diversity, Waikato University, New Zealand.

Phillipson, R. & Skutnabb-Kangas, T. (1996). English only worldwide or language ecology? *TESOL Quarterly*, 30, 429—452.

Rabin, C. (1971). A tentative classification of language planning aims. In J. Rubin & B. Jernudd (eds.), *Can language be planned? Sociolinguistic theory and practice for developing nations* (pp. 277—279). Honolulu: East-West Center and University of Hawaii Press.

Ricento, T. (2000). Historical and theoretical perspectives in language policy and planning. *Journal of Sociolinguistics*, 4, 196—213.

Ricento, T. K. & Hornberger, N. H. (1996). Unpeeling the onion: Language planning and policy and the ELT professional. *TESOL Quarterly*, 30, 401—428.

Rittel, H. W. J. & Webber, M. M. (1973). Dilemmas in a general theory of planning. *Policy Sciences*, 4, 155—169.

Rubin, J. (1983). Evaluation status planning: What has the past decade accomplished? In J.

Cobarrubias & J. Fishman(eds.), *Progress in language planning: International perspectives* (pp. 329—343). Berlin: Mouton.

Rubin, J. (1986). City planning and language planning. In E. Annamalai, B. Jernudd, & J. Rubin(eds.), *Language planning: Proceedings of an institute* (pp. 105—122). Mysore: Central Institute of Indian Languages.

Rubin, J. & Jernudd, B. (eds.) (1971). *Can language be planned? Sociolinguistic theory and practice for developing nations.* Honolulu: East-West Center and University of Hawaii Press.

Rubin, J., Fishman, J., Jernudd, B., Das Gupta, J., & Ferguson, C. A. (1977). *Language planning processes.* The Hague: Mouton.

Ruiz, R. (1984). Orientations in language planning. *NABE Journal*, 8(2), 15—34.

Schiffman, H. F. (1996). *Linguistic culture and language policy.* New York: Routledge.

Stewart, W. (1968). A sociolinguistic typology for describing national multilingualism. In J. Fishman(ed.), *Readings in the sociology of language* (pp. 531—545). The Hague: Mouton.

Tauli, V. (1974). The theory of language planning. In J. Fishman(ed.), *Advances in language planning* (pp. 49—67). The Hague: Mouton.

Tollefson, J. W. (1991). *Planning language, planning inequality: Language policy in the community.* London: Longman.

Wagner, D. A., Venezky, R. L., & Street, B. (eds.) (1999). *Literacy: An international handbook.* Boulder, CO: Westview Press.

Wiley, T. G. (1996). Language planning and policy. In S. L. McKay & N. H. Hornberger (eds.), *Sociolingusitics and language teaching* (pp. 103—147). New York: Cambridge University Press.

林晓 译　　周颂波 校对

第三章 语言政策中的批判理论

詹姆斯·W.托尔夫森

批判语言政策(Critical Language Policy)研究是批判应用语言学中一个新兴领域,它包括批判话语分析、批判识读研究以及批判教学法(Pennycook,2001)。在语言政策研究领域,"批判"有三个相互关联的意思:1)对传统的主流语言政策研究方法持批评态度的研究;2)针对社会变革的研究;3)受批判理论影响的研究。

批判语言政策研究中"批判"的第一层意思是指对传统的、主流的(研究)方法的含蓄批评。传统研究强调对诸如术语发展等技术问题的非政治分析,而不是对影响语言政策的潜在社会和政治力量的分析。传统研究,也就是托尔夫森(Tollefson,1991)所称的"新古典主义方法",基于一个假设,即语言政策是用来解决多语种环境下的交流问题,为少数族群语言提供社会和经济方面的机会(如 Eastman,1983)。传统研究始于20世纪的六七十年代,其目的是帮助"发展中"国家实现"现代化"。一般认为,那些刚获独立的多语言、多种族国家正面临着国家统一和社会经济发展的诸多问题,对它们而言,语言政策的早期成果确实有着现实的意义。传统研究后来延伸到发达国家,在那里人们认为语言政策有利于少数族群语言融入主流的社会经济制度中。与这种乐观的传统研究相反,批判理论认为政策往往是制造并维持各种形式的社会不平等,政策制定者通常是助推占主导地位的社会群体的利益的。在这方面尤其重要的成果是有关南非的批判研究,使得人们对传统语言政策研究不再抱有幻想。

"批判"的第二层意思是针对社会变革的。这种研究审视语言政策在社会、政治、经济不平等的作用,其目的是制定政策以减少各种形式的不平等。

例如,双语教育领域著名的研究者(如 Cummins,2000)、学术期刊(如《双语研究》,*The Bilingual Research Journal*)以及专业协会(如全国双语协会,The National Association for Bilingual Education)都坚定地认为,为了争取社会公平,实有必要推进一系列政策,以保持与复兴本土传统语言。这样的研究与实证主义方法有着本质的区别,实证主义方法强调研究者的"客观性",与研究"对象"保持距离。批判语言政策则关注社会变革和社会公平,在强调研究方法的同时也高度关注政策在伦理道德方面的问题。

"批判"的第三层意思是指在批判理论影响下的研究。批判理论的范围很广,审视社会不公的现象是如何产生并得以延续的。它们特别关注那些看不到的不公正现象,因为有些意识形态过程会让不公正的现象看似是人类社会制度的自然状况。批判政策研究强调权力的概念,尤其是在像学校那样的社会机构中,权力有可能复制出新的不公正现象。

上述"批判"的三层意思并非相互排斥而各自独立的。事实上,这三层意思在批判语言政策研究中均有体现。由于批判理论在近期语言政策研究中特别重要,因此本章的剩余部分将着重进行讨论。

批 判 理 论

批判理论包括布迪厄(Bourdieu,1991)、福柯(Foucault,1972,1979)、格兰西(Gramsci,1988)、哈贝马斯(Habermas,1979,1985,1987,1988)等思想家的著作。其很大一部分内容不仅有对马克思主义与新马克思主义的批评,也有对马克思主义的反思。尽管批判研究各有特点,批判思想家们在一些重要问题上也多有分歧(相关文献可参见 Holt & Margonis,1992),但总体而言,批判理论研究社会不公的产生并能以维持的原因,力求减少不公以争取更大形式的社会公平。在这个意义上,批判理论具有"实用的意图"(Holt & Margonis,1992:5),即揭露剥削制度,尤其是那些被意识形态所掩盖的剥削制度,同时寻求战胜剥削的方式。

批判理论对语言政策研究的影响有几个重要方面,其中的两个假设在批判语言政策研究中已得到广泛接受。来自批判理论的第一个假设是结构分类,尤其是在阶层、种族以及性别方面,是解释社会矛盾的核心要素。起初,早期的批判语言政策研究(如 Tellefson,1991)强调新马克思主义的观点,把语言政策视作一个竞技场,不同阶层的人因为利益冲突在这个竞技场中相互抗争。后来,批判语言政策研究不仅开始关注种族和性别,也开始关注文化和话语问题(如 Pennycook,1994,1998; Tellefson,2002d)。例如,有关美国黑人英语(Ebonics)问题的批判语言政策研究就考察了两方面的内容:1)学校语言政策在种族主义教育制度中的作用(Baugh,2000);2)标准语言的意识形态对非洲裔美国人的土语和其他"有污点"的语言变体的影响(Lippi-Green,1997)。性别问题在批判教学法和其他应用语言学领域受到不少关注,相比之下,批判语言政策研究对性别问题的关注并不多,因此也应该更加深入地开展研究,诺顿(Norton,2000)的研究思路可能值得借鉴。尽管批判语言政策研究的趋势是超越阶层的,但阶层问题依然是批判语言政策研究的重点(如 Brutt-Griffler,2002)。

批判语言政策研究中还有一个假设也得到了广泛的接受,就是针对认识论和研究方法的批判性审视与道德标准和对社会公平的政治承诺是密不可分的。批判语言政策研究者在一定程度上立足于哈贝马斯(1988)的研究,试图建立一种"批判的方法"对研究重心中的"他者"(Others)之间的关系进行内省式审视。史密斯(Smith,1999)曾指出传统研究者与原住民社团之间存有分歧,这一论点发人深省。他还断言"就被殖民者的利益而言,'研究'这个术语是与欧洲帝国主义和殖民主义紧紧联系在一起的。'研究'这个词本身也许是原住民语言词汇中最肮脏的词之一"(第1页)。若我们认真审视研究方法,就不难注意到几个基本问题。第一,不同的话语社团(包括语言政策的研究者)如何建立并保持他们所偏好的知识形式(Blommaert, 1996;Pederson,2002;Ryon,2002)?什么才可"算作"合法的研究问题、可接受的研究方法以及具有说服力的证据形式(Gegeo,1998;Watson-Gegeo & Gegeo,1999;Williams & Morris,2000)?在研究过程中,研究者又应承担什么样的道德责任(Smith,1999)?批判语言政策研究者同样提出了有关种族社团的类似问题:在语言政策影响下的群体中,人们如何创建和保持自己所偏好的知识形式(Canagarajah,2002)?"他们"在研究过程,尤其是在研究评价中应该扮演什么样的角色(Ryon,2002)?大部分批判语言政策研究者都接受这样一个政治原则,即受语言政策影响的人应该在语言决策过程中扮演主要角色(如:Williams & Morris,2000)。这一民主参与原则是基于哈贝马斯有关哲学社会功能的概念所作出的道德—政治规则(imperative):"你应把做决定的责任放在那些要承担后果的人的肩上,与此同时,你应激励那些须在实际话语中做出决定的参与者去寻找信息与各种观点,以便能清晰地了解自己的处境"(Habermas,1986,第207页)。把这一原则引申到批判语言政策研究中,则意味着研究者应该积极分析各种可选政策的内在思想体系,以及语言政策和社会不公之间的关系,从而为打造一个开明的、具有怀疑精神的公民社会做贡献(Donahue,2002)。

人们在研究批判性方法方面也做了很多努力,其中最具影响力的有斯里兰卡的卡纳伽拉雅(Canagarajah,1999),所罗门群岛的盖基欧和华生-盖基欧(Gegeo,1998;Watson-Gegeo & Gegeo,1995),美国西南部的麦卡蒂(McCarty,2004),以及研究新西兰毛利人社团的史密斯(Smith,1999)。

除了上述两个宽泛的假设(即结构类别的重要性和研究中对道德和政治的考虑)以外,批判语言政策研究还包括一整套相互关联的批判理论观点。尽管这些观点并不是在批判语言政策研究的每个案例中都很明晰,却反映出这种研究方法的影响力确实是与日俱增的。

批判理论的核心观点

权力

在批判语言政策研究中,权力,即掌控事件以达到自身目的的能力,是蕴含在所有的社会关系中的。在针对权力的研究中,批判语言政策研究关注社会结构和每个部门的动态关系,尤其是在机构中,这种关系不仅制约着个体行为,还为个体行为赋予意义(Pederson,2002)。在批判语言政策研究中,权力蕴含于整个决策过程中,语言政策则被视为一种重要机制,国家和其他决策机构力求借此影响语言行为(Tollefson,1991)。

斗争

马克思主义认为,社会经济阶层的利益在本质上是不相容的。基于这一观念,许多批判语言政策研究者认为,世界是由占主导地位的群体组成的,这些群体通常掌控着国家和被压迫的群体。国家和其他掌权机构所采用的大部分语言政策都是为压迫者的利益服务的。例如,彭尼库克(Pennycook,2002b)认为在某些语境下的母语教育也许就是占主导地位的群体为了维护他们的特权制度所做的努力。然而,被压迫群体也可能会通过语言政策努力增加他们的权力,扩大他们的利益。例如,麦卡蒂(McCarty,2002a)指出,美国的一些原住民群体通过教育中的语言政策使他们的社团重新焕发活力。总而言之,批判语言政策研究者对社会变革采用一种对抗性的模式,其中,斗争就是社会公平的前提条件。

殖民化

批判语言政策研究审视民族文化群体受国家占主导地位的机构(尤其是学校)、公司、国际机构以及其他势力影响的过程。这种研究受到哈贝马斯"合法化危机"的启发(Habermas,1975;还可参见 Foucault,1979)。哈贝马斯认为,生活在自我认同的文化传统中(他称作"生活世界";也可参见 Bourdieu(1991)中有关"习惯"的阐述),人们的日常交流活动有一个特点,就是在家庭和其他主要机构中的交流是面对面的,但是这些主要的身份认同渠道日益受到市场机制和资本主义社会的专横控制的侵占——这个过程就叫作"殖民化"(Habermas,1987:355)。殖民化导致文化、身份、社会化的缺失,造成了严重的后果,不仅毁坏了意义的来源,还制造出一个心灰意冷、愤世嫉俗的公民团体(Donahue,2002)。批判语言政策研究审视殖民化过程中语言政策的作用,例如,一些批判语言政策研究没把英语的传播视为个体为自身的利益而自愿学习一种新的语言,而是看作一种破坏文化认同的机制,它把一种经济秩序强加于人,让工人和消费者失去与传统机构的联系,无法与国家和资本主义经济抗衡(Phillipson,1992)。哈贝马斯认为殖民化部分地通过语言转换而实现,是我们这个时代的主要社会问题。

霸权主义和意识形态

在格兰西(Gramsci,1988)看来,霸权主义行为是确保权力掌握在少数人手里的一种做法。批判语言政策研究寻求对霸权主义行为的定义和解释。例如,拉玛纳坦(Ramanathan,1999)探究印度的教育制度如何让低收入的学习者无法学习英语,尽管在印度学校中用英语的机会很多。同样,托尔夫森(Tollefson,1989)的研究表明,那些为难民和移民所准备的"生存英语"反而会让他们在经济上被边缘化。批判语言政策研究特别关注那些慢慢变得隐性(也就是成为常识)的做法。"意识形态"这个术语指的是那些"习惯成自然"的(naturalized)无意识的信念和假定,从而为霸权主义服务。霸权主义行为成为社会机构一部分的同时,往往会强化特权,并将其视为"自然"情况而赋予其合法性(Fairclough,1989)。用布迪厄的话说就是:占主导地位和非主导地位群体的文化和语言资本因社会制度的结构而变得不平等(Bourdieu,1991)。批判语言政策研究重点考察这种不公平制度不断的复制再生,力求揭示出那些导致霸权主义的显性和隐性的政策。

抵　抗

基于威利斯(Willis,1977)的研究,批判语言政策研究审视语言上的少数族群如何通过不同的社会制度去削弱占主导的社会制度。例如,学龄儿童不使用标准英语而使用非裔美国英语的土话不仅可以保持自己的身份,还是对社会等级制度的一种挑战,而在这种社会等级制度里,人们都必须在"合适的"社会语境中习得和使用标准英语(Baugh,2000)。同样,在某些语境中的学习者会努力学会一种占主导地位的语言,但同时又抵制这种语言对他们身份的影响(Canagarajah,1999)。这样,尽管语言政策对那些占主导地位的群体有利,受压迫的族群语言群体还是会创造和保持各种不同的社会等级制度(在这里"非标准英语"至关重要),不懈奋斗,以争取更大的社会公平。

批判语言政策研究中使用批判方法的案例

尽管批判理论的思想在语言政策研究中的应用日益广泛,但批判语言政策的相关理论尚未形成。诚然,语言政策研究领域中的理论发展相对缓慢(Williams,1992),但批判语言政策研究者已发展出几种用于语言政策分析的独特方法。这一节将主要介绍其中的两种方法:历史结构主义方法和政府管控。

历史结构主义方法

批判语言政策研究中的历史结构主义方法最初由斯特里特(Street,1993)和托尔夫森(Tollefson,1991)提出,该方法强调社会和历史因素对语言政策和语言使用的影响。20世纪60年代语言政策方面的研究尽管不算至关重要,却具有开创性,这些研究都直接把语言政策研究置于广泛的社会、政治、历史框架中(如:Fishman,Ferguson & Das Gupta,1968)。与早期的研究不同,历史结构主义方法受到批判理论的影响,尤其强调社会经济阶层在形成各种语言政策中的作用,对于非历史分析中无视语言政策在压迫和剥削制度中的作用的做法,历史结构主义方法也予以批评。例如,麦卡蒂(McCarty,2004)对美国原住民语言的"批判—历史"研究强调美国政府在消除原住民语言、实现向英语的转化方面所做的努力。

历史结构主义方法认为语言政策研究无可避免地带有政治色彩,研究者也应该明确承认他们在语言政策讨论中发挥的作用。威廉斯(Williams,

1992)就曾指出,许多语言政策研究者既不了解语言政策过程的政治本质,也不关心政治科学和社会学方面相关理论的发展。威廉斯还提议人们明确地分析语言政策与移民、国家形成和政治冲突等社会历史过程之间的联系。

斯特里特(Street,1993)对历史结构主义方法也有贡献。他坚持认为批判语言政策研究应该包括对提高社会读写水平政策的研究。斯特里特有关识字问题的"观念模式"在有关识字问题传统研究(他称作"自主模式")中至关重要,他认为口头和书面语言本质上不同,读写能力对认知发展更有用。斯特里特指出口头和书面语言与宽泛的社会行为相关联,都是社会行为,其意义要在社会、历史和文化的社团中来定义。

从20世纪90年代开始,历史结构主义方法在批判语言政策研究中就被广泛采用,也有人提出了其他的方法,关注社会制度其他的方面,其中一个最有前途的就是政府管控(governmentality)。

政 府 管 控

穆尔(Moore,2002)和彭尼库克(Pennycook,2002a,2002b)等批判语言政策研究者从福柯对"政府管控"(Foucault,1991)的分析中汲取养分,从原来对国家和资本主义市场的统治与剥削的关注,转向关心那些塑造个体和群体语言行为的间接政府行为。这些研究者从微观层面审视政治家、官僚、教育家和其他国家权力机构的手段和做法,以及相关的理据和策略。因此这些研究者认为,批判语言政策研究不应该主要关注国家政策的历史和结构基础,而应关注"话语、教育行为和语言使用"——文化和知识形成的社会过程(Pennycook,2002a:92)。例如,彭尼库克(Pennycook,2002a)认为殖民时代的香港关于教育媒介的政策不仅仅是选择教育语言的问题,而是旨在培养一个"驯服的"、政治上被动并愿意在被剥削过程中予以配合的当地人群的宽泛的文化政策的一部分。

政府管控方法可以超越殖民背景,延伸到当代自由民主,多元主义政策看似能够增进语言权利,但事实上可能是政府控制语言使用的一种形式,对语言上的少数族群尤其如此。例如,穆尔(Moore,2002)从海因斯(Hindess,1997)以及福柯(Foucault,1972,1979,1991)的研究中汲取养分,审视了澳大利亚政府在20世纪90年代经历的一个复杂过程。当时澳大利亚政府把语言上的少数族群和专业的英语教育家的观点定义为"派系上"的担忧,因此也只是决策中的边缘因素,而政策则应该由那些为"国家"利益工作的政府官员所主导。她的分析强调管理中的"艺术",国家权力机构操纵道德和文化的理念的力量来塑造公众意见,控制那些被认为是合法的政策选项的范围。

政府管控方面的批判语言政策研究超越了国家的静态概念,延伸到更为动态的理论,将交互分析置于历史和结构语境之中。尤其可贵的是,这一方向的研究有助于我们明确理解政治理论、批判语言政策研究理论和微观社会语言学之间的明晰关系(参见 Dua,1996;Williams,1992)。

结论:批判语言政策研究中的当下论题

批判语言政策研究一直关注四个领域的问题。第一是经济、政治、文化和话语因素的相对重要性。托尔夫森(Tollefson,1991)认为经济力量在大多数语言过程中占据着核心地位;相反,彭尼库克(Pennycook,1994,1998)则认为,那些关注文化政治和话语的研究方法更加有效。

关于国家在语言政策中的重要性问题,研究者们也存在类似的争论。[51] 例如,梅(May,2001)认为,在针对语言上的族群的政策问题分析中,民族—国家应居于核心地位。同样,托尔夫森(Tollefson,1991)也认为"在诸如教育、法律、政府等占主导地位的(国家)机构中采用少数派语言的斗争,和其他各种语言权利斗争一样,都是语言上的少数民族为了实现自身合法化、改变自己与国家的关系所做的努力"(第202页)。相反,马兹鲁伊(Mazrui,2002)和阿利度(Alidou,2004)指出,全球化已经弱化了政府的作用,强化了欧盟、世界银行、多国公司等国际组织的作用,未来在更广泛领域的研究应该力求制定包括各种因素和机构的更复杂的语言政策模式。

第二个关注的领域是语言权利的价值,特别是在教育领域中的价值。在这领域里有一些批判性研究特别重要,他们针对长期以来母语教育权利的普遍假设提出了质疑。尽管一些研究者(如 Phillipson,2000;Skutnabb-Kangas,2000)对母语教育权利持支持态度,其他人则认为对母语教育的偏向政策可能会保持那些占主导地位群体的社会、经济、政治优势(参见 Ricento & Wiley,2002)。这些争论中特别有影响力的是有关南非的研究,在那里母语教育是种族隔离时代最重要的政策(Blommaert,1996;de Klerk,2002)。显然,当前仍有必要对母语政策展开更多的分析,这其中涉及的社会议题和政治议题虽然未必与语言政策相关,却可能事关政治权力的争斗。

第三个关注的领域是语言维系和复兴的可能性。尽管人们普遍认为家庭和当地社团是语言维系和复兴的关键场所,也有人认为,学校可以成为抵抗英语和其他主流语言入侵的潜在力量。例如,克劳福德(Crawford,1995)对北美的语言复兴情况就感到十分悲观,原因是这类项目在那里会受到政治力量的强力干涉。而麦卡蒂(McCarty,2002b)认为学校"可以成为孩子们自由使用本地语言并成长为原住民的地方,而本地语言也具备应有的多种多样和不断变化的形式与意义"(第 304 页)。批判语言政策研究须解决一个关键问题,那就是更好地理解有助于语言保持和复兴项目成功的因素,尤其是政策制定和项目设计过程中原住民社团所发挥的作用(Gegeo & Watson-Gegeo,2002;May,2001)。

与这个议题相关的另一个争论是,各个社会是否应该投入资源进行语言保持和复兴项目。一些批判语言政策研究者强调语言权利(如 May,2001;Skutnabb-Kangas,2000),但其他研究者则声称,那些支持语言权利的论证在本质上是规范性的,说到底也就是主观的和道德方面的(Brutt-Griffler,2002)。另一派的研究者则更关注社会公平。他们认为语言保持和复兴有助于语言上的少数民族寻求更大的社会、经济、政治公平。例如,科森(Corson,1992)认为,若仅仅通过主流群体的权力使用,那么对许多孩子来说学校就会存在很多不公平,因此要使语言上的少数族群孩子获得正当教育和经济机会,我们就必须坚持开展各种语言项目,以支持少数群体的语言。语言保持和复兴的第三个原因是强调语言多样性的经济价值,这就像清洁的空气一样应被视作社会的财富。这种观点源于语言的生态模式,在理论上目前尚不完善(参见 Grin,2002;Grin & Vaillancourt,2000)。

尽管人们努力使一些语言得以保持和复兴,但是随着世界范围内语言的迅速消失,对语言转用的抵制应该继续成为批判语言政策研究的重点。在这个方面,梅(May,2001)、麦卡蒂(McCarty,2002a,2002b)、盖基欧和华生-盖基欧(Gegeo & Watson-Gegeo,2002)的研究特别有意义。

第四个关注的问题是批判性研究如何能够带来更大的社会公平(参见 Corson,1992;Habermas,1985)。其中的关键问题是,当今世界中那些超民族决策机构的影响日益强大,我们是否能够发展出更民主的语言政策形式,使非主流的族群语言群体也能参与到那些事关自身利益的语言决策之中。面对各种全球化进程和强制措施,如官方语言法案、偏向主流语言的中央集权主义政策、移民限制和军事行动,一些语言上的少数民族群体别无选择,只能像南斯拉夫和其他地方的人们那样,争取领土自主或求助于族群语言民族主义(ethnolinguistic nationalism)(Tollefson,2002c)。批判语言政策研究者应该尝试着建立不同的语言政策,一方面尊重族群语言身份的重要地位,同时又避免造成新的不公正现象。方法之一就是将语言使用原则视为公民权的核心要素(Kymlicka,1995;May,2001;McCarty,2002)。方法之二是实施保护多种语言的多元主义(Skutnabb-Kangas,2000;Tollefson,2002a)。方法之三是阐明语言政策中的各种理念,以鼓励那些头脑明智而有着怀疑精神的公民重新参与各种形式的决策过程(Donahue,2002)。无论用哪种方法,批判语言政策研究者一致认为,为实现和平与社会公平,我们必须充分关注各种社会机构(尤其是学校和工作场所)中语言政策和语言使用之间复杂的相互作用。

值得深入阅读的文献提要

Bourdieu, P. (1991). *Language and symbolic power*. Oxford: Polity.

在这本影响深远的著作中,布迪厄阐明了他的语言批判理论。布迪厄所提出的"习性"(habitus)概念具有决定性社会结构与个人主体的双重效力。在语言政策方面,"习性"的概念影响了一系列的研究,这其中包括梅对民族性的分析(May,2001)和托尔夫森提出的历史—结构方法(Tollefson,1991)。

Foucault, M. (1991). Governmentality. In G. Burchell, C. Gordon, & P. Miller (eds.), *The Foucault effect: Studies in governmentality* (pp. 87—104). Chicago: University of Chicago Press.

  福柯对于政府管控的研究具有深远而巨大的意义,对批判语言政策研究和社会科学的其他领域也都产生了很大的影响。由于众多学者都会采用这个视角进行研究,实有必要深入理解其中的基本要义。

Habermas, J. (1975). *Legitimation crisis*. Boston: Beacon Press.

  本书是哈贝马斯对当代社会所面临的危机所做的经典分析,对社会科学中许多领域的批判理论都产生了深远的影响。批判语言政策的研究者也追随哈贝马斯的思想,深入分析了语言政策的过程和语言使用是如何被"殖民化",又如何为国家与资本主义经济服务,而非帮助历史文化群体的利益。

Phillipson, R. (1992). *Linguistic imperialism*. Oxford: Oxford University Press.

  菲利普森的这一重要著作汇总了他的语言帝国主义理论。尽管菲利普森的思想主要受到发展理论而非批判理论的影响,但他对于语言和社会不公的关注与其他批判语言政策研究者观念是一致的。

Tollefson, J. W. (1991). *Planning language, planning inequality: Language policy in the community*. London: Longman.

  这本书阐明了批判语言政策研究中的历史—结构方法,与语言政策分析中的传统的新古典流派形成鲜明的对比。书中章节包括不同语境下语言政策的个案研究,用历史—结构的方法对各个语境中的政策情况进行了分析。

Tollefson, J. W. (ed.) (2002d). *Language policies in education: Critical issues*.

Mahwah, NJ: Lawrence Erlbaum.

本书汇集了一系列的个案研究，均采用批判的方法分析教育领域的语言政策问题，其中包括历史—结构方法和政府管控。书中涉及的语境有语言政策制造社会不公，也有谋求社会变革而提出的批判教学法，如语言少数群体成功地利用语言政策抵抗强势群体的压迫。

Williams, G. (1992). *Sociolinguistics: A sociological critique*. London: Routledge.

在本书中，威廉斯对社会语言学进行了批判性反思，并参考批判社会学的思想，提出了一种语言政策研究的新方法。威廉斯提出，由于大多数社会语言学家不熟悉社会学与政治科学的新近发展，社会语言学的研究出现理论不足的问题（undertheorized）。威廉斯还采用他的方法分析了威尔士的语言政策（Williams & Morris, 2000）。

讨　论

1. 一些传统的（非批判的）语言政策研究未能体现语言政策对社会不公的影响。以下文句摘引自语言政策的一本概论性著作："现在似乎随处可见现代化进程和保护措施，一方面通过技术上成熟复杂的语言（technologically sophisticated languages）为所有人提供通往现代世界的途径，另一方面也通过鼓励他们使用第一语言（母语）来构建认同感"（Eastman, 1983: 31）。上述引文中暗含着有关语言政策目标的何种预设？作者所谓的"技术上成熟复杂的语言"是什么意思？"技术上成熟的语言"可以提供通往"现代世界"的途径吗？"母语"可以提供"认同感"吗？

2. 有一种针对社会正义的批判认为，衡量正义可以通过"社会在何种程度上确保每个个体可以使用他们的母语来获得教育与就业"（Tollefson, 1991: 210）。在读完考尔森有关社会正义与语言政策的文章后（Corson, 1992），请思考一下你对"社会正义"的理解。在你的定义中，语言有什么作用？

3. McGroarty (2002) 研究了"公民权"（citizenship）的概念并提出了一个问题，即自由民主制是否可以在教育领域采用多种语言的政策。在读完他的文章后，请思考公民权是否蕴含着对语言的合法保护，正如许多国家对性别、宗教、言论和种族的保护一样。鉴于许多国家中教育制度受到预算限制,语言权利是否可以获得保护?

4. 将历史—结构方法(如 McCarty,2002b)与"政府管控"视角(如 Moore, 2002)进行比较和对比。它们各自的研究焦点是什么?它们有关语言决策中国家权威的观点有什么不同?两者又有何相似之处?

5. 麦卡蒂指出,她的研究"并非冷静客观的描述。它所反映的立场是一个参与的外来者"(McCarty,2002b:286)。有关 CLP 的批评之一就是它将研究者的政治见解混入科学活动,从而混淆了科研与政治的边界。例如,在回顾菲利普森的"语言歧视"(linguicism)概念时,Davies(1996)就认为,研究过程中不应该有如此深度的研究者参与。对于许多 CLP 研究者在各自研究中所体现出的明确的政治立场,你的观点是怎样的?

参 考 文 献

Alidou, H. (2004). Medium of instruction in Sub-Saharan Africa. In J. W. Tollefson & A. B. M. Tsui(eds.), *Medium of instruction policies: Which agenda? Whose agenda?* (pp. 195—214). Mahwah, NJ: Lawrence Erlbaum.

Baugh, J. (2000). *Beyond Ebonics: Linguistic pride and racial prejudice*. Oxford: Oxford University Press.

Blommaert, J. (1996). Language planning as a discourse on language and society: The linguistic ideology of a scholarly tradition. *Language Problems and Language Planning*, 20, 199—222.

Bourdieu, P. (1991). *Language and symbolic power*. Oxford: Polity.

Brutt-Griffler, J. (2002). Class, ethnicity, and language rights: An analysis of British colonial policy in Lesotho and Sri Lanka and some implications for language policy. *Journal of Language, Identity, and Education*, 1, 207—234.

Canagarajah, A. S. (1999). *Resisting linguistic imperialism in English teaching*. Oxford: Oxford University Press.

Canagarajah, A. S. (2002). Reconstructing local knowledge. *Journal of language, Identity, and Education*, 1, 243—259.

Corson, D. (1992). Social justice and minority language policy. *Educational Theory*, 42, 181—200.

Crawford, J. (1995). Endangered Native American languages: What is to be done, and why? *Bilingual Research Journal*, 19(1), 17—38.

Cummins, J. (2000). *Language, power, and pedagogy: Bilingual children in the crossfire*. Cleve-

don:Multilingual Matters.
Davies,A. (1996). Review article:Ironising the myth of linguicism. *Journal of Multilingual and Multicultural Development*,17(6),485—496.
de Klerk,G. (2002). Mother tongue education in South Africa:The weight of history. *International Journal of the Sociology of Language*,154,29—46.
Donahue,T. S. (2002) Language planning and the perils of ideological solipsism. In J. W. Tollefson(ed.),*Language policies in education:Critical issues*(pp. 137—162). Mahwah,NJ:Lawrence Erlbaum.
Dua,H. (1996). The politics of language conflict:Implications for language planning and political theory. *Language Problems and Language Planning*,20(1),1—17.
Eastman,C. (1983). *Language planning:An introduction*. San Francisco:Chandler and Sharp.
Fairclough,N. (1989). *Language and power*. London:Longman.
Fishman,J. A.,Ferguson,C. A.,& Das Gupta,J. (eds.)(1968). *Language problems of developing nations*. New York:John Wiley & Sons.
Foucault,M. (1972). *The archaeology of knowledge*. New York:Pantheon.
Foucault,M. (1979). *Discipline and punish*. Harmondsworth:Penguin.
Foucault,M. (1991). Governmentality. In G. Burchell,C. Gordon,& P. Miller(eds.),*The Foucault effect:Studies in governmentality*(pp. 87—104). Chicago:University of Chicago Press.
Gegeo,D. W. (1998). Indigenous knowledge and empowerment:Rural development examined from within. *Contemporary Pacific*,10,289—315.
Gegeo,D. W. & Waston-Gegeo,K. A. (2002). The critical villager:Transforming language and education in Solomon Islands. In J. W. Tollefson(ed.),*Language policies in education:Critical issues*(pp. 309—325). Mahwah,NJ:Lawrence Erlbaum.
Gramsci,A. (1998). *A Gramsci reader:Selected writings*(ed. D. Forgacs). London:Lawrence & Wishart.
Grin,F. (2002). [Review of the book *Language and minority rights*]. *Language Problems and Language Planning*, 26(1),85—93.
Grin,F. & Vaillancourt,F. (2000). On the financing of language policies and distributive justice. In R. Phillipson(ed.),*Rights to language:Equity,power,and education*(pp. 102—110). Mahwah,NJ:Lawrence Erlbaum.
Habermas,J. (1975). *Legitimation crisis*. Boston:Beacon Press.
Habermas,J. (1979). *Communication and the evolution of society*. London:Heinemann.
Habermas,J. (1985). *The theory of communicative action*(vol. I). London:Polity.
Habermas,J. (1986). *Autonomy and solidarity*. London:Verso.
Habermas,J. (1987). *The theory of communicative action* (vol. II). Boston:Beacon Press.

Habermas, J. (1988). *On the logic of the social sciences*. Cambridge, MA: MIT Press.

Hindess, B. (1997). Politics and governmentality. *Economy and Society*, 26(2), 257—272.

Holt, L. & Margonis, F. (1992). Critical theory of a conservative stamp. *Educational Theory*, 42, 231—251.

Kymlicka, W. (1995). *Multicultural citizenship*. Oxford: Oxford University Press.

Lippi-Green, R. (1997). *English with an accent: Language, ideology, and discrimination in the United States*. London: Routledge.

May, S. (2001). *Language and minority rights: Ethnicity, nationalism, and the politics of language*. London: Longman.

Mazrui, A. M. (2002). The English language in African education: Dependency and colonization. In J. W. Tollefson (ed.), *Language policies in education: Critical issues* (pp. 267—282). Mahwah, NJ: Lawrence Erlbaum.

McCarty, T. L. (2002a). *A place to be Navajo: Rough Rock and the struggle for self-determination in indigenous schooling*. Mahwah, NJ: Lawrence Erlbaum.

McCarty, T. L. (2002b). Between possibility and constraint: Indigenous language education, planning, and policy in the United States. In J. W. Tollefson (ed.), *Language policies in education: Critical issues* (pp. 285—307). Mahwah, NJ: Lawrence Erlbaum.

McCarty, T. L. (2004). Dangerous difference: A critical-historical analysis of language education policies in the United States. In J. W. Tollefson & A. B. M. Tsui (eds.), *Medium of instruction policies: Which agenda? Whose agenda?* (pp. 71—93). Mahwah, NJ: Lawrence Erlbaum.

McGroarty, M. (2002). Evolving influences on educational language policies. In J. W. Tollefson (ed.), *Language policies in education: Critical issues* (pp. 17—36). Mahwah, NJ: Lawrence Erlbaum.

Moore, H. (2002). "Who will guard the guardians themselves?" National interest versus factional corruption in policymaking for ESL in Australia. In J. W. Tollefson (ed.), *Language policies in education: Critical issues* (pp. 111—135). Mahwah, NJ: Lawrence Erlbaum.

Norton, B. (2000). *Identity and language learning: Gender, ethnicity and educational change*. London: Longman.

Pederson, R. W. (2002). Language, culture, and power: Epistemology and agency in applied linguistics. Unpublished doctoral dissertation, Pennsylvania State University.

Pennycook, A. (1994). *The cultural politics of English as an international language*. London: Longman.

Pennycook, A. (1998). *English and the discourses of colonialism*. London: Routledge.

Pennycook, A. (2001). *Critical applied linguistics: A critical introduction*. Mahwah, NJ: Lawrence Erlbaum.

Pennycook, A. (2002a). Language policy and docile bodies: Hong Kong and governmentality. In J. W. Tollefson(ed.), *Language policies in education: Critical issues*(pp. 91—110). Mahwah, NJ: Lawrence Erlbaum.

Pennycook, A. (2002b). Mother tongue, governmentality, and protectionism. *International Journal of the Sociology of Language*, 154, 11—28.

Phillipson, R. (1992). *Linguistic imperialism*. Oxford: Oxford University Press.

Phillipson, R. (ed.) (2000). *Rights to language: Equity, power, and education*. Mahwah, NJ: Lawrence Erlbaum.

Ramanathan, V. (1999). "English is here to stay": A critical look at institutional and educational practices in India. *TESOL Quarterly*, 33, 211—231.

Ricento, T. & Wiley, T. G. (eds.) (2002). Revisiting the mother tongue question in language policy, planning, and politics. *International Journal of the Sociology of Language*, 154.

Ryon, D. (2002). Cajun French, sociolinguistic knowledge, and language loss in Louisiana. *Journal of Language, Identity, and Education*, 1, 279—293.

Skutnabb-Kangas, T. (2000). *Linguistic genocide in education—or worldwide diversity and human right?* Mahwah, NJ: Lawrence Erlbaum.

Smith, L. T. (1999). *Decolonizing methodologies: Research and indigenous peoples*. London: Zed Books.

Street, B. V. (ed.) (1993). *Cross-cultural approaches to literacy*. Cambridge: Cambridge University Press.

Tollefson, J. W. (1989). *Alien winds: The reeducation of America's Indochinese refugees*. New York: Praeger.

Tollefson, J. W. (1991). *Planning language, planning inequality: Language policy in the community*. London: Longman.

Tollefson, J. W. (2002a). Conclusion: Looking outward. In J. W. Tollefson(ed.), *Language policies in education: Critical issues*(pp. 327—337). Mahwah, NJ: Lawrence Erlbaum.

Tollefson, J. W. (2002b). Disadvantages of language policy and planning. In R. B. Kaplan (ed.), *The Oxford handbook of applied linguistics*(pp. 415—423). Oxford University Press.

Tollefson, J. W. (2002c). Language rights and the destruction of Yugoslavia. In J. W. Tollefson (ed.), *Language policies in education: Critical issues*(pp. 179—199). Mahwah, NJ: Lawrence Erlbaum.

Tollefson, J. W. (ed.) (2002d). *Language policies in education: Critical issues*. Mahwah, NJ: Lawrence Erlbaum.

Tsui, A. B. M. & Tollefson, J. W. (2004). The centrality of medium of instruction policies in sociopolitical processes. In J. W. Tollefson & A. B. M. Tsui(eds.), *Medium of instruction policies: Which agenda? Whose agenda?* (pp. 1—18). Mahwah, NJ: Lawrence Erlbaum.

Watson-Gegeo, K. A. & Gegeo, D. W. (1995). Understanding language and power in the Solomon Islands: Methodological lessons for educational intervention. In J. W. Tollefson(ed.), *Power and inequality in language education* (pp. 59—72). Cambridge: Cambridge University Press.

Watson-Gegeo, K. A. & Gegeo, D. W. (1999). Culture, discourse, and indigenous epistemology: Transcending the current models in language policy and planning. In T. Huebner & K. A. Davis(eds.), *Sociopolitical perspectives on language policy and planning in the USA* (pp. 99—116). Amsterdam: John Benjamins.

Williams, G. (1992). *Sociolinguistics: A sociological critique*. London: Routlegde.

Williams, G. & Morris, D. (2000). *Language planning and language use: Welsh in a global age.* Cardiff: University of Wales Press.

Willis, P. (1977). *Learning to labour.* Westmead: Saxon House.

何莲珍 译　　傅莹 校对

第四章 语言政策中的后现代主义

阿拉斯泰尔·彭尼库克

后现代主义可能看起来与语言政策关系不大。在各种大众话语中,后现代的概念往往表示"矛盾""混沌""现代"或"自命不凡",也用于描述各种概念,如融合现代与传统元素的建筑风格或通信技术新形式等;后现代的概念过于模糊、易招人嘲笑,无法作为一种哲学框架来解释语言运用决策。然而我们完全有理由认为,在后现代主义话语场中,有些观点十分严肃,因此也有理由围绕后现代主义对语言政策的影响展开讨论。

后现代性与后现代主义

首先,为更好地理解这一概念,我们有必要先对后现代主义的概念进行一个基本的区分。第一个概念,有时被称为后现代性(postmodernism)(或者新现代主义,neomodernism,见 Alexander,1995),中心论点来自于现实主义,关注资本主义后期的世界状态。这一视角关注新的工作、经济和政治结构条件引起的社会结构、通信、文化等方面的变化。应用语言学领域里的研究者首要关注的是后福特主义工作经验、"新时代"、扁平型工作模式、新技术和新媒体对读写能力等问题的影响。例如,新型工作场所要求员工具备多种能力,由此需要人们具备多种素质(multiliteracies)(Cope & Kalantzis,2000;Kress,2003)。从语言政策的视角来看,现实主义的观点主要关注新千年后语言的状况,对当今经济和政治关系中许多世界语言的存亡具有启示作用。

就这一视角而言,后现代语言政策是按照不断变化的政治经济条件来制定语言政策的。例如,一些主要语言(如英语)的传播和推广,其起因及后效如何？语言政策如何从殖民时代向新殖民时代转变？为什么会转变？（像后现代性和后现代主义的区分那样，新殖民主义/后殖民性和后殖民主义这两者之间也存在类似的差别。）在工作中采用主要的国际语言而非本地语言，这样的做法满足了谁的利益？语言权的概念能否解决许多语言的消亡问题？（如见 Brutt-Griffler, 2002a; Kamwangamalu, 1997; Pennycook, 1994; Phillipson, 1992; Skutnabb-Kangas, 2000）这一视角所遭遇的主要挑战之一是，一方面要透彻分析全球化，同时兼顾语言和读写能力的新发展与资本、媒体、技术、人和文化的新发展之间的复杂关系（见 Appadurai, 1996）；或者，针对哈尔特和内格里（Hardt & Negri, 2000）的质疑，解释"使当今世界有序发展的新结构和权利的新机制。帝国不是现代帝国主义的微弱回声，而是一种截然不同的新统治形式"（第 146 页）。迄今为止，全球背景下的语言研究很少涉及后现代的复杂概念。

然而，我在这里不打算讨论这种意义的后现代性，一是因为本书其他章节已或多或少地涉及这个问题，二是因为后现代的另一种理解与此很不一致。从另一角度来看，若认为我们正处于后现代时代，认同语言和文化都是政治经济力量的反映，那我们实际所持的是现代主义和结构主义的认识论。根据这一认识论，语言反映社会，上层建筑是对基础关系的反映，例如语言、文化、话语以及意识形态不仅反映了更为根本的社会、经济和政治目标，也使后者合法化。后现代主义的第二种理解正是对上述物质主义和现实主义的挑战，或者说，它力求转变或瓦解这种关系，让人们在语言、话语、意识形态和文化领域内理解世界和组织世界。后现代主义的第二种理解主要是对现代性的各种假设提出质疑，其中包括所谓的启蒙运动、西方思想在世界范围里的霸权以及我们用以理解世界的各种工具和概念。就应用语言学或语言政策而言，这个研究视角主要与语言、政策、母语、语言权利等概念有关，这些概念构成了当前语言政策和语言规划的主题。本章所要探讨的就是对后现代主义的这一理解。

后现代主义：简要回顾

我在这里无法详细考察后现代理论的许多分支，仅讨论其中的一种形式,它既体现为欧美现代化项目计划中的学术、文化和政治危机,也是一种谋求变革的政治计划。上述这些全球性趋势在过去的50多年间逐渐显现,也出现了一种根深蒂固的不安感,即担心所谓启蒙运动中那种傲慢的欧洲认识论也许无法将这个世界从日益增加的恐惧和毁灭中解救出来,相反,它本身就是这些问题的一部分。后现代理性研究于是开始转向自身,反思我们思考问题的方式,反思我们如何构建出不同的现实观念,而那些预设的行为规范、价值观和各种条件都是围绕那些观念而运作的。因此,我们可以把后现代主义理解成对于许多基本概念的哲学反思,而那些基本概念就是我们所获得的知识。后现代思想一般被看作是反本质主义、反基础主义、反宏大叙事的。因此,它对所有自称"放之四海而皆准"的真理提出质疑,比如"人性""启蒙"或"解放";它让人们对有关现实、真理或普遍性的说法心存怀疑。后现代主义拒绝统一性、总体化、先验概念或认为知识无偏的信念。简而言之,我们可以把后现代主义看作是"对既成思想不断提问的过程"(Dean,1994:4)。

这种观点看似与认识论上的无政府主义大同小异,然而,还有几个重要问题必须说明一下。第一,后现代主义不应被理解为思想的准绳,而是一种思维和行动的方式、一种对世界的怀疑态度,不对任何事物持有想当然的态度。在这种意义上,后现代主义"更应被视为一种心智状态,一种批判的姿态和风格,一种看问题和做事情的方式,而非一种固定的对立立场,也不是一套僵化不变的批评技巧"(Usher & Edwards,1994:17)。第二,有别于那些对后现代主义的幼稚评论,它并不支持毫无希望的相对立场;相反,它质疑相对主义—普世主义的二元对立,更偏向于情境知识(situated knowledge)的概念(见Lather,1992):"我们应该将现代性的相对主义与后现代时期的局部性和特殊性区分开来"(Usher & Edwards,1994:223)。由此,后现代主义能够帮助我们超越普世主义和相对主义那些相互对立的概念框架,将知识、行动和价值始终处于特定的情境中加以思考。

第三,与后殖民主义一样,后现代主义或许缺乏一种政治立场(总是向后看,始终无法摆脱自己提出来的问题),对后现代主义的这种批评固然有其合理的依据,不过,扬将后现代主义定义为"欧洲文化的一种意识,即发现自己不再是无可置疑、一统天下的世界中心"。(Young,1990,第19页)这一定义便将后现代主义置于更广阔的知识政治学领域。这样,后现代主义思潮开始关注西方何以成为西方(西方主义,occidentalism;见 Venn,2000),事物何以看起来不同(后西方主义,postoccidentalism;见 Mignolo,2000),这种思潮就成为了反思世界的一种政治努力。最后,后现代主义不仅关注解决真实的不平等问题(见 McGee,1995),也关系到指导行动的认识论问题,正如斯科特(Scott,1999)对后殖民理论提出的建议那样,后现代主义采取了一种拒绝的政治理念,对解放持怀疑态度(法农和福柯都是如此),这样,后现代主义一方面仍然接壤后现代性,既避免了前者趋于非政治性的智力游戏的倾向,也避免了后者趋于缺乏理性怀疑态度的政治现实主义的倾向。

我在这里所说的后现代主义观点可以总结为一种怀疑态度,它对许多广为接受、奉为圭臬的概念和思维模式都提出了质疑。男人、女人、阶级、种族、民族、国家、身份、意识、解放、语言、权利、政策或规划,所有这些被视为理所当然的范畴都被看作是暂时的、多变的,产生于特定情形之下,而非受制于任何先验的本体论认识。尽管如此,这种观点仍不免涉及差异、支配、不平等以及欲望等问题(比较 Janks,2000)并受它们影响:差异是指社会文化差异形式的建构和处理;支配是指权力的运作与效果;不平等与资源获取和弱势群体问题相关;而欲望则是关于人们为何从事特定的社会和文化形式以及如何创造新的未来。

后现代主义与语言政策

后现代主义提出了许多对语言政策和语言规划而言非常重要的概念:第一,它探讨了权力在民族国家关系中所起的重要作用,特别讨论了如何通过语言实现统治的问题;第二,它促使我们将语言视为一个殖民化/现代主义的构念,对语言的本体意义进行反思;第三,它质疑了各种宏大叙事和帝国主义、语言权利或语言获得等影响深远的认识论问题;第四,它提出了理解语言和语言政策的各种方式,如立足本土、立足情境、结合上下文语境和其他一些偶然的方式。

治理性

语言政策的问题可以是选择何种语言用于政府、教育界、法律界,决定学校教学的媒介、明确翻译在法庭和政府部门中的角色,或者贯彻合理的国家政策决议。但语言政策远远不止于此。语言政策还关系到语言运用作为语言治理性(language governmentality)的问题。福柯在其晚年的著作(如Foucault,1991)中指出,治理性的概念关注权力在不同社会活动的微观层面上如何运作,而非关注国家的宏观规章制度。的确,在治理性的概念中这些微观和宏观的关系都被忽略了。迪安(Dean,1994)也曾解释道,"福柯提议应分析政府权力的运作,国家运转的技巧和实践,以及其中的合理性和策略性,而不是分析国家理论。"(第179页)

罗斯(Rose,1996)也曾指出,最好将治理性理解为"一系列政府技术"(technologies of government),可以根据不同的策略、技巧和过程进行分析,正是通过这些策略、技巧和过程,政府规划得以颁布。所以,这不是仅仅通过主观意志将理想化的规划付诸实施,而是一个复杂的复合体,它由不同力量(法律的、建筑的、职业的、行政的、金融的、审判的),不同技能(符号、计算、估算、检验、评估)以及不同方法(调查和图表、训练体系、建筑形态)构成,可以按照权威标准来调节个体、团体及组织的决策与行为。(Rose,1996:42)

因此,语言治理性可以理解为在不同的机构(法律、教育、医学、印刷)中,通过不同的手段(书籍、规章制度、测验、文章、勘误),有关语言和语言形式的决策对于不同人群、团体和机构的语言运用、思想和行为所进行的调节和规范。

语言治理性的概念十分重要,因为它对广为认可的语言政策与规划提出了许多挑战:在对治理(governance)的理解上,它不关注政府权力机构有意的、中央化的策略行为,而是关注实现治理的方式的多样性。这样一来,它使人们不再将国家视为将意愿强加于民的有意图的行为者,而是将注意力转移到本土的、往往是互相矛盾的权力运作问题。此外,根据这一概念,若要理解生活中各种规则的有效实现,我们更应考察话语运作、教育实践和语言使用,而不是那些法律、规章制度、警务或者意识形态的问题。最后,它还体现了政府从独裁转向自由的方式,这种转移伴随着越来越多的、通过监督模式多样化来实现的治理模式。这种观点可以帮助我们看清许多问题。例如,在一个层面上或许看起来具有启蒙作用的双语教育政策,很可能通过教育和其他领域里一系列双语监控体制的力量,成为一种新增的治理性策略。在这其中非常重要的一点,就是治理性对一些语言政策的规范性(normativity)提出了挑战;从批判的/自由的立场来看,一些政策显然是不错的:如倡导双语制、多语制,保护不常用语言。从治理性的角度而言,并不是说这些政策目标不正确,而是要求我们从政策可能造成的治理后果来重新考虑这些问题。

对语言本体论的质疑

如果说从后现代的角度去理解政治与治理让我们更加关注国家、权力和掌控的运作方式,那么,在另一方面,这一视角也对众多有关语言的理解提出了重大的挑战。首先,它认为,语言这一概念是殖民化现代主义国家的产物或发明,应对此进行批判地检验。正如埃林顿(Errington,2001:24)所说,殖民时代的权力机构和传教士"都有某种地区思维,类似的想法在殖民时代的语言学著作里也有体现,就是预设单一语言是与泾渭分明的区域界线相匹配的……生活在这些区域范围里的群体被认为是族群语言方面的匀质群体,他们各自居于特定的区域,并自然形成'部落'或'民族'"。

上述观点将语言和伴随语言的结构、界限、语法和形式都视为本体论的存在,无论在学术讨论还是大众话语中,这种观点已经几乎成为了一种毋庸置疑的前提假设。然而,哈里斯(Harris,1990:45)反驳道:

> 语言学无须把假定语言的存在作为其理论构成的一部分。换言之,我们反而应该怀疑,正统现代语言学中所定义的"语言"概念,究竟

是否有任何限定的或可限定的客体,无论是社会客体还是个人客体,也无论是制度客体还是心理客体。如果这样的客体不存在,那么就只能有一个结论:现代语言学是建立在一个神话之上的。

如果我们认真地审视这一提法,就会对语言规划中的"语言"概念产生质疑,进而质疑语言政策对语言的内部和外部因素可能带来的后果。哈里斯认为,一方面,我们至少应建立一种综合的语言观(an integrationalistapproach to language),不再把语言视为有界实体,而是将其重置于一个更广阔的多模态符号学系统之中。这种观点不再把语言从其他社会行为和符号系统中隔离开来,而是在更广阔的背景下对多模态展开研究(见 Kress,2003),而意义的理解应包括其他形式的表现手法(如身体、音乐、舞蹈、服装)。另一方面,学者们也开始质疑语言是否有深层语法系统这种东西。霍珀(Hopper,1998:157—158)认为"语言没有自然的、固定的结构。相反,人们往往是从先前的交谈经历中借用大量的语言,用于类似的情境、讨论相似的话题或者和同一类型的谈话者交谈。按照这种观点,语言的常用形式被放入临时的子系统中形成积淀,而系统性就是这种积淀产生的虚幻。"

因此,语言政策的后现代(或后殖民)主义研究提醒我们,不必维护"语言存在"这样一个具有危害性的神话。我们由此可以发展出一种反基础主义的语言观,把语言看作社会交往中自然发生的产物,而非受限于特定民族、领地、出身或国家的预先存在的体系。这样,那些对语言进行规划的概念就变得令人怀疑,比如选择这种或那种语言,或者决定采用一种、两种、三种、五种或者十一种语言。卢克等人(Luke,McHoul & Mey,1990)对语言政策和语言规划也提出了有力的批判,他们指出,尽管语言可以被规划,而话语却不可以。然而我在这里要提出的问题是,事实上连语言也不能被规划,因为根本没有充分的理由可以假定语言的存在。当然,这并不是说语言政策毫无用处,而是如我在讨论治理性中所说的那样,我是想提出这样的问题:如果语言无法证明它们的本体地位,那么事关语言的语言政策又能研究什么呢?

对宏大叙事的质疑

语言政策研究中的宏大叙事到底应该看作保守话语还是解放话语，这一问题也受到了后现代研究的质疑。近期最为宏大的批判性叙事是围绕着语言帝国主义和语言权利这两个问题展开的。一方面，英语的全面使用扼杀了许多其他的语言，造成世界语言的同质化。我们的观点是，英语不仅与帝国主义相关，且本身就是一种帝国主义力量。在津田幸男（Yukio Tsuda, 1994）的研究基础上，菲利普森（Phillipson, 1990）描述了这种英语扩散的范例，认为英语扩散与"不加批判地认可资本主义、资本主义科学技术、现代化意识形态、以单一语言主义作为其标准、美国化和世界文化同质化以及语言、文化和媒体的帝国主义"这些问题紧密相关（第274页）。另一方面，我们面对的是一个日益普及的语言权利概念（例如，见 Skutnabb-Kangas, 2000），这种概念试图保持全球的异质性和多样性。这些在全球背景下讨论语言政策的宏观框架将在本书其他章节中讨论（如参见第14章和15章），我在此仅从后现代视角探讨这些概念。

在与语言帝国主义概念有关的各种问题中（例如，参见 Canagarajah, 1999a），拉贾戈帕兰（Rajagopalan, 1999:201）提出的一个重要的观点是：

> 人们对于英语语言的霸权及其帝国主义的自命不凡加以指责，这些指责本身就带有某种语言思维方式的烙印，在一个对于民族主义过度狂热、对于他国的财富进行有组织的掠夺的思想氛围之中，人们往往会认为，认同是一个非黑即白的概念。

语言权利的概念也曾遭受过类似的非议。例如，"19世纪浪漫主义观点把个人的语言作为人类的尊严以及个人和集体身份的标准"（Coulmas, 1998:71），按照这种观点，语言变化是短暂的意识形态潮流。库尔马斯据此提出疑问，指出"语言转用就是一场灾难"这一概念也许只是意识形态发展中暂时的潮流而已。梅（May, 2004）也曾指出，那些针对语言人权的批评，主要体现了对少数族群语言及其消亡所持的一种"保护主义"（见 Pennycook,2001）和"浪漫主义"的态度,且事先假定语言和民族之间存在着某种必然的联系。梅（May,2004）认为这一立场会遭到强有力的反驳,因为"建构主义者/后现代主义者否认语言和身份之间存在任何内在的联系,甚至没有什么强大的联系"（May,2005:35）。拉索尔（Rassool,1998:98）进一步反驳道,现代世界中各种关系错综复杂,人们对权利的普遍性又心存疑虑,这就意味着我们应该寻找其他方法来研究语言权利问题,也就是说"在全球或全国不断变化的情形之下,宣称文化和语言多元化是否仍然具有普世意义？"（参见 Pennycook,1998a）

因此,语言帝国主义和语言权利话语的批评框架,正是在他们意在批评的范式内部构建起来的。帝国主义被看作是采用英语这个霸权事物威胁世界的一种新殖民主义结构,而普遍的语言权利被看作是保持全球多样性的万能药。这两个概念源自不同的认识论观点和政治主张,一个是受马克思主义影响的世界关系的政治经济学思想,另一个关于人性的自由的、普世主义概念。两者都来源于广义的现代主义概念,进而影响到经济、国家、人性和各种政治理论。目前我们所面临的挑战,就是要抛弃语言帝国主义和语言权利的二分对立框架,试图用更灵活多变、更贴近情境的方法去理解语言资源向不同方向的流动。因此,布罗马特（Blommaert）提到在全球化的背景下理解"言语资源与流动性"；兰普顿关注风格跨越与风格模仿的问题（Rampton,1999）；梅则重新反思了语言与民族之间的关系（May,2001,2004）；斯特劳德提出了语言公民身份（lingusitic citizenship）的概念,将语言作为资源的观点与语言和管理之间的关系整合起来（Stroud,2001,2004）。

摒弃、局部偶然性和表现性

语言政策和规划的后现代观点促使我们对语言政策和规划的各种想法进行反思、摒弃并重构（Makoni & Pennycook,2006）。这种语言观点对于自由—语言思想中的许多重要观点都有启示意义。人们不仅开始怀疑语言的概念,基于离散语言（discrete language）这一根本假设发展出来的许多相关的概念,比如语言权利、母语、多语制或语码转换,也都受到了质疑。在社会语言学中,无论是自由主义的观点还是更具批判性的观点,大多会强调多元化的立场,有时还辅以权利概念的支持。因此,有很多人支持母语教育,将提倡多语制视为一种全球规约,提倡理解双语或多语环境下语码转换的观点也日益普及,强调语言权利的重要性,它可以为语言政策提供道德和法律的框架。相比于以单语制为规范的狭隘观点而言,上述想法确实更好,不过仍然没有逃出同样的范式限制:这些论点仍采取了多元化策略,而没有对整个论证中最为核心的虚构概念提出质疑。如果不采用"去除虚构"(disinvention)的策略,大多数有关语言权利、母语、教育或语码转换的讨论就会再次得出与主流语言思潮中相同的语言概念。

这里需要探究的一个重要问题是语言与身份之间的关系。如威廉斯(Williams,1992)和卡梅伦(Cameron,1995,1997)所见,社会语言学常常探讨的是阶层、性别和身份等固定的或静态的范畴,似乎这些显而易见的既定思想正好可以与语言相互匹配。卡梅伦提出一个更具批判性的说法,"作为一种特定的主体,一个人的身份是由许多东西组成的,语言只是其中之一"(Cameron,1995:16)。这一说法就引出了表现性的问题(见 Pennycook,2003,2004),强调语言运用主要是一种施事行为、一种重构而非复制的行为(正如有人认为我们会重复运用语言中那些固定的结构)。这种观点又进一步联系到勒佩奇和塔布雷-凯勒的思想,他们提出语言和文化身份是由身份行为的表现中构成的。我们由此认为,与其说语言运用是重复先前的语法结构,还不如说是表明特定身份的一种符号的重构(Le Page & Tabouret-Keller,1985)。

最近的一些观点(例如巴特勒,Butler,1990)从非基础主义层面关注性别和其他身份认同,同样的道理,语言本身也可以被看作表现行为的产物。巴特勒认为身份是仪式化的社会表现的产物,使主体产生并"随着时间的推移而沉淀"(Butler,1999,第 120 页);类似地,我们也开始把语言识别看作语言运用的主动模式和越界模式。这方面的重要研究包括:兰普顿对"风格跨越"的研究,即某一群体的成员采用其他群体的语言模式,或者"对他者风格的模仿",就是人们在面对面的交流中使用语言和方言来挪用、探究、复制或挑战那些"并不(明确地)属于他们自己的"重要的群体象征和刻板印象(Rampton,1999:421)。这项研究不关注"群体语言学",而是关注"接触语言学","考虑人们使用语言来指明不同情境下社会群体关系的各种复杂方法。往往是在这些情境中,他们行为的接受性和合法性受到质疑,既不能得到遗传或群体内社会化的保证,也没有任何其他语言意识形态的保证"(Rampton,1999:422)。巴勒特的研究还有另一个重要意义,它关注了流行文化、文字游戏以及语境的联系。希尔认为,那些语言运用中"万花筒般富于变化、游戏式的开放风格""跨越了'说话人身份'这一根本观点",对主流社会语言学方法提出了深刻的挑战(Hill,1999:550—551)。这项研究采用更具偶然性的、多变而具有挑战性的方法考虑语言和身份,因此,它并不事先假定语言身份与道德规范、区域或国界有关,而是关注跨越语言和语言之外的身份识别。

结　　论

如果只允许后现代主义保留解构方法,把所谓的宏大叙事、实在论范畴、原教旨主义主张等等拆解开来,那么后现代主义留给我们的就只有支离破碎的知识主张。另一方面,如果后现代性仅仅作为语言的现实政治(realpolitik)的一种形式而继续存在,对其中的术语和概念不予深究,那么它留给我们的唯有政治批判而没有认识论批判。卡纳伽拉雅(Canagarajah,1999b)也曾表达了相似的观点,对于"语言帝国主义"和"多元文化论"这些绝对论的概念和"世界英语中的语言混杂性"这类的相对主义的概念提出了警告。或许上述两个立场永远不可能实现调和一致,但仍有必要让它们继续对立。

那么,这给我们带来了什么启示呢? 语言政策和规划的后现代研究方法要求我们对社会、经济和政治范畴展开反思,从更为本土化的角度去理解治理性的模式。也就是说,如果我们对语言政策的讨论仅仅局限于那些被称为"语言"的语码运用上,特别是在有关权利和帝国主义这些现代性的宏大叙事中展开讨论的话,那么我们很可能错过了重点所在。与其说语言是先于言语的本体论系统,不如说是在身份显示行为中沉淀下来的语言运用的产物。我们通过话语表现身份(而不是在语言中体现不同的身份),也通过话语表现语言。因此,我们需要了解的并非被称为"X 语言"或者"Y 语言"的什么"东西"为人们做什么;相反,我们需要了解的是人们为达到这些语言效应而采取的行动、渴望的需求以及具体的表现。

值得深入阅读的文献提要

Mair, C. (ed.) (2003). *The politics of English as world language.* Amsterdam: Rodopi.

这本书收录了有关语言政策和后殖民文学的大量优秀论文。上文中讨论的许多问题都能在本书中找到。这本书的另一个优势是它既包含了语言政策/社会语言的介绍,也包括了后殖民文学的作品,这种组合十分少见。该书涉及范围甚广,包括澳大利亚和太平洋地区、加勒比海地区、非洲和南亚地区。

Maurais, J. & Morris, M. (eds.) (2003). *Languages in a globalising world.* Cambridge: Cambridge University Press.

虽然本书的方法并不能看作是后现代的研究方法,但是书中探讨了英语以外的其他世界语言,试图为当时世界的语言现状做出精确的描绘,这也是其优势所在。

Pennycook, A. (2001) *Critical applied linguistics: A critical introduction.* Mahwah, NJ: Lawrence Erlbaum.

这本书试图对批判应用语言学领域作一个概述。作者按照主题组织全书,例如"语言政治学"(与本文特别相关)、"文本政治学""教育政治学"等等,对应用语言学领域中自由的、批判的和后现代的观点进行了对比分析。

Ricento, T. (ed.) (2000). *Ideology, politics and language policies: Focus on*

English. Amsterdam: John Benjamins.

这是一本非常实用的语言政策论文集。在绪言中,李圣托对语言政策中不断变化的理念做了一个概述。该论文集还比较了语言政策的不同批判方法。

Usher, R. & Edwards, R. (1994). *Postmodernism and education.* London: Routledge.

这本书讨论了与后现代主义相关的教育问题,十分有趣,值得一读。关于后现代主义的讨论清楚、简洁,很好地展现了对教育、特别是成人教育的启示。

讨 论

1. 思考其他有关后现代主义的讨论。它们与上文中的后现代主义或后现代性有关吗?
2. 思考一个你熟悉的语境,质疑其中所用语言的概念和定义。情况会有什么不同?
3. 后现代主义研究关注情境的和偶然的语言关系,这种语言研究方法可能错过"全局"。另一方面,后现代性研究关注全球的宏观结构,这种研究方法可能漏掉特定区域的重要性。怎样才能使二者的关系达成平衡?
4. 阅读本书的其他章节。他们在多大程度上采用了语言的宏大叙事?又在多大程度上考虑了本土的、偶然的语言效应?
5. 联系你所关心的语境中的语言政策,你该如何理解治理性与语言的本土化理解?

参 考 文 献

Alexander, J. C. (1995). Modern, anti, post, neo. *New Left Review*, 210, 63—101.

Appadurai, A. (1996). *Modernity at large: Cultural dimensions of globalization.* Minneapolis: University of Minnesota Press.

Blommaert, J. (2001). The Asmara Declaration as a sociolinguistic problem: Notes in scholarship and linguistic rights. *Journal of Sociolinguistics*, 5, 131—142.

Blommaert, J. (in press). In and out of class, codes and control: Globalisation, discourse and mobility. In M. Baynham & A. De Fina (eds.), *Dislocations/relocations: Narratives of dis-*

placement. Manchester: St Jerome.

Brutt-Griffler, J. (2002a). *World English: A study of its development*. Clevedon: Multilingual Matters.

Brutt-Griffler, J. (2002b). Class, ethnicity and language rights: An analysis of British colonial policy in Lesotho and Sri Lanka and some implications for language policy. *Journal of Language, Identity and Education*, 1, 207—234.

Butler, J. (1990). *Gender trouble: Feminism and the subversion of identity*. London: Routledge.

Butler, J. (1999). Performativity's social magic. In R. Shusterman (ed.), *Bourdieu: A critical reader* (pp. 113—128). Oxford: Blackwell.

Cameron, D. (1995). *Verbal hygiene*. London: Routledge.

Cameron, D. (1997). Performing gender identity: Young men's talk and the construction of heterosexual masculinity. In S. Johnson & U. H. Meinhof (eds.), *Language and masculinity* (pp. 47—64). Oxford: Blackwell.

Canagarajah, S. (1999a). *Resisting linguistic imperialism in English teaching*. Oxford: Oxford University Press.

Canagarajah, S. (1999b). On EFL teachers, awareness and agency. *ELT Journal*, 53, 207—214.

Cope, B. & Kalantzis, M. (eds.) (2000). *Multiliteracies: Literacy learning and the design of social futures*. London: Routledge.

Coulmas, F. (1998). Language rights—interests of state, language groups and the individual. *Language Sciences*, 20, 63—72.

Dean, M. (1994). *Critical and effective histories: Foucault's methods and historical sociology*. London: Routledge.

Errington, J. (2001). Colonial linguistics. *Annual Review of Anthropology*, 30, 19—39.

Foucault, M. (1991). Governmentality. In G. Burchell, C. Gordon, & P. Miller (eds.), *The Foucault effect: Studies in governmentality* (pp. 87—104). Hemel Hempstead: Harvester Wheatsheaf.

Hardt, M. & Negri, A. (2000). *Empire*. Cambridge, MA: Harvard University Press.

Harris, R. (1990). On redefining linguistics. In H. Davis & T. Taylor (eds.), *Redefining linguistics* (pp. 18—52). London: Routledge.

Hill, J. (1999). Styling locally, styling globally: What does it mean? *Journal of Sociolinguistics*, 3, 542—556.

Hopper, P. (1998). Emergent grammar. In M. Tomasello (ed.), *The new psychology of language* (pp. 155—175). Mahwah, NJ: Lawrence Erlbaum.

Janks, H. (2000). Domination, access, diversity and design: A synthesis for critical literacy education. *Educational Review*, 52, 175—186.

Kamwangamalu, N. M. (1997). The colonial legacy and language planning in Sub-Saharan Africa: The case of Zaire. *Applied Linguistics*, 18, 69—85.

Kress, G. (2003). *Literacy in the new media age*. London: Routledge.

Lather, P. (1992). Postmodernism and the human sciences. In S. Kvale(ed.), *Psychology and postmodernism* (pp. 88—109). London: Sage.

Le Page, R. & Tabouret-Keller, A. (1985). *Acts of identity: Creole-based approaches to language and ethnicity*. New York: Cambridge University Press.

Luke, A., McHoul, A., & Mey, J. L. (1990). On the limits of language planning: Class, state and power. In R. B. Baldauf, Jr, & A. Luke(eds.), *Language planning and education in Australasia and the South Pacific* (PP. 25—44). Clevedon: Multilingual Matters.

Makoni, S. & Pennycook, A. (eds.) (in press). *Disinventing language*. Clevedon: Multilingual Matters.

May, S. (2001). *Language and minority rights: Ethnicity, nationalism and the politics of language*. London: Longman.

May, S. (2004). Rethinking linguistic human rights: Answering questions of identity, essentialism and mobility. In D. Patrick & J. Freeland(eds.), *Language rights and language survival: A sociolinguistic exploration* (pp. 35—53). Manchester: St Jerome.

McGee, T. G. (1995). Eurocentrism and geography: Reflections on Asian urbanization. In J. Crush(ed.), *Power of development* (pp. 192—207). London: Routledge.

Mignolo, W. (2000). *Local histories/global designs: Coloniality, subaltern knowledges, and border thinking*. Princeton, NJ: Princeton University Press.

Pennycook, A. (1994). *The cultural politics of English as an international language*. London: Longman.

Pennycook, A. (1998a). The right to language: Towards a situated ethics of language possibilities. *Language Sciences*, 20, 73—87.

Pennycook, A. (1998b). *English and the discourses of colonialism*. London: Routledge.

Pennycook, A. (2002). Mother tongues, literacy and colonial governmentality. *International Journal of the Sociology of Language*, 154, 11—28.

Pennycook, A. (2003). Global Englishes, Rip Slyme, and performativity. *Journal of Sociolinguistics*, 7, 513—533.

Pennycook, A. (2004). Language studies and performativity. *Critical Inquiry in Language Studies*, 1, 1—19.

Phillipson, R. (1992). *Linguistic imperialism*. Oxford: Oxford University Press.

Phillipson, R. (1999). Voice in global English: Unheard chords in Crystal loud and clear. [Review of the book *English as a global language* by David Crystal]. *Applied Linguistics*, 20, 265—276.

Rajagopalan, K. (1999). Of EFL teachers, conscience and cowardice. *ELT Journal*, 53, 200—

206.

Rampton, B. (1995). *Crossing: Language and ethnicity among adolescents*. London: Longman.

Rampton, B. (1999). Styling the Other: Introduction. *Journal of Sociolinguistics*, 3, 421—427.

Rassool, N. (1998). Postmodernity, cultural pluralism and the nation-state: Problems of language rights, human rights, identity and power. *Language Sciences*, 20, 89—99.

Rose, N. (1996). Governing "advanced" liberal democracies. In A. Barry, T. Osborne, & N. Rose(eds.), *Foucault and political reason: Liberalism, neo-liberalism and rationalities of government* (pp. 37—64). London: UCL Press.

Scott, D. (1999). *Refashioning futures: Criticism after postcoloniality*. Princeton, NJ: Princeton University Press.

Skutnabb-Kangas, T. (2000). *Linguistic genocide in education—or worldwide diversity and human rights?* Mahwah, NJ: Lawrence Erlbaum.

Stroud, C. (2001). African mother-tongue programmes and the politics of language: Linguistic citizenship versus linguistic human rights. *Journal of Multilingual and Multicultural Development*, 22, 339—355.

Stroud, C. & Heugh, K. (2004). Language rights and language citizenship. In J. Freeland & D. Patrick(eds.), *Language rights and language survival: A sociolinguistic exploration* (pp. 191—218). Manchester: St Jerome.

Tsuda, Y. (1994). The diffusion of English: Its impact on culture and communication. *Keio Communication Review*, 16, 49—61.

Usher, R. & Edwards, R. (1994). *Postmodernism and education*. London: Routledge.

Venn, C. (2000). *Occidentalism: Modernity and subjectivity*. London: Sage.

Williams, G. (1992). *Sociolinguistics: A sociological critique*. London: Rotledge.

Young, R. (1990). *White mythologies: Writing history and the West*. London: Routledge.

傅莹 翻译　林晓 校对

第五章　语言政策中的经济因素

弗朗索瓦·格林

语言政策的新进展是其对经济的关注。传统上,语言政策论文倾向于采用三种主要视角:法律视角、文化主义视角及教育视角。从法律视角来看,语言政策是用来阐明特定语境下的语言权利的;从文化主义视角来看,语言基本上被看作是文化的表现,政策被限定为一系列影响语言本体的方法,或者最多是支持文学创作或出版的措施;从教育视角来看,语言政策关注的是语言教学。

相比而言,人们一般不会把经济学看成是与语言有关的学科。近年来,由于这两个截然不同的学科有了新的发展,这种情况也有所改变。一方面,经济学领域对语言问题始终有着一定的兴趣,一些为数不多但令人振奋的文献陆续出现,提出了一些通常被语言研究者忽略的问题。另一方面,愈来愈多的语言问题专家意识到他们倡导的政策具有经济含义。到目前为止,这些一致(尽管并非趋同)的看法并没有形成统一的有关语言的经济理论,但是依然出现了一系列与语言政策相关的命题。本章将对这些命题进行批判性地评论。

第一部分首先对"语言经济学"(language economics or economics of language)这个领域进行回顾,阐述基本概念。第二部分介绍语言经济学的主要研究分支,接着转向语言政策的经济学研究方法,指出语言政策应该被看作是公共政策的一种形式,就像交通政策、环境政策等。最后一部分重点介绍经济学视角下语言政策评估的一些主要发现。

什么是语言经济学?

论及语言经济学的起源,一些作者会追溯到雅各布·马尔沙克(Jacob

Marschak)在《行为科学》杂志上发表的题为"语言经济学"的那篇论文(Marschak,1965)。令人吃惊的是,此后却几乎没有专家对该领域提出一个正式的定义。如果只考虑语言经济学的学术论著,我们可以引用瓦尔兰科特的话,把这些出版物描述为"经济学家所撰写的关于语言问题的著作"(Vaillancourt,1985:13);布雷顿讨论了"语言……和经济之间相互关联的话题"(Breton,1998:iii);兰伯顿还曾将20篇论文结集出版,在为该书所写的绪论中,他避免使用任何定义,而是称该领域"与信息经济学融合在一起"(Lamberton,2002:xi)。

既然缺少正式的定义,我就沿用一个在别处提出的定义:"语言经济学是一种理论经济学范式,它运用经济学的概念和研究工具研究语言变量之间的关系;它主要关注那些涉及经济变量的关系,当然也关注其他的方面"(Grin,1996:6)。这个定义指出了语言经济学的三条研究主线,即:

1. 语言变量如何影响经济变量(例如,语言技能会影响收入吗?)

2. 经济变量如何影响语言变量(例如,某种商品的相对价格影响语言使用的模式吗?)

3. 经济过程(如有限的效用最大化)在本质上如何影响像语言动力学这类语言过程?

语言的经济学视角提出了许多有关学科界定的认识论问题,涉及这些学科在解决语言问题方面的具体应用。在本章论述中,我们仅想说明所援引的经济学理论。从本质上说,没有什么问题是"社会学的""语言学的""政治的"或"经济的";相反,几乎每一个问题都呈现出社会学、语言学、政治和经济的维度。不同学科可以提供看待该问题的不同视角,这些视角相互补充;根据具体问题的性质不同,各个学科的贡献也可大可小。这一点也适用于经济学,它有着其他学科所不具有的洞察力和概念工具,可以为语言问题的研究做出独到贡献。

我们还需注意,本章重点关注的是主流经济学的贡献。这只是说明,从非主流(例如马克思主义的)经济学的视角对语言问题进行的研究还很少。同样地,无论是从经济的(McCloskey,1990)还是从语言的视角(Henderson,

Dudley-Evans, & Backhouse, 1993)来看,这个概念也都无法涵盖"经济学的语言"(the language of economics)这个极为不同的领域。

语言经济学的研究主线

历史的视角

语言经济学产生于经济学,但处理的是语言问题。作为一个明确的研究领域,语言经济学可以追溯到 20 世纪 60 年代。许多语言经济学的早期研究归功于加拿大(特别是魁北克)的经济学家,他们在研究论文中分析了法语—英语问题;迄今为止,大多数美国的研究依然把"语言经济学"等同于研究美籍西班牙人和以英语为母语者的收入差异的计量经济学研究。研究者在社会和政治背景研究中"嵌入"收入差异的研究,这就促成了语言经济学早期发展的三个主要阶段。语言经济学的研究一直持续到 20 世纪 80 年代,关注的是语言对劳动力收入的效应(Grin & Vaillancourt,1997:44—45)。首先,很多早期文献强调母语作为一种民族特征对人们收入所产生的影响,并提出了因为语言不同引起歧视的问题。第二批文献分析了语言(通常指第二语言,但也有例外)作为人力资本的作用,这类研究证明了英语能力对美国西班牙人的预期回报率。第三个阶段的研究始于瓦尔兰科特(Vaillancourt,1980),在这类研究中,语言既被看作民族特征,也被看作人力资本的一个要素。

当然,研究人员也采用了其他的研究途径,例如,探讨语言作为国际贸易的媒介作用(Carr,1985)或者语言作为群体间资源分配的标准(Breton,1964;Breton & Mieszkowski,1977)。到 20 世纪 90 年代早期,语言经济学的研究开始拓展到更广阔的研究领域,例如,语言动力学和少数族群语言推广等问题。

语言经济学的研究主线可以划分为四个主要类型,其中三类将在本节其他部分做简要评述;第四类围绕语言政策评估,被单列为一个小节。更多的文献评述可参考格林的著作(Grin,2003c)。

语言与收入

语言与收入的研究是语言经济学研究中最早的一条主线，相关出版物数量甚多。它关注语言技能对劳动力所得（或"收入"）的效应。这类实证研究利用人力资本理论，控制影响收入的其他要素，如教育、工作经验或者（数据允许下的）工作类型，通过调查或人口普查资料中自我申报的语言技能（第一语言[L1]，L2，L3等等）和自我申报的收入来观察语言技能是否可以预测收入。由于合适的数据在加拿大之外的地方很难获得，最为详细的研究往往都是采用加拿大或者魁北克的数据（见瓦尔兰科特的述评，Vaillancourt, 1996；或者布雷顿的多篇文献，Breton, 1998）。对其他国家的研究都是基于调查数据，包括对美国（如 Bloom & Grenier, 1996；Davila & Mora, 2000）、澳大利亚（如 Chiswick & Miller, 1995）、以色列（如 Chiswick & Repetto, 2001）或德国（Dustmann, 1994）移民的研究，有时候也采用比较研究的视角，或者对有代表性的人口样本进行研究（如格林于1999年对瑞士的研究）。

除了采用人力资本模型分析语言对收入的影响之外，极少有研究敢于提出理论上的阐释。在早期的模型（Raynauld & Marion, 1972）中，属于支配群体的资本家采用了一种深思熟虑的策略，把总收入中最多的一部分分给自己集团的成员；兰（Lang, 1986）把不平等收入归结为采用成本最小化策略的结果，即资本拥有者（假定他们中的大多数人属于同一群体）从另一群体中雇佣工人以实现成本最小化。

语言动力学

对于语言衰落和语言扩散的现象，不同的研究所提出的解释大相径庭。有些研究关注少数族群语言，通常假定人们能说两种语言，且通晓一种多数族群语言（Grin, 2002）；其他一些研究关注行为者对学习另一种语言是否感兴趣，同时考虑学习语言的成本和收益。这类研究（Church & King, 1993；Dalmazzone, 1999；Selten & Pool, 1997）强调，从经济的视角来看，语言具有重要的分析价值,有别于标准的经济商品。某种语言的使用人数越多,该语言作为一种交流工具的价值对使用者来说就越高。这种特性超出了公共商品的一个标准特征,即非竞争性消费,有些研究者因此把语言定义为"超公共"或者"超集体"产品(De Swaan,2001)。语言的这种"超集体"特性开辟了语言经济学领域里最具挑战性的研究路径,不过它仍然不可避免存在一些缺陷。例如,一些研究者据此提出,基于所谓经济学的理据,我们应该支持多数族群语言(majority languages)的教学活动(Jones,2000)。然而,这一命题的有效性取决于一个特定的假设,即语言仅仅是一种交流的工具(有时也被称作"交流技术")。而社会语言学家早已知道,这一假设根本无法体现人类经验中的语言复杂性。

语言与经济活动

这类研究包括的内容比较多样,主要关注语言在生产、消费和交换这些核心经济活动中的作用。例如,人们真的更偏爱那些用母语做广告并销售的产品吗?公司对特定语言及其使用范围的选择会影响到生产效率吗?有些学者认为这两者之间存在正向关系,因为语言多样性会带来更大的创造力,可也有其他学者认为语言多样性通常会增加交流成本。这类研究多为案例分析,数量庞大,在此不便详述。不过,这类研究中也不乏一些很有价值的理论研究工作,却被遗憾地忽略了。比如,霍赛瓦(Hocevar,1975)调查了特定语言的商品市场;萨布林(Sabourin,1985)则分析了某公司工作的语言需求和工人的语言能力两者间的"匹配"过程。

这里有必要指出,"语言作为商品"的生产、消费和交换(比如翻译、语言学习资料等等)不是语言经济学关注的核心问题,因为语言商品的经济运行过程并不绝对有别于任何标准商品的运行过程。当然也会有人对此提出质疑。例如,兰伯顿在他的编著中力求网罗万象,于是一项有关电话翻译服务的研究也被收录(Lamberton,2002)。当然,翻译和口译在语言动力学(Melitz,2000)和语言政策(Pool,1996)领域都具有深刻的涵义。

我们也应该注意到,尽管这类分析看起来颇具吸引力,但是将语言与金钱之间进行类比很可能会导致混乱，而非清晰的分析思路，这是因为语言与商品或货币这些交换客体之间并没有什么共同点。

语言政策评估的经济学

经济学与政策评估

另一类日益活跃的研究就是语言政策评估经济学。在下文中，"政策"指公共政策，通常由国家或其代理机构发布并执行，不过在下文讨论中也可以转用于企业环境。

语言政策的经济视角几乎与另一个截然不同但紧密相关的传统学科无缝对接，那就是政策分析（Dunn，1994），且政策分析也牢牢根植于政治科学的研究。对于政策分析与政治科学中"理性选择"的观点是否紧密相关的问题，我们在此不做深究；然而，政策分析确实与福利增加有关——而福利的定义本身也无可否认地存在不少问题。这类研究的基本要素十分明显：采取措施之前，我们可以设想几个涉及语言的政策选项；每一种选择都有各自的优缺点，有时也可释义为"收益"与"成本"（虽然是广义的理解，见下文），应该选择的政策是使收益与成本差异最大化的政策。采取措施之后，可以通过确认和测量政策的收益与成本来评估业已贯彻执行的政策，从而从一系列给定政策中评出最有效的或成本最小的政策，或者结合两个标准，评出最具成本效益的政策。由于这种研究方法兼具经济和政策分析的特点，我们在本节和下一节中将分别介绍这一领域研究的分析基础。

总体而言，这类研究都会考虑语言地位的问题，而语言本体则往往被忽略或被认为理所当然。这可能是由于创造新词或开展拼写改革的实际成本相对较低；相反，要把一门语言提升到官方地位，或把另一种语言引入教育系统用于授课，这类政策则要昂贵得多，因此也更值得人们关注。

语言政策可以按照目标不同分成多种类别。卡普兰和巴尔道夫（Kaplan & Baldauf，1997：55）列举了 11 种不同的类别。从政策评估的角度来看，这些分类没有上述权衡政策利弊的基本原则那么重要。大体而言,我们可以大致将语言环境定义为一系列关于人口语言、社会制度和社会语言的基本事实,菲什曼把这些都称为社会中的语言方面(language-in-society)。说到底,语言政策是从一种给定的、现存的"语言环境"转向另一种据信更好的语言环境。因此,语言政策研究的对象并不是一门语言与其他语言的关系,而是语言多样性这一根本问题(Grin,2003a)。

国家干预的基本原理

既然语言政策是公共政策的一种形式,那么就出现了一个新的问题:为什么国家要干预语言问题呢?主流经济学和政策分析有一个根本假设,即市场各种力量之间存在一种自由的相互作用,令市场以最小平均成本提供足够数量的商品和服务。然而,这一基本原则也有例外,也就是文献中所说的"市场失灵"(market failure)。而正因为存在这些例外,才有必要进行国家干预。市场失灵有以下六种主要形式:

1. 信息不完全,使行为者不能做出最佳选择;

2. 交易成本,使行为者无法终止交易;如若终止,则对交易双方均有利;

3. 缺少某些商品和服务市场。例如,没有这样一个市场可以让尚未出生的未来的后代表达他们保护某种动物或植物的意愿;

4. "市场不完全"(垄断或寡头垄断),这种现象导致某些商品处于次优生产水平,通常这些商品的市场价格过高;

5. 正外部效应(externalities)或负外部效应,也就是说,个人(或集团)的行为影响了其他人的利益,但是并未因此获利或受损,并带来任何形式的补偿。例如,我开一辆很大的SUV车,造成了空气污染,从而降低了紧靠路边房屋的吸引力和市场价值;然而,作为司机,我不用付钱补偿那些住户或业主;

6. 公共产品的存在。公共产品指一个人对公共产品的消费不会减少其他人获得该产品的数量,并且对该产品的消费并不局限于那些真正付钱消费该产品的人。教科书上相关的经典例子是公共照明。当超公共产品或超集体财产出现时(见上节),市场失灵就更有可能发生。

语言环境中会呈现出多种形式的市场失灵。例如,未来的一代无法为保护濒危语言而付出努力。而在市场机制下,没有付出就视同他们不在乎这些语言的存亡,但这显然不是一码事。外部效应也存在,例如,一个人学不学一门语言会影响到另一个人所具有的语言技能的价值。事实上,由于语言存在多样性,几乎每一种市场失灵都会出现。只要有一种形式的市场失灵存在,就有必要进行国家干预,政策分析的观点也提供了干预的基本理据。尽管有些读者自然会认为这一点很显而易见,但我在此仍有必要提出讨论,因为在政治争论中,始终都有人倡议,应该让语言自己管自己,甚至还有人认为大部分语言政策干预都是无中生有、多管闲事。

评估语言环境

下一个问题是在众多的备选政策中做出合理选择。原则上,政策分析必须确认和评估每个备选政策的不同效应。这些效应可以定义为选择其他政策可能带来的语言环境净值的组成部分。目前,这类评估在具体实施中还存在不少概念和方法上的问题;然而,评估过程却有助于我们明确评估操作中清晰一致的步骤。

第一步相对容易,先估计每种备选政策的"私人市场"净值。这是指市场所能观测到的效应以及对可确认个体所产生的效应。例如,在同样条件下,如果要求公务员掌握三种语言(而非掌握两种语言),那么这种政策至少在短期会把掌握三种语言的人的整体工资水平推高。然而,这些收益也可能意味着成本增加(比如,提高税收用以支付相应公共部门增加的工资支出,除非会一种语言和两种语言的雇员工资水平随之降低,使这一效应得到补偿)。要计算私人市场净值(该值可以假定为正,也可以为负),就应从收益中减去这种成本。

然后,我们可以进一步估计社会市场价值,也就是社会所有成员的私人市场价值的总和。遗憾的是,由于存在外部效应,这种加总远远不是简单的加法运算。如果外部效应为正(或负),社会市场收益会超过(或达不到)私人市场收益的总和。

接下来,我们将上述计算市场价值的步骤应用于更复杂的非市场价值,即与语言环境改变有关的收益与损失,但不包含各种显性市场中的收益和损失。这些常被描述为"象征性的"效应会导致满足感增加或者减少(经济学的说法就是"效用")。在这里必须在个人水平上估算效应,然后加总得到社会非市场价值。前文曾提到,经济分析不局限于物质或金融问题,因此非市场收益和成本也应成为经济评估的合理内容。当人们的语言以正规或非正规的方式降级到次要的地位,他们经历的心理损失就是一种形式的成本;同样地,当人们看到自己的少数族群语言具有影响力,他们因此而产生的自豪感就是相应的收益。显然,对这些非市场收益和损失的估算非常困难,据我所知,目前尚未正式开展相关的研究。最有希望的研究方法很可能来自环境经济学,因为该领域中已经相当多针对非市场商品(如干净的空气或水)的评估研究。

对于上述每一项政策,我们都可以计算社会市场和社会非市场收益与成本之和,得到一个总的净值;在同等条件下,我们应该选择那些能够产生最高总净值的政策。

分配维度

理论上人们确定"最好"政策的方法是测量包含市场和非市场效应的总(社会)福利。这种评估强调资源分配。然而,从已有的语言环境转向一个假定更好的语言环境也会产生收益和损失,问题是,语言政策的贯彻执行使谁获益、谁受损以及损益各多少?

经济分析常常忽略政策中有关分配的方面,这是因为人们总是简单地假设,如果一项政策使净福利收益增加,那么获益者能够补偿受损者。可问题是,获益者这样做究竟是基于自愿,还是应在政策设计中增加一个强制性的补偿机制,使获益者去补偿受损者?同时,在没有补偿机制的情况下,就需要根据可靠透明的转移支付机制来明确规定这类补偿的形式和数量。

为了清楚地说明这个问题,我们来看一个转移支付的例子。尽管目前还不是官方做法,但欧盟正逐渐把英语作为欧洲机构主要的、甚至唯一的工作语言,这就会造成其他人向以英语为母语者的大笔转移支付。产生这笔转移支付的原因是:(1)以英语为母语者不需要投入时间或金钱学习其他语言,因为以其他语言为母语的人都学英语;(2)以英语为母语者节省的资源可以投入其他促进自己发展的策略并获益;(3)在英语口笔译市场和英语文字编辑和教学市场,以英语为母语者可以形成准垄断;(4)在国际场合,以英语为母语者不需要花费力气就可以让别人理解你;(5)以英语为母语者在谈判和冲突中拥有决定性优势,仅仅因为他们可以使用自己的语言,而其他人必须费力使用英语,因为对后者而言英语是外语(Grin,2004)。

从公共政策角度来看,相比于依靠一门欧盟官方语言的这种霸权体制,也许还有很多更好的选择,不过从资源分配的角度来看这些选择的成本可能更高(Pool,1996)。这是因为这些选择没有负面的分配影响。或者,欧盟中英语占优势的国家可以向其他国家提供各类财政援助计划,以补偿英语霸权地位这种体制带来的转移支付。这样,说英语的国家就可以提供经费,支付其他国家花费在英语教学上的支出(Pool,1991;van Parijs,2001)。

语言政策评估实践

语言政策评估的实际操作依然相对零散,很不全面。然而,近年来越来越多的案例使用了语言政策评估(Chalmers,2003;Grin & Vaillancourt,1999;Grin,et al.,2002)。在结尾这一节,我将重点介绍一些采用语言政策评估方法并获得有益成果的研究领域。

规范、产出与结果

我们在本章伊始提到,业已发表的很多有关语言政策评估的文献都植根于法律和社会语言学领域。因此,他们往往根据法律文本来评估政策,也就是通过体现政策的法律规范(比如少数族群语言教育规范)或者借助行政措施来评估政策(例如,在给定的一年里,少数族群语言班的新开班数)。然而,这两种评估方式都无法表明,这些法律规范或政策措施是否有效。真实的有效性只有通过进一步研究的结果来进行测量。例如,若某项政策旨在通过教育体制实现少数族群语言的复兴,该政策的恰当评估标准就必须是语言复兴的指标,比如特定人群语言能力的提高或者实际语言使用的增加。从公共政策的角度来考虑问题有助于将注意力集中在真正相关的评估标准上。

成本估值

语言政策的成本大多未知,容易成为空想的产物——如果采用保护多样性的政策,政策成本常常体现为对不可控支出的过高预期。只有存在数据才会有清晰的描述。尽管数据缺乏常常无法进行精确的计算,但我们可以估算成本的范围(Grin,2004)。例如,在欧盟机构中,15个成员国和11种官方语言的口笔译成本达到每年每人1.82欧元;口笔译支出占欧盟预算的0.8个百分点(暂无扩张后欧盟的相关数据)。这种高昂的翻译成本令人望而却步。

反现实的概念

政策评估中一个最重要的概念是反现实(counterfactual)(Grin,2003b)。这个术语不是指与事实相反的东西,而是指"假如没有某种政策,会发生什么",更直接地说,是指"相关的另一种选择"。例如,从单语转向双语教育体制增加的支出比一般认为的要少得多。在业已进行过评估的地方发现,增加的支出在3—4个百分点范围内,这是因为,即使教育体制保持单语制不变,孩子们无论如何也是要去上学的,这样,只有相对较少的一部分额外财政费用需要包括在内。然而,为了与前面的章节中的阐述保持一致,我们还需考虑效应的范围(包括市场和非市场效应),这就意味着对于政策和反现实的评估。例如,我们必须考虑语言政策对多数和少数人群上学、毕业和辍学率造成的不同效应。我们可以证明,反现实的真正成本(在此例中是指不采纳双语教育政策)比我们预期的要高,因此也大大提高了双语教育政策的魅力(Vaillancourt & Grin,2000)。

结 论

最后我们要记住,尽管这里提到的语言政策评估起着很重要的作用,但不可否认也存在局限性。尽管经济学和语言政策是相互关联的,但这绝不意味着语言政策的经济学研究能支配政策决策,也无法取代其他的研究方法。在本章开头我就已经强调了不同学科互相补充的观点。这一点也同样适用于语言政策的研究。从定义上来看,语言政策是指社会做出的一系列选择的表达形式。因此它在实质上始终是一个政治问题。所以,经济因素在语言政策研究中所起的主要作用是帮助社会行为者评估不同方法的利弊,并且帮助他们做出有原则的、明确的选择。

值得深入阅读的文献提要

Church, J. & King, I. (1993). Bilingualism and network externalities. *Canadian Journal of Economics*, 26, 337—345.

语言作为"超公共"商品,其交流价值随着语言使用者人数的增加而增加。这一形式模型表明,我们应该支持多数人(而不是少数民族)的语言学习以实现分配效率的最大化。然而,这一结论的前提是假设语言仅仅是一种交流的工具。这篇论文对外部效应这一概念也有很好的介绍。

Grin, F. (2003b). *Language policy evaluation and the European charter for regional or minority languages*. London: Palgrave Macmillan.

本书包括 R. Jensdottir 和 D. O Riagain 应邀所写的两章。该书从公共政策分析的角度出发,完全致力于少数族群语言保护和推广的评估。该书聚焦政策选择和设计标准的有效性以及成本有效性的涵义。当决策者需要规划系统政策时可以将该书当作使用手册。

Grin, F. & Vaillancourt, F. (1999) *The cost-effectiveness evaluation of minority language policies: Case studies on Wales, Ireland and the Basque Country. Monograph series*, *No.* 2. Flensburg: European Centre for Minority Issues.

  本文包括一个因果模型,在形式上把语言复兴的政策决策、政策直接产出,语言行为和最终政策结果联系起来。该理论模型可应用于不同种类政策干预的成本有效性评估。

Pool, J. (1996). Optimal language regimes for the European Union. *International Journal of the Sociology of Language*, 121, 159—179.

  本书研究了适用于多语言组织的六种不同的语言政策模型。主要结果表明,与常规想法不同,并不存在"明显"优于其他解决方法的选择;此外,即使成本和收益大致相同,解决方法的优劣排序也有赖于我们对优先问题的清晰阐明和充分论证。

Vaillancourt, F. (ed.) (1985). *Économie et langue*. Québec: Conseil de la langue française.

  本书是迄今出版的第一部完全致力于语言经济学研究的著作。它特别收录了卡尔(Carr, 1985)和萨布林(Sabourin, 1985)所写的文章,讨论了近20多年来尚未深入探讨的若干问题,对语言政策评估提供了重要的启示。

van Parijs, P. (2001). Linguistic justice. *Politics, Philosophy and Economics*, 1, 59—74.

  基于语言主要是交流工具的基本假设,本书对语言优势的分配后果进行了详尽阐述和理论探讨,结果表明,某种语言逐渐拥有霸权是一个自然的过程。因此,政策评估应转向其他补偿计划的相对适宜性问题上。

讨 论

1. 参考有关交通、健康或环境的各种政策,你如何理解语言政策也是公共政策的一种形式?
2. 评价"语言经济学与信息经济学密不可分"这一观点。
3. 描述几个真实的或可能的语言政策,查看每个例子中是否存在一个(或多个)因"市场失灵"而需要加强国家干预的情况。
4. 在英国、法国或荷兰,移民语言获得了一定程度上的官方认可,请举例说明这样做所带来的非市场收益和损失。在决策中,你会考虑其中哪些收益和损失,理由是什么? 在计算中你是否故意没有去考虑一些收益和损失? 为什么这么做?
5. 运用反现实的概念设计一个政策案例,支持将纳瓦霍语作为美国西南部一些州的官方语言。

注 释

本文作者非常感谢弗朗索瓦·瓦尔兰科特(François Vaillancourt),他对本章原稿提出不少中肯的意见。本文文责自负。

参 考 文 献

Bloom, D. E. & Grenier, G. (1996). Language, employment and earnings in the United States: Spanish-English differentials from 1970 to 1990. *International Journal of the Sociology of Language*, 121, 45—68.

Breton, A. (1964). The economics of nationalism. *Journal of Political Economy*, 62, 376—386.

Breton, A. (ed.) (1998). *Economic approaches to language and bilingualism*. Ottawa: Canadian Heritage.

Breton, A. & Mieszkowski, P. (1977). The economics of bilingualism. In W. E. Oates (ed.), *The political economy of fiscal federalism* (pp. 261—273). Lexington, MA: Lexington Books.

Carr, J. (1985). Le bilinguisme au Canada: l'usage consacre-t-il l'anglais monopole naturel? In F. Vaillancourt (ed.), *Économie et langue* (pp. 27—37). Québec: Conseil de la langue française.

Chalmers, D. (2003). The economic impact of Gaelic arts and culture. Doctoral dissertation, Glasgow Caledonian University, Glasgow.

Chiswick, B. & Miller, P. (1995). The endogeneity between language and earnings: International analyses. *Journal of Labor Economics*, 13, 246—288.

Chiswick, B. & Repetto, G. (2001). Immigrant adjustment in Israel: The determinants of literacy and fluency in Hebrew and their effects on earnings. In S. Djajic (ed.), *International migration: Trends, policies and economic impact* (pp. 204—288). London: Routledge.

Church, J. & King, I. (1993). Bilingualism and network externalities. *Canadian Journal of Economics*, 26, 337—345.

Dalmazzone, S. (1999). Economics of language: A network externalities approach. In A. Breton (ed.), *Exploring the economics of language* (pp. 63—87). Ottawa: Canadian Heritage.

Dávila, A. & Mora, M. (2000). English fluency of recent Hispanic immigrants to the United

States in 1980 and 1990. *Economic Development and Cultural Change*, 48, 369—389.

De Swaan, A. (2001). *Words of the world: The global language system*. Cambridge: Polity.

Dunn, W. N. (1994). *Public policy analysis*. An introduction. Englewood Cliffs, NJ: Simon & Schuster.

Dustmann, C. (1994). Speaking fluency, writing fluency and earnings of migrants. *Journal of Population Economics*, 7, 133—156.

Grin, F. (ed.) (1996). Economic approaches to language and language planning (Special issue). *International Journal of the Sociology of Language*, 121.

Grin, F. (1999). *Compétences et récompenses. La valeur des langues en Suisse*. Fribourg: Éditions Universitaires de Fribourg.

Grin, F. (2002). Towards a threshold of minority language survival. In D. Lamberton (ed.), *The economic of language* (pp. 49—76). Cheltenham: Edward Elgar. (Reprinted from *Kyklos*, 45, 69—97, 1992.)

Grin, F. (2003a). Diversity as paradigm, analytical device, and policy goal. In W. Kymlicka & A. Patten (eds.), *Language rights and political theory* (pp. 169—188). New York: Oxford University Press.

Grin, F. (2003b). *Language policy evaluation and the European charter for regional or minority languages*. London: Palgrave Macmillan.

Grin, F. (2003c). Language planning and economics. *Current Issues in Languege Planning*, 4, 1—66.

Grin, F. (2004). On the costs of linguistic diversity. In P. van Parijs (ed.), *Cultural diversity versus economic solidarity* (pp. 193—206). Brussels: De Boeck-Université.

Grin, F. & Vaillancourt, F. (1997). The economics of multilingualism: Overview and analytical framework. In W. Grabe (ed.), *Annual Review of Applied Linguistics*, vol. 17 (pp. 43—65). New York: Cambridge University Press.

Grin, F. & Vaillancourt, F. (1999). *The cost-effectiveness evaluation of minority language policies: Case studies on Wales, Ireland and the Basque Country. Monograph series, No. 2*. Flensburg: European Centre for Minority Issues.

Grin, F., Moring, T., Gorter, D., Häggman, J., Ó Riagáin, D., & Strubell, M. (2002). *Support for minority languages in Europe*. Report to the European Commission (2000 1288/001-001 EDU-MLCEV). Retrieved January 21, 2004, from http//europa. eu. int/comm/education/policies/lang/langmin/support. pdf.

Henderson, W., Dudley-Evans, T., & Backhouse, R. (eds.) (1993). *Economics and language*. London: Routledge.

Hocevar, T. (1975). Equilibria on linguistic minority markets, *Kyklos*, 28, 337—357.

Jones, E. (2000). The case for a shared world language. In M. Casson & A. Godley (eds.), *Cul-

tural factors in economic growth (pp. 210—235). Berlin: Springer.

Kaplan, R. & Baldauf, R. (1997). *Language planning. From practice to theory.* Clevedon: Multilingual Matters.

Lamberton, D. (ed.)(2002). *The economics of language.* Cheltenham: Edward Elgar.

Lang, K. (1986). A language theory of discrimination. *Quarterly Journal of Economics*, 101, 363—382.

Marschak, J. (1965). Economics of language. *Behavioral Science*, 10, 135—140.

McCloskey, D. N. (1990). *The rhetoric of economics.* Madison, WI: University of Wisconsin Press.

Mélitz, J. (2000). English-language dominance, literature and welfare. Unpublished manuscript, Institut d´études politiques, Paris.

Pool, J. (1991). The official language problem. *American Political Science Review*, 85, 495—514.

Pool, J. (1996). Optimal language regimes for the European Union. *International Journal of the Sociology of Language*, 121, 159—179.

Raynauld, A. & Marion, P. (1972). Une analyse économique de la disparité inter-ethnique des revenues. *Revue économique*, 23, 1—19.

Sabourin, C. (1985). La théorie des environnements linguistiques. In F. Vaillancourt (ed.), *Economie et langue* (pp. 59—82). Québec: Conseil de la langue francaise.

Selten, R. & Pool, J. (1997). Is it worth it to learn Esperanto? Introduction ot game theory. In r. Selten (ed.), *The costs of European linguistic non integration* (pp. 114—149). Rome: Esperanto Radikala Asocio.

Vaillancourt, F. (1980). *Difference in earnings by language groups in Quebec*, 1970. *An economic analysis* (Publication B-90). Québec: Centre international de recherche sur le bilinguisme.

Vaillancourt, F. (ed.)(1985). *Économie et langue.* Quebec: Conseil de la langue française.

Vaillancourt, F. (1996). Language and socioeconomic status in Quebec: Measurement, findings, determinants, and policy costs. *International Journal of the Sociology of Language*, 121, 69—92.

Vaillancourt, F. & Grin, F. (2000). *The choice of a language of instruction: The economic aspects. Distance learning course on language instruction in basic education.* Washington, DC: World Bank Institute.

van Parijs, P. (2001). Linguistic justice. *Politics, Philosophy and Economics*, 1, 59—74.

傅莹 译　　蒋景阳 校对

第六章 政治理论与语言政策

罗纳德·施密特

政治理论研究能为学习语言政策的学生提供很多帮助。本章旨在通过推理和举例来证明这一观点。本章首先对政治理论研究作一个概述,并介绍这个学科对理解语言政策冲突的潜在作用,进而通过政治理论文献中简单有力的例子,阐明语言政策中两个相互关联、颇有争议的问题:语言政策冲突中的身份认同问题和语言少数族群获取更多平等权利的问题。

政治理论视角

大多数政治理论研究的学者一致认为,政治理论研究的西方思想根源可追溯至古典主义时期的希腊哲学家们,尤其是柏拉图和亚里士多德的著作。英语中的"theory"(理论)一词即来源于希腊语中的"*theoria*"一词,原核心意义是"观看"或"观看者"。因此,政治理论家就是那些试图以独特的方式来看待政治生活的学者。政治理论学以其特殊的视角审视政治世界,在学术界中占据着非同寻常的地位,这是因为政治理论学特有的探究方式主要源于人文学科,而绝大多数政治理论的研究者却归属于社会科学中的政治科学系。[1]因此,有必要明确一下政治理论家试图解答的代表性问题,特别是这些问题与社会和政治科学家所关注的典型问题之间的差别。我们在此不妨借鉴一下鲁思·格兰特(Ruth Grant,2002)的一篇近作。格兰特认为,政治科学和政治理论研究的根本差异不在于它们研究方法的严密程度,或是它们各自积累准确知识的能力差异,而在于这两个研究范式试图解答的问题类型有着极大的差异。她认为,政治科学仿效物理科学,试图解答有关因果关系的问题。政治科学家试图解释政治世界中事物存在的现状以及政治世界(因变量)随着环境(自变量)的变化而变化的方式与原因。此外,一些政治科学家力求从解释进一步发展到预测,希望通过不断积累有关因果关系的知识,预测某一政治变化 A 或 B 如何进一步导致其他变化 X 或 Y。

反之,政治理论研究者更接近人文学科的研究者,他们主要考虑有关重要性和意义的问题,而非因果关系。政治理论研究的核心问题不是"她或他将会做什么?"而是"那又怎样?"事物以这一方式而不是以另一方式发展,这对我们而言是否有意义,又意味着什么?我们所知晓的事实对于我们有什么重要意义,我们对于这些事实的理解又如何帮助我们对未来行为做出合理的判断?在政治理论学科的多重话语中,这类问题处于核心的地位。因此,政治理论学的中心视角就是一个需要对政治事件做出判断的政治行动者的视角。政治理论研究者们试图以某些方式审视政治生活,这些方式加强、深化并拓宽了我们对此的理解,使我们对政治事件和政治行动的意义及重要性做出正确的判断。这项工作必须是解释性的,所以它并不排斥政治科学家在解释政治生活因果关系方面所取得的成就,而是运用政治科学领域的成果来理解政治行动者做出判断时所面临的利害关系,而这些判断在所有政治生活中都是不可或缺的。

政治理论与语言政策

政治理论特有的视角如何才能对学习语言政策的学生有所帮助呢?近来几篇论文(Patten, 2001; Patten & Kymlicka, 2003)都强调了这一点,尽管近年来许多政治理论家一直关注语言政策的相关话题(如多元文化公民身份、身份的政治认同、"差异"政治等),但是他们大多忽视了语言政策本身。只是从最近开始(如 Kymlicka & Patten, 2003),政治理论家才明确地把分析重点放在语言政策本身。尽管政治理论学对于语言政策相对缺乏关注,但这一学科蕴含着一个不可多得的资料宝库,对语言政策的意义和重要性感兴趣的学者尽可以对这一宝库进行有益的"挖掘"。具体而言,本章将介绍政治理论如何帮助我们更好地理解语言政策冲突中的一些重要问题。

语言政策涉及公共政策的制定,目的是利用国家权力来影响所辖人民对语言的使用和语言地位的诸多方面。当政治行动者认为在他们的社会中,语言使用和语言地位正处于重大危险之中,有必要进行国家干预时,语言政策就被提上了政治议程。我认为,语言政治的核心存在一种身份的政治认同(identity politics),不同语言政策的支持者互相竞争,力图塑造公众有关"我们"(we)的观念,进而构建相关的政治共同体,并且在国家语言政策中实现他们的政治目的。[2]

语言政策冲突的核心问题往往涉及群体与个人身份社会建构过程中各种力量的竞争,所以语言政治中的很多争议都围绕着意义和重要性的问题。也正因如此,我们或许可以想见,在西方思想史上绵延2000多年的政治理论学著作,为学习语言政策的学生提供了许多有益的见解和理性批判的思想。尽管政治理论家对语言政策本身的系统分析刚刚起步,但我仍想在此表明,政治理论家有关语言政策问题的著作对于一些语言政策研究还是颇有益处的,这些研究旨在揭示因语言政策而起的政治冲突中存在的各种利害关系。

政治理论方法能够用来解释很多重要的语言政策问题,不过囿于篇幅,本章无法对这些问题作一个(即便是粗略的)概述。[3]为了说明这些方法的潜在用途,本章引用两位当代政治理论家的著作,借以阐明因语言政策而起的政治冲突中两个核心问题的意义和重要性,这两个核心问题分别是:(1)与语言政策相关的政治认同;(2)语言政策冲突中平等性的意义和重要性。简而言之,就所论范围而言,本章旨在说明问题和启发思考,而非一概而全、面面俱到。

语言政策与身份的政治认同

如上文所述,身份的政治认同是大多数语言政策冲突的核心问题。在此我想详细阐述这一观点,并通过引用一位当代政治理论家的著作,阐明这个(我认为是)世界许多地方的语言政治的一个重要问题。

"身份的政治认同"的含义是什么？这一概念源自一个观点，即"我们是谁"对于政治生活关乎重大，并且对于"我们是谁"这一问题有不同回答，每种回答都各具政治意义。其中最明显的答案往往会明确标识出人们的性别、家庭角色、职业、地区、民族、种族、国家、宗教、阶层和语言。为什么这些身份标识在我们的政治生活中如此重要呢？

在其最基础的层面，所有政治都源自人类存在的两种现实境况间的交错，这两种现实境况即差异和互相依赖。如果我们没有"差异"，彼此完全相同，在任何事情上都保持一致，那么政治就不可能存在。再者，如果我们是完全自主的个体，从来不因任何事情需要他人帮助，那也就不存在政治了。但是事实情况是，我们确实存在差异，而且彼此也确实需要帮助，这两者结合起来就会导致冲突，我们把解决这些冲突的方式称之为政治。当我们之间的差异和互相依赖的关系共存于一个社区范围内的时候，就更容易引发冲突和政治。由于上文所述的身份标记产生了断层，各种紧张局势和冲突就产生了，而身份的政治认同就是要解决政治共同体中的紧张局势和冲突。长久以来，政治理论研究者们一直以各种不同的方式研究这些断层线和它们的政治含义。在过去的几十年间，研究者们在身份的政治认同问题上花费了前所未有的精力和笔墨。[4]

这些分析和论证对语言政策的学习者而言又有什么帮助呢？正如上文所提到的，我相信政治理论研究的著作能够帮助我们理解语言政策冲突中的利害关系。例如，在美国，一些人积极参与一项旨在推动英语成为国家唯一官方语言的运动，还有一些人力图关闭双语教育项目，并且/或者废除《选举权法》(the Voting Rights Act)，这样，那些不讲英语的公民就无法获得用他们能识读的语言所表述的选举材料和选票。这些人因此表达出强烈的情绪，总会使学习语言政策冲突的美国学生倍感困惑。在许多人看来，该运动的激进主义分子所表现的激愤情绪让人出乎意料，令人费解。毕竟在全球语言竞争中，英语显然轻松获胜，因为全世界人们都竞相获得英语识读能力和流利使用英语的能力，且学习者数量惊人（见 Sonntag, 2003）。此外，美国国内的多项研究发现，不讲英语的移民渴望学习英语，正以前所未有的速度和热情学习英语。相比于以往大量移民时期的二代移民子女,现在的移民子女能够更快更成功地适应美国文化(如见 Portes & Rumbaut,1996)。鉴于这些事实,"唯英语"运动("English-only")的倡导者们为什么还要费尽心力地推动英语成为美国唯一"官方"语言呢?有必要花费这么多政治(和财力)资本禁止在公共场合使用其他语言吗?他们群情激愤的表现正好说明,这些激进主义分子显然感受到了此事关系重大。

倡导官方英语的团体(例如"美国英语"组织和"英语第一"组织)阐明了他们开展语言政策运动的众多理由。这些团体认为美国正在经历重大的、具有威胁性的变化,他们对此表示担忧,并认为必须加以纠正。这些变化包括,移民人口在近年来大量增加以及公共政策方面的明显转变(与之前大规模移民时期相比),即鼓励多元文化主义和多语制而不是对移民的语言和文化进行同化。他们因此认为,美国的"民族统一"正受到威胁,尤其是那些来自拉丁美洲与说西班牙语的加勒比移民。这些移民常常遭到同化主义者的歧视,这是因为在家里通常讲非英语语言的美国居民中有一半以上是讲西班牙语的人,同时也有人认为这些移民在美国国内建立了分离主义的移民飞地(有关这一观点的综述,见 Schmidt,2000,第四至六章)。

同化主义者因而认为,不应通过语言政策(诸如双语教育、"双语"投票等)鼓励移民保留他们的非英语语言,而是应该通过公共政策鼓励他们成为真正的美国人,这就意味着英语应该成为他们的首要语言。为了证明他们的担忧确有根据,这些团体的发言人强调在美国许多城市存在大范围的移民飞地。在这些飞地内,居住者(邻里、顾客、商贩等其他人)在公民社会的公共空间通常都使用西班牙语,人们能够从电视、电台、报纸和杂志中获取西班牙语新闻,用前迈阿密市长乔斯·费勒(Jose Ferrer)的话说,"你尽可以不说一句英语就过完一辈子"(引自 Lamm & Imhoff,1985:92)。

对于这一担忧和相应提出改革语言政策的要求,研究者们的理解和评价不尽相同,各有独到之处。不过,我想在此引用政治理论家邦尼·霍尼格(Bonnie Honig)的一部近作《民主和外来者》(*Democracy and the foreigner*,2001),来阐明政治理论视角在"政治"上的价值。我认为,霍尼格的研究有助于我们理解美国官方英语倡导者所持观点的深层含义,也有助于我们更好地理解美国为时已久的民族身份建构政治计划中一些紧张关系和重要主题,从而更好地理解语言政策冲突的政治背景和激进活动家们所关注的各种利害关系。和许多学习政治认同的学生一样,霍尼格认为国家身份是在相互竞争的政治精英间的话语中得到社会建构的,并被不断地重建。与其他理论家不同的是,霍尼格还认为这些话语在个体内部进行(精英和非精英同样如此),它们根植于人类心灵的复杂变化之中,表现为观点、价值和信仰中的各种冲突或矛盾。

霍尼格认为,在美国民族身份建构的背景下,移民对于维持和振兴美国人的民族观念发挥了重要的作用。霍尼格特别提出了民族复兴的四个重要主题,移民在其中都发挥了核心的拯救作用。这些主题分别为"资本主义的、社群的、家庭的,以及自由的"(Honig,2001:74)。首先,在资本主义式的美国神话中,"移民的作用是让劳动者放心,在一个向上流动性很低的经济体中,劳动者仍然具有向上流动的可能性;同时本国穷人、国内少数族群以及不成功的外国劳工也相信,奉献和辛勤工作会得到公平的经济回报"。第二,"社群主义移民"的神话所对应的是"家庭和社群关系的解除",这是由"资本主义经济对流动劳动力的强大需求"所造成的。第三,"家庭"神话把移民描绘成为"传统家长制家庭模式的救世主,资本主义流动性和物质主义、自由个人主义以及女性主义在不同程度上削弱传统的家庭模式"(第74页)。

最后(即第四点),"持自由同意理论者"(liberal consent theorist)则指望移民来解决国家的合法性问题,在这个国家,政府宣称是建立在得到"被统治者同意"基础上的,但是本国出生公民却鲜有机会来明确地表示同意被统治。霍尼格(Honig,2001)提到,按照卢梭的理解,"仅仅靠投票选举这样周期性的做法并没有使公民感受到法律是他们自己的法律",反而像是被不民主的独裁主义统治者强加于己的(第74页)。也就是说,被统治者真心实意的同意远远不止寥寥一些选民偶尔为之的投票选举那样简单,也不是像那些自由理论家所说的那样,像我们一样在出生国过着浑浑噩噩政治生活的人们所表示的"默示同意"。霍尼格提出,在此情形下,移民的价值就"通过外来身份"体现出来了:"几乎每天都有些有名的外国移民在入籍仪式里宣誓入籍,他们明确的态度支撑起了政权的合法性"(Honig,2001:75)。

霍尼格认为,这四个主题蕴含着移民对美国国民幸福做出的积极的、甚至是拯救性的贡献,它们结合起来,塑造出一个偶像般的"超级公民":

> 这个"超级公民"想方设法拥有了一切——工作、家庭、社群以及跟一个很大程度上非共识型民主建立的共识关系——尽管在我们其他人看来,所有这些好东西显得自相矛盾或虚无缥缈:在后现代资本主义经济中,工作不仅需要大量时间投入,且有较高的流动性,这就和家庭与社群责任存在矛盾;此外,本国出生的公民没有机会表示有效同意。
>
> (Honig,2001:78)

尽管这些偶像般的超级公民形象使得美国人重新相信自己的民族拥有众多的美德和机遇,不过本国出生的公民往往无法达成那些成就,因此,移民为美国民族认同所做的每一份贡献,就会进一步强化对应的本国公民的消极符号。其实,霍尼格分析的真正力度在于,她认为,消极与积极、建构与解构、先天遗传和后天培养这些镜像符号彼此矛盾却又相互交织,这一哥特式故事(往往怪诞、恐怖、凄凉)是美国人自我认识的核心。正因如此,崇外和排外的思想就相互纠缠在一起。例如,经济上具有向上流动性的移民体现出超级公民的形象,其消极面就是外国人从该国经济中获取利益,令个人与家庭富裕,却没有分担责任,没有为地方或民族共同体的兴旺做出贡献。

与语言政策争议更为密切相关的是社群主义超级公民的消极面,即抱成一团的移民们非要住在族群飞地内,始终说一门"外国"语,不愿意融入更广阔的充满个性与混乱的社会中。同样,政治上表示"同意"的超级公民也有消极面,那就是享受了政府的服务和税收却未入籍的外国人,他们还有可能是非法移民。[5]

霍尼格的观点是,所有这些错综复杂的移民形象滋生了既崇外又排外的情绪,已经成为一种重要的符号,在很大程度上强化了美国民族主义的假设对我们的心理所造成的矛盾而微弱的影响。正是通过这些重要形象——负面的和正面的——我们得以看清美国人面对移民行为可能产生的情感反应。若要使他们的美国民族身份,尤其是社群的和自由的身份,恢复健康和活力,美国人需要看到移民自愿选择把自己转变成为一个"美国人",也就是从族群飞地内搬出来,把英语作为自己唯一的公共语言,积极地重演美国化的民族神话剧。当这类强化不能经常性出现的时候,贪婪的物质主义、导致疏远和分裂的去社群化,以及当代美国政治经济中常见的强制操控就变得更加明显。如果移民未能对我们民族身份做出有益的事情,就会被视为忘恩负义或产生排斥情绪,认为他们是在投机取巧地剥削"真正"的美国人。

霍尼格指出,这种情形的问题在于,它未能抓住美国建国历程的重要部分。例如,居住在美国本土的波多黎各人根本就不是移民,而是美国公民,他们来源于以西班牙语为主要语言的加勒比群岛,而该群岛于 1898 年就已经被美国采用武力从西班牙手中夺得。波多黎各人不同于移民,他们不需要通过英语测试;和其他土生土长的美国人一样,波多黎各人一出生就自动获得美国国籍,而不需要通过表达"同意"的自愿(和自我改变)的行为来获取美国国籍。

同样,向北移民到美国西南部的墨西哥人其实是"回到" 1848 年美国从他们国家武力夺取的土地的时候,也就是美国军队入侵墨西哥城之后,墨西哥人的文化和语言从未在这片土地上绝迹。在这样的历史背景下,墨西哥移民到达美国后要被"同化"为美国人,并不需要在公众生活中用英语替代西班牙语,而是和许多土生土长的墨西哥裔美国公民一样,学会过双语、双文化的私人生活和公众生活。只有了解美国建国历程的这些事实后,我们才能明白语言政策争论中的其他一些含有情感效应的重要方面,这些都与"唯英语"论有着截然不同的方向。霍尼格指出,应该对"外国人"采取民主的而非民族主义的融合,这无论对移民还是对本国出生者而言都会更加有益。

由于篇幅所限,在此不再进一步讨论这一分析蕴含的意义,不过希望以上概述已经足以阐明,政治理论研究对于政治生活含义和意义问题的关注中不乏真知灼见。作为一个"美国人"意味着什么？考虑到英语作为全球性语言越来越占据主导地位，为什么持"唯英语"论的激进主义分子仍然坚持认为政府应该将美国国籍和国家的强势语言联系在一起？或者说，不是所有美国人都是通过个体和家庭的自愿移民成为这个国家人民的一部分，这一事实有什么重要含义呢？我认为，有经验的政治理论研究者有着独特的感受力和探究方式，给这些难题提供了新的见解和视角，因而对语言政策研究者会有极大的帮助。

语言政策、"平等"和政治理论

如上文所述，另一个核心问题是如何在不同族群语言群体间实现更大的平等，只要有语言政策引发的政治冲突，这个问题似乎都会出现。持有不同语言政策观点的人们认为他们的提议会提高语言少数族群间的平等程度，并以此证明他们的提议是合理的。例如，在美国语言政策冲突中，同化主义者认为，应该采取措施促进其他语言向英语转变，这样的语言政策是保证美国语言少数族群间获取更大平等的最佳办法。而多元论者则认为，同化主义语言政策会导致美国的语言少数族群之间持续的不平等，若要实现更大"平等"，需要通过语言政策来推动人们使用双语。在有关语言政策冲突的这类话语中，"平等"和"不平等"的含义究竟是什么？政治理论家能够再一次地帮助我们理解这一多变的概念所蕴含的含义和意义。

尽管平等的含义非常复杂，但作为一个合理的政治目标，美国人通常把平等理解为类似于实现社会流动的"平等机会"。大多数美国人并不认为社会不平等本身（例如收入、财富或社会声望上的不平等）是非法的；然而，如果阻碍了人们沿着社会阶梯攀升的平等机会，那就会被视为不公平，因而需要公共政策的干预。最近几十年，一些被攻击为不合法的阻碍包括基于种族、宗教、出生国以及性别的歧视。那么怎么把语言也纳入这一思维框架呢？

美国同化主义者的出发点是，他们首先假设美国是个英语社会，因此这个国家的非英语人群如果不赶紧学习英语,他们获取社会流动的"平等机会"就会因此受阻。同化主义者因此认为,任何鼓励非英语人群继续依赖他们的族裔语言的公共政策其实都阻碍了语言少数族群对社会平等的获取。

多元论者的出发点正好相反,他们认为尽管英语从建国开始就是强势语言,但美国一直都是一个多语社会。对于多元论者来说,这意味着采取完全不同的思路来分析社会流动平等机会方面的障碍。由于在多元论者看来,美国是通过占领、购买、吞并以及自愿移民而成为一个多语国家的,所以我们在理解实现社会流动性的平等机会时,必须考虑到这个国家根本的族群语言差异。

政治理论研究者威尔·金里卡有不少关于多文化公民身份的著作尽管并不直接关注语言政策本身,却为支持多元论者的上述立场提供了最全面、最广为引用的论据(Kymlicka,1989,1995)。作为一个自由主义者,金里卡首先假定对于任何公平的政治共同体而言,个体自我都是合理的道德基础。个体幸福是政治公平的关键,其中每个个体生命都具有同等的道德价值(平等标准)。不过,这里的幸福("善")必须由个体自己来定义("来自内部"),这就要求个体有自由为自己定义他(她)的生活中什么是有意义、有价值的东西。此外,由于个体可以不断学习,所以她必须有自由来改变自己的想法。

金里卡接着提出,对于如何给自己带来"善"的途径,个体必须在特定文化背景下做出选择,因此若是脱离了自己从家庭和社会继承的文化传统,"我"就不可能是"我自己"了。尽管我可能试图排斥或改变从家庭和社会传承的价值观,但是如果不依赖所继承的文化和我的语言,我就不可能批判性地分析甚至思考我的价值观和生活重心。因此,我赖以成长的文化社区影响了我的个体自我,因为社区的文化结构为我提供了"选择的范围"(Kymlicka,1989:164—165)。基于这一本体实在,金里卡认为,为了使个体能够继续对"善"做出有意义的选择,文化社区的结构必须得到维护。

此外,如果我居住在由两个或两个以上的文化社区组成的国家,要实现个体"机会平等"就必须把这一现实情况考虑在内。个体平等价值的标准要求国家采取政策,使个体能够基于"平等主义高地"(egalitarian plateau)做出有关生活方式的选择(Kymlicka,1989:182),这意味着若我们的不幸来自于我们无法控制的环境因素,我们不会因此受到惩罚。由于国家的运作不可能脱离语言和文化环境,也就不可能像对待宗教多元化的问题那样,使国家在语言和文化问题上保持"中立"。

金里卡的论点对于族群语言群体具有深远含义,而不同族群语言群体正是构成一个多语国家的基本组成部分。为了给予个体平等的机会以实现他们认定的美好生活,国家必须设法为构成这个国家的每个族群语言社区提供同样有效的支持。这似乎就意味着在多语国家中,支持多语的语言政策应该得到有力且合理的支持。

当然,我们在讨论中仍有一个问题尚未解决,那就是我们如何定义"多语国家"。金里卡所提倡的平等对待有一个前提,即在我们获取"善"的机会中遇到的任何不平等都不应归溯于我们自身的选择。当我们做出选择时,我们必须为这些选择的后果承担责任。因此,同化主义者也许完全有理由对上述论点做出回应,声称既然移民自由选择来到这个(讲英语的)国家,那么他们就有义务学习这门语言。对于任何一个为寻求更好机会而自由选择来到这个国家的移民群体,美国都没有义务为他们的语言提供同等支持。

金里卡对于这一问题的解答着眼于对"多民族"和"多种族"国家的区分(Kymlicka,1995),他认为多民族国家是把之前存在的两个或两个以上的"民族"群体合并起来(例如通过占领、吞并或自愿合并),因而国家有义务保护个体权利;相反,由于自愿选择的小规模移民而导致的多种族国家则不同。因此,以波多黎各人和墨西哥人(以及原住民群体)为例,他们由于领土被武力吞并而成为美国人口的一部分,看来就符合金里卡对于"民族"群体而不是"种族"群体的定义,因此美国有义务为他们的文化结构提供支持,以确保这些社群成员获得平等的机会。

如前所述,金里卡的分析结果得到政治理论家和其他学者的热烈讨论与广泛征引,但它仍具有较大的争议性(详细评论见 Barry,2001)。遗憾的是,同样囿于篇幅,文中无法进一步探讨相关争议或讨论这些争议对某一特定国家语言政策的深层影响。不过,希望以上的简要讨论有助于阐明政治理论文献对于语言政策研究的潜在作用。金里卡的分析充满真知灼见,有助于我们批判性地思考那些代表不同语言政策观并借"平等"名义提出的各种论点。

结　　论

本章认为,政治理论文献因其审视政治的独特方式,对于研究语言政策冲突的学者而言颇具潜在价值。本章认为,许多语言政策冲突聚焦于有关意义和重要性的问题,这本身就是存有争议的,因而容易有多种不同的解释。我认为,在这一点上,政治理论处理话语的方法最有助于我们深刻理解并合理解释有关语言政策的政治冲突中的利害关系。

本章试图通过两个简略的实例来论证上述观点,它们分别是:(1)邦尼·霍尼格阐释移民形象在构建和维持美国民族身份中的作用,并以此来理解"官方英语"运动所带来的强烈情感;(2)威尔·金里卡在自由个人主义的基础上有关多元文化公民权利的主张。他认为多语政策有利于语言少数族群获取平等机会,他的分析为多语政策提供了合理的支持。正如这些例子所证明的那样,尽管政治理论并不能平息语言政策(或任何其他政策)所引起的政治冲突,但它可以开阔我们的视野,改进我们的分析工具,以便我们更好地理解这类冲突中的利害关系。

值得深入阅读的文献提要

Grant, R. W. (2002). Political theory, political science, and politics. *Political Theory*, 30, 577—595.

这篇文章的意义深远,阐明了政治理论家所信奉的有别于政治学家的参考框架。

108　Kymlicka, W. & Pattern, A. (eds.) (2003). *Language rights and political theory*. New York: Oxford University Press.

这是第一本汇集政治理论家有关语言政策文章的书籍,该书采用了以权利为核心的自由主义视角。

Patten, A. (2001). Political theory and language policy. *Political Theory*, 29, 691—715.

这篇影响深远的文章阐明了政治理论家深入分析和关注语言政策问题的必要性和潜在好处。文章也采用了以权利为核心的自由主义视角。

讨 论

1. 区分政治科学和政治理论学的核心问题有哪些?
2. 霍尼格有关"民主和外国人"的分析对研究语言政策有什么帮助?你能否说出,霍尼格的分析会在公共部门和私营部门中的哪些实际方面影响移民语言政策?
3. 想一想金里卡有关"多元文化公民身份"的观点。在你的国家,政治家和政策制定者采用了哪些论据来反对或支持这样的观点?
4. 本章认为,政治理论文献有助于更好理解那些涉及语言的冲突中的利害关系。选择一个你所熟悉的当代环境(如一个特定的国家、地区、城市或镇),然后讨论贯穿在特定语言政策中的基本政治理论或原则。这些理论或哲学是被明确阐述的,还是作为前提假定的?还是被否定的?

注 释

本章节的较早版本曾在宾夕法尼亚州费城(Philadelphia, PA)召开的 2003 年美国政治科学协会年会(the 2003 Annual Meeting of the American Political Science Association, 8 月 29 日)上宣读。作者感谢小罗纳德·施密特(Ronald Schmidt Jr.)和安娜·桑帕约(Anna Sampaio)对于该较早版本给予的有益评价和建议。

1. 据格兰特(Grant, 2002),在 20 世纪 90 年代后期,百分之八十以上纯学术的政治理论家受聘于政治科学系。
2. 有关最有可能发生语言政策冲突的环境,相关详细阐述请见施密特(Schmidt, 2000,第二章)。
3. 请参考 Pattern and Kymlicka(2003)开篇的精彩综述。
4. 如见 Barry(2001); Benhabib(1996, 2002); Connolly(1991, 1995); Fraser(1997); Gutmann (2003); Honig(2001); Kymlicka(1989, 1995); Lash & Friedman(1992); Norton(1988); Parekh(2000); Taylor(1993, 1995); Taylor et al. (1994); Young(1990, 2000)。
5. 当然,入美国籍需要参加考试以证明自己的英语水平,同时声明放弃原先的国籍。

参 考 文 献

Barry, B. (2001). *Culture and equality: An egalitarian critique of multiculturalism*. Cambridge, MA: Harvard University Press.

Benhabib, S. (ed.)(1996). *Democracy and difference: Contesting the boundaries of the political*. Princeton, NJ: Princeton University Press.

Benhabib, S. (2002). *The claims of culture: Equality and diversity in the global era*. Princeton, NJ: Princeton University Press.

Connolly, W. E. (1991). *Identity/difference: Democratic negotiations of political paradox*. Ithaca, NY: Cornell University Press.

Connolly, W. E. (1995). *The ethos of pluralization*. Minneapolis, MN: University of Minnesota Press.

Fraser, N. (1997). *Justice interruptus: Critical reflections on the "postsocialist" condition*. New York: Routledge.

Grant, R. W. (2002). Political theory, political science, and politics. *Political Theory*, 30, 577—595.

Gutmann, A. (2003). *Identity in democracy*. Princeton, NJ: Princeton University Press.

Honig, B. (2001). *Democracy and the foreigner*. Princeton, NJ: Princeton University Press.

Kymlicka, W. (1989). *Liberalism, community and culture*. New York: Oxford University Press.

Kymlicka, W. (1995). *Multicultural citizenship: A liberal theory of minority politics*. New York: Oxford University Press.

Kymlicka, W. & Patten, A. (eds.)(2003). *Language rights and political theory*. New York: Oxford University Press.

Lamm, R. D. & Imhoff, G. (1985). *The immigration time bomb: The fragmenting of America*. New York: Truman Talley Books.

Lash, S. & Friedman, J. (eds.)(1992). *Modernity and identity*. Cambridge, MA: Blackwell.

Norton, A. (1988). *Reflections on political identity*. Baltimore, MD: Johns Hopkins University Press.

Parekh, B. C. (2000). *Rethinking multiculturalism: Cultural diversity and political theory*. Cambridge, MA: Harvard University Press.

Patten, A. (2001). Political theory and language policy. *Political Theory*, 29, 691—715.

Patten, A. & Kymlicka, W. (2003). Introduction: Language rights and political theory: Context, issues, and approaches. In W. Kymlicka & A. Patten(eds.), *Language rights and political theory*(pp. 1—51). New York: Oxford University Press.

Portes, A. & Rumbaut, R. G. (1996). *Immigrant America: A portrait*(2nd edn). Berkeley, CA: University of California Press.

Schmidt, R., Sr(2000). *Language policy and identity in the United States*. Philadelphia, PA:

Temple University Press.

Sonntag, S. K. (2003). *The local politics of global English: Case studies in linguistic globalization*. Lanham, MD: Lexington Books.

Taylor, C. (1993). *Reconciling the solitudes: Essays on Canadian federalism and nationalism*. Montreal: McGill-Queen's University Press.

Taylor, C. (1995). *Philosophical arguments*. Cambridge, MA: Harvard University Press.

Taylor, C., Appiah, K. A., Habermas, J., Rockefeller, S. C., Walzer, M., & Wolf, S. (1994). *Multiculturalism: Examining the politics of recognition* (ed. A. Gutmann). Princeton, NJ: Princeton University Press.

Young, I. M. (1990). *Justice and the politics of difference*. Princeton, NJ: Princeton University Press.

Young, I. M. (2000). *Inclusion and democracy*. New York: Oxford University Press.

周颂波 译　　傅莹 校对

第七章　语言政策与语言文化

哈罗德·希夫曼

说起"语言文化"这个概念及其在语言政策上的应用,赞扬也好,指责也罢,似乎应该由我负责,因为是我最初把二者联系起来的,无法把责任推给他人。当初我开始使用"语言文化"这个术语时,以为这是一个使用广泛、人人知晓的普通词汇,无须再做解释。我认为语言文化就是文化中与语言有关的那一部分,而文化是指"后天习得的东西"。这就如同人们日常所谈的体育文化、商业文化相似。在我看来,文化中总有一部分是与语言相关的,这个概念无可置疑,因为在社会语言学的文献中已经有许多研究谈及"民俗语言"(Hoenigwald,1971)、"民俗词源学"或者"语言神话"(Ferguson,1968;Miller,1982)。近几十年来,至少从萨丕尔(Sapir,1949)以来,语言学家和语言人类学家一直在研究语言与文化之间的联系(Hymes,1964),而我只是想用一个词来表示可以归于这一类的所有现象。在我看来,文化并非存在于语言之中(下文对此还有论述),这是一个不言自明的事实,文化当然不是像那些最狭隘的定义那样,比如在语言的编码或语法中;而是在语言社区的意识、或记忆、或共享的知识、或想象的其中某处。因此,如果我们要讨论关于"语言和文化"的某种特点,如对一种语言的态度,我想应放在语言文化中,或者作为语言文化的一部分来讨论,而非局限在某一语言之中。

此后不久,我便惊讶地发现其他领域的学者对语言"文化"这个概念感到不悦,原来他们是对"文化"一词不满。这些"文化批评家"不喜欢"文化"一词,觉得这个词被其他学者、殖民权威或随便什么人"误用"了,希望用其他词替换它。我一直没搞明白他们打算用什么词替换,但是我的回答是:仅仅因为遭人"误用"和滥用,这个词未必就会变得毫无用处。不论如何,总不能因为有人使用汽车不当而造成"汽车命案"就认为汽车是一件无用的工具而必须被遗弃。

另有一些对这个词不甚满意的学者，他们更支持语言的"意识形态"(language ideology)这个概念，认为那是唯一能解释我希望表达的"语言文化"概念的词。因为已经有许多人写了有关"语言意识形态"的著作，[1]这也成为当时颇有影响力的话语形式，似乎我也应该抛弃我的研究方法，加入主流学术才对。

或许我应该首先为我的用词给出一个定义。具体而言，我认为语言政策（粗略地说就是"有关语言的决策"）与语言文化有着不可分割的联系，我对于语言文化的定义是理念、价值、信仰、态度、偏见、神话、宗教约束的总和，以及其他所有说该语言的人从他自己的文化那里带来的所有"一揽子"内容。语言文化还关心语言的传播和编码(codification)，也关系到有关文字价值和文字的尊严的文化观念。换言之，我认为语言政策不仅应该只被视作显性的、书面的、公开的、依法的(*de jure*)、正式的，自上而下的关于语言的决策，也应包括隐性的、非书面的、隐秘的、实际的(*de facto*)、草根的、非正式的想法和假设，与那些明确的决策一样，这些想法和假设也能够决断而明确地影响决策结果。在我看来，语言政策的定义中通常都是那些明确和公开的决策，由此人们往往会忽视那些影响到特定文化中语言文化概念的潜在想法（有时甚至可能深刻地影响到语言政策的执行）或认为那些只是必须逾越的障碍。也就是说，政策的制定者如果太过自信地认为他们所做的显性决定是正确的，就常常会把那些深埋于"无意识的"语言文化中的隐含的要素视作麻烦的问题，认为它们阻挠了政策制定者们好意的计划，而他们唯一想做的就是那些"正确的事"。

概念的发展

我首次在书面上用"语言文化"(linguistic culture)一词与我的一项研究有关，就是美国国内说德语的人转用英语的问题(Schiffman, 1987)。不过，我对于语言政策的思考更大程度上受到了泰米尔语(Tamil)研究的影响。泰米尔语是印度一门主要语言，也是除了梵语以外文字传统最为悠久的语言，它具有一系列社会文化特征，若不使用泰米尔"语言文化"来诠释，就很难对这些特征加以阐释，因为它不同于印度的其他语言，但却与范围更广的南亚语言文化存在某些共性。

1965—1966年期间我在印度学习泰米尔语，并在那里写作有关泰米尔语句法的语言学论文。那两年正值印度用印地语(Hindi)取代英语作为官方语言的最后期限临近，此举在印度引起了一场政治风波。1950年制定的印度宪法规定，英语将被印地语取代。为保证有序过渡，政府特别规定了一个为期十五年的过渡期限，但是此间并没有任何有助于过渡的具体行动，而这就是令人困惑的所谓的"执行"过程。在1965年上半年，印地语的倡导者们宣称限期已至，英语必须退出历史舞台。在印度说其他语言的人们对此反应非常激烈，有些地方甚至出现暴力行为。

泰米尔人在这一问题上尤其突出。他们对自己本族语言的"纯洁性"及古老而独特的文献满心尊崇，花费了至少半个世纪的努力，希望泰米尔语能够重新焕发活力，将"污染"泰米尔语的其他语言(梵语和印地语)"彻底涤清"。泰米尔人决意抵制印地语，接着便发生了暴力抵抗，有人因此丧生，有人自焚，有人被抓进监狱，但是他们决不放弃这种"憎恨"(Ramaswamy, 1997)。

我于1965年9月抵达泰米尔纳都帮(那时被称为马德拉斯州)，当时那场政治风暴已经致使数所大学关闭了近九个月，而刚开始我对此并没怎么注意，直到1996年1月我去印度北部参加一个会议才知道泰米尔人被视作"语言狂热分子"。

虽然我在美国学了三年的泰米尔语，大学期间还学了一些其他语言，可直到那时我才第一次体会到学习使用有两种不同形式(一种是口语，另一种主要是书面语)的语言究竟意味着什么。这种情况被称为"双言"(Ferguson, 1959, 1991)，特指像阿拉伯语、瑞士德语、克里奥尔法语、现代希腊语以及其他许多南亚语言的情况。在泰米尔纳都帮，我发现人们并不希望我这个外国人使用泰米尔口语,事实上,学说泰米尔口语也被认为是不合适的。相反,我只能使用正式的文字形式,尽管我周围所有泰米尔人都只用泰米尔口语交流。我试图记录口语样本,人们却认为我在助长这种语言的堕落,一些"达罗毗茶进步联盟"(Dravida Munneetra Karakam, DMK)的政治运动分子得知我的行为后,还专程登门拜访,恳请我停止研究项目。我实在不明白,与六千万泰米尔人的日常说话习惯相比,我的研究怎么能使泰米尔语堕落,但是他们却似乎在暗示我,不应该抬高一种最好被遗忘的语言变体的地位,一个外国人这样做尤其不合适。

双言与语言文化

正是在那种情况下,我开始思索这些针对泰米尔语的强大思想是如何影响人们的语言习惯和行为的,特别是双言现象这种长期而稳定的语言状况,往往未经明确规划或决策而自然形成,却成为某一语言的明显特征,影响着人们的言语习惯。显然,泰米尔语的双言现象是一种隐性政策(implicit policy),它的产生并非来自任何显性的决策过程,也不会被任何显性政策所改变。我把它视作在印度次大陆长久以来形成的语言思想,因为梵语中也存在双言特征(Schiffman,1997)。

说泰米尔语的人似乎都知道何时用口语形式(低级的或"L"变体),何时用文字形式(高级的或"H"变体),但他们从未被明确教导过在何种语境里该用哪种形式才算合适,也似乎没有任何明确的规则存在。使用上的任何变化,哪怕只是一种想法,对每个说泰米尔语的人来说都是罪大恶极的。事实上,泰米尔语中并没有双言一词,这个概念甚至没有得到公开认可或讨论——如果有过什么讨论,就是认为这种语言的"美丽"的文学版本才是真正的泰米尔语,它的口语是污浊下贱的,主要被儿童、没有受过教育的人或女人们使用,最好应该被忽略或遗忘。有些泰米尔人甚至否认他们曾说过这种语言的土语,如果被人听见说这种口语,他们会辩称说这只是为了与那些下等人交流,并不是真正地说泰米尔口语,那当然也不是他们的母语。

我曾著书论述了语言文化与语言政策之间的关系(Schiffman,1996),其中有一个章节就是描述整个南亚的语言文化,另一个章节讨论了泰米尔语的语言文化,因而在此不再赘述。可以这么说,语言政策源于语言文化这个想法来自于我对泰米尔语和印度语言文化的研究,它也受到之前我对俄语和苏联语言政策研究的影响,那些政策总也体现出"隐性"政策与显性政策相冲突的特征。如前所述,我第一次使用"语言文化"一词可追溯到20世纪70年代我对德裔美国人英语同化现象的研究,那时我并未将它当作一个新概念或术语,而仅仅是用于描述文化中与语言有关的那部分内容。

19世纪大量的德裔美国人群中出现了由德语向英语的转用现象,我在研究过程中逐渐认识到,德语的决策者主要是那些负责决定在德裔美国人教区或教堂礼拜时教何种语言的人,他们热衷于在美国保留德语,他们不仅对口语和书面语的情况视而不见,并且在某种程度上还加以压制。如同泰米尔人深爱泰米尔语那样,他们也沉浸在对德语的热爱中,对路德的语言以及他翻译的圣经怀有宗教般的崇敬,无法设想有人被赋予了这样的"财富"怎么还会想使用英语。然而,德裔美国人教会学校中教授的德语与被大部分移民所带来的非标准德语方言并不相同,于是也就出现了类似于泰米尔语中的双言现象。也正如印度对双言现象的漠视一样,美国德语中的这个现象也被决策者忽略了。他们似乎认定,在德裔美国人学校和教堂强制使用高地德语就可以使这种语言传承给所有的后代,但他们没有想到在美国出生的德国人会采用英语作为口头表达语,当然也不相信这就最终导致了语言的转用。

就这样,德裔美国人的决策者们既无视德语的双言现象,又无视在美国出生的德国人群中出现的德语—英语双言现象,因此也就无法想象最终的后果。他们阻挠那些用英语做礼拜的要求,不雇用说英语的牧师,面临不断增加的德国移民人数,他们无视自己成员的流失,特别是那些语言被同化的成员流失。这些情况在德裔美国人社区盛行,在德裔美国人的移民文献中也有记载,但人们对这些内部文件视而不见,只认德裔美国人教堂的正式声明,也就隐藏了语言政策中被我后来称之为"隐秘的"方面。德裔美国人教堂公开的政策让人觉得是第一次世界大战及那个时期的反德法律扼杀了德语在美国的使用,而教堂的内部文件却表明人们对英语的需求早在18世纪就已存在,只是没有那么明显而已。因此,德语的双言特征加上对英语需求的公开否认,使我提出了自己的观念,即语言文化的概念既有公开(overt)也有隐蔽(covert)的方面,如果仅仅接受决策者和社会"精英人士"有关语言及语言政策的表面说法,事实的真相就无法浮出水面。

另一个隐蔽政策的例子是在沙皇统治下的波兰,也就是玛丽亚·斯可罗多夫斯卡·居里的故乡。她的传记里记录了波兰的学校(在1918年前)秘密地用波兰语教学,当俄国检查员来视察时,老师又转用俄语教学。因为玛丽亚·斯可罗多夫斯卡是个聪明的学生,她常常被叫起来用俄语背书。俄国检查员看完后觉得满意就离开了,然后老师继续用波兰语教学。这在我看来似乎是另一种隐性政策,而且是一种煽动性和抵抗性的政策,但这一政策却成功地使波兰语顽强生存了一个世纪,直到第一次大战后波兰独立。后来发现,像这样以面具示人,以"地下方式"开展其他语言行为的做法,并不仅仅是沙俄统治区内语言政策的独有特征,而且还发生在后沙皇的苏俄时代,随着柏林墙的倒塌,长期被压抑的、误认为已被苏联的"启蒙"政策所根除的憎恨情绪也浮出水面。换句话说,正如在环境问题和其他许多问题上的政策一样,苏联的语言和种族政策其实都是假象。

法国的语言政策

若要言简意赅地讲述法兰西语言政策并不容易。关于这方面的书已有很多,我自己也曾发表过关于这个主题的著作(Schiffman,1996,2002)。我在法国所学到的语言政策,尤其是语言文化,是法国人对他们语言政策的坚定信念都基于我所称的"对语言和政策的迷信"。我的研究表明,法国普通民众,甚至某些研究政策的法国学者,都怀着一些顽固的信念,比如他们坚信一直都存在一些关于法语的某些法律规定,而事实上在19世纪90年代被统称为杜蓬法(a loi Toubon)的法律正式生效之前,根本就没有那些法规。也就是说,法国人坚定地相信他们拥有世界上最显性的、最古老的语言政策

(Balibar,1985),可是他们认为存在的那些规则并不存在。可既然人人都相信那些假定的法规,那么由此制定的政策也就具备了准合法性(quasi-legal)。巴利巴尔写道:

> 在今日世界上,法国是唯一一个国家有法律规定(自1794年)在所有公开的和私人行为中,从法律的起草到商业交易用语,甚至公民私人的遗嘱等不准使用除自己国家语言以外的语言。……一个国家与一种语言完全吻合,保持一致,法国在这一点上算是个最极端的例子,然而还不止如此,它更是在社会生活的各个方面捍卫这种语言个性的完整性,使之不受国内外任何或所有语言的入侵……。但是法国的公众舆论或许被这种一知半解的单一语言制思想所麻醉了,并没有意识到语言问题的迫切性……(Balibar,1985:9;书中引文由希夫曼翻译)

我当时读到这段由法国研究语言政策的学者写下的论述时,便决心寻找她所描述的法律规定,但最终没有结果。她所描述的那些法规其实远远未能明确法语在各领域的排他性,法令的具体制定情况也疑团重重,充满杜撰的内容,远非真实的法规条款。然而,正如她所说,法国人的公众舆论"或许被这种一知半解的单一语言制思想所麻醉了"。我想再补充一句,他们对法国的语言立法历史的理解也非常薄弱,公众舆论对那些与事实不符的东西深信不疑。我认为这种理解的匮乏正好体现在巴雷尔政令(le decret Barère)这个用词上,而非相应的正式的法律名称(共和国 II 年雨月 8 日①)。巴雷尔(Barère)以其对法语的非标准形式的恶毒谴责而著名,他的用词甚至成为了法规的一部分,而事实上该法规的文本还要更温和一些,口气更弱一些,并且从来也没有真的生效。而这种权力的神话最终变成了神话的权力,使普通人和学者(比如巴利巴尔,Balibar)都相信了那些从未发生的事情。

---

① 即1794年1月27日。——译者注

第七章 语言政策与语言文化

巴雷尔是当时主要立法机构国民公会公共安全委员会的发言人。1794年1月（法国革命日历上是雨月8号）他在国民公会上代表委员会向大会成员做报告，他声称：

> 相信联邦制和迷信的人说布列塔尼语，移居他国的人或共和国的憎恨者说德语，反革命说意大利语，狂热者说巴斯克语，让我们粉碎这些错误的有害的工具。应该进行教育而不是去翻译，我们不该再维护这些野蛮的黑话及粗俗的方言，他们只能为狂热者和反革命者服务……[2]

因为这种言辞成为革命话语的一部分，我们很容易看出对非标准语言的强烈谴责怎么会在后人的记忆中变成了法律条文，因为这些谴责比法律的真实文本更有趣更让人记忆深刻。这些文字再加上巴雷尔的名字，代替了真实的更为温和的法律文本，作为1794年事件的重要象征进入了法语语言文化。就这样，即使学者所能记得的也是巴雷尔的话而并非真实的法律规定。

《共和国II年雨月8日》这个法律真正说的是"应该在每个当地人不说法语的社区教法语"。提出这个温和建议的前提，是此类社区应该开设学校，也应该找到说双语的老师。可没有人认为这种沉浸式教学方法会成功（教连一个法语单词也不认识的孩子学习法语）。但人们很快就发现根本找不到既懂本地语又懂法语的合适的双语教师，所有可以从事双语教学的老师都已有了别的工作。由于应聘者寥寥，这一善意的法令最终无法实施。鉴于执行总是语言政策中最薄弱的环节，我们在这里可以看出激烈的言辞是一回事，执行法律的本意则是另一回事。

人们因此又提出另一个办法，即开办一所师范学校或教师培训学院，学校可以办在巴黎，教师接受培训后被派往其他省去教学生。根据《1794年第27号法令》(6 *vendémiaire an III*)，人们创建了一所师范学校，但是这又是一次失败的尝试：没有几个人来报名，同时原来的学校已经关门，却没有学校替代它。加上当时的巴黎正处在一个恐怖统治时期，随之而来的是伴随着迫害和流血的语言恐怖。巴利巴尔所说的那个法律本应执行严格的且显性的语言政策,但它并没有做到,它"从一开始就被宣布死亡"。

在法国语言文化中存在着大量的神话和误解,都是有关法语的地位,以及一些假想中明确而严谨的语言政策,其实这些神话和误解往往有悖事实真相,若我们真要一一加以驳斥,又显得太过繁琐。我们已经说过,直到20世纪90年代中期,法国才终于意识到那些被认为明细确切的语言政策实际上大多未曾正式制定过,因此杜蓬法最终生效,使以前大部分非正式或非书面的规定变得明确合法,很多法国人可以松口气了,因为法国语言政策终于明确了。若非如此,谁知道又会发生什么事呢?

当然,以上这些讨论是要说明,即使没有一个显性的语言政策,法国也能让人民理解某些限制的存在,那是因为深植于法语语言文化中的神话的作用。正如我在1996年的研究中所提出的那样,法语语言政策的力量"存在于人们的想象中,而非真实的状况或严密的准则。换句话说,它并不像法国人民想象中那样严密,但是只要他们认为有限制力,那就具备了他们想象中的限制力(Schiffman,1996:123)"。如果我们注意一下法制传统中的差异就能更好地理解这个困境:在盎格鲁-撒克逊人的法律中,没有明确禁止的事就是被允许的。在其他法律传统(包括法国的)中,情况正好相反——没有明确被允许的是禁止的,所以不把法语作为官方语,不把其他语言当作非官方语在这样的法律传统中是极度危险的。然而这样的传统没有注意到的是即便没有习惯法的传统,仍然有一些隐含的假设,它们可能和明确的规划一样对于语言政策有着强烈的影响力。

雅各宾主义、统制政策、君主主义……

自法国革命以来,那种中央决策和控制生活细节的趋势被称为雅各宾主义,它被视作对抗反革命的一剂解药,这股力量至今仍保留在法国人的生活之中,已成为他们管理自己的方式之一。雅各宾主义也是法语语言文化的重要部分,因为语言雅各宾主义是这种文化的一部分,它试图要控制那些盎格鲁-撒克逊人认为没必要甚至不应该控制的事。如我们前面所见,这种反革命趋势最典型的表达就是巴雷尔的用语——非标准语言(方言,习惯用法,行话)不仅是有缺陷的、低级的,更糟的是他们还包含了令人嫌恶的特质、想法或思想体系,对于大革命是一种威胁,应该被彻底根除。这个想法直到今天依然存在,所谓来自英语和英式法语(le franglais)的威胁都属类似的观念。人们认为,那些在法国大量流通的英语或来自英语的外来词都含有对法国文化不友善的想法,它们必须被清除出去,否则法语文化就毁了。

结　　论

综上所述,一旦论及语言政策,事情并不总是"像它们看上去那样",我们必须透过显性政策看到深处,才能理解政策的实际执行情况。我们强调语言政策深植于文化之中,认可语言作为文化建设、复制和传播的主要工具的作用。虽然语言本身是一个文化构念,但这并不意味着它可以被某个特定的理论框架或各种政治调查所解构、更改或彻底改变。语言(或各种语言)对不同的人有不同的意义,政策规划常常措辞含糊,定义不明或引发误解。在这一点上最好的例子就是美国的语言政策——我们没有显性的语言政策,但是我们有一个支持使用英语的语言文化,对其他几乎所有的语言都具有排他性,所以我们不必制定一个明确的英语官方化的政策,也许永远也不必要。

可这样的理论有什么缺陷吗?如我所述,对有些人来说,"文化"这个理念和它的组成部分定义不明,有可能被"滥用"。也可能有人挑刺说"文化"(特别是"语言文化")的概念有循环论证之嫌,比如把"语言文化"定义为与语言有关的文化的一部分,这本身就是赘言,至少也是界定不明,含糊其辞。我的回答是,我们需要一种理论可以应付尽可能多的与语言政策有关的变量,这包括了各条政策制定过程中无法预见的因素。这种"无法预料后果"的法则总会引起新的结果,而在提出特定政策时却往往无法预见这些结果。一些理论把这些"文化"因素当作讨厌的麻烦,阻挠人们的规划,但是我认为,如果现实使理论混乱,那么需要修正的应该是理论,而不是现实。

我认为还有一点很重要,那就是要区分有关语言的不同观念——神话、态度、宗教信仰、经济观念,我们不能把它们一股脑扔进一个不加区分、太过简单、简化主义的无所不包的废纸篓里。我对于一些语言政策研究的社会科学研究方法也有所不满,它们总是把语言当作没有内在要素或特征的"黑匣子",无法将其与政策的宏大目标区分开来。这些方法把语言视作无关要素,好像假设用日语替代法语,法国也不会有任何不同。很明显日语语言政策和法语语言政策不同,两种语言也是不能替换的,但是如果我们仔细阅读马克思主义的语言政策理论,我们会发现这类理论认为语言最终是无关紧要的,当国家最终"消亡"时,语言之间的差异也就不复存在。很幸运,在国家最终"消亡"前,苏联就已经解体了,我们无须再去等待那样的结果。

值得深入阅读的文献提要

Calvet, L. -J. (1987). *La Guerre des langues et les politiques linguistiques*. Paris: Payot.

这本著作主要关注语言冲突问题,这是语言政策和规划的产物。卡尔韦的标题《语言之争和语言政策》(*The war of languages and language policies*)关注语言的诞生、生命和死亡这一系列事实,因为世界有许多种语言,互相之间存在冲突,有些语言幸存下来,有些则消亡了。他并没有评论那些消亡的语言是否存在缺陷,但是他仔细研究了语言规划问题的一些细节,探讨在语言生命中人类的干涉是否有正面的效果,或者这个问题究竟是否有定论。

Hymes, D. (ed.). (1964). *Language in culture and society*. New York: Harper and Row.

这本书是语言与文化关系的开创性著作,它把语言学的很多分支研究和人类语言学、社会语言学的研究结合在一起。其中的第三部分"世界观与语法范畴"和第七部分"社会结构与言语社区"特别有意思。第三部分讨论了后来被看作是思维范畴的问题,特别是语法是否反映了思想,马丁(Martin)探讨了日本和韩国言语层次问题,弗格森有关双言现象的开创性文章,沃尔夫的"可理解性和种族间态度"预兆了后来人们对文化和语言政策的关注。

第七章　语言政策与语言文化

Miller, R. A. (1982). *Japan's modern myth: The language and beyond.* New York: Weatherhill.

这是一本由非日本人所写的有关语言和"神话"的最好的书之一,作者米勒对日本和日语颇有研究,他的著作关注日本人对自己语言的态度和学习其他语言的态度,特别围绕日本语言的神话和它被认定所具有的"特别的地位"(比如,与世界上任何其他语言"没有关系"),米勒认为从前一些种族主义思想的产生,究其原因与日本语言有关,而非日本文化或社会。

Schieffelin, B., Woolard, K. A., & Kroskrity, P. V. (eds.) (1998). *Language ideologies: Practice and theory.* New York: Oxford University Press.

这是一本以语言和语言与思维关系为主题的绝佳概述和评论之作,它现在已经替代了之前被称为"萨丕尔—沃尔夫假说"的"世界观"的方法(world-view 或者 Weltanshauung),这个假说认为有关世界的文化概念反映在不同语言的不同语法结构中。这个假说的思想十分接近"语言影响思维"的论点,也接近于思维"植入"语言的思路以及其他文化概念如何被嵌入语言的方法。

Schiffman, H. F. (1996). *Linguistic culture and language policy.* London: Routledge.

这是第一本全面讨论"语言文化"概念及其与语言政策关系的著作,此研究评论了一系列语言—文化先驱,大量讨论了宗教问题、神话和语言的背景,显示了语言政策分类的内在困难,用三个多语"民主国家"——法国、印度和美国——说明了语言文化与语言政策相互作用的不同方式。书中有一个章节用来描述每种政策的全貌,另有一章聚焦政体的一个地区——法国的阿尔萨斯、印度的泰米尔纳德和美国的加利福尼亚。

讨　论

1. 你认为一个国家的历史文化背景对于语言政策的发展有多重要?立法者是否可以违背基本历史趋势而轻易改变语言政策?

2. 有关语言的宗教理念与其他理念有什么区别,比如语言的民族主义理念或种族主义理念? 挑战这些理念去执行一种完全对立的政策有多困难?
3. 当谈到你所在地区的语言问题时,实际情况与既定政策之间存在哪些差异? 签发驾驶执照使用语言的规定与实际操作有没有不同?
4. 其他国家的人常常指责美国人采用强势的单一语言制,你认为这是美国人"语言文化"的一部分吗? 或仅仅是懒惰,还是出于对现实的功利考虑?
5. 英语被指责为是"帝国主义的"——它强势地把自己凌驾于其他语言之上,并且试图消灭它们。你觉得这种观点正确吗?

注　释

我很感激安·谢菲尔德·怀特(Ann Shepherd White)认真阅读了本章最后一稿,并提出了中肯的编辑意见。

1. 请参考伍拉德(Woolard,1998)对这些研究方法所做的完美概述。虽然我对这种思想有很多保留意见,但是范迪克(van Dijk,1998)的跨学科的研究方法比其他方法更令人满意。
2. "En somme, le fédéralisme et la superstition parlent bas-breton; l'émigration et la haine de la République parlent allemand; la contre-revolution parle italien et le fanatisme parle basque. Brisons ces instruments de dommage et d'erreur. Il vaut mieux instruire que faire traduire, comme si c'était à nous à maintenir ces jargons barbares et cesidiomes grossiers qui ne peuvent plus servir que les fanatiques et les contre-révolutionnaires..."

参 考 文 献

Balibar, R. (1985). *L'Institution du français: Essai sur le colinguisme des Carolingiens à la république*. Paris: Presses Universitaires de France.

Ferguson, C. F. (1959). Diglossia. *Word*, 15(2), 325—340.

Ferguson, C. F. (1968). Myths about Arabic. In J. A. Fishman(ed.), *Readings in the sociology of language* (pp. 375—381). The Hague: Mouton. (Reprinted from *Languages and Monograph Series*, Vol. 12, 1959b[pp. 75—82], Georgetown University. Reprinted 1972)

Ferguson, C. F. (1991). Diglossia revisited. *Southwest Journal of Linguistics*, 10(1), 214—234.

Hoenigswald, H. (1971). A proposal for the study of folk-linguistics. In W. Bright(ed.), *Sociolinguistics* (pp. 16—26). The Hague: Mouton.

Hymes, D. (ed.). (1964). *Language in culture and society*. New York: Harper and Row.

Miller, R. A. (1982). *Japan's modern myth: The language and beyond*. New York: Weatherhill.

Ramaswamy, S. (1997). *Passions of the tongue: Language devotion in Tamil India, 1891—1970*. Berkeley: University of California Press.

Sapir, E. (1949). *Selected writings of Edward Sapir in language, culture and personality.* (ed. D. G. Mandelbaum). Berkeley, CA: University of California Press.

Schiffman, H. F. (1987). Losing the battle for balanced bilingualism: The German-American case. In J. Pool(ed.), *Linguistic inequality* (Special Issue), *Language Problems and Language Planning*, 11(1), 66—81.

Schiffman, H. F. (1996). *Linguistic culture and language policy.* London Routledge.

Schiffman, H. F. (1997). Diglossia as a sociolinguistic situation. In F. Coulmas (ed.), *The handbook of sociolinguistics* (pp. 205—216). Oxford: Blackwell.

Schiffman, H. F. (2002). French language policy: Centrism, Orwellian *dirigisme*, or economic determinism? In J. A. Fishman(series ed.) & L. Wei, J. -M. Dewaele, & A. Housen(vol. eds.), *Contributions to the sociology of language. Vol. 87: Opportunities and challenges of bilingualism* (pp. 89—104). Berlin: Mouton.

van Dijk, T. A. (1998). *Ideology: A multidisciplinary approach.* London: Sage.

Woolard, K. A. (1998). Introduction: Language ideology as a field of inquiry. In B. Schieffelin, K. A. Woolard, & P. V. Kroskrity (eds.), *Language ideologies: Practice and theory* (pp. 3—47). New York: Oxford University Press.

熊海虹 译　　林晓 校对

第二部分　语言政策的方法视角

语言政策的方法视角:概述

托马斯·李圣托

正如詹姆斯·保罗·吉(James Paul Gee,1999:5)所指出的那样:"任何方法都是与理论结合在一起的。虽然方法经常被单独传授,似乎是独立存在的,但其实方法和理论不可分割。"本书这一部分介绍的历史的、民族学的、语言的、地理语言学的、心理社会学的方法,显然都是与各学科文献中的现有理论结合在一起,有时是持批判态度的。本部分的每一个章节都有一些最新的讨论话题,关系到某一学科的理论与方法如何帮助人们更好地理解语言政策领域的各个问题。从不同学科的视角来审视方法和手段是很有益处的,作为一个跨学科领域,语言政策和语言规划需要了解并使用多种方法来探索语言现状、语言认同、语言使用以及本研究领域的其他重要问题。

在大部分语言政策和语言规划研究中,无论是微观层面的人际交往还是宏观层面的国家形成,历史都占据着重要的地位。特伦斯·G.威利(Terrence G. Wiley)在第八章中让我们了解了西方文明所假想的优越性如何影响我们对非西方、非基督教社会和国家的态度和相关的政策。与此相关联,威利指出"在有关语言政治和政策的民间话语和学术话语中,专家们偶尔会诉诸历史权威来证明,我们是如何通过过去来了解当代问题的"(第136页)。威利指出,这些主张是基于这样一种观点的,即关于过去所发生的事情有一个正确的、有实证依据的"真实"的描述。威利较为详细地描述了历史学家海登·怀特(Hayden White)的研究,"尽管他相信事实层面的过去,也相信可以在一定程度上准确地描绘过去,但他同时认为历史学家并不会发现事实。相反,我们发明了编写情节(emplotments)的方法来解释事实,我们把过去预想成某种形式的历史。我们把描述强加于历史,是出于时代的、文化的、语言的、概念的、推论的、意识形态的种种考虑,总之是认识论方面的原因"(Munslow,2000:18)。威利意识到历史知识的传统观念与后现代观念各自的优点和局限,同时也指出,对于那些考虑历史问题的学者来说,他们的选择就是:"什么时候去考察历史研究的产物",这些研究往往都带有意识形态所驱动的宏大叙事的虚饰,"是否"以及"什么时候进行历史研究,以作为主流单一模式局限性的一种补充和替代"(第139—140页)。

另有一种方法也有利于我们探索和质疑那些解释语言政策或政策方法的本质和影响的"宏大叙事"和"客观模式",那就是民族学方法。正如苏雷什·卡纳伽拉雅(Suresh Canagarajah)所指出的那样:"对语言忠诚、语言认同和语言态度的考虑不一定是理智、务实或客观的,这些都是意识形态方面的。因此,语言关系很难被预测或管理。"(第九章第154页)民族学方法能够提供有关最基层生活的见解,能够让人们更好地理解语言在直接受显性或隐性语言政策或语言体系影响的社会生活中的作用。在本章所引的多个研究中,都有一些证据表明个体与社团为抵制语言政策而自行发展出的一些不同做法,这正好作为"自下而上规划语言"的实例。卡纳伽拉雅指出民族学的目标和方法与语言政策研究的要求之间存在的矛盾。民族学研究者或许会觉得,那些对"客观"结果的强求和资助机构所强加的建议往往有悖于他们作为学者的追求,因为学者总是需要对研究中涌现出的假设展开反思与探索。另一个难点来自于民族学自身的相对主义立场,即认为被研究社团的观点和利益总是正确的。然而,正如卡纳伽拉雅所指出的那样:"社团的视角在一个多语环境下往往是自私且带有偏见的,会阻碍社团间的关系。"(第163页)社团所持立场还有可能完全不同于学者和决策者的那些"开明的"或"受过严格训练的"立场,例如认为语言保持这件事是"好的"或必需的。为了应对类似困境,民族学研究者不能被动地倾听当地人提供的信息和意见,而应该对自己的立场和信息提供人的立场进行深刻的反思(Willis,1997)。

与语言政策和语言规划的人类学研究方法一样,心理—社会方法(见柯林·贝克,Colin Baker,在第十二章中的讨论)旨在探索和评判个体与言语社团的态度和信念,更好地理解语言政策的影响,从而研究出更务实有效的语言政策目标和规划策略。与民族志方法一样,心理—社会方法对语言态度的研究既有优点,也有局限,最好是采用一系列不同的手段和视角以取得尽可能有效的结果。也就是说,有关态度的研究应同时采用定量方法(如李克特量表、语义差异法、配对伪装法等)和定性方法(如文本分析、结构式或开放式访谈、自传等)。语言使用信息的另一个重要来源是全国人口普查数据。贝克指出全国人口普查中问及或未问及的各种问题和自我报告中反映的语言使用情况都存在着许多局限。他特别提到了委内瑞拉和玻利维亚最近进行的人口普查的复杂情况,与欧洲和北美的人口普查相比,问题更加严重。

  最近几年研究得出的最有前途的方法之一是社会网络分析,欧盟委员会(1998)曾采用该方法在爱尔兰、加泰罗尼亚、威尔士和弗里斯兰省开展相关研究。基于网络的大小、相识的平均持续时间、网络密度以及网络中少数族群语言使用密度等因素,社会网络分析方法(贝克作了较为详细的描述)对少数族群语言的实际使用做了细致入微的描述。贝克提到的另一个重要趋势"目标语言规划",在威尔士和巴斯克地区研究中方兴未艾。按照贝克的观点,目标语言规划包括:(1)一个清晰的语言规划总体概念(如:身份、语料、习得、机会/激励计划);(2)可实现、可持续目标的设定;(3)目标的优先等级确定;(4)对目标完成情况、有效性和结果的监控,同时他还提供了规划目标的各种实例。

  尽管以上讨论的方法和手段都涉及对文本和话语的解读,语言学分析(鲁斯·沃达克,Ruth Wodak,第十章)却可以用丰富的细节详尽地说明,在具体语境下的各种书面和口头体裁中,特定的社会信仰、价值和观念是如何得到构建和再创造的。本节所讨论的方法之一,批判话语分析(CDA),尤其是话语—历史方法,在分析各种语言政策的辩论、建议或批判文本方面是最全面的。除了采用一系列语言手段对书面、口头和视觉文本进行分析,话语—历史方法"试图把大量现有的历史信息知识和一些话语'事件'所发生的社会政治背景结合在一起。此外,它还通过探索特定话语体裁历时变化的方式分析话语行为的历史维度"(Wodak,第175页)。为了避免方法或数据解读上的偏见,沃达克建议批判话语分析遵循"三角互证"的原则,即运用各种不同的方式和方法对各类背景信息及数据进行综合分析。她所描述的批判话语分析方法已经成功运用于若干研究中,用以考察欧盟的语言政策话语。她在本章中详细分析了一个小组讨论,在一定程度上表明了"民族身份"或"语言霸权主义"等概念是如何在不同族群语言背景的说话者中间得以构建的。话语—历史方法使用民族学、历史学、社会学、政治理论和语言分析的方法,从会话分析到政治文本,为各种各样的语言政策研究提供了丰富多样的方法和思路。

唐·卡特赖特(Don Cartwright,本书第十一章)描述了地理语言研究者如何把语言及其物质的、人类的环境关系分析和对历史过程的关注结合在一起,因为历史过程会影响到不同文化背景群体间的联系和互动模式的发展。与人类地理学研究者不同,地理语言学研究者提供了"一种更为积极和实际的评价,也就是说,若要对语言社团进行更为全面的社会语言学分析,就应该将地理空间、领土、分析范围作为研究中的补充成分"(Cartwright,本书第180页)。本章中将通过两类社团的实际案例来说明这种方法与语言政策和规划研究之间的相关性:(1)一个是处于地理边缘的、分裂的族群语言社团;(2)一个是更广泛而连续的社团。地理语言学研究的一个重要目标是评价语言政策手段和特定群体的族群语言活力之间的关系,而这类群体身份的存在取决于代际母语传承的不同程度。第一种社团类型的例子是威尔士的威尔士语(Welsh),第二种社团的例子是比利时的佛兰芒人(说荷兰语)(Flemish)和瓦龙人(说法语)(Walloons)。对于第一种情况(威尔士语),卡特赖特指出"在处于地理边缘的族群语言社团里,人口的居住模式往往是支离破碎的,因此,民族主义者的目标主要是强化和确立少数族群语言生存的关键领域"(本书第182页)。若无这样的强化就会出现减损性双语教育,那么在越来越多的领域内,少数民族的母语就会逐渐被大族群语言取代。卡特赖特认为尽管在某些目标领域威尔士语的复兴已有了一定的成果,"面对欧盟内部越来越多的经济机会,人们还是要常常保持警惕,做好语言规划工作"(本书第181页)。

第二种社团类型的例子是比利时的两个主流族群语言群体,即佛兰芒人和瓦龙人。比利时于1830年成为独立国家,此后直到1932年这段时间,占主导地位的瓦龙人一直不愿与说荷兰语的佛兰芒人保持语言上的平等关系。1932年,佛兰芒人放弃了双语国家的努力,在北部形成了佛兰芒人的单语地区,在南部形成了瓦龙人的单语地区,仅在首都和语言边界的地区尚保持双语。佛兰芒人始终担心瓦龙人侵占自己的领土,这最终导致了1963年官方划定佛兰德斯(Flanders)和瓦龙尼亚(Wallonia)作为永久单语地区,在单语地区内,家庭外的语言使用要根据某人的居住地,而非某人的家族语言或个人喜好来决定。官方规定首都布鲁塞尔为双语区。卡特赖特认为比利时的案例表明了政策形成的两个原则:属地原则和个性化原则。第一个原则是适用的,因为有两个界限清楚的单语地区:北部的佛兰芒区(荷语)和南部的瓦龙人区(法语)。每个群体都有权保护在其毗连领土内的语言。布鲁塞尔的情况则适用第二个原则(即个性化原则),在这里每个人都可以自由选择语言来获得服务。得益于欧洲议会等一些国际组织的建立,布鲁塞尔也因此成为世界性的城市,这表明这里的双语制是增加式而非减损式的,因为接触到另一种语言的机会既不会威胁到母语被替代,也不会削弱任何一个群体的族群语言多样性。

针对特定课题研究应采用的具体方法与以下多种因素有关:

1. 研究目标;
2. 各种数据的存在以及可获得性(如:人口普查数据、政策文本、历史记录);可提供信息的人(如:政策制定者、社团代表、政府官员);
3. 可用于研究的财力、人力、技术资源。

本部分所描述的方法及相关理论都是一些包含各种研究技巧的框架。例如,如果有人想对各种文本做语言分析,他最好能熟悉专业领域的各种研究工具,如语用学、修辞学、话语分析、会话分析。除上述专业工具以外,还有一些方法几乎在各个研究领域都有所应用,如内容分析和理论联系实际(grounded theory)(其他方法的详细讨论参见 Tischer,et al.,2000)。

参 考 文 献

Gee,J. P. (1999). *An introduction to discourse analysis:Theory and method*. London:Routledge.

Munslow, A. (2000). *The Routledge companion to historical studies*. London: Routledge.

Titscher, S., Wodak, R., Meyer, M., & Vetter, E. (2000). *Methods of text and discourse analysis*. London: Sage.

Willis, P. (1977). *Learning to labour: How working class kids get working class jobs*. Manchester: Saxon House.

何莲珍 译　　熊海虹 校对

第八章 历史研究的经验:对语言政策和语言规划的启示

特伦斯·G. 威利

一个世纪以前,马克斯·韦伯(Max Weber)探讨了西方的崛起和优势问题。在其思想以及大部分西方学者的思维中,西方的优势地位是毋庸置疑的历史事实。社会历史学家的任务就是要解释这种优势地位是如何获得的,以及为什么西方会获得这种优势地位。他提出的问题是:"作为现代欧洲文明的一个产物,在研究世界历史的任何问题时,都必须搞清楚究竟是怎样的条件组合,才会在西方文明中,且仅在西方文明中,(我们愿意认为)出现了具有普遍意义和价值的文化现象"(1992:13,引自 Mignolo,2000:3)。

后殖民时代国家崛起后,很多规范性的语言政策和语言规划模式都仿效成功的西方国家,这同在经济和国家发展方面将西方国家视作线性的普遍模式相似(Rostow,1960)。对国家建设者而言,语言统一和通过推进大众识字教育实现方言同质化就像是规定的菜谱,可以被简化为本体规划和地位规划的一步一步循序渐进的公式。不少人认为西方国家的历史经验可供仿效,这一假设不仅渗透到了历史文献中,也渗透到了社会科学和人文学科中。正如以下米格诺罗一番话所指出的那样:人们不仅创造和完善了有关西方优势的传说,还预设了西方可以普遍地作为全世界的楷模,这些思想都深深根植于人们对历史知识的建构中:

> 如果说历史和文学……在18世纪后成为帝国扩张的同谋,在文艺复兴后期他们则以百科全书和字母文字为帮凶。然而,字母文字在基督教的纵容下,不仅成为信息广泛传播的基础,还成为对信息进行组织

和评价的基础。对中国、伊斯兰世界和新世界知识体系及其传播的评价，其所使用的衡量标准都是文艺复兴的散漫分类以及其中所隐含的认识论。（Mignolo,1995:169）

当前，在有关语言政治和政策的公众和学术话语中，蛊惑民心的政客、政治家甚至语言政策专家都会求助历史权威来支持他们的观点，即历史可以让我们更好地理解当代的问题。这种求助于历史的做法往往是基于这样一个假设：对于过去所发生的事情，确实存在着一个正确的、基于经验的且"真实"的叙述。

鉴于人们赋予历史的重要性，本章简要讨论传统的历史解释和历史想象的各个方面及其局限，也将探讨有关历史文献的所谓的现代主义和后现代主义思维所面临的挑战和矛盾。[1]然后，本章对历史上的欧洲中心主义普遍模式以及语言和文化观念的作用进行评价，还会简单提及欧洲中心论的历史模式在南亚反殖民主义的民族主义运动中被盗用的情况。

传统历史作为过去的"真实"描述的局限性

人们总认为传统历史对过去提供了正确描述，这样的信心来自于一种信念，即过去的"真实"阐述来自于经验主义的研究，那些第一手信息、历史文献、记录、艺术品、传记、证人证词以及其他文本，经过历史学家的推理分析，能够帮助他/她发现被研究的那段时间内因历史人物所作出的选择而发生的"真实"事件。

在把过去的事件作为历史写下来的时候，历史学家面临多种可能的选择。同民族研究者一样，历史学家：

> 必须对所描述的社会和描述人持有一种态度，他们必须选择有限的话题，因为针对一个社会任何一种概述都不可能是全面的，同时他们还要选择特定的文学形式把结果传递给公众。在做上述每一个决定

时,模式都是最重要的。很少有作者会自己编织全新的描述,他们都会用已有的材料写成故事。(Grafton et al.,1992:42;重点标注为本章作者另加)

在做这些决定时,传统历史学家都假设他们的语言、概念和范畴可以用来重新捕捉、重新表征过去那些"真实"。这种观点假设,在过去的事情、历史学家所选择的事实和他/她的叙述之间是存在一致关系的。从方法论上讲,传统历史学家依靠推理性分析、演绎法和归纳法来勾画过去事实和社会现实,并对证据进行持续不断的批判性再评价(Munslow,2000)。

历史想象所建构的过去

然而,除了归纳法和演绎法以外,孟斯洛还指出了历史研究的第三个方面,即"不明推论式"方法(abductive),这是"历史解释和历史想象的典型特征"(Munslow,2000:122)。正如孟斯洛所指出的那样,"历史学家倾向于用'事实'来创造他们自己的意义。如果他们不那样做,历史就不会像现在这样存在那么多修正主义了"(第18页)。从20世纪70年代中期开始,海登·怀特(Hyden White)一直是历史想象的主要质疑者之一。他的著作《元历史:19世纪欧洲的历史想象》(*Metahistory*:*The historical imagination in nineteenth-century Europe*. Hayden White,1975)具有开创性的意义,怀特在书中批判了19世纪有关历史客观独立和历史意识的盲目自信。继《元历史》之后怀特又出版了一系列的著作(如:White 1987,1998),更充分地阐明了他对于历史叙事结构的观点。

在《元历史》一书中,怀特首先假定了历史意识的四种基本模式:比喻、提喻、转喻、反语,每种模式都采用特定的历史阐释策略,用以解释一个特定的历史领域,由此"提供一种独特的语言程式,借此来预想历史领域"(p. xi)。受瓦雷里、海德格尔、萨特、列维—斯特劳斯和福柯的影响,怀特强调历史意识的虚构(fictive)特性,并试图探索他所谓的历史想象的深层结构(1975)。怀特还区分了范畴化的不同层面,用以分析主要历史学家的作品,这些层面包括记事、描述、编写情节模式、论证模式、观念暗示。

对怀特而言,记事和描述是"对那种未经处理的历史记录进行选择和梳理,使这种记录更好地被某一个观众群体所理解"(White,1975:5)。追随诺斯罗普·弗赖伊(Northrop Frye,1957)的观点,怀特认为历史文本是按照四种编写情节形式来组织的:浪漫剧、悲剧、喜剧、讽刺剧,也许还有第五种:史诗。编写情节通过正式的、明晰的或话语的论证而得以强化。怀特运用斯蒂芬·佩珀(Stephen Pepper,1966)的"世界假设"框架(world hypothesis),区分了四种推论的"形式范式"(第21页),佩珀称之为四种"基本隐喻":形式论(formist)、(有)机体论(organicist)、机械论(mechanistic)、背景主义论(contextualist),这些形式范式支持任何历史的或自然的描述。最后,怀特为历史文本的分析增加了观念启示的一层。他把观念定义为"在当今社会实践的世界持有某种立场并据此行事的一系列规定"(第22页)。孟斯洛指出:

> 海登·怀特着力指出的大问题是,作为历史的过去是否与证据中的描述一致?历史学家的叙事如何能够发现真正的叙事?……怀特相信现实意义上的过去,也相信人们能以某种精度再现过去的故事,但同时他也坚持认为,历史学家并不能发现历史。我们通过发明编写情节来解释事实……[但是]我们把过去预想成某种形式的历史。[参见下面的"隧道历史"]我们把故事强加给过去,这其中有着当代的、文化的、语言的、概念的、推论、观念的各种原因——总之都是认识论的原因。(Munslow,2000:18)

现代主义和后现代主义的矛盾

在众多研究者中,德里达(Derrida,1982)和格尔茨(Geertz,1983)等人试图揭示"现代主义"理性经验严密性的极限,从而扩大了对历史真相断言的攻击(Iggers,1997)。孟斯洛总结道,"现代主义的不可避免的矛盾是,尽管历史话语声称提供了真实的内容(基于证据规则),它只能以一种全能叙事形式来实现"(Munslow,2000:77)。换言之,历史学家试图转述历史,可是在全能叙事过程中他已经直接受到了影响。

然而,后现代主义对历史知识的看法自相矛盾。伊格斯指出,"主张文本自主的历史现实主义批评家"很少"超越理论状态去面对一个具体的历史问题"(Iggers,1997:10)。伊格斯承认后现代主义评论中强调的几个论点,即"单一的历史"是站不住脚的;历史有"断"有"续";主流观念的假设存在于历史话语之中;权威历史专家夸大其词的断言应当受到质疑。然而,后现代主义评论家也引发了一种虚无主义回归的错觉,进而可能导致某种不负责任的道德立场。伊格斯总结说:

> 如果后现代主义评论家去除总是含有虚构元素的历史话语和虚构之间那些公认的变动不定的界限……去掉诚实的学术和宣传之间的界限,这种界限含混不明的问题……在最近有关大屠杀作为历史事实的讨论中就显得非常麻烦。将历史拆解为纯想象的文学,就会带来许多明显的矛盾,正如海登·怀特所承认的那样,否认大屠杀的事实在道德层面是不可接受的,但是在历史叙事中又无法客观地确证所发生的事情。(Iggers,1997:13)

从有关历史研究存在局限这样的后现代主义观点出发,我们是否也会忽略征服"新世界"后的美国大屠杀这段历史以及随后发生的语言和文化镇压?(参见 Stannard,1992)伊格斯对后现代主义者的指控是:就像把孩子和洗澡水一起倒掉一样,他们在抛弃了历史的不真实性的同时,也就否认任何理性的历史话语的可能性(Iggers,1997:13),因此他们根本就不是在研究历史。

当我们意识到了传统和后现代主义有关历史知识有效性的矛盾,那么对于那些愿意考虑历史的人而言,他们的选择就变成:什么时候该去评论那些接受带有意识形态虚饰的宏大叙事的历史研究成果,是否以及什么时候应该尝试针对主流单一模式的局限性提供可供选择方案的历史研究？下一节中将探讨那些有意无意歪曲过去的宏大叙事。

对欧洲中心主义单一历史模式的评论

如何从全球化的视角来解释"西方的崛起"以及其后确立的语言优势地位？在过去的五个世纪里西方优越性的观念一直是历史书写的主题。历史书写是指历史总是要经过精心修正以适合历史学家和社会科学家的当代需求。在人们试图解释和区分"新世界"和被殖民化的非洲、太平洋群岛、南亚地区的差异性的时候(Willinsky,2000),新的学科开始出现,包括现代和浪漫主义历史语言学(Kaiwar,2003)。西方文化机构、技术、语言文字能力和道德价值的所谓的优越性使非西方的东西被置于"劣等地位"(Mignolo,2000)。

布劳特(Blaut,2000)和威林斯基(Willinsky,2000)对一些著名历史学家的主要著作和学校历史教科书进行了内容分析,发现在有关传说中的欧洲独特性和西方最终的崛起以及持续的西方优势地位这些内容上存在显著的共同点。布劳特和威林斯基指出:尽管大多数论证所谓西方优越性的观点明显带有19世纪民族主义的特点,目前已经被放弃或变得温和,但欧洲优越性的观念在很多大众和学术话语中依然方兴未艾。从韦伯(Weber,1951)到更近期的学者(包括Diamond,1997;White,1982)的著作中,布劳特(Blaut,2000)归纳出了三十个论点,这些论点认为:西方的优势地位源于其在地理、技术、经济、阶级、政治方面的优势,这些优势首先导致了欧洲的崛起,然后是西方持续的世界优势地位。尽管布劳特(Blaut,1993,2000)和其他学者驳斥这些观点具有欺骗性,但它们仍然作为霸权主义和认识论的宏大叙事元素而存在,布劳特称之为"殖民者的世界模型"。这种模型假设欧洲或者西方是世界的中心,一切有价值的人类发明都是从那里向"欠发达的/不发达的"外围扩散的。

布劳特坚持认为"我们传统的有关地理和历史的思维过程犯了一个根本却不明显的错误,这个错误歪曲了很多的思想和行动……这是在民俗的意义上的错误(Blaut,1993:2)"。他指出欧洲中心主义殖民者的模式可以被看成是对种族主义、性别主义、宗教盲从的偏见和态度,但是"欧洲中心主义的真正关键部分"是"科学问题,是有事实依据的学术的、专家的观点"(第9页)。

社会科学和人文科学中的学科话语常常具有共同的假设和特征,因此会造成不同领域的研究达成共识的假象。回想福柯(Foucault,1972)的认识构念(episteme),就是指某一历史时期不同知识领域和研究领域相互关联的知识,孟斯洛提醒我们:"认识概念不仅提醒我们各个历史时期都根据不同的标准,为独特的目的来组织知识的获取和利用",同时还提醒我们"知识创造的标准总是围绕社会权力分配的"(Munslow,2000:18)。李圣托(Ricento,2003:614—615)也指出精英阶层话语在形成公共话语和公共态度中的独特作用。在学术圈里,学科性话语被认为是"科学的"或至少是"学者权威的"。然而,正如威林斯基(Willinsky,2000)所表明的那样,许多社会科学研究领域的出现跟"发现时代"以及征服时代不谋而合,因此他们的认识论也源于对差异(otherness)的归类和阐述。

殖民主义者模式采用*预想法*(prefiguration)或是布劳特所称的*隧道历史*(tunnel history)(Blaut,1993,2000),就是基于现实的目的,将过去的结果合理化。孟斯洛说,"过去作为历史是如何形成和构思的,人们会对这一问题做出选择,*皆出于对结果的预期*;对某些人来说可能是需要发现真相,对另一些人来说是希望设立或推进一系列的知识、性别、种族、文化、经济或社会的计划"(Munslow,2000:18—19;强调部分为本章作者另加)。

殖民主义者模式还否认非西方与西方在体制和成就方面的平等性。黑格尔(Hegel)的著作就是毫无歧义的隧道历史的实例,他将历史的演进视为在空间与时间上都不断靠近西方的移动,而西方民族—国家就是历史演进的终点,"世界的历史是从东方到西方转移的,因为欧洲无疑是历史的终点"(Hegel,1956:103)。虽说黑格尔和韦伯的观点可以被看成是过了时的欧洲中心必胜主义(Eurocentric triumphalism),但是当代历史著作(参见Blaut,2000)中的西方中心论和相关观点在学校教科书(参见Willinsky,2000)中尚有余音,这些都充分说明仍有必要考虑其与当代社会问题的关联性,包括那些与语言政策和语言规划相关的问题。

布劳特(Blaut,1993)认为,殖民主义者模式有几个主要的前提假设:(1)大部分人类社团没有创造力;(2)少数人类社团、地区或文化具有创造力;(3)这些社团、地区或文化是文化变革和进步的永恒中心。欧洲中心传播论就是基于一个中心—边缘模式,以大欧洲(及其延伸,即美国、加拿大、澳大利亚)作为内层,其他地区(尤其是被殖民的地区)作为外层。此外,因为中心地带具有创造力,它就会变化、进步,它是有历史的。反之,边缘地带则死气沉沉、僵化不变,其变化充其量是缓慢的、传统的、落后的,没有历史可言的。中心进步主义的基本元素是欧洲思维的特性,精神、性格、理性,或者过去叫种族,使人们能够创造文字,因此能够创造历史、法律和高层次的文化制度(Blaut,1993,2000)。该模式另有一个特点,布劳特(Blaut,1993)将其称之为虚空神话。根据这一神话,边缘地带缺乏源于识字能力和理性的基本文化制度。在定居或殖民化以前,非欧洲地区缺乏能让人们自立自足并合理存在的基本制度。涉及殖民化和条约时代的历史文本往往把非欧洲人描述成奔波迁徙中不停游牧的流浪汉,如同迁徙的人们一样是匆匆过客。因此,欧洲的"定居"和条约的强加都不会被描述为对任何政治主权的优先权力的侵犯,因为当地居民没有财产的概念,也缺乏管理本地区的文明制度(Blaut,1993)。

为了谋求进步、发展和现代化,边缘地带必须接收来自于中心的知识和技术,而不是靠自身的创造力。但是接收文明这一礼物需要付出代价。殖民中心用他们的知识和创造力换取殖民地的资源和财富,当代的"民族建构"也同样有价格标签。所以,对殖民地财富的侵占也在西方和世界历史的宏大叙事中得以合理化,布劳特(Blaut,1993,2000)认为这种侵占有助于实现西方的资本主义和"现代化",因此确保了西方在后殖民时代持续的优势地位。

殖民主义者模式中的特权:语言和识字

上述欧洲中心传播主义视角如何与语言政治、规划和政策的历史相联系？在殖民主义者模式中,语言和识字问题被赋予了一种特殊的地位,既是西方崛起的核心要素,又是"不发达"社会仿效的样板。文字识读是在西方发展起来的,理性主义也主要源于西方,人们一般认为理性主义崛起的关键成分是历史性思维,而文字识读则对历史性思维的发展有着重要的作用。所有好的东西,包括主导语言,首先都是在西方发展起来的,然后根据西方模式传播到边缘地带。语言规划本身常被看成是社会工程的一种形式,可通过"不发达"国家的大众识字教育推动更高层次的教育成就,从而推动经济发展和现代化。在宏观层面,语言规划研究中有一种专家治国论的观点,认为语言多样性是导致社会和经济"落后"的一种社会缺陷。因此基于西方民族主义模式的语言统一和语言标准化就被视作解决"现代化过程中"国家社会经济问题的灵丹妙药。

字母读写能力和巨大的分界线

古迪和瓦特认为字母书写系统的发明导致了古代西方社会显著的智力变化和认知效果,从而逐渐导致了识字和不识字社会在发展上的差别(Goody and Watt,1988)。布恩和米格诺罗(Boone and Mignolo,1994)和米格诺罗(Mignolo,1995,2000)则详述了五个世纪前西班牙人如何用识字概念和语言优势来为殖民化和美洲原住民的屈从提供观念理据。1492年左右相继发生了两起事件,第一个事件是阿拉贡王国和卡斯蒂利亚王国统一,紧接着,哥伦布发现了后来称之为"美洲"的地方,尽管他当时还不知道自己究竟在哪里。同年,宫廷学者安东尼奥·德·内夫里哈出版了《西班牙语语法》(*Gramatica de castellana*, Antonio de Nebrija),此书为伊比利亚半岛的语言统一提供了一个卡斯蒂利亚标准模式,由此把民族—国家和语言联系起来,把语言看成是"帝国的伙伴"(Willinsky,2000:191;并参见 Ilich,1979;Mignolo,1995)。

当西班牙征服者成为美洲殖民者的时候,曾针对当地人的人性展开过激烈辩论。有关当地人最关键的缺陷之一是这些人不具备读写能力,因此没有"历史",但是通过教堂的教令人们确定他们至少还有"灵魂",因此可以皈依和"拯救"(Boone & Mignolo,1994;Mignolo,1995)。从征服者的角度来看,拯救本地人有两大障碍:他们不具备字母读写能力以及他们作为异教徒所没有的原住民知识。实际的需求是需要用这些皈依者能懂的语言跟他们进行交流,这样就会颠覆宗主国的语言统一进程。有多少有关世界语言的当代语言学知识都是源于同样的动机呢?因此,伴随征服者的传教士们获得了很多有关本土知识和没有单词的非字母作品的信息(Boone & Mignolo, 1994),即使当他们控制或将之置于从属地位的时候依然如此(还可参见 Mignolo,1995,2000)。

随着时间的推移,殖民者模式显得特别富有活力,因为它与西方语言和文化概念有关。在最近的表现形式中,一些历史学家和历史人类学家试图确定识读的认知和社会作用。西方标准化的识读语言为语言本体和语言地位规划或知识化提供了模式。古迪和瓦特(Goody and Watt,1988),哈夫洛克(Havelock,1963,1988)和其他人(如 Olson,1977,1988;Ong,1982,1992)认为识字,尤其是西方的识读能力,为识字人带来了个体认知和制度上的优势。古迪(Goody,1987,1999)、古迪和瓦特(Goody and Watt,1988)、奥尔森(Olson,1994,1999)紧接着为他们的结论正了名。然而,把语言标准化和民族建构联系在一起成了多语边缘(multilingual periphery)的模式。

从历史的角度来看,对所谓的认知大分界(The Great Divide,见下表 8.1)的辩论,与字母的发明和西方识字的传播相关,也质疑了基于识字或不识字身份的殖民征服在观念上的理性化(Mignolo,1995,2000)。这里的关键问题是大分界理论在形成之初引人注目,不仅因为它强调与识字发展有关的认知分界,还因为其内在的欧洲中心主义(Mignolo,1995,2000;Street,1984),识字的发展被视为个体认知发展和体制进步的途径。高夫(Gough,1988)通过阐述印度和中国的识字发展驳斥了这一观点。布恩和米格诺罗(Boone and Mignolo,1994)也表明,中美洲和安第斯山脉地区没有字母系统文字,学习象形文字、语词文字、助记书写系统同样重要。这些系统的复杂性和实用性起初遭到西班牙征服者的诋毁。循着那种对其他地区文化不屑一顾的传统,一些当代学者(如古迪)把这种反证贬低为后现代主义者"超越相对主义来消除假定的文化间发展性差异的尝试"(Goody,1999:30)。然而,作为记录口语的工具,音素文字、音节文字和语词文字各有相对优势,在很大程度上抵消了有关字母系统内在独特性的观点。[2]

已故的伊万·伊利奇(Ivan Illich,1979)探索了国家支持下的标准识读语言的推广和作为社会控制手段的语言推广过程中学校所发挥的作用。他得出的结论是:学校教育所用语言的确定阻止了共同土话的发展,降低了与当地共同语言相关的价值。在例证中,他坚持认为把识字强加在诸如卡斯蒂利亚那样的标准化语言里,事实上限制了15世纪后期和16世纪早期的西班牙当地土话的识读功能。人们不得不去学校学他们的"母语",这种母语是由"人们实际说的非文学语言的各种当地或地区方言所拼凑而成"的人工产品(Hobsbawm,1987:147)。表8.1总结了以语言文字的标准化/学校教育语言划分的"大分界"的历史变化。[3]

表8.1 所谓认知大分界的变化

发达国家	欠发达/不发达国家
原始的欧洲中心主义版本:	
字母读写能力	无读写能力
	无字母读写能力
西方读写能力	口述体(西方和非西方)
发展的或知识化的语言	原始的或未发展的语言
以英格兰为中心的版本:	
受过良好教育的英语本族语者	有限英语能力
(假定他有英语读写能力)	英语学习者
语言习得和规划理论的当代构念	
完全熟练	有限水平
	任何语言都说不流利[a]
平衡双语	部分双语
	减损性双语
认知学术英语水平(CALP)[b]	基本人际交往技能(BICS)[b]

注：

a. "任何语言都说不流利"指那些对所测的两种或多种语言不熟练的人。经典的例子是一个假定的西班牙人，他不具备西班牙语和英语的测试水平，但他实际上会说另一种语言或是测试中没有测到的语言的某种非标准形式。

b. BICS 全称为 Basic Interpresonal Communication Skills；CALP 全称为 Cognitive Academic Language Proficiency(Cummins,1981;2000)

欧洲中心主义历史模式的盗用

我们有必要质疑殖民者模式及其促成要素，如大分界的概念。尽管当前的潮流似乎是把启蒙主义和后现代主义看成是优越感和自卑感概念的主谋，但也有必要考虑欧洲中心主义模式的盗用情况。例如，在18世纪，即使当别人在建构种族祖先谱系(lineages of racial ancestry)的时候，现代历史语言学的创始人还是努力想把西方语言谱系和他们的祖先联系起来的。凯沃阐述了浪漫派如何盗用梵语研究成果来评论启蒙主义运动的理性经验主义，把被假设为雅利安民族基本课本的古代梵语文本奉为神圣(Kaiwar, 2003)。范卡塔查拉帕瑟进一步阐述了东方主义的建构如何在南亚遭到盗用，以及原始语言和神圣文本的纯洁性概念如何被用来推进反殖民主义民族主义运动的当代议程(Venkatachalapathy,2003)。因此，关于母语推广的那些普适性的新浪漫主义处方同样应该放在斗争的历史环境下进行审视，例如，在南非，前种族隔离政府的母语建构政策把原本在语言上距离不那么远的人群分割开了(Alexander,2002;de Klerk,2002)。

结　　论

殖民主义模式的普遍性和大分界理论清晰地表明，要让历史更好地为语言政策服务，有很多东西需要评论。首先，我们必须解开这张由当代历史学家及以往目击证人、编年史家所编织的网，将其去殖民化。然后我们才能从历史调查中看到审慎精确的研究成果的价值，最有前途的是那种致力于本土知识和边界思维(border thinking)的研究。这里所引用的米格诺罗以及卡纳伽拉雅(Canagarajah,2002)的著作提供了很好的出发点。

值得深入阅读的文献提要

Blaut, J. M. (1993). *The colonizer's model of the world: Geographical diffusionism and Eurocentric history.* New York: Guilford Press.

  本书揭示了欧洲中心主义传播的多种形式,发展的历史进程的思想源于独特的欧洲"思想"、文化、和/或"识读"体制,能够为非欧洲世界的发展提供值得借鉴的模式。

Blaut, J. M. (2000). *Eight Eurocentric historians.* New York: Guilford Press.

  本书是布劳特三部曲中的第二部,该书拓展了他最初针对多个著名的现当代历史学家所提出的论题。最有价值的是他对自己所驳斥的普遍欧洲中心主义论点的分类。

Boone, E. H. & Mignolo, W. D. (eds.). (1994) *Writing without words: Alternative literacies in Mesoamerica and the Andes.* Durham, NC: Duke University Press.

  字母的发展以及欧洲语言的标准化经常被作为语言规划的范式。本书对这一正统观点提出了严重挑战,是一项重要的历史研究成果。参见米格诺罗(Mignolo,1995,2000)。

Kaiwar, V. & Mazumdar, S. (eds.). (2003). *Antinomies of modernity: Essays on race, Orient, and nation.* Durham, NC: Duke University Press.

  该论文集对欧洲中心主义有关种族、语言和民族的关系的观点及其在后殖民时代被盗用的情况提出了质疑。

White, H. (1975). *Metahisotry: The historical imagination in nineteenth-century Europe.* Baltimore, MD: Johns Hopkins University Press.

  怀特这一具有开创性的著作为历史话语的分析提供了结构主义的框

架,这一著作现在已经成为一部经典。

Willinsky, J. (2000). *Learning to divide the world: Education at empire's end*. Minneapolis: University of Minnesota.

威林斯基这一获奖著作主要介绍了殖民遗产的历史形成,分析了它在当代教育中是如何继续存在的。他有关教育语言政策的分析与本章尤其相关。

讨 论

1. 识别并讨论传统历史研究的固有的局限性。
2. 怀特有关"历史想象"的质疑与宽泛的历史研究和具体的语言政策研究具有什么样的相关性?
3. 讨论后现代主义对传统历史的评价。
4. 传统历史学家和后现代历史评论家共同面临的矛盾是什么?
5. 描述"殖民者模式"的组成部分。
6. 简要讨论欧洲中心主义历史及其在后殖民环境的被盗用对语言规划和语言政策研究的启示。

注 释

1. 本章篇幅有限,这也在很大程度上影响了话题的选择。有鉴于此,我的重点不是对语言政治、规划和政策的系统回顾,而是简要讨论史学著作和历史决定论中一些当代问题的启示,对盛行的欧洲中心主义单一历史模式、所谓的特权语言及其字母识读能力的作用的评论。在其他一些论著中(Wiley,1996,1998,1999,2000,2003),我提供了历史的案例研究实例,力求把历史结构主义方法延伸到语言政策和观念的分析中去(参看 Tollefson,1991),因此在这里我不再赘述上述话题。
2. 与其他的诸如语义处理的原则相比,音位层面处理的便利是显而易见的(参见 Coulmas,1989;Taylor & Taylor,1995)。依据任何一种语言的音位结构学或可允许的元音和辅音顺序,可以说明,对于世界上很多语言来说音节文字可以替代字母系统成为最佳书写系统。
3. 关于大分界的讨论参见 Street(1984)和 Wiley(1996,第三章);关于基本人际交流技能(BICS)和认知学术语言水平(CALP)以及大分界之间关系的阐述参见 Wiley(1996,第八章);关于对 Wiley 以及其他学者的回应参见 Cummins(2000,第四章);关于"半语制(semilingualism)"和"任何语言都说不流利"(non-nonism)的评论参见 Valadez, MacSwan & Martinez(2002);关于"本族语者"(native speaker)争议的回顾参见 Willinsky(2000,第八章)。

参 考 文 献

Alexander, N. (2002). *An ordinary country: Issues in the transition from apartheid to democracy in South Africa*. Pietermaritzburg: University of Natal Press.

Blaut, J. M. (1993). *The colonizer's model of the world: Geographical diffusionism and Eurocentric history*. New York: Guilford Press.

Blaut, J. M. (2000). *Eight Eurocentric historians*. New York: Guilford Press.

Boone, E. H. & Mignolo, W. D. (eds.) (1994). *Writing without words: Alternative literacies in Mesoamerica and the Andes*. Durham, NC: Duke University Press.

Canagarajah, S. (ed.) (2002). Celebrating local knowledge on language and education (Special issue). *Journal of language, identity, and Education*, 1.

Coulmas, F. (1989). *The writing systems of the world*. Oxford: Blackwell.

Cummins, J. (1981). The role of primary language development in promoting educational success for language minority students. In Office of Bilingual Education, California State Department of Education (ed.), *Schooling and language minority students: A theoretical framework* (pp. 3—49). Los Angeles: Evaluation, Dissemination and Assessment Center, CSULA.

Cummins, J. (2000). *Language, power and pedagogy: Bilingual children in the cross-fire*. Clevedon: Multilingual Matters.

Daniels, P. T. (1992). The syllabic origin of writing and the segmental origin of the alphabet. In P. Downing, S. D. Lima, & M. Noonan (eds.), *The linguistics of literacy* (pp. 83—110). Amsterdam: John Benjamins.

de Klerk, G. (2002). Mother-tongue education in South Africa: The weight of history. *International Journal of the Sociology of Language*, 154, 29—46.

Derrida, J. (1982). *Margins of philosophy* (trans. A. Bass). Chicago: University of Chicago Press.

Diamond, J. (1997). *Guns, germs, and steel: The faces of human societies*. New York: Norton.

Frye, N. (1957). *The anatomy of criticism*. Princeton, NJ: Princeton University Press.

Foucault, M. (1972). *The archeology of knowledge*. New York: Harper and Row.

Geertz, C. (1983). *Local knowledge: Further essays in interpretive anthropology*. New York: Basic Books.

Goody, J. (1987). *The interface between the written and the oral*. Cambridge: Cambridge University Press.

Goody, J. (1999). The implications of literacy. In D. A. Wagner, R. L. Venezky, & B. V. Street (eds.), *Literacy: An international handbook* (pp. 29—33). Boulder, CO: Westview Press.

Goody, J. & Watt, I. (1988). The consequences of literacy. In E. R. Kintgen, B. M. Kroll, & M. Rose (eds.), *Perspectives on literacy* (pp. 3—27). Carbondale, IL: Southern Illinois University Press. (Reprinted from *Comparative Studies in Society and History*, 5, 304—326, 1963.)

Gough, K. (1988). Implications of literacy in traditional China and India. In E. R. Kintgen, B. M. Kroll, & M. Rose(eds.), *Perspectives on literacy*(pp. 44—56). Carbondale, IL: Southern Illinois University Press.

Grafton, A. , with Shelford, A. , & Siraisi, N. (1992). *New worlds, ancient texts: The power of tradition and the shock of discovery.* Cambridge, MA: Belknap Press of Harvard University Press.

Havelock, E. A. (1963). *Preface to Plato.* Cambridge, MA: Belknap Press of Harvard University Press.

Havelock, E. A. (1988). The coming of literate communication to Western culture. In E. R. Kintgen, B. M. Kroll, & M. Rose(eds.), *Perspectives on literacy*(pp. 127—134). Carbondale, IL: Southern Illinois University Press.

Hegel, G. W. (1956). *The philosophy of history*(trans. J. Sibree). New York: Dover. (Original work published 1899.)

Hobsbawm, E. (1987). *The age of empire*, 1875—1914. London: Weidenfeld & Nicolson.

Iggers, G. G. (1997). *Historiography in the twentieth century: From scientific objectivity to the postmodern challenge.* Middletown, CN: Wesleyan University Press.

Illich, I. (1979). Vernacular values and education. *Teacher's College Record*, 81(1), 31—75.

Kaiwar, V. (2003). The Aryan model of history and the Oriental Renaissance: The politics of identity in an age of revolution, colonialism, and nationalism. In V. Kaiwar & S. Mazumdar (eds.), *Antinomies of modernity: Essays on race, Orient, and nation.* (pp. 13—61). Durham, NC: Duke University Press.

Mignolo, W. D. (1995). *The darker side of the Renaissance: Literacy, territoriality, and colonization.* Ann Arbor: University of Michigan Press.

Mignolo, W. D. (2000). *Local histories/global designs: Coloniality, subaltern knowledges, and border thinking.* Princeton, NJ: Princeton University Press.

Munslow, A. (2000). *The Routledge companion to historical studies.* London: Routledge.

Olson, D. R. (1977). From utterance to text: The bias of language in speech and writing. *Harvand Educational Review*, 47, 257—281.

Olson, D. R. (1988). The bias of language in speech and writing. In E. R. Kintgen, B. M. Kroll, & M. Rose(eds.), *Perspectives on literacy*(pp. 175—189). Carbondale, IL: Southern Illinois University Press.

Olson, D. R. (1994). T*he world on paper: The conceptual and cognitive implications of reading and writing.* Cambridge: Cambridge University Press.

Olson, D. R. (1999). Literacy and language development. In D. A. Wagner, R. L. Venezky, & B.

V. Street(eds.), *Literacy: An international handbook* (pp. 132—136). Boulder, CO: Westview Press.

Ong, W. J. (1982). *Orality and literacy: The technologizing of the word.* London: Methuen.

Ong, W. J. (1992). Writing is a technology that restructures thought. In P. Downing, S. D. Lima, & M. Noonan. (eds.), *The linguistics of literacy* (pp. 293—319). Amsterdam: John Benjamins.

Pepper, S. C. (1966). *World hypotheses: A study in evidence.* Berkeley, CA, and Los Angeles: University of California Press.

Ricento, T. (2003). The discursive construction of Americanism. *Discourse and Society*, 14, 611—637.

Rostow, W. W. (1960). *The stages of economic growth: A non-Communist manifesto.* Cambridge: Cambridge University Press.

Stannard, D. E. (1992). *American holocaust: The conquest of the New World.* New York: Oxford University Press.

Street, B. (1984). *Literacy in theory and practice.* Cambridge: Cambridge University Press.

Taylor, I. & Taylor, M. M. (1995). *Writing and literacy in Chinese, Korean, and Japanese.* Amsterdam: John Benjamins.

Tollefson, J. (1991). *Planning language, planning inequality.* London: Longman.

Valadez, C., MacSwan, J., & Martinez, C. (2002). Toward a new view of low achieving bilinguals: A study of linguistic competence in designated "semilinguals." *Bilingual Review*, 25, 238—248.

Venkatachalapathy, A. R. (2003). Coining words: Language and politics in late colonial Tamilnadu. In V. Kaiwar & S. Mazumdar (eds.), *Antinomies of modernity: Essays on race, Orient, and nation* (pp. 126—145). Durham, NC: Duke University Press.

Weber, M. (1951). *The religion of China.* New York: Free Press.

Weber, M. (1992). *The Protestant ethics and the spirit of Capitalism* (ed. A. Giddens). New York: Routledge.

White, H. (1975). *Metahistory: The historical imagination in nineteenth-century Europe.* Baltimore, MD: Johns Hopkins University Press.

White, H. (1987). *The content of the form: Narrative discourse and historical representation.* Baltimore, MD: Johns Hopkins University Press.

White, H. (1998). *Figural realism: Studies in the mimesis effect.* Baltimore, MD: Johns Hopkins University Press.

White, L., Jr (1982). *Machina ex deo: Essays in the dynamism of Western culture.* Cambridge, MA: MIT Press.

Wiley, T. G. (1996). *Literacy and language diversity in the United States.* Washington, DC: Center for Applied Linguistics.

Wiley, T. G. (1998). The imposition of World War I era English-only policies and the fate of German in North America. In T. Ricento & B. Burnaby (eds.), *Language and politics in the United States and Canada: Myths and realities* (pp. 211—241). Mahwah, NJ: Lawrence Erlbaum.

Wiley, T. G. (1999). Comparative historical perspectives in the analysis of U. S. language policies. In T. Heubner & C. Davis (eds.), *Political perspectives on language planning and language policy* (pp. 17—37). Amsterdam: John Benjamins.

Wiley, T. G. (2000). Continuity and change in the function of language ideologies in the United States. In T. Ricento (ed.), *Ideology, politics, and language policies: Focus on English* (pp. 67—85). Mahwah, NJ: Lawrence Erlbaum.

Wiley, T. G. (2003). Learning from history. In R. N. Campbell & D. Christian (eds.), Directions in research: Intergenerational transmission of heritage languages, *Heritage Language Journal*, 1(1). Retrieved May 12, 2003 from www. heritagelanguages. org.

Willinsky, J. (2000). *Learning to divide the world: Education at empire's end.* Minneapolis: University of Minnesota.

何莲珍　译　　朱晔　校对

第九章 语言政策中的民族学的研究方法

苏雷什·卡纳伽拉雅

若将语言规划与政策(Language Planning and Policy, LPP)理解为"对他人的语言习得、语言结构或语码功能分配等行为有意施加的影响"(Cooper, 1989:45),那么 LPP 与民族学似乎没有什么关系,甚至有些相互矛盾。语言政策与规划通常采用自上而下的模式,遵循决策者的指令,塑造特定社群的语言行为;而民族学则基于语言在具体语境中的使用情况,构建出理据缜密的理论框架。语言政策与规划往往置身于特定语言社群之外,关注专家与决策者在定义语言关系方面的所做所想,而民族学所关心的则是语言群体在这些问题上的自身态度与个体立场。语言政策与规划通常在宏观层面上操作,如国家或国际机构;而民族学关注的是人际关系、日常交谈和生活这些微观层面。语言政策与规划总是意在规约,而民族学却力求揭示大多数人尚未意识到的"活着的文化"。简而言之,语言规划与政策是关于"情况应该是怎样的",而民族学则是关于"情况现在是怎样的"。

尽管两者差异巨大,但目前学术话语的发展和语言政策与规划领域自身都不约而同地注意到了民族学与语言政策与规划逐步融合的可能,目前的发展已经表明,采用民族学的方法研究语言和语言社群,对语言规划与政策的研究有着极大裨益。

民族学在语言政策和规划中的定位

总体而言,当前的人文科学越来越重视各类社会组织与机构如何在特定的局部语境中塑造人际关系,同时这些机构自身也在语境中被重新定义。

吉登斯注意到,"若要研究制度化活动的再现,日常生活的研究是不可或缺的重要部分"(Giddens,1984:282)。从微观社会性角度而言,在政治与社会结构的研究中,语言与话语已开始显得愈发重要。例如,在推广或宣扬某些强硬的世界观和价值观的同时,语言霸权也就此形成。因此,民族学有助于帮助政治科学家和决策者们更好地理解权力差异在人际与局部语境中所发挥的微妙作用(参见 Marcus & Fischer,1986)。

更为重要的是,语言政策和规划研究自身所遭遇的方法论困境也促使民族学方法在决策中逐渐获得青睐。主导语言政策和规划研究的"理性主义或实证主义传统"一贯认为,政策的制定可以基于对语言关系中的各种需求、过程和结果所作出的客观评估(参见 Ricento & Hornberger,1996)。但这一基本假定目前已遭遇不少困境。语言忠诚、语言认同和语言态度这些问题往往既不是理性的,也缺乏务实性或客观性,而属意识形态范畴。因此,语言关系也是很难预测或管理的。既然社群需求与态度难免互有矛盾,而政策的执行过程又千差万别,那么政策的结果当然难以预料。正因如此,库珀(Cooper,1989)也曾质疑过构建某种一揽子的语言政策和规划模型的可能性。他本人则更倾向于认为,"社会学家们已开始构建一些小规模的理论框架,以适用于更为具体的社会层次与单元"(Cooper,1989:182)。理论建模的一个必要起点就是深入了解具体情境与社群,民族学力求在具体语境中构建假设,在这一点上会很有帮助。

更令人惊喜的是,目前语言政策的制定和制度化过程都是在当地社群和局部语境中完成的。在人际关系和课堂关系中,被边缘化的主体在反抗现有政策的同时,也会构建出与主导政策并存的另外一套做法,有时还可能改变原本不平等的关系(参见 Canagarajah,1999)。这些情况说明,"自下而上的语言规划"(Hornberger,1996 著作中的章节标题)正在悄然兴起、逐步萌芽。正因如此,语言规划与政策的学者们自然会愿意了解民族学研究揭示出的草根生活现状,去倾听那些决策名义背后微弱含糊的个体的声音与行为。

海伦·穆尔(Helen Moore)1996 年在研究澳大利亚多元文化政策时,从一个更极端的角度批评过传统语言政策和规划的理性主义假设。她认为政治文本都是意识形态式的话语,也就是说,政治文本是强令现实迎合政策,而不是基于现实制定政策。她还批评了语言规划中的进步主义假设,指出语言政策的后续做法未必会逐步靠近现实,而是反映出现实在整个意识形态中所占地位的变动。这一论调也可以引申至地理政治学研究,例如印度应用语言学家帕塔那雅克(Pattanayak,1998)认为语言政策和规划的主导模型一贯采用西方社会典型的单语模式,而后殖民时代的社群必须打破上述模式,将多语模式也视作完全可行的研究方案。印度学者们还指出,语言政策和规划领域内所构建的理论模型有可能偏向学者与决策者社群(Khubchandani,1997)。民族学则有助于研究者关注到多种地理政治学语境中非典型的社会与语言关系。在决策过程中参考民族学的研究成果,会有助于抵消语言规划与政策中偏向主导范式与主流意识形态的单边倾向。

民族学的研究方法

就传统意义上所采用的民族学研究方法而言,民族学研究者的目的是对语言状况展开第一手的自然主义的研究,这类研究根植于特定语境,力求生成新假设,采用"内部的"(emic)视角展开研究。我将逐一解释上述各点。民族学研究者们希望能在他们所研究的社群中生活一段较长的时间,以便获得该社群在语言模式与态度方面的第一手信息。研究者们都竭尽所能地避免改变该社群在生活与社交中"自然发生"的一切,力求在日常生活中逐步了解语言的使用与功能。正因如此,学者们也不急于将它们作为孤立变量进行分别研究,而是将语言问题置于丰富全面的相关语境中,对其纷繁复杂的方方面面有一个全面的了解。同时,民族学研究者不会令自己的假设与学术倾向干扰当前的研究,他们的目的并非在于验证自己提出的假设(其他某些领域的确如此),而是希望通过实地调查生成新的假设。民族学研究者们当然也会了解其他领域有关语言行为的一些普遍模式(即"外部的"视角,etic),可他们总是试图更具体地考察问题,了解社群成员(即"内部的"视角)对问题的理解和看法。霍恩伯格(Hornberger,1988:4—11)在研究秘鲁的普诺地区(Puno)山村对盖丘亚语(Quechua)的保护问题时,曾提到学者进入不同文化社群时所遇到的困难,研究者必须打破个人固有的"舒适区域",修正个人偏见,才能够逐步"发现"当地人的价值观与思维方式。

研究者可以使用一系列数据采集的方法,但最主要的方法始终是参与者观察法。民族学研究者试图进入社群的日常生活,亲身体验社群成员之间真实的语言关系。与此相比,脱离社群的外部观察会令研究者无法充分理解社群的语言使用。只有身临其境地体验某一特定的世界观和生活方式,研究者才有可能从内部了解到更丰富、更深刻的真实情况。为更好地使用参与者观察法展开研究,研究者还会补充其他的方法,如调研、问卷和访谈。他们也会使用录音录像手段、实地记录或数码媒体去"捕捉"数据。研究者也会使用定性或定量的工具进行数据分析。数据采集的手段与类型应力求多样,以便数据间取长补短,对研究发现进行相互校验,也就是三角互证。① 无论使用何种方法,民族学研究者们都将在研究报告中呈现细节丰富、叙述详尽的深入描述,使读者全面地了解语言使用中语境的方方面面与复杂变化。

上述这些传统的研究方法,总体上可以说是"描述性"的,因为这类方法的研究结果是客观且不带价值判断的。同时学者们还认为,研究者的亲身观察、精细的研究工具和学科专业训练可以保证真实再现该社群的语言关系。不过,与社会科学中其他领域一样,民族学研究的客观性也受到质疑。穆尔在1996年有关语言政策与规划的评论就是其中一例。在这些批判基础上萌发出了批判民族学的研究(Canagarajah,1993;May,1997)。批判的方法承袭于后启蒙时期的哲学传统,将知识视为非基础性的、在社会中构建而成的,同时也与权力差异有关。相对主义的传统认为社群、语言和文化之间既有差别又是平等的,但批判民族学却认为它们在权力关系上的定位原本就不平等。此外,有学者还认为民族学的描述受限于研究者的个人利益、研究项目的投资方、研究成果的读者群,以及有关的主导权力群体。因此,所谓

---

① 三角互证(Triangulation)是指在社会科学研究中采用两种或两种以上的方法对同一问题展开研究,以求更全面地验证研究结果。——译者注

的文化再现总是不免有所褊狭和片面。再者,批判民族学认为社区与文化都是非匀质的且充满矛盾的,是基于协商而成,处于不断发展变化之中,并非像传统民族学那样将其视作统一、连贯、稳固、静止的概念。这些新的视角同时也带来了研究效度和信度方面的新问题。一些实用主义的观念认为,民族学研究根本无法充分解答上述问题,研究者应该恳切地承认存在的问题,并对数据展开充分的探讨。因此,批判民族学无论在数据记录中还是在其后的讨论中,都会涉及传统民族学研究者不曾考虑到的一些问题:

1. 研究者与研究参与人/研究主体如何就两者间的权力差异展开协商(Chopra,2001)。
2. 研究者对目标社群的主观态度与偏好以及态度与偏好在研究过程中的变化(Wright,2001)。
3. 研究者的活动与行为对社群产生的影响(Aikman,1999)。
4. 造成社群内有关语言文化表现形式的各种矛盾与出入的根本原因(Stites,2001)。

除上述描述性和批判性两类方法之外,民族学研究还有其他的研究流派。微观民族学研究谈话是如何构建谈话所发生的语境的,而通常认为语境是既定的(Garcez,1997)。目前习得规划研究中已经采用了这一方法,考察师生如何协商选择他们所使用的课堂语码,以及他们如何在协商过程中共同构建起价值观与师生间关系(参见 Heller & Martin-Jones,2001)。言语民族学则以更为直接的文化方法去研究日常交谈(Farah,1997)。此外,莫妮卡·赫勒(Monica Heller,1999)采用社会语言学民族学这个词,意指语码选择体现出人们不同的价值观以及不同语言之间的竞争关系。在所有这些分支领域中,研究者不断改善最基本的民族学研究方法,以适用于具体的研究目的和交际领域。

民族学的贡献

无论是在规划前,规划过程中,还是在政策实施后,民族学研究对语言规划的不同阶段都很有裨益。在语言规划前,民族学可以提供十分关键的信息,比如人们对相互竞争的语言所持的不同态度,以及社群内部的读写水平(Dyer & Choksi, 2001; Maddox, 2001)或者是人们的期待与需求(Jaffe, 1999; Resnick, 1993),以及语言对于文化认同与社群建设的重要性(King, 2001)等,这些信息可以帮助决策者制定出适宜有效的语言政策。在实施阶段,民族学研究有助于探究不同主体和机构在政策推广过程中的功能(Freeman, 1996),具体而言,这类研究还有助于揭示不同社会层次的机构角色之间存在的紧张关系以及为政策实施所作出的一系列妥协与让步(Davis, 1994)。在政策实施之后,民族学还可以考察该政策对有关社群与群体所带来的影响与后果(Papen, 2001; Stites, 2001)以及政策文本会如何改变人们的日常生活与人际关系(Heller, 1999)。此外,民族学研究还能用以探究特定政策在不同区域内推广实施的连贯性,正如美国的双语教育法案在具体落实过程中的多样性问题(参见 Freeman, 1996);还能揭示特定政策造成的始料未及的新问题(Ramanathan, 1999; Schiffman, 2003)。在理想的情形下,民族学也有助于我们了解语言政策周期,为政策的不同阶段提供有益的反馈。这样的研究过程将提供源源不断的新鲜信息,以促进政策的实施贯彻,推动更积极的效果或政策自身的不断修正改进。当然,民族学研究贯穿于语言政策过程的各个环节毕竟是最理想的状态,需要充分的时间与资源保证才可能实现。

民族学研究对于各种不同形式的语言规划也会有所帮助。例如,在语言地位规划中,多语民族—国家在不同的社会领域内须选择不同的语言,而民族学有助于人们了解相互竞争的不同语言各自应有的重要地位,如希夫曼(Schiffman)2003年有关新加坡的泰米尔语研究;贾菲(Jaffe)1999年有关法国的科西嘉语研究;以及戴维斯(Davis)1994年有关卢森堡的外国语言研究。在语言本体规划方面,民族学研究能帮助语言社区对相互竞争的不同方言做出适当评价,并从中选择最适宜用于学校教育或其他社会功用的语言变体,如金(King)2001年的研究中比较了厄瓜多尔国内的"统一盖丘亚语"和"正宗盖丘亚语"的关系;赫勒(Heller)1999年的研究中则探讨了加拿大法语教学中存在的语码混合和地域方言等现象。此外,民族学研究也有助于语言教育规划的发展。它可以帮助人们理解语言政策如何渗透到课堂(Freeman,1996);与特定政策相应的教学法与课程设置的教学效果(Hornberger,1988);学校在维持本土语言方面的贡献(Aikman,1999)或者推动语言逆转方面的作用(King,2001)。此外,它还有助于人们理解教育在重新构建语言群体的社会分层方面所占据的重要地位(Heller,1999;Ramanathan,1999)。由于民族学总是立足于真实语境,采取整体性的研究方法,大多数研究往往跨越语言规划的多个层次。此外,许多人也曾指出,在语言地位规划方面,特别是事关语言保护或语言复兴的政策方面,语言教育都是值得认真考虑的重要问题(参见 Hornberger,1988)。同理,与语言本体规划相关的一些问题,如双言变体或某一语言的区域性方言变体,都会影响到文字读写教育和语言教育规划(参见 Heller,1999;Schiffman,2003)。

  无论语言政策或决策的类型或层面如何,民族学研究都可能揭示出有关语言关系的各种重要发现,而这些问题从语言社群外部却往往很难发现或了解。基于他们的研究发现,民族学研究者的意见对于语言政策的制定与修改都有着十分重要的贡献。在下文中我将举例说明这些内部知识的独特作用。

  贾菲(Jaffe,1999)发现,法国的科西嘉(Corsican)民族主义者所持的语言政策造成了"始料未及的后果"。科西嘉民族主义者抵触性的语言政策在不同阶段有两个不同的策略:(1)强化科西嘉语与法语的严格区分(不允许使用有混用形式的科西嘉语);(2)保持科西嘉语在语言社群内的使用,而法语则主要用于公共交流的目的,拒绝成为与法语平起平坐的另一官方语言。但是第一项语言政策采用了纯粹主义的话语,这样反而阻碍了科西嘉语发展成为符合现代交际目的的沟通媒介。这种纯粹主义的理念还削弱打击了许多日常话语情境中的科西嘉土语形式。第二项政策则降低了科西嘉语自身的地位,如仅仅用于家庭交流目的,限制了该语言的传播。因此,这样一项抵触性政策的结果却适得其反,一方面造成了新的语言疏离和科西嘉语使用者的不安定感,另一方面还削弱了科西嘉语的潜在功能,令其无法扩展至其他制度化的功能。

不过,一些看似失败的语言政策有时也可产生积极的效果。金(King,2001)曾经研究厄瓜多尔的安第斯山区萨拉古罗(Saraguro)语言社群,发现当地盖丘亚语复兴的前景堪忧。当地学校所采用的读写教学法以教师为主导,关注学习结果,无法帮助学生发展使用盖丘亚语进行口头交流的能力。但金也发现,这项在学校中推进盖丘亚语的政策仍不失为"值得一试的有益尝试"(King,2001:188)。当地原住民学生感到自己的语言不仅可以书写,还可以在学术领域内使用。他们至少在一定程度上掌握了可用以阅读和写作的盖丘亚语言知识,当然也许主要是出于象征性目的。他们还了解到,盖丘亚语在自己的社区中享有很重要的地位。由此可见,虽然制定政策的初衷并未实现,但却收获了其他意想不到的成果。

希夫曼(Schiffman,2003)提出了显性政策和隐性政策两者间的区别。一项政策中公开的方面总是源于某些至高理念,但隐性政策却往往来自某些秘而不宣的动机。希夫曼研究了新加坡在保护泰米尔语方面的政策,发现虽然新加坡政府的显性政策是出于平等主义的考虑,支持泰米尔语的保护与发展,但政府的住房政策却消解了语言政策,造成了某些隐蔽的反效果。为鼓励文化融合,新加坡政府不允许任何单一种族的群体集中居住在同一小区。这样的住房政策实则不利于泰米尔语的使用人群,因为他们无法在社会生活中充分而完整地使用自己的语言。希夫曼还揭示出在学校和家庭等微观层面上出现的一些隐蔽性政策。官方制定的母语教育政策在现实中被扭曲和误解,因为在学生中出现了另外一种隐蔽的策略,他们学习泰米尔语的目的只是为了使用这一语言成绩去报考大学,而不是真正提高泰米尔语言水平。这样的隐性政策不仅令官方的美好期待落空,更有可能削弱原本通过显性政策为少数语种争取来的微弱优势。

希夫曼拒绝对隐性政策进行意识形态上的解读,但有些情况下,这些隐性政策确实成为某种抵抗形式,以反击主流群体制定的不公正政策。例如,赫勒和马丁-琼斯(Heller & Martin-Jones,2001)的研究中曾经探讨过双语教育中的问题。研究发现,虽然语言政策大多有着单语倾向和纯粹主义立场,但课堂中真实的语言使用往往与政策背道而驰。教师与学生总会阳奉阴违地使用那些官方并不认可的语言形式,通常而言就是那些土语或其他非主导地位的语言。师生会在教学任务或正式场合使用官方的或者主导的语言,而在非正式场合或无关教学任务的语境中使用那些官方并不认可的语言形式。我个人曾把后面这类语境称之为隐藏地区或安全区域(Canagarajah,1995,1997)。这类语境为少数族群语种的学生(有时也包括老师)提供了一个空间,令他们可以表达自己的文化身份,促进群体凝聚力,以当地人的知识背景促进学习过程。这一政策可视为师生们发挥主体性以反抗政策不公的例证,同时,这也可以理解为一种自下而上形成语言规划的例证。学生与教师自己发起了隐蔽的语言学习和交际方式,以对抗主导性的语言政策。这类研究表明,在社会与学校的一些局部语境中,人们仍有相对的自主权,为自身的利益参与决策并进行协商。而民族学的方法特别适合用以研究那些在协商、对抗或重构等过程中的微妙策略,也提醒我们在教育中应该为少数族群语种提供合理的话语空间。

如果说上文所述的隐蔽做法体现了政策与现实之间的矛盾,民族学研究者还可以让我们意识到,在语言规划与政策实施的不同层面,各个社会机构之间也存在着矛盾与冲突。戴维斯(Davis,1994)曾记录了卢森堡国内的教学文化如何消解了国家的政策导向。卢森堡在20世纪80年代中期曾经提倡使用"卢森堡语",并将其定为官方语言,以求促进民族与文化团结,同时阻止外国雇工带来的语言影响。但时至今日,卢森堡政府已经意识到,本国的经济模式已从工业转为国际银行业,国民出于对经济前景的考虑也产生了新的语言需求。他们现在必须流利掌握英语、法语和德语才能在职场竞争中赢得优势。可目前基于英才教育理念的传统教育体制与教师团队却很难打破传统的教学模式。教师始终认为,学生将来会面向不同的就业形式和社会阶层,相应的语言与知识技能也有所不同,因而应该给他们提供不同类型的教育。

有时候,语言政策所针对的群体内部也会出现矛盾。霍恩伯格(Hornberger,1988)就曾经发现,在秘鲁的普罗地区对盖丘亚语的保护既是教学上的成功,同时也是政策上的失败。她发现新的双语教育计划成功地提高了学生们的西班牙语和盖丘亚语能力,令当地原住民学生得以维持自己的语言,在学业上获得成功,同时也提高了他们对自我身份的自豪感。不过盖丘亚社群中的家长一方却并不支持这个计划。他们认为盖丘亚语应该仅仅作为当地人使用的土语,儿童可以在家中学习使用;而在公共领域内应该使用西班牙语,所以应该在学校学习。霍恩伯格发现为了提高语言教学的实际效果,实有必要在社群内多做工作,让家长们也参与教育改革,为政策的走向与实施做出贡献。

社群参与在语言规划与政策中是非常重要的,弗里曼(Freeman,1996)针对美国奥斯特(Oyster)双语学校的研究发现也充分证实了这一点。该研究还表明,在政策实施阶段不同层面之间会存在矛盾,而当地各个机构也有着相对的自治能力,这些都可能加以利用来为少数群体争取权益。当地的西班牙语社区对《双语教育法案》进行了创新而激进的重新诠释,制定出了一套更为有效的语言教育政策。其他学校采用传统双语教学或浸入式语言教学模式,结果当地西班牙语少数群体的学生仅仅提高了英语作为单一语言的能力。可是奥斯特当地却制定出一种西班牙语与英语并重的强化式教育方案,无论是说英语还是说西班牙语的学生都须学习两种语言的课程,这样的教学模式不仅可以帮助西班牙语社区的学生在维持西班牙语水平的同时提高英语水平,还让那些语言优势群体的学生们学习西班牙语,令少数语种也获得尊重与认同,使两个语言社区之间关系平等。弗里曼指出,这一做法之所以获得了成功,原因在于当地家长与教师都积极参与了语言教学规划。在弗里曼看来,这是又一个自下而上形成语言规划的例证。当地社区成员重新诠释了联邦政策,将其转向有益于自身的利益,并获得了明显的成效。当然,我们也不应过分夸大当地社群抵制政策或发挥主观能动的作用。当地社区的努力往往不足以从根本上改变英语与西班牙语之间的不平等关系。我们在研究中也发现,如果学生无法通过西班牙语课程考试,他们依然能够升入高一年级,而英语课程考试不及格则不能升级。

语言政策与规划在民族学研究中的定位

在总结本章之前,我们还必须承认民族学与语言政策并非天作之合。民族学的成果对语言规划与政策固然有用,可一旦因语言规划与政策的目的而采用民族学研究的成果或方法,就会偏离最初的实地研究语境。民族学研究者也并不乐于受命于决策者,让自己的学术研究为他人利益服务。鲁宾逊-潘特(Robinson-Pant)曾经应某西方非政府组织的要求开展一项研究,旨在完善尼泊尔的识读教育政策,以帮助当地妇女改善健康状况。她在研究中指出,"比起利用学术领域民族学的发现来指导决策,在识读教育政策的语境中设计与实施民族学研究要困难得多"(Robinson-Pant,2001:168)。她还发现,政策指令下固有的问题框架往往会束缚研究者的思路,而在民族学研究过程中,研究者须特别灵活才能应对和探究不断萌生的新问题。此外,政策框架下的研究较少留有反思和探索的空间,令研究者无法进一步批判或修正自己的假设,而是要求他们必须更加客观。就识读教育而言,鲁宾逊-潘特发现决策层更希望她去关注那些可以被简单量化的识读活动,而非涉及主观解读的识读行为。换言之,决策层希望研究者去探究那些可以量化的数据,而不是语言社群内部含糊不明的意义与取向。在最终的研究报告阶段,民族学研究者往往还须撰写篇幅短小的概要,而不是长篇叙事的"深入描述"。

另一个更为复杂的困境源于民族学的相对主义立场(参见 Street,2001:12—14)。民族学研究者们总是怀有某种偏见,认为研究所涉语言群体的观点与利益总是正确的,像"内部视角"或"本土观点"这类概念往往会令人同情甚至认同当地社区的观念。不过,多语环境中特定社区的视角也会因出于自身利益考虑而有失公允,进而会损害社区间的健康关系。更重要的是,当地社区的立场与态度甚至有可能与学者或决策者所持的所谓"开明"或"规矩"的政策立场背道而驰。例如,尽管许多语言学都坚信语言保护在保持语言生态方面意义重大,但一些少数族群语言社区却并不想保持自己的语言。他们更希望能够掌握强势语码,以改变边缘化的处境。这种情况在印度的拉巴里游牧民族中存在(Dyer & Choski,2001),也出现在秘鲁的盖丘亚语社区中(Hornberger,1988)。问题是,为了更好地阐明本土视角,民族学的研究者就必须认同当地人的观点吗?

为了努力摆脱上述相对主义的局限性,批判民族学的研究者们做出了不少努力。格尔茨(Geertz,1983)认为,民族学的优势在于将近体验与远体验融为一体。民族学研究者们力求能够设身处地地捕捉当地人的近体验的想法,再以研究者自己远体验的观念加以阐释。后者不仅可以更好地阐明内部视角,同时也有助于后面的分析与批评。也有其他人指出,所谓的"本土观点"也可能带有主控的印记。因此,民族学研究者们不应只是被动地倾听当地受访人的意见,而应对研究者自己与那些受访人的立场进行深刻的反思(Willis,1977)。民族学研究者可以积极投身语言社区,以便批判性地思考自己及当地人语言的发展前景、享有的权益以及应有的地位。贾菲(Jaffe,1999)在她的研究中表示,她与科西嘉民族主义人士也建立起类似的合作关系。民族学研究由此也会更贴近政策话语,令研究者和当地社区从宏观社会的视角,对事关语言关系的各种对立冲突的观念进行考察。

结　　语

本章探讨了民族学对语言规划与政策的贡献。民族学研究能够对语言需求与语言期待的内部视角进行深入的挖掘与真实的再现。它还可以揭示语言政策在当地实施的现状,以便对政策效果进行评估。本章回顾了诸多研究实例,以说明民族学研究的独特视角可以帮助我们发现政策与现实之间、规划/实施的不同层次之间、不同的社会机构之间以及社区内部与社区之间所存在的不易觉察的冲突与矛盾。这些冲突与矛盾非但无损于政策制定与实施,反而令当地社区有机会为自身利益参与政策的协商,甚至还可以抵制政策不公。我们还讨论了民族学与语言规划与政策这两个领域在研究方法上的矛盾,同时我也指出,目前的语言规划与政策也开始更多地从局部视角去考察社会政治问题,提出了全新的问题,也找到了全新的答案。当然,上述两个领域之间取长补短,互有借鉴。一方面语言规划与政策研究得益于民族学研究,而民族学研究者们也开始不断地修正原有的研究方法,不再仅仅关注局部细节和具体实情(参见 Marcus & Fischer,1986),他们正努力将国际视野与历史反思整合入自己的研究,更直接地回应政策与规划的问题。

值得深入阅读的文献提要

Aikman,S. (1999). *Intercultural education and literacy:An ethnographic study of indigenous knowledge and learning in the Peruvian Amazon.* Amsterdam:John Benjamins.

这一研究关注秘鲁南部阿拉克布(Arakambut)地区语言维系的前景。在长达九个月的民族学研究过程中,研究者尝试去理解当地人对双语教育所持的怀疑态度,而相邻的其他原住民社区却在为此竭力争取。研究者发现,由西班牙语教会学校所赞助的文化间教育通常遵循既定的课本来设计课程,也遵循权威式的教学模式,而当地那些习惯于口头的或非正式学习方式的学生们就会遭到冷落和疏远。为了抵抗殖民化过程,阿拉克布当地人自发地将学校与社区隔离开来。艾克曼由此建议,为了促进有效的语言习得,应该鼓励更多的社区参与和更多样化的教学模式。

Davis,K. A. (1994). *Language planning in multilingual contexts:Policies, communities, and schools in Luxembourg.* Amsterdam:John Benjamins.

本书报告了一项为期一年的针对卢森堡工业小区内多语现象的民族学研究。该研究的新颖之处在于将经济问题融入了语言政策研究(例如,从工业型经济向服务型经济的转化会带来语言的变化)。本书为我们了解政策规划与实施的不同层面提供了一个全面的视角:计划政策(政府想要实现的目标);实施政策(为实现目标所采取的行动);和经验政策(对个人、家庭与社区价值观的效果)。

Heller,M. (1999). *Linguistic minorities and modernity:A sociolinguistic ethnogra-*

phy. London: Longman.

　　本书是赫勒基于多伦多一所法语学校(l'Ecole Champlain)的研究。该研究表明了在国际和国内的层面上，身份与语言政策在学校环境中是如何具体实现的。尽管公开宣称的政策是法语单语制和巴黎标准口音，可学校却面对着来自其他地区方言与双语制的挑战。这种对抗在较为偏远的地区相对缓和，因为那里的师生采用了自己的、不同于权威的做法。那些中产阶级的双语学生往往能够在这些官方政策和隐蔽政策之间处理得当，所以能够成功。可是民族学研究采用按时间顺序编排的方法，反映出那些国际学生的多语能力如何逐步显现，为将来的语言政策带来转变的可能。

Hornberger, N. (1998). *Bilingual education and language maintenance: A Southern Peruvian Quechua case*. Dordrecht: Foris.

　　这项研究是基于作者在普诺(Puno)地区长达十五年的时断时续的生活经历而完成的。值得称道的是，本书体现了语言地位规划和习得规划之间的相互联系，以及这一联系与原住民社区在语言维系前景方面的关系。霍恩伯格倡议，应该为盖丘亚社区提供更大的制度建设的空间以提高社区成员对自己语言的价值评估，并鼓励他们在家庭中更多地使用这一语言。这类制度上的改善可以令两种语言都能有更多的机会和更广泛的功能，这样就可以在确保社会流动性的同时不会造成语言偏见。这些改变还会激励家长们更加支持学校，支持他们在西班牙语之外发展孩子们盖丘亚语的水平。

King, K. A. (2001). *Language revitalization processes and practices: Quichua in the Ecuadorian Andes*. Clevedon: Multilingual Matters.

　　这是一项为期一年、针对两个盖丘亚语社区的民族学研究，两个社区分别是拉古那斯(Lagunas)和坦波潘巴(Tambopamba)。本书作者根据影响两个社区的社会经济因素，对比了语言复兴的不同方法。由于拉古那斯是一个城市社区，西班牙语在那里已渐成主流，当地白话对于社区成员来说就成为他们民族身份与活力的一个重要标志。不过他们日常生活中并不经常使用盖丘亚语,并不足以维持该语言的习得。在另一方面,坦波潘巴是一个乡村社区,他们的生活方式与身份有着密切的联系。所以语言对于维持族群语言活力而言就不那么重要。这两个社区都被当地学校所忽视,因为那些学校普遍采用了教师主导、重视结果的教学理念。金倡议采取一种多方面的、由当地社区领导的、更为多样化的教学方式来促进语言复兴。

Street, B. (ed.) (2001). *Literacy and development: Ethnographic perspectives*. London: Routledge.

这本论文集采用民族学方法来研究识读政策对第三世界社区发展的帮助。编者与多位撰稿人谨慎而忠实地探讨了在政策议程中开展民族学研究所遭遇的方法上的矛盾。这本书分为两个部分,第一部分主要关于文化语境下的识读教学,而第二部分探讨了地方识读教育对社会发展的意义。民族学研究者们采用目前流行的识读模式——例如情境中的识读教育、多语识读能力和地方识读教育——为边缘化社区的发展规划提供了新的启示。

讨 论

1. 考虑到研究中出现的后现代转向以及批判民族学的兴起,民族学研究方法对传统研究中关于研究效度和信度的关注提出了哪些新问题?
2. 研究者是否有可能在深入实地调研的时候,有意图地扭转某种少数族群语种的衰退或消亡的命运,提升它的地位,或者提供教育中的主动地位以促进语言维系?如果从这样的政治立场与抱负出发开展研究,民族学研究者们又会面临怎样的挑战?
3. 相同的研究是否可能导致完全不同的甚至相互矛盾的政策意见呢?请思考本章中(或你读到的其他章节中)有关的研究,设想是否有可能产生其他不同的政策后果。研究者又该如何在不同的解读阐释之间做出判断?
4. 请思考微观与宏观社会现实之间的关系。两者之间是如人们通常所想的那样相互分离或彼此矛盾的吗?这些不同的分析层面与社会现实如何交互作用、彼此协调并融贯于你所关注的具体的政策规划语境之中?

参 考 文 献

Aikman, S. (1999). *Intercultural education and literacy: An ethnographic study of indigenous knowledge and learning in the Peruvian Amazon*. Amsterdam: John Benjamins.

Canagarajah, S. (1993). Critical ethnography of a Sri Lankan classroom: Ambiguities in opposition to reproduction through ESOL. *TESOL Quarterly*, 27, 601—626.

Canagarajah, S. (1995). Functions of code switching in the ESL classroom: Socialising bilingualism in Jaffna. *Journal of Multilingual and Multicultural Development*, 16, 173—196.

Canagarajah, S. (1997). Safe houses in the Contact Zone: Coping strategies of African American students in the academy. *College Composition and Communication*, 48, 173—196.

Canagarajah, S. (1999). *Resisting linguistic imperialism in English teaching*. Oxford: Oxford University Press.

Chopra, P. (2001). Betrayal and solidarity in ethnography on literacy: Revisiting research homework in a north Indian village. In B. Street (ed.), *Literacy and development: Ethnographic perspectives* (pp. 78—92). London: Routledge.

Cooper, R. L. (1989). *Language planning and social change*. Cambridge: Cambridge University Press.

Davis, K. A. (1994). *Language planning in multilingual contexts: Policies, communities, and schools in Luxembourg*. Amsterdam: John Benjamins.

Dyer, C. & Choksi, A. (2001). Literacy, schooling, and development: Views of Rabari nomads, India. In B. Street (ed.), *Literacy and development: Ethnographic perspectives* (pp. 27—39). London: Routledge.

Farah, I. (1997). Ethnography of communication. In N. Hornberger & D. Corson (eds.), *Encyclopedia of language and education. Vol. 8: Research methods in language and education* (pp. 125—134). Dordrecht: Kluwer Academic.

Freeman, R. (1996). Dual-language planning at Oyster bilingual school: "It's much more than language." *TESOL Quarterly*, 30, 557—581.

Garcez, P. (1997). Microethnography. In N. Hornberger & D. Corson (eds.), *Encyclopedia of language and education. Vol. 8: Research methods in language and education* (pp. 187—196). Dordrecht: Kluwer Academic.

Geertz, C. (1983). *Local knowledge: Further essays in interpretive anthropology*. New York: Basic Books.

Giddens, A. (1984). *The constitution of society: Outline of the theory of structuration*. Berkeley, CA: University of California Press.

Heller, M. (1999). *Linguistic minorities and modernity: A sociolinguistic ethnography*. London: Longman.

Heller, M. & Martin-Jones, M. (eds.) (2001). *Voices of authority: Education and linguistic difference*. Westport, CT: Ablex.

Hornberger, N. (1988). *Bilingual education and language maintenance: A Southern Peruvian Quechua case*. Dordrecht: Foris.

Hornberger, N. (ed.) (1996). *Indigenous literacies in the Americas: Language planning from the bottom up*. Berlin: Mouton.

Jaffe, A. (1999). *Ideologies in action: Language politics on Corsica*. Berlin: Mouton.

Khubchandani, L. M. (1997). *Revisualizing boundaries: A plurilingual ethos*. New Delhi: Sage.

King, K. A. (2001). *Language revitalization processes and practices: Quichua in the Ecuadorian Andes*. Clevedon: Multilingual Matters.

Maddox, B. (2001). Literacy and the market: The economic uses of literacy among the peasantry in north-west Bangladesh. In B. Street (ed.), *Literacy and development: Ethnographic perspectives* (pp. 137—151). London: Routledge.

Marcus, G. & Fischer, M. M. J. (1986). *Anthropology as cultural critique: An experimental moment in the human sciences*. Chicago: University of Chicago Press.

May, S. (1997). Critical ethnography. In N. Hornberger & D. Corson (eds.), *Encyclopedia of language and education. Vol. 8: Research methods in language and education* (pp. 197—206). Dordrecht: Kluwer Academic.

Moore, H. (1996). Language policies as virtual reality: Two Australian examples. *TESOL Quarterly*, 30, 473—498.

Papen, U. (2001). Literacy—your key to a better future? Literacy, reconciliation and development in the National Literacy Programme in Namibia. In B. Street (ed.), *Literacy and development: Ethnographic perspectives* (pp. 40—60). London: Routledge.

Pattanayak, D. P. (1988). Monolingual myopia and the petals of the Indian lotus: Do many languages divide or unite a nation? In T. Skutnabb-Kangas & J. Cummins (eds.), *Minority education: From shame to struggle* (pp. 379—389). Clevedon: Multilingual Matters.

Ramanathan, V. (1999). "English is here to stay": A critical look at institutional and educational practices in India. *TESOL Quarterly*, 33, 211—232.

Resnick, M. (1993). ESL and language planning in Puerto Rico. *TESOL Quarterly*, 27, 259—273.

Ricento, T. & Hornberger, N. (1996). Unpeeling the onion: Language planning and policy and the ELT professional. *TESOL Quarterly*, 30, 401—427.

Robinson-Pant, A. (2001). Women's literacy and health: Can an ethnographic researcher find the links? In B. Street (ed.), *Literacy and development: Ethnographic perspectives* (pp. 152—170). London: Routledge.

Schiffman, H. (2003). Tongue-tied in Singapore: A language policy for Tamil? *Journal of Language, Identity, and Education*, 2, 105—126.

Stites, R. (2001). Household literacy environments as contexts for development in rural China. In B. Street (ed.), *Literacy and development: Ethnographic perspectives* (pp. 171—187). London: Routledge.

Street, B. (ed.) (2001). *Literacy and development: Ethnographic perspectives*. London: Routledge.

Willis, P. (1977). *Learning to labour: How working class kids get working class jobs*. Manchester: Saxon House.

Wright, M. (2001). More than just chanting: Multilingual literacies, ideology and teaching methodologies in rural Eritrea. In B. Street (ed.), *Literacy and development: Ethnographic perspectives* (pp. 61—77). London: Routledge.

朱晔 译　　徐明 校对

第十章 语言政策中的语言学分析

鲁思·沃达克

本章将探讨如何使用语言学的研究方法,主要是话语分析学的方法,以分析各种论辩性、倡议性或批判性的语言政策文本。在详细谈论语言学方法论并针对语言政策相关现象展开系统的实证研究之前,有必要先对"语言政策"和"语言政治"这两个概念做出适当的定义。[1]

按照赫伯特·克赖斯特(Herbert Christ,1995:75)的观点,我在这里将"语言政策"定义为所有对语言交流所施加的社会影响,包括为支持某一或多个语言的合法地位、使用功能和传播发展而开展的各种"自上而下"和"自下而上"的政治行为。与其他各种政策一样,语言政策也会出现矛盾,也必须在持续的探讨与论辩中不断修正整改(Christ,1991:55)。

那我们该如何研究"政策"呢?又该如何根据研究问题来寻找合适的方法呢?对于语言政策研究而言,哪一类话语体裁尤为重要呢?我们应当研究那些提出决策倡议的文本,还是那些具体实施政策的文本呢?我们的研究重心应该是人们对语言和语言政策的态度,他们应对语言政策的经验与做法,人们对官方语言政策的感知与理解,语言在学校课程设置与教材中的具体实施,还是各方媒体有关语言政策的争论?显然,在许多相关的研究课题、话语体裁和公共空间里,我们都可以对口头、视觉或书面文本进行精细的语言学分析,进而了解语言政治和语言政策的不同方面。在系统讲述具体的体裁和语言学分析的模式之前,重要的是先回顾一下,当我们通过文本和话语分析来进行政策分析时(包括口头的、视觉的或书面的政策),所谓"文本"应具备怎样的地位与功能。图 10.1 清楚地说明,文本分析不仅可行,文本还应被视作事实、现状与政策的具体表现。文本也可被用来产生一些数据,例如通过问卷或访谈来采集数据。后面这类体裁具有双重功能:首先这类体裁可用为获得有关信息的基础;第二,这也是研究者与受访者进行交流的一个方面,与谈话相仿。最后,文本还具备一些元功能,如用以谈论语言政策,就语言政策展开辩论和质疑等。在后一种情况,我们就可以进一步去分析语言政策的观点、信念和理据。

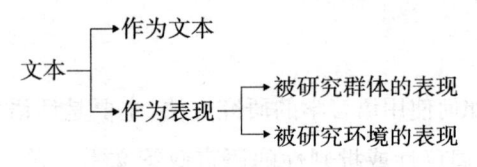

```
            ┌─► 作为文本
文本 ───────┤
            │                  ┌─► 被研究群体的表现
            └─► 作为表现 ──────┤
                               └─► 被研究环境的表现
```

图 10.1 文本材料的功能
来源:Titscher et al. (2000:32)

特定的体裁总是对应着特定的研究方法。也就是说,不同体裁的文本分析可能会采用某些方法,同时也会排除其他一些方法。例如,研究电视辩论可以用会话分析,研究修辞手段或基于论辩理论的方法。虽然系统功能语法(FSG)不够精细,无法用以分析日常交谈,但我们可以使用这一框架详细地分析书面或视觉文本中的语言信息。表10.1中列举了一些可以用来分析特定体裁的语言学方法或工具。当若干体裁相互重叠或交织(混合文本),例如在交谈中讲述故事,这种情况下就应使用多个不同的研究方法。

表 10.1 体裁与方法

体裁	方法
书面文本	论辩分析,系统功能语法,多模态分析
口头文本	
演说	修辞,论辩分析,策略分析,语用学
会话	会话分析,交互社会语言学
故事	拉波夫与瓦尔特斯基(Labov/ Waltezkyian)分析,交互社会语言学,叙事分析
视觉文本	多模态分析,电影分析,符号学分析

在语言政策/政治的相关课题研究中,我认为可以采用一种"多重方法"的思路,将不同体裁、不同公共空间、不同研究方法、不同视角以及研究对象

的不同维度这些方面都整合起来,也就是三角互证的原则。出于篇幅考虑,在此暂且略过民族学研究方法(参见第9章),也无法涵盖有关欧洲语言政策方面的研究问题及理论背景,请读者参考本书第13章、第19章以及沃达克和德·西里亚(Wodak & de Cilla, 2003)的研究。在下文中我会集中讨论如何使用话语—历史的方法对焦点小组进行语言学分析。

相 关 体 裁

有关语言政策的辩论应被视作何种体裁呢? 辩论的场景往往大不相同。政治家们甚少在讲演中提及语言或语言政策或政治(参见Wodak, 2003)。但各类书面的政策文件,如条约、宪章、提案、宣言等等,却会包含有关语言政策的说明。

例如,在议会辩论中,政策与提案都是陈述体;在宪章中则采用法律语言;在讲演中,政治家们采用说服性的修辞手段来取信于听众,或宣扬辩解,或驳斥批判,并相应地选择不同的修辞手段与说理策略。这些都是政治话语的典型特征。在半公开场合的日常会话中,人们总会遵循对话或会话的各种语用学与语言学规则。在电子邮件、邮件列表或网络论坛中也有着相当显著且独特的语言特征。更不用说在具体的文本分析中会出现不同的族群语言与少数或多数族群语言。无论怎样,语言的选择总是会对现实语言表达产生巨大的影响。[2]

在另一方面,如果想要通过实验方式,采集与"语言政策/语言政治"这一课题相关的语言数据,那我们就应去研究访谈(半结构性访谈、叙事性访谈或标准化访谈)、问卷调查(开放性或封闭性的问题)、焦点小组研究(录音录像)以及测试等等不同的形式。

与人文科学、文化研究或社会科学中其他类型的研究不同,语言学的研究重心并不仅限于文本的内容,而是将访谈和焦点小组讨论这些活动视为交际性的交互活动。例如,研究者会将访谈作为一个整体,置于完整连贯的语境中加以研究。访谈由提问—回答环节串联组成,因此不仅要分析受访者的回答,整个访谈也会被视作一种会话形式,具备该体裁自身的特点。提问的措辞将影响到受访者的回答方式,其他各类标准化的研究工具也都是如此。

小结:研究设计与实施

在详细分析焦点小组讨论之前,我先把语言政策研究的重要步骤罗列如下(这些步骤是循环递归的),以便在一个较为广阔的研究设计框架内讨论具体的研究方法(参见 Titscher et al. ,2000:31ff)。

1. 提出研究问题
2. 民族学研究:对辩论/会话或政策文件所处的具体语境进行跨学科的、历史的、社会学的、社会政治学的研究——前期研究。
3. 文献综述
4. 提出假设:研究问题的具体表述。
5. 研究问题的可操作化过程:研究者须确定适当的实证研究方法,使研究问题可以操作。这一步骤还须确定数据抽样的问题,因为数据抽样的具体方法会影响到特定的文本体裁(参见上文)。如有可能也可以采用多重方法的研究思路,从不同的角度观察同一个或类似的现象,这样可以对研究对象的不同维度进行分析、阐释、理解和解释(参见 Weiss & Wodak,2003;Wodak,1996)。定性研究与定量研究之间也可以实现互补。
6. 选择文本分析的类型,分析所采用的类型应反映文本分析的方法、研究所针对的体裁、语境和情景,当然还应针对具体的研究问题或假设。例如,若选择"包含/排斥"这一类型,就意味着将根据这一体裁对某些特定的语言特征和语言单位展开研究。
7. 选择文本分析或话语分析所使用的语言单位。这些语言单位绝非独立于语法理论或话语或文本理论(参见表 10.1)。对于特定的研究问题而言,某些语言学方法与语言分析单位可能比其他的选择更为适合,所以,应基于适用性的考虑做出明确的选择(参见 Meyer,2001;

Titscher,et al.,2000:226ff)。
8. 文本的定性分析及可能的定量分析。定性或定量分析取决于上述第(5)和第(6)步所作的选择,而分析结果又会进一步影响到第(1)、第(2)和第(4)步,同时也要求研究者对这些问题进行新的思考。
9. 参考第(1)步,对研究结果进行分析与阐释。
10. 研究结果的应用与推广。

话语——历史的研究思路

话语——历史的研究思路是典型的批判话语分析方法(critical discourse analysis,CDA),遵循批判理论的社会哲学思路。CDA 并不关心"对"或"错"的评价;就我的理解(我的想法也许与他人相左),CDA 在研究的每一环节中都应做出自己的选择,而且始终保持研究客体的透明度,还应该从理论高度进一步论证对话语事件(discursive event)所作阐述的有效性。

批判话语分析的学者们会遵循三角互证的原则,以求尽量减低研究过于主观片面的风险。也就是说,话语——历史的研究思路最为突出的特征之一就是力求融合多种不同的研究方法,即采用多重方法的研究思路。其研究的基础不仅是实证数据,还有丰富的背景信息(例如 Wodak,et al.,1998,1999)。

在研究历史的、组织的以及政治课题与文本(例如有关语言政策的辩论)时,话语——历史的研究方法往往会力求整合大量的知识背景,这其中包括该话语事件的历史渊源及其所处的历史政治语境背景。此外,它还将探究具体话语体裁的历时性变化方式,以便考察话语行为(discursive actions)的历史维度(Kovács & Wodak,2003;Wodak et al.,1990,1994)。最重要的是,话语——历史的研究方法不仅仅是提供"信息",在此我们将整合社会学理论,以便对所谓的"语境"做出更好的解释。

"话语"的概念

依据其他 CDA 的理论框架,话语——历史的研究方法将书面与口头语言都视作一种社会行为(Fairclough & Wodak,1997)。话语是从一个特定角度表明某种社会行为领域的具体方式(Fairclough,1995:14)。我们认为,特定的话语行为及其所处的具体行为领域(包括环境场景、制度框架和社会结构)之间存在着辩证关系。这些环境的、机构的与社会的情境一方面塑造和影响着话语形式,同时话语也会影响着话语和其他非话语的社会政治过程与行为。换言之,作为一种语言社会行为,话语不仅构建出非话语性和话语性的社会行为,同时也是由这些行为所构成的。

在以下讨论中,我将遵循最初由莱姆克提出(Lemke,1995),而后经格林斯(Girnth,1996)发展完善的一个有趣的方法,进一步区分"话语"与"文本"。按照这一框架,我们可以将话语理解为同时或相继发生且相互联系的一系列语言行为的复杂组合,在各种社会行动场内或行动场之间,这些组合往往会体现为主题上相互关联的符号的、口头的或书面的象征,也往往就是我们说

行动场					
立法的政治程序	公众意见的形成与自我表现	党内共识的形成与发展	政治宣传与市场运作	政治与行政管理	政治控制
体裁					
法律 议案 修正案 首相的演说与发言 规章 提议 规定 指导方针等	新闻发布会 记者会 访谈 脱口秀 讲座与大会发言 文章与著作 纪念性演讲 就职演说等等	政党纲领、宪章、声明与党派原则的演讲 政党大会发言,等等	选举纲领 选战口号与演说 公告 海报 竞选手册 直销函件传单,等等	决议(同意/拒绝政治避难的申请) 就职演说 联盟文件,首相/首脑的演说 政府对议会质询的回应,等等	反对党宣言 议会质询 首相演说 公投请愿和反对党召开的新闻发布会

↓

(话语话题1) (话语话题2) (话语话题3) (话语话题4) (话语话题5) (话语话题6)

图 10.2 话语作为社会行为的部分维度
来源:Wodak & Meyer(2001)

的"文本",而文本总是属于具体的符号类型,那就是"体裁"(参见 Girnth,1996)。"话语"的定义有一个最为突出的特点,那就是像"语言政策"这样的宏观话题。我们还会注意到所谓的"篇际互文性"现象(interdiscursivity),例如,在移民入国限制的话语中,会使用论说体裁来倡议解决失业的其他政策。每一个宏观话题都会包含许多子话题,例如"失业"所包含的子话题可以是"市场""工会""社会福利""全球市场""雇佣与解聘政策"等等。话语是开放且混合的系统,从来都不会封闭不变,新的子话题总是不断产生,互文性与篇际互文性也会创造出新的"行动场"。话语就是在体裁与文本中共同实现的。

文本可以被看作是语言行为以物质化的形式长期存在的产品(参见 Ehlich,1983;Graefen,1997:26;Reisigl,2000)。按照诺曼·费尔克劳(Norman Fairclough)的观点,体裁则是与特定活动相联系的约定俗成、惯常不变的语言使用,"是与某一特定社会活动相联系的某种社会公认的语言使用方式"(Fairclough,1995:14)。

行动场应该被理解为社会"现实"的一些片段或部分,它们参与构建或塑造了话语的"框架"。不同行动场之间存在着空间—隐喻的差异,也就是话语的不同功能或社会规约的目的。例如,在政治活动领域我们会区分以下各种功能:立法、自我表现、公共意见的形成、提高党内共识、宣传与拉选票、执政与管理以及如何控制和表达不同政见(见图10.2)。有关一个特定话题的话语可能起始于一种行为场,进而发展进入另一个不同的行为场。话语与话语话题会在不同的场与话语中"延伸传播"。它们可能跨越多个行动场,相互重叠,彼此参照,或者以其他的方式实现社会功能上的相互联系。在下文中,我将以语言政策领域为例,说明行为场、体裁和话语话题之间的关系(参见 Wodak,2001:68)。我将采用三角互证的分析思路,其基础是有关"语境"四个层次的概念框架。第一个层次是描述性的,而以下有关语境的理论则包含另外三个层次:

1. 毗邻的语言或文本内部的上下文部分;
2. 话语、文本、体裁和话语之间的互文性或篇际互文性关系;
3. 具体"情景语境"所具备的语言外的社会或社会学变量,以及制度框

架(中等理论);

4. 一般论证行为所处的或相关的更广阔的社会政治与历史语境(宏大理论)。参见图 10.3。

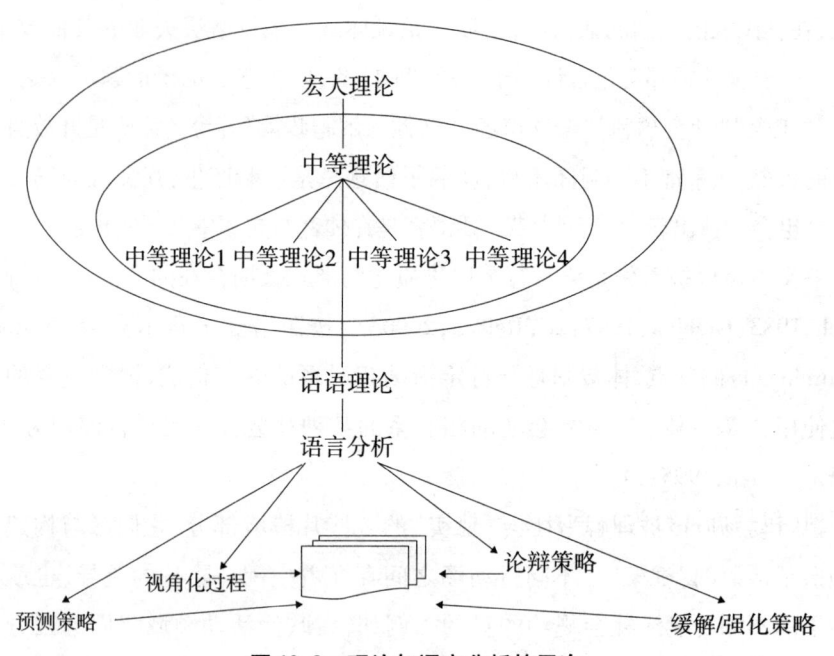

```
                    宏大理论

                    中等理论

        中等理论1  中等理论2  中等理论3  中等理论4

                    话语理论

                    语言分析

    视角化过程              论辩策略
预测策略                          缓解/强化策略
```

图 10.3 理论与语言分析的层次
来源:Wodak & Meyer(2001:69)
语言分析部分请详见表 10.2

我将采用话语—历史分析思路中的范畴,力求对本章中的例子做出清晰详细的分析。

具体而言,话语—历史的分析思路包含三个维度:(1)首先应确立具体话语中的内容或话题;(2)然后研究其中的话语策略(包括论辩策略);(3)最后分析语言学手段(如类型)和语境依赖的语言实现手段(如类次)(详见 Reisigl & Wodak,2001:44ff)。

分析范畴

在下文中我将介绍几种话语分析的工具,可用以进行有关语言政策的话语分析。其中还将着重介绍几种话语元素和话语策略。我们将分析"我们"(Us)和"他们"(Them)的使用,并提出五个看似简单却绝非随意的研究问题:

1. 如何通过语言的手段对他人进行命名和指称?
2. 对他人赋予了怎样的特征、特点和性质?
3. 特定的人与社会群体在试图包容/排斥其他群体时,会通过怎样的论辩手段和论辩方案来令自己的做法合理合法?
4. 以何种角度或视角来表达这些标签、归因与论辩?
5. 上述话语是公开表述的吗?是否存在强化或缓和的手段?

根据以上问题,我们会特别关注五种类型的论证策略,它们都常用于正面的自我体现与负面的他人呈现。这些论证策略以及沃达克等人(Wodak et al.,1999)讨论过的其他策略可用于合理合法地实现对他人的包容或排斥,也可以实现身份的构建。所谓策略是指一种在一定程度上有意而为的行为计划(包括论证行为),旨在达成特定的社会学、政治学、心理学或语言学目的。具体参见表10.2。

表10.2　正面的自我体现与负面的他人呈现所用的论证策略

策略	目标	手段
指称/命名	构建内部团体与外部团体	团队成员分类 生物的、自然的、去个性化的隐喻与转喻 提喻(pars pro toto, totum pro parte)
述谓	正面或负面地,或贬损或褒奖地标记社会角色	针对负面或正面特征的社会刻板印象和评价性归因 内隐或外显的述谓
论辩	正面或负面归因的合理化过程	使包容或排斥,歧视或优待合理化的套话
视角化,构架,或话语表征	表达一种参与度 将说话人的观点定位	对时间与话语的报告、描述、叙事或引用
强化与缓和	调适对某一命题的认识状态	对话语的言外之力进行强化或缓和

语言政策的论辩:体裁与方法

语言政策的"结点":提出问题

让我们首先来看一个有关欧盟语言政策的实例。在欧洲的许多公共空间里都发生着有关语言政策的论辩。例如,在欧盟成员国内,政治家们的演说会涉及不少有关欧洲身份认同的问题,而语言在这些问题上往往关系重大。欧洲公民们在欧盟网站论坛上(www.europa.eu.int)有关语言政策问题的讨论也非常直白。媒体(报纸和电视)在报道政治家的声明或主张时,会以特定且突显的方式将这些政见再语境化。最后,在国家或欧洲议会中还有许多有关居住许可、移民、政治庇护和安全政策等问题的辩论,这其中也会涉及国家、区域、地区和跨国层面上的语言政策。草根媒体或少数族群语种媒体的网站上也有不少这样的讨论。学校与其他教育机构会提出语言学习的不同教材方案,而课程设置必须与各国所使用的新语言相适应。当然,我们还可以想到许多其他场景,如私人语境(家庭、人际关系等)中,也会出现有关语言政策的讨论。

所有这些话语都围绕着同样的话题,彼此相互重叠,形成了有关语言政策的一个结点(参见 Scollon & Scollon,2004);或者用福柯的话来说,各种各样的话语总是在我们面前川流而过,对我们的感知与行为构成制约与调节(参见 Wodak,2004)。

我们该如何对那些事关多语政策或有关英语或其他通用语的重要论辩进行系统的语言学分析,这是一个重要的研究问题。如果我们能够了解,在不同的欧盟成员国和不同的行业中,一些公民团体对于上述政策持有的态度与想法,那我们就可以参考他们的意见制定恰当的政策提案。此外,我们也希望能够了解政界、媒体与教育界的社会精英团体的意见,以及他们的意见是否与普通大众的态度意见不谋而合。本章的讨论将仅限于针对焦点小组的半公开讨论的分析。

多重方法的研究思路

半公开体裁

除官方声明以外,其他公共空间与场合中会发生更为随意的争论,与此有关的研究也是十分重要的。在此我们首先会想到一些嘉宾受邀参加的电视辩论。另外,我们可以通过焦点小组讨论来研究接收过程,也可以用以触发特定的话题讨论(参见 Benke & Wodak, 2003; de Cillia, Reisigl, & Wodak, 1999; Kovács & Wodak, 2003; Scollon, 2001)。这里还有一点需要强调,虽然媒体播放的讨论与实验性的焦点小组讨论有类似的方面,但两者应被视为截然不同的两种体裁:电视辩论是我们日常生活中的一部分,而焦点小组则是专为实验而设定的形式。在这两类体裁中,主持人都是最具影响力的角色,他(她)决定了讨论的宏大话题,有权打断讨论,也可以开始或终止话轮。当然,具体的讨论规则也因具体的媒体事件而异,有些限制较多,有些则比较自由。

讨论与辩论都是会话形式,是面对面的互动交谈。会话的结构遵循一定的规则,在过去数十年间,会话分析与语用学对这些规则已经做出了丰富的描述与清晰的分类(参见 Schiffrin, 1994; Schiffrin, Tannen, & Hamilton, 2001)。在那些研究中,研究者会根据具体的研究问题来选择适合的研究方法。在本例中,研究的焦点是支持或反对有关语言政策的一些观点。

重要的一点是,语言学家们会将整个讨论或辩论看作一个文本。其中的每一个话轮相互依存,在整个辩论发展过程中,矛盾和冲突不断演进变化,团体动力扮演了决定性的角色。这类讨论或辩论被转录为影像或文字资料以后,就可以展开分析了。第一个重要的步骤是设定适当的语义网络,用来探究会话中的话题轮转和说话人的影响(参见图10.4)。

语义网络描述了在焦点小组讨论中出现的各种主题关联。在构建网络时,我们按顺序阅读转录文本,观察到其中含有的不同话题及论述结构的推进。然后我们使用文本分析软件 ATLAS.ti 进行描述。依据一定关联度与重要性,我们将认定若干话题,每一个话题对应于一个新的结点,然后通过结

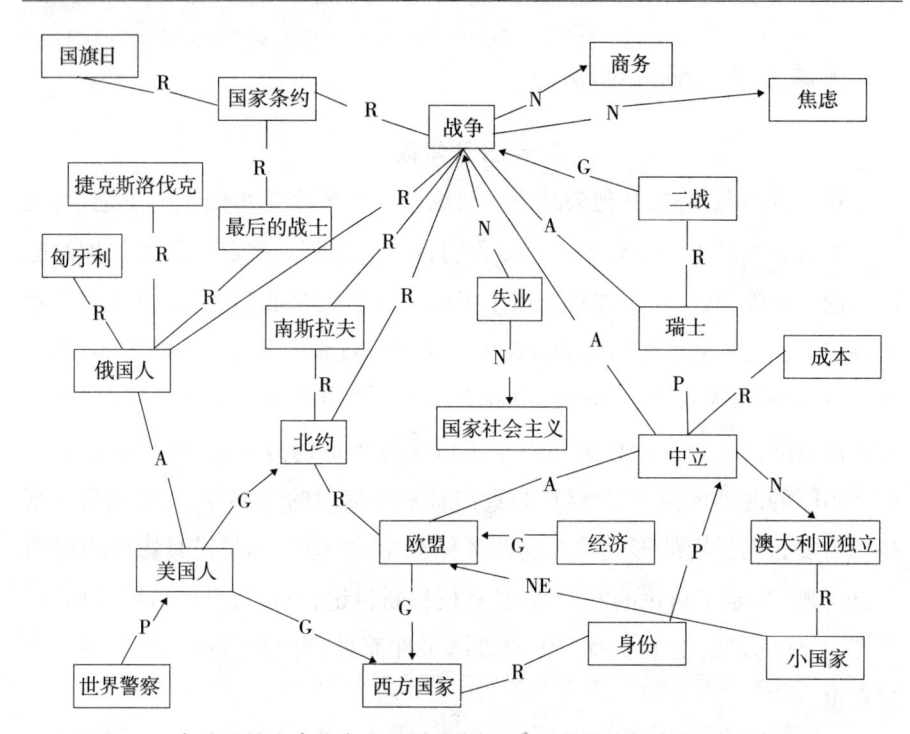

图 10.4 奥地利的家庭焦点小组讨论"中立与北约"话题时的语义网络,1998
来源:Benke & Wodak,2003:403

点之间连线来表示话题之间的论证关联(联系)。ATLAS.ti 自身带有一些预先定义好的论证关系,但原则上还可以重新定义更进一步的关系。在构建语义网络时我们首先采用已有的关系,如有疑问或其他情况,则可以采用类属关系。网络中可以有以下关系:

- 对称性关系 A(对立关系,x 是 y 的对立面)和 R(相关关系,在通用类型上 x 与 y 有关)。
- 非对称性关系 N(因果关系,x 是 y 的原因),P(属性关系,x 是 y 的一种属性),G(部分关系,x 是 y 的一个部分或一种类别),和 NE(需求关系,x 需要 y)。

上面的图表可以让研究者针对交际机制与论说发展提出最初的假设。

当然，他们也可以对一整套语言特征展开分析。在本例中我们将集中讨论上文中表10.2罗列出的一些策略，区分宏大话题与子话题、重要的论点、意义的共同构建、有影响力的说话人、对立立场以及小组的团体动力。这类小组讨论可以检验人们对精英人士的意见、表述或立场所持的态度。例如，从报章上摘引的文字可以用作触发性问题，小组内的参与者可以就这段摘引的意义展开辩论，同时陈述自己的观点。

有时，说话人会在话语序列中共同构建特定的概念，例如在下面一例中，参与者分别是说斯洛文尼亚语的奥地利人、卡林西亚人和德国人（M代表男性，F代表女性，MO代表主持人），他们共同构建了"民族身份"或"语言身份"这个概念的意义。

F4：[……]嗯第一次我算是：①意识到奥地利有些不太一样，那是我18岁的时候第一次去法国——我在一户法国人家里工作，然后：他们就—/第一个问题是"你是德国人吗？"然后我说"不，不，我是奥地利人。"然后其他人就说"谢天谢地"，你明白吗？——然后就是这么一回事了——"啊哈：谢天谢地："是的——就是那么说的——明白了吗？——然后，我/我大概只能这样来描述这段经历吧：嗯——就是："肯定还有些什么事情吧"你明白吗？——嗯我现在只是从我的角度来考虑的/我觉得事情是这样的/我一直生活在这个国家，可现在让我特别强烈地意识到这一点的居然是这样一件小事——我/这也不仅仅是我在这个国家生活所受到的政治和文化的影响，我是想切实地参与这个国家的政治与文化，你们明白吧？

MO：嗯

F4：我不知道那是什么——现在也只是第一次而已/我本人也不知道/那些理论：定义。可我还有许多那样的——那种感受

MO：嗯——好的。

F5：我的：我的名字是XXX（F5的姓名）——该我说说第一次的想法了/是

---

① 在话语分析的语料转写过程中，使用冒号（：）来表示停顿。——译者注

的,有人说卡林西亚人如何如何。是的,那我是一个什么样的卡林西亚人呢？是吧？我：是一个说斯洛文尼亚语的卡林西亚人吗？嗯那我该说——卡林西亚人/ 我是一个来自卡林西亚的斯洛文尼亚人,对吧？——还有：/ 确实是说斯洛文尼亚语的卡林西亚人——可我也说德语,不是吗？——只不过,你从一开始就是这样给自己定位的。

MO：为什么呢？

F5：对吗？——因为——如果一个人只是说卡林西亚的语言：那别人会认为他只会说：所谓的"德语"。

MO：嗯。

　　[……]

F5：是嘛,那我是奥地利人——嗯——我会说我是/ 我也很高兴自己是一个奥地利人——我就是这样教养成人的——小时候在小学里就学习："奥地利是我的祖国"这类的：那是因为——我就是一个奥地利人,我也确实希望如此。这对我来说非常自然——真的。

MO：好的——/ 好吧——如果：——/ 你说？

M2：情况越复杂,解决起来就越简单。(大笑)任何事情都是这样：

F5：不对

M2：一开始你都还能理解,到最后反而变得复杂了(大笑)。

F5：是,也许没错/ 嗯,是的。我还想补充——嗯,与德国划清界限的想法：刚才也有人提到过——对这个问题我从来都没有过那样的想法——嗯我是说与德语划清界限,而不是德国：——德国在我看来更遥远——嗯应该是奥地利——这一点很有趣。

M1：划清界限只不过是/——那个/ 是很任意的,或者说

F5：那个,那个。

M1：这样的划清界限也是很任意的：我是说与德国区分开来。

MO：是吗？——嗯

F5：嗯,我现在所想的是——嗯

M1：因为我自己：——/因为,在我看来/ 在我看来,奥地利整体而言是一个

政治构架——除此之外没有别的了——因为我不能/比如说,如果我接受将奥地利与德国明确地区分开来,那我也可以:简单地:将巴伐利亚归入奥地利,这样行吗?我还可以:把南蒂罗尔地区归入奥地利——可这仅仅是:/嗯是因为:现在的边境问题,但事情并非如此——这对我来说根本就没有什么实际的意义:为什么某些地方有边界,而其他地方却没有边界

MO:那我们是不是也能说,比如,斯洛文尼亚也可以:被归入奥地利?

M1:是的/当然,而且呢:我真是不明白。

MO:——哦,那在这个意义上——/嗯,因为/

M1:哦,在这个意义上,你甚至可以把整个克拉尼斯卡戈拉地区(Kranska Gora)归入奥地利,或者卢布尔雅那地区(Ljubljana)——我认为

MO:嗯。

F1:我曾经有一次/

M1:因为/事情确实不是——那个:/地区的问题是很重要的——例如在卡林西亚——我认为——或者说/或者说萨尔茨堡(Salzburg)/或者上奥地利州(Upper Austria)——我也不知道/或者——嗯——/嗯 嗯——国王湖(Königsee)地区附近/是属于德国还是更自然地应该属于奥地利/嗯——也许也可以反过来说吧——

M3:嗯,不过你已经——你会立刻就/嗯我想到一个很大的问题,也就是国界的问题:大体而言,这个问题也就是说:国界是怎么来的,又到底是怎么出现的——我是说,如果你看看奥地利的历史——然后就是这么一回事了,对不对?在这个地方,两个国家是分开的,而在另一个地方又合并一起,蜿蜒曲折的,眼下就是我们看到的这个样子了

MO:嗯。

M2:我觉得这的确是一个非常困难的问题——嗯,如果要说——嗯,别人所说的奥地利的一部分——我认为/以前:还包括从意大利北部直到蒂利亚斯特湾(Trieste)这一整个地区——另外:现在别人不会看到这些情况,而这些在我看来/这些是非常——非常微妙的一段历史,这是我个人的看法。

上面一段摘自在卡林西亚录制的一个焦点小组的讨论录音。卡林西亚

是奥地利九个地区之一。其中两位参与者明确地表达了他们对奥地利的感知/定义。参与者 F4 首先谈了她对于"卡林西亚"的困惑，不过"从理性当然还是……首先觉得是奥地利人"。对于自己作为奥地利人的身份，她认为是在于与德国的区别（小组先前刚谈论的话题就是在国外的经历），此外还有政治与文化的社会化程度问题。另外她还提出，积极地参与政治在奥地利身份构建过程中所发挥的作用。另外，她还隐约提及了"那种感受"。在谈话中高频出现修饰小品词，如"这样那样的""非常"和"也许"，而缓和性表达也非常多，其中有一些表达信念与观点的动词，还有一些模糊限制语，如"像那样的""我认为""我的意思是""我不知道"等，这些词通常都用来强化主观态度与说话人的不确定口气。

参与者 F5 一开始就表明了她的地区身份（即卡林西亚）。但是，她自己也不确信究竟自己应该是"卡林西亚人"还是"斯洛文尼亚人"，最后她还在犹豫是"卡林西亚地区的斯洛文尼亚人"还是"说斯洛文尼亚语的卡林西亚人"，而这个说法从语言政策角度来看实在颇具深意。她还认为双语能力是身份认同的一个重要方面，"仅仅是个卡林西亚人"意味着一个人"只能说德语"。在这里，她从词义或概念上区分了不同的卡林西亚身份，例如"卡林西亚地区的斯洛文尼亚人"或者"说斯洛文尼亚语的卡林西亚人"以及"仅仅是卡林西亚人"，而这些区分对于他们共同构建出一个新的定义而言是非常重要的。参与者 F5 对于自己作为奥地利人的身份认同是基于情感依恋和在学校里所接受的社会教育。同时她还认为，在理性思考的基础上，奥地利与德国之间的差异并不会对她造成困扰。

参与者 M1 接着这个话题发表意见，对 F5 的一番话进行了字面上的解读。他对德国与奥地利之间看似任意划定的边界（历史与定义的传统主题）发表了自己的观点，还认为巴伐利亚与南蒂罗尔地区都可以划归奥地利。这段话也可以从反讽的角度去理解，不过 M1 所持的立场确实与 F5 相反。因此，划定边界或确定民族—国家的标准不仅在于历史根源和文化特征，也在于语言使用方面。

当主持人问道，上述标准是否也适用于斯洛文尼亚时，M1 表示同意，但也继续陈述自己的观点,他说"地区的问题是很重要的",然后又举了一个例子来说明德国与奥地利之间的相似性(国王湖附近地区也可以属于奥地利)(这也是论说中常用的一个手段,即举出带有普遍性的例子)。总体而言,参与者 M1 似乎更接受文化与语言的民族主义,而他也十分谨慎地表达了这个意思(用多种缓和技巧加以修饰,例如一些小词的使用,虚拟语气的使用,以及像"我认为""我想"这类态度动词和连词的使用)。

当时有一位说斯洛文尼亚语的奥地利人在场,好在这时其他小组成员打断了谈话,避免了可能发生的冲突。M3 把身份认同的问题概括为完全抽象的"边界问题"。他的发言有一个显著特点,就是很含糊,这也是回避冲突的一个典型策略,因为含糊其辞可以有许多不同的理解,也能获得多方认同。M2 则认为,"别人"(one)怎么划定奥地利的领土是一个"非常困难"的问题。在这里他使用了一个指称的策略,即非人称的"别人",试图从更为笼统的层面来展开讨论,这样就能较和缓地处理"这一段比较敏感的历史"。在此我们可以清楚看出,在焦点小组讨论中,小组成员们如何共同构建像国家身份或民族身份这样的概念。同时还表明潜在的冲突立场也可以通过团体干预来得到消解甚至协商解决。在讨论中出现了一个概念理解上的矛盾,即基于国家的民族主义和基于文化/语言的民族主义的矛盾,这个矛盾与其他一些相关问题在讨论中发展成为某种地区主义的态度,不过在小组干预下也避免了矛盾的发展。从语言学角度来看,这一话语的突出特点就是频繁地使用了缓和策略与许多的论说框架,例如定义、权威、历史等一般概念。同时还能明显看出共同构建的过程刚开始,因为在摘选部分没有明确出现"我们"一词(只有 M3 用过"我们"。一次指代讨论小组,另一次指代奥地利人),这说明各方立场仍有着各自的主观性,同时也有辩论与妥协的可能。

分析焦点小组讨论的方法固然耗时费力,但也能给我们提供丰富而重要的数据,了解人们如何形成观念,如何接纳媒体,以及日常生活中的各种体验。小组讨论的发现虽然在统计意义上不具代表性,却能够展示日常生活体验中的微观细节,而这些细微发现在较静态的语境或文本中是很难去研究的。本节中说明的研究方法还可以用以分析在街头巷尾等地录制的真实的交谈话语。

总　　结

本章中的例子意在说明文本与话语的复杂性。基于具体的研究问题，每一句话都可以进行详尽的分析。面广量大的实地研究与话语分析虽然费时耗力，但可以让我们更好地了解与解释语句中潜在或明晰的意义与功能。通过整合语境信息与重要的理论思路，其中包括语言学与其他邻近领域的理论框架，我们可以对话语进行另外一种全新的解读，截然不同于像内容分析那样的定量分析结果，也不同于那些仅关注单一语言单位而不考虑整体文本结构与论说发展的研究方法。

概括而言，深入详尽的分析向我们展示出语言政策辩论中的含混、矛盾和"意识形态困境"。具体来说，我们更着意体现人们如何共同构建意义，又如何在不同的公共空间的语境下对论点进行重新论说。这些都是与语言政策相关的基本事实与重要辩论，不仅语言学家应当关注，决策者也必须认真考虑。我们希望有关各方人士，包括教师、从政者、社会工作者等都能理解这一点，正如鲁道夫·德·西里亚所说，"语言绝非仅仅是交际的媒介……母语是个人与群体身份的核心象征，它象征着一个人归属于一个特定的种族群体，也归属于一个特定的语言社团"(Rudolf de Cillia, 2002:8)。

值得深入阅读的文献提要

Blommaert, J. & Verschueren, J. (1998). *Debating diversity: Analysing the discourse of tolerance*. London: Routledge.

本书的作者针对比利时的报纸、研究报告和政府资助的反种族主义运动与训练课程的丰富的文本库展开数据分析。在比利时的移民问题上，极端种族主义者和民族主义团体所使用的修辞明显不同于政客和政府官员的修辞，但研究者还是发现，他们在深层意识形态仍有着明显的相似性和连贯性。本书是分析西方国家的移民问题、种族主义和民族主义等问题的开拓性研究。

Santa, Ana, O. (2002). *Brown tide rising: Metaphors of Latinos in contemporary American public discourse*. Austin, TX: University of Texas Press.

这本书使用认知隐喻学的观点与方法分析了《洛杉矶时报》和其他媒体文章所构成的一个大型语料库。圣塔·安娜(Santa Ana)发现,报刊文章中总是将拉美人描述成入侵者、外来者、负担、寄生虫、病菌、动物和杂草,这些负面刻画不仅助长了人们对拉美人的负面态度,也推动了20世纪90年代期间在加利福尼亚州三个反拉美决议的通过。这本书是在对语料进行三角互证的典范式研究,探讨了涉及语言、种族和民族等问题的社会论题。

Titscher, S., Wodak, R., Meyer, M., & Vetter, E. (2000). *Methods of text and discourse analysis*. London: Sage.

本书中归纳了14种文本与话语分析的方法,还对每种方法的具体应用提供了详细的解释与例证。对于分析话语和文本的语言学家与社会科学家而言,这本书都是非常有用的。此外作者还考虑到如何根据体裁来选择研究方法。

Wodak, R., de Cillia, R., Reisigl, M., & Liebhart, K. (1999). *The discursive construction of national identity*. Edinburgh: Edinburgh University Press.

本书通过各种不同的体裁(演讲、访谈、焦点小组、媒体报道)来研究民族身份的论证构建问题。通过这样的方法可以深入地研究从一个公共空间到另一个公共空间的论辩与套话的语句。本书很细致地呈现了CDA领域中这种话语—历史的方法,同时也深入探讨了民族与跨民族的语言政策的问题。

讨 论

1. 在语言政策研究中采用焦点小组的方法有什么好处?又有什么不足?
2. 在研究语言政策的时候要分析不同情境下的不同体裁,这一点为什么特别重要?

3. 语言政策研究中采取更为定性的研究方法有什么意义？采用这类研究方法所得到的结果是否"有代表性"？

注　释

我要感谢我的同事鲁道夫·德·西里亚（Rudolf de Cillia）和布里吉特·布什（Brigitta Busch）为我提供了重要的意见；另外我还要感谢布达佩斯特高等学术研究所（Collegium Budapest）让我有机会在 2003 年 9 月和 12 月受邀前往那里工作，还要感谢利华休姆基金委（Leverhulme Trust）为我提供资助，让我可以在 2004 年春季学期前往英国诺里奇的东英格兰大学（East Anglia）访问并完成这项研究。我还要感谢本书的编者托马斯·李圣托所给予的耐心、支持与宝贵意见。

1. 在这一点上必须说明的是，目前甚少有针对语言政策的语言学分析的系统概述（请参见 Blommaert & Verschueren, 1998; Busch, 2001a, 2001b, 2003; Clyne, 2003; de Cillia, 2003; Heller, 2003; Kettemann, de Cillia, & Haller, 2002; Wodak et al., 1998, 1999）。当然，与"语言政策"有关的体裁和语言数据与其他话题的各种论辩并无差别；因此以下几本书中所描述的"工具"与方法都可以用于"语言政策"有关的文本分析：Fairclough (2003); Scollon and Scollon (2003); Titscher et al., (1998, 2000); Wodak and Meyer (2001, 2003)。

2. 有关不同语言的书面体裁特点，请参见 Bellier (2002); Clyne (2003); Gruber et al. (2003)。

参 考 文 献

Bellier, I. (2002). European identity, institutions and languages in the context of the enlargement. *Journal of Language and Politics*, 1, 85—114.

Benke, G. & Wodak, R. (2003). We are facing a new order in Europe: Neutrality versus NATO. In A. Kovács & R. Wodak (eds.), *NATO, neutrality and national identity: The case of Austria and Hungary* (pp. 281—310). Vienna: Böhlau.

Blommaert, J. & Verschueren, J. (1998). *Debating diversity: Analysing the discourse of tolerance*. London: Routledge.

Busch, B. (2001a). Slovenian in Carinthia: A sociolinguistic survey. In G. Extra & D. Gorter (eds.), *The other languages of Europe: Demographic, sociolinguistics, and educational perspectives* (pp. 119—137). Clevedon: Multilingual Matters.

Busch, B (2001b). Grenzvermessungen: Sprachen und Medien in Zentral-, Südost- und Osteuropa. In B. Busch, B. Hipfl, & K. Robins, (eds.), *Bewegte Identitäton: Medien in transkulturellen kontexten* (pp. 145—173). klagenfurt/celovec: Drava.

Busch, B. (2003). *Sprachen im Disput: Eine sprachenpolitische Studie zu Medien in multilingualen Gesellschaften*. Klagenfurt/Celovec: Drava.

Christ, H. (1991). *Fremdsprachenunterricht für das Jahr 2000. Sprachenpolitische Betrachtun-*

gen zum Lehren und Lernen fremder Sprachen. Tübingen: Niemeyer.

Christ, H. (1995). Sprachenpolitische Perspektiven. In K. -R. Bausch, H. Christ, & H. -J. Krumm, *Handbuch Fremdsprachenunterricht. Vol. 3: Uberarbeitete und erweiterte Auflage*(revised edn) (pp. 75—81). Tübingen and Basel: Niemeyer.

Clyne, M. (2003). Towards inter-cultural communication in Europe without linguistic homogenization. In R. de Cillia, H. J. Krumm, & R. Wodak (eds.), *Die Kosten der Mehrsprachigkeit: Globalisierung und sprachliche Vielfalt/ The Cost of Multilingualism: Globalization and Linguistic Diversity*(pp. 39—48). Vienna: Austrian Academy of Sciences.

de Cillia, R. (2002). Fremdsprachenunttericht in Österreich nach 1945. In E. Lechner (ed.), *Formen und funktionen des fremdsprachenunterrichts im Europa des 20. Jahrhunderts*(Bildungsgeschichte und europäische Identität, vol. 3) (pp. 115—128). Frankfurt: Kohlhammer.

de Cillia, R. (2003). Grundlagen und Tendenzen der europäischen Sprachenpolitik. In M. Mokre, G. Weiss, & R. Bauböck (eds.), *Europas Identitäten: Mythen, Konflikte, Konstruktionen*(pp. 231—256). Frankfurt and New York: Campus.

de Cillia, R., Reisigl, M., & Wodak, R. (1999). The discursive construction of national identities. *Discourse and Society*, 10, 149—173.

Ehlich, K. (1983). Text und sprachliches Handeln: Die Entstehung von Texten aus dem Bedürfnis nach Überlieferung. In A. Assmann, J. Assmann, & C. Hardmeier (eds.), *Schrift und Gedächtnis*(Beiträge zur Archäologie der literarischen Kommunikation) (pp. 24—43). Munich: Fink.

Fairclough, N. (1995). *Critical discourse analysis: The critical study of language*(Language in Social Life Series). London: Longman.

Fairclough, N. (2003). Analysing *discourse: Text analysis for social research*. London: Routledge.

Fairclough, N. & Wodak, R. (1997). Critical discourse analysis. In T. A. van Dijk (ed.), *Introduction to discourse analysis*(pp. 258—284). London: Sage.

Girnth, H. (1996). Texte im politischen Diskurs: Ein Vorschlag zur diskursorientierten Beschreibung von Textsorten. *Muttersprache*, 106, 66—80.

Graefen, G. (1997). *Der wissenschaftliche Artikel: Textart und Textorganisation*. Frankfurt: Lang.

Gruber, H., Muntigl, P., Reisigl, M., Rheindorf, M. U., & Wetschanow, K. (2003). *Genre, Habitus und wissenschaftliches Schreiben*. Project report, Vienna University.

Heller, M. (ed.) (2003). *Linguistic minorities and modernity: A sociolinguistic ethnography*. London: Longman.

Kettemann, B., de Cillia, R., & Haller, M. (2002). Innovation im Fremdsprachenunterricht—

am Beispiel der im Rahmen der Aktion "Europasiegel für innovative Sprachenprojekte" in Österreich von 1998—2000 eingereichten Projekte. Unpublished report, Universities of Vienna and Graz.

Kovács, A. & Wodak, R. (eds.) (2003). *NATO, neutrality and national identity: The case of Austria and Hungary*. Vienna: Böhlau.

Lemke, J. (1995). *Textual politics: Discourse and social dynamics*. London: Taylor and Francis.

Meyer, M. (2001). Between theory, method, and politics: Positioning of the approaches to CDA. In R. Wodak & M. Meyer(eds.), *Methods of critical discourse analysis*(pp. 14—31). London: Sage.

Reisigl, M. (2000). Literarische Texte als heuristische Quellen und kunstfertige Herausforderung für die sprachwissenschaftliche Analyse gesprochener Sprache—Eine Fallstudie am Beispiel von Friedrich Glauser. In O. Panagl & W. Weiss (eds.), *Dichtung und Politik* (pp. 237—319). Vienna: Böhlau.

Reisigl, M. & Wodak, R. (2001). *Discourse and Discrimination*. London: Routledge.

Schiffrin, D. (1994). *Approaches to discourse*. Oxford: Blackwell.

Schiffrin, D., Tannen, D., & Hamilton, H. (eds.) (2001). *The handbook of discourse analysis*. Oxford: Blackwell.

Scollon, R. (2001). *Mediated discourse: The nexus of practice*. London: Routledge.

Scollon, R. & Scollon, S. (2003). *Discourses in place: Language in the material world*. London: Routledge.

Scollon, R. & Scollon, S. (2004). *Nexus analysis: Discourse and the emerging internet*. London: Routledge.

Titscher, S., Wodak, R., Meyer, M., & Vetter, E. (1998). *Methoden der Textanalyse*. Wiesbaden: Westdeutscher Verlag.

Titscher, S., Wodak, R., Meyer, M., & Vetter, E. (2000). *Methods of text and discourse analysis*. London: Sage. (English translation of Titscher et al., 1998, revised edn.)

Weiss, G. & Wodak, R. (eds.) (2003). *Critical discourse analysis: Theory and interdisciplinarity*. Basingstoke: Palgrave Macmillan.

Wodak, R. (1996). *Disorders of discourse*. London: Longman.

Wodak, R. (2001). What CDA is about: A summary of its history, important concepts and its developments. In R. Wodak & M. Meyer(eds.), *Methods of critical discourse analysis*(pp. 1—13). London: Sage.

Wodak, R. (2003). Auf der Suche nach einer neuen Europäischen Identität. In R. de Cillia, H. J. Krumm, & R. Wodak (eds.), *Die Kosten der Mehrsprachigkeit: Globalisierung und sprachliche Vielfalt/ The Cost of Multilingualism: globalisation and linguistic diversity*(pp. 125—134). Vienna: Austrian Academy of Sciences.

Wodak, R. (2004). Critical discourse analysis. In J. Seale (ed.), *Handbook of methods in the social sciences* (pp. 197—214). London: Sage.

Wodak, R. & de Cillia, R. (2003). Sprachliche Identitäten: Multikulturelles und multilinguales Erbe. Und welche Zukunft? In M. Csáky & P. Stachel (eds.), *Mehrdeutigkeit: Die Ambivalenz von Gedächtnis und Erinnerung* (pp. 153—177). Vienna: Passagen.

Wodak, R. & Meyer, M. (eds.) (2001). *Methods of critical discourse analysis*. London: Sage.

Wodak, R. & Meyer, M. (2003). *Métodos de análisis crítico del discurso*. Barcelona: Gedisa. (Spanish translation of Wodak and Meyer, 2001).

Wodak, R., de Cillia, R., Reisigl, M., & Liebhart, K. (1999). *The discursive construction of national identity*. Edinburgh: Edinburgh University Press.

Wodak, R., Menz, F., Mitten, R., & Stern, F. (1994). *Die Sprachen der Vergangenheiten: Offentliches Gedenken in österreichischen und deutschen Medien*. Frankfurt: Suhrkamp.

Wodak, R., de Cillia, R., Reisigl, M., Liebhart, K., Hofstätter, K., & Kargl, M. (1998). *Zur diskursiven Konstruktion nationaler Identität*. Frankfurt: Suhrkamp.

Wodak, R., Pelikan, J., Nowak, P., Gruber, H., de Cillia, R., & Mitten, R. (1990). *Wir sind alle unschuldige Täter!* (Diskurshistorische Studien zum Nachkriegsantisemitismus). Frankfurt: Suhrkamp.

www. europa. eu. int

朱晔 译 闻人行 校对

第十一章 语言政策中的地理语言学分析

唐·卡特赖特

地理语言学试图回答语言中诸如"何事、何时、何地、谁或为什么"等问题(van der Merwe,1993:23)。地理语言学分析包括历史过程的调查研究,这些过程有助于不同文化群体间的接触和相互交流方式的发展;它还包括了人们迁徙的模式及伴随而来的变动,在当地社区中进行语言使用的田野调查,以此来揭示并分析使用或不使用少数族群语言的地区或范围。文化对保持民族认同至关重要,这是地理语言分析的前提。民族之间的文化空间在文化领域分享过程中受到侵蚀,与领域分享相对的是文化领域排他。因此我们可以预见文化保护的必要性。通过批准语言权利及扩展独家语言使用领域作为增强群体的一个(重要的)成分,能使正在被侵蚀的文化身份的保护得以实现(Veltman,1977)。

为了调查一个母语被认同的群体如何幸存下来,贾尔斯、博尔希斯和泰勒设计了一个名为"人类语言学活力结构分析"(Structural Analysis of Ethnolinguistic Vitality)的模式(Giles,Bourhis,& Taylor,1977)。根据他们的定义,活力使一个群体在群体间活动中表现为一个独特而积极的集体性存在。人们设想,人类语言学活力很小或没有活力的少数族群最终不再是一个独特的社会。一个语言群体的活力越大,它就越有可能生存下来,发展成一个集体性的独立存在,哪怕它与另一个使用不同语言的民族共存在一起。在评估人类语言学群体活力时,有三个结构变量被认为是最有影响力的,归于以下三个主要标题:地位、人口统计和体制因素。(见图11.1)

研究者认为,上述三个结构变量相互作用,有助于我们理解人类语言学的群体活力。地位变量包括少数族群威望成分,一个语言群体在群体间相

第十一章 语言政策中的地理语言学分析

互作用的背景中地位越高,这个群体作为集体独立存在的活力越大。同样,一个群体在人口统计上的变量数据越是积极,那么它的语言活力越大。这些变量数据是通过它们的数量以及它们在一个地理区域毗邻的分布表现出来的。在地理区域内群体的体制支持是指成员可能使用他们母语的正式或非正式的区域。因此人们设想,少数族群的语言活力与语言在不同社会公共机构(领域)使用程度直接有联系,比如政府、教堂、学校及私营部门的服务中。

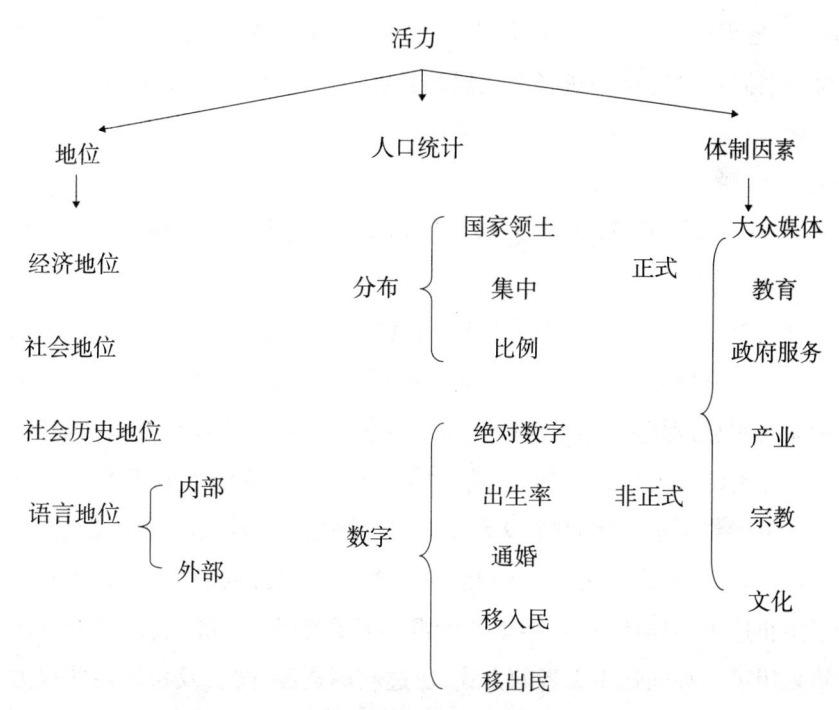

图 11.1　影响人类语言学活力的结构变量分类
来源:Giles et al. (1977:305)

在地理学领域,语言研究最初并没有什么突出地位,直到 20 世纪 70 年代和 80 年代才有几位美国和欧洲的学者开始把兴趣投向地理语言学。最初他们关注历史过程,强调语言与自然和人文背景之间的关系。那些历史过程促使当今不同文化群体之间接触和互动的发展。这些学者在一个局部规模上关注语言使用和语言选择的社会空间背景,测量语言分布和种类,鉴定语言群体的人口统计学特征(Williams,1984)。其他对人类地理发展分支感兴趣的学者从经济、心理、政治和文化的角度评估了不同语言的相对的实际重要性、有用性和可及性(Ambrose & Williams,1981;Breton,1991;Williams,1988)。因此,地理语言学的研究者试图走出距离、分类或者社会结构中建立的环境以及伴随而来的语言使用的概念,这些研究者试图提供一个更积极和实用的评价,也就是说,若要对语言社团进行更为全面的社会语言学分析,就应该将地理空间、领土、分析范围作为研究中的补充成分(Williams,1988)。[1]地理语言学研究的应用以及它与语言政策的相关性可以用两个普通例子来揭示:(1)地处边缘及散居的社会语言群体和(2)范围更广且毗邻的群体。

地处边缘及散居的社会语言群体

直到19世纪末,国家的国土由各自的、常常是孤立的社区组成,因此一个国家的文化影响在它的领土上是有限的,这在乡村或地处边缘的社会团体中尤其明显,那些团体在地理上远离国家的新兴政治和经济核心地区,我们可以在英国说凯尔特语的人,荷兰的弗里斯兰人或伊比利亚半岛的巴斯克人那里找到例子。然而到19世纪末20世纪初,一种政治理论在欧洲的工业社会出现,该理论认为,文化和语言的多样性威胁到了一个国家的统一。为了阻止这种多样性,占主导地位的群体从政治上、经济上、语言上对国家政策采用了一种同化主义者的方式,通过利用资源、奖赏及象征性的权力去直接影响人们的行为和交往。

在20世纪上半叶,许多社会科学家相信在工业发达国家多样的种族群体将来会被这个国家的主导文化同化(Deutsch,1953;Young,1976)。现在人们认识到,许多这样的群体并没有失去自己的本体感,因此文化多元主义在世界大部分地区相当流行。文化多元主义的活力对治国方略提出了挑战,看它是否有能力向所有成员提供多元主义的政策和计划,以达到社会的最大和谐。地区民族群体要求影响决策、确保自身合法权益,这些都反映出语言对一个少数民族的重要性。尤其是当多数民族的语言占主导地位,被认为对少数民族的身份产生威胁(Nelde,1987)。对于少数民族,语言规划的立法成为保持人类语言学生命力努力中的一个极重要的组成部分。有些人类语言学群体正在消失,人们试图通过对其语言政策的影响来加以挽救,一个很好的例子就是如何促使讲威尔士语的人努力保持他们的传统。

英国:威尔士语

威尔士的地理位置处在英国政治和经济的核心区域外围。正因为如此,早在19世纪,威尔士语在家庭以外的很多领域有广泛的使用。当英语主导文化采取的同化政策侵入这些地域时,威尔士语的使用在整个社会萎缩了(Williams,1980)。而且,处在边缘地区的多语言国家中的少数民族常常不能得到领土控制权,或对地区性界线产生影响,因为这些地方已经被文化同化过程所渗透。西班牙的巴斯克人和加泰罗尼亚人以及法国的布列塔尼人与威尔士人情况相似,也被认为在地域上缺乏保护。他们通过时间与空间的交汇过程与国家的主要民族的联系越来越多(Janelle,1973)。第二次世界大战后,迅猛的城市化发展、工业化、大规模的旅游业、便捷的交通以及越来越多的人口流动,这些过程使得长距离流动或相互作用的时间缩短,增加了核心地区与边缘地区的人口移居。电视在这方面也起了促进作用,它使多数族群语言的吸引力增强。时空交汇更加剧了对处于西班牙、法国和英国等国家中边缘的少数民族的文化侵蚀。

有些威尔士民族主义者担心威尔士心脏地区领土缩减的问题,他们根据人口统计数据中威尔士语单语者的数量,试图建立一个正式的界线来形成某种领地掌控政策,由此创建了反对英语侵入的"威尔士堡垒"(Fortress Wales)。这种掌控以私人的和群体的努力开始,接着有正式的界限划分。这能建立一个范围广且毗邻的威尔士语区。安布罗斯和威廉姆斯(Ambrose and Williams,1981)反对这种政策,通过对后来人口统计数据的大规模区域分析,他们和其他威尔士学者演示了一个地理模式,说明一个曾经很强大的说威尔士语的核心地区如何分解成一系列使用威尔士语的分散区域。大规模的制图分析表明,在这些说威尔士语的地区边缘的"崩溃区",家庭中英语正逐步替代威尔士语(Zelinsky & Williams,1988)。面对因文化传入而引起的变化过程,说威尔士语者的体制支持越来越少,不能为族群语言活力提供支持。威廉斯和他的同事们把语言变化的数据和社会经济人口普查数据联系起来,把教育、宗教、文化和政治变量与语言使用结合起来。后来这些研究人员通过这种分析方法演示,在建立了威尔士语学校的地区,或对威尔士文化持新的、正面的态度的地区,语言崩溃现象呈现虽小却意味深长的逆转。虽然有理论认为,在一个一致指定的区域性语言地区内可以确认威尔士语的公民权利与首要地位,但威廉斯和他的同事们所发现的分离和漂流的模式以及对社会经济分析的结果削弱了这个理论。研究者认为,语言规划必须具有实际功能而非流于形式,如"威尔士堡垒"的例子,并且与其他社会经济的改革条件一致,使社区持久发展。这样,"规划政策,除了从一个地区到另一个地区的变量外,还必须在短时间内有适应力,以便适应在任何地点突然改变的语言命运"(Ambrose & Williams,1981:6)。人们确定一些将会产生决定性作用的地区,在那些地区的学校、教会和教堂以及公共服务设施中建立起支持少数族群语言使用的体制。如果可行,威尔士的杂志和报纸将会得到政府支持。

　　威尔士语的复兴在特定的地域有推进,然而面对欧盟内部越来越多的经济机会,人们还应常常保持警惕,做好语言规划工作。欲开发这个巨大市场的大公司把"用得比较少的语言"视作负担,这种经济思维视少数族群语言为额外成本且消耗生产力。威廉斯(Williams,2000)说,少数族群语言可能被认为是"一个潜在的复杂因素,可能阻碍犹豫不定的投资者和不情愿的迁移者在威尔士开展任何新的活动"(Williams,2000:362)。

　　在处于地理边缘的族群语言社区里,人们的居住模式往往是支离破碎的,因此,民族主义者的目标主要是强化和确立少数族群语言生存的关键领域,语言的使用也常常是分离的,居民们经常要面对在家庭以外使用主要语言的必要性,尤其当这个主要语言也同时是生意和贸易用语。这导致了减损性的双语制的情况,即越来越多地区的少数民族的母语渐渐被多数族群语言替代。少数族群语言变得越来越不重要，多数族群语言成为日常接触和相互交流的语言，少数民族中的年轻成员尤受其影响，他们因语言能力而更多地迁徙，更可能异族通婚。在通婚家庭，家庭用语可能会使用多数族群语言，特别是作为家庭传统文化的传承人的女性成员来自那个群体时。

范围广阔且毗邻的社会语言群体

多语言国家的少数民族群体并不都居住在这个国家的边缘地区，语言群体被多数族群语言包围的例子有很多，比如加拿大的魁北克人，或者在地理上毗邻，比如比利时的瓦龙语和佛兰芒语。不管地理位置如何，雷波斯相信在一个多语言国家，一个弱势语言不能享受具有独立地位的庇护，它要与占主导地位的语言不停地抗争（Laponce，1987）。占主导地位的语言在整个国家中具有通用语的地位，因此就具有某种侵蚀作用。即使在多语言国家里弱势语言被赋予正式地位，它也不能在公共管理或学校里获得很高的地位，弱势语言仅仅具有象征意义。

为了避免同化，少数民族成员必须坚持他们的民族性，这种坚持体现在对民族地区更大控制的需求上。这种控制包括部分或完全不说主要族群语言。领土的控制可以通过划定保护性界线得以实现，少数族群语言在地理上越集中，主要族群语言对少数民族社区的族群语言活力及个体的种族身份的威胁就越小。能在多语言环境中生存的语言就是那些被国家保护的语言，因为它们会在国家或国际谈判中享受特殊权利。那些最难存活的语言只具有当地文化力量，而没有对国家或地区政府的控制。我们可以以比利时的佛兰芒语—瓦龙语为例来探讨这些发展。

比利时：佛兰芒语和瓦龙语

在比利时，北部的佛兰芒人和南部的瓦龙人具有高度相似性。从地区上来看，它们都是单语的。前者在国内是主要民族，但为了摆脱"少数民族地位"已经抗争了几十年，因为他们的语言被认为在文化上不如瓦龙人说的法语。1830年取得统治权后,瓦龙人和布鲁塞尔说法语的人掌握了比利时政府和经济,在文化生活方面也占据主导地位,因此即使在佛兰德地区,向上层社会的流动也是与法语的使用联系在一起的。瓦龙人还认定文化和语言的多样性威胁到了国家的统一。两个语言群体争取平等的斗争是持久而痛苦的,在佛兰德地区中等和高等教育中,政府部门和法律系统中使用佛来芒语的权利是逐渐获得的(Lorwin,1972)。在比利时全国推广双语遭到瓦龙人的抵抗,他们对把佛来芒语强加在自己的区域表示愤怒。1932年,人们放弃努力,在族群语言划分界限后,建立了单一语言区,只有首都和一些处于语言交接地区的小地方保留了双语制(Baetens-Beardsmore,1987)。

属地限制是为了适应民族间相互联系的灵活性,如果一个行政单位的人口组成从主要的单一语言制转成佛来芒语与瓦龙语的混合制,可以申请从单一语言制转换成双语制。在接下来的30余年间,两个语言群体间的关系非常紧张,佛兰德地区的人依然害怕法语入侵他们的领土,这种紧张一直持续到1963年佛兰德与瓦龙正式划分成永久性单语地区,公民在家乡以外的服务用语由他或她居住的地方决定,而非他或她在家说的语言和他或她喜欢的语言。首都布鲁塞尔则保留为正式的双语制地区。

这样的立法是佛来芒人不懈努力的结果,他们要在北部建立一个完全的单语制区域,这也使一个多世纪以来这两个群体之间在社会、文化、经济和政治方面的紧张关系达到顶点。佛来芒民族主义者变得像瓦龙人一样固执,瓦龙人传统上在南部反对佛来芒的少数民族权利,制度化单语制的发展和正式生效更加剧了这两个民族的分裂。比利时政府试图维持佛来芒人和瓦龙人之间的文化联系,但是这种联系在20世纪六七十年代的文化趋势里变得越来越弱。墨菲发现,由于这种和语言界限相关的分裂,两个地区间的人员流动少得可怜,相对其他地区间或其他地区与布鲁塞尔之间的电话联系,这两个地区也非常少(Murphy,1993)。

首都布鲁塞尔这个大都市已经发展成处于比利时境内的一个很有意思的政治地理环境,首都是唯一可以被认定为文化转换区的地方,因为两种主要语言群体的居民和在此工作的上班族常有接触和交流的机会,同时也由于组成这个大都市的19个行政区被官方认定为双语制区域。但是这个城市处于这个国家说单一佛来芒语的地区,正常的在这个领土上的城市扩张已经引起敌意。虽然60年代的立法规定了布鲁塞尔—首都的界限,郊区还是进行了开发,尤其在南边,那里正是佛兰德人和瓦龙人的边界。首都说法语的人偏爱这个郊区地域,但是佛兰芒民族主义分子害怕这个方向的发展最终会成为瓦龙人的地区。因此,布鲁塞尔并没有成为佛兰德辖区内被包围的双语区,而是成为瓦龙文化领域的一个突出区域。佛兰芒民族主义分子认为这样的结果是未来的领土威胁(Witte,1987)。比利时境内两个生活在语言边界上的小自治市的群体都受到这个所谓"布鲁塞尔战争"的影响(Murphy,1988)。

在20世纪80年代,布鲁塞尔增加了一个地区委员会,它是一个像佛兰德和瓦龙那样的独立结构,这有助于建立起一个与众不同的地区背景,该城市的居民与其他两个行政单位的居民所使用的语言不仅在概念上而且在功能上都有所区别。有可能在说法语和说荷兰语的人中产生与众不同的布鲁塞尔特色,而这又将有助于两个群体间因通婚而相互交流的情况(Murphy,1991)。

布鲁塞尔已经建立了各种只专注于首都事务的各种机构。随着城市里国际性机构的建立,包括欧洲议会及其服务性机构,布鲁塞尔具备了一种其他比利时城市所没有的国际化气息。在这样的环境下,那些会使用两种官方语言的人被认为具有增添性双语(additive bilingualism)的特征,即使用其他语言也不会带来对母语的威胁,不管哪个群体都不会损失族群语言活力,这对于60年代前的布鲁塞尔佛兰芒人是完全不同的经历。对外人来说,比利时这个国家的碎片性质看上去好像是国家分解的前兆,但是大家都一致认为:比利时的未来并不存在威胁。然而,佛兰芒人和瓦龙人的不同还将继续成为内部摩擦的缘由。

比利时语言地区的发展显示了两条政策制定原则的应用:属地权原则和个性化原则。属地权原则是个人有权享受在某个特定地区多数人口的语言服务,这一原则很适合比利时的情况,因为它有明确划分的单语区域,这同样也适合瑞士,这种群体权利条款允许一个少数民族保持它的属地权利,在其属地继续保护它的语言。这些权利被固定在单一语言制度内,而单一语言制度又被固定在地理空间内(Laponce,1987)。在那些两个语言群体成员不那么集中的地方,根据每个人在国内或地区内的自由选择,接受不同的服务用语言,这样的做法非常普遍。南非就是一个采用个性化原则的很好例子。在南非,个性化原则很容易获得采纳,因为能够同时熟练使用英语和公用荷兰语的人口比例较高。而布鲁塞尔则是一个在国家内采用此原则的例子(McRae,1975)。

结 论

本章我们讨论的两个多语言社会曾经通过立法或经济地位强迫少数民族逐渐融入主流社会,同化主义的方式开始是为了减轻国家内部的冲突和竞争,加强合作和国家统一。对于少数民族而言,从定义上看,他们处于数量和政治上不平衡的境况,融合的过程因文化的传入而变化,不可避免地被同化。这些人口的独有文化领域被侵蚀,家庭之外甚至家庭之中母语被主要族群语言替代。雷波斯认为这是领土入侵,因为说特殊语言的人群就像领土一样,是有限的资源,少数民族通过他们的代表必须找到保护他们领土的办法。

来自弱小而破碎的族群语言群体的民族主义者特别关注只使用少数族群语言的战略领域,他们的"资源"太过有限,无法超越。少数民族应该请求或要求用他们的母语提供更好的语言服务,并在那些对文化生存至关重要的领域,尤其在教育领域,不使用其他语言。但是,这些服务的费用必须由全社会共同承担。当主要语言人口不能感知同样发生在弱小社会的因文化传入而改变的过程和同化过程,或者他们相信少数民族的反应过度时,竞争和冲突就可能升级。政治领导人如果决定通过多元方法来解决少数民族的需要该怎么做?他们是否应该充分教育全体选民了解弱小民族群体的需求,以及亟待制定的相应政策和项目?还是应该接受渐进主义,悄无声息地一步步制定政策,一旦政策开始实施,全体选民就不能选择拥护或反对?

第十一章 语言政策中的地理语言学分析

在范围比较大的、有更多毗邻族群语言社区,民族主义者不仅仅只保护少数族群语言领域,他们还试图保护他们的地域边界,以防止主要语言的入侵。语言变成了边界,它会重新造成少数族群语言和主要语言的距离,或者在比利时成为统治者或被统治者。在整个社会中只使用母语是目标,这可以把弱小民族或从前被统治的群体更加牢固地与文化捆绑在一起。过去曾经占主导地位的群体必须做好准备来改变语言使用的社会模式,他们必须准备好在属地权原则下运作或交换位置。在比利时,语言界限两边的交流减少就是这个国家两个族群语言社区的距离出现的象征。在一个多元化的社会,族群语言群体间接触和交流的减少导致社会距离,少数民族或弱势语言群体领导人认为这种距离是安全形式,这会减少对社会中"另一方"的了解或理解,因为交流的减少也导致了了解对方社区成员的机会的减少,缺乏同情和理解。这常常被称为在一个多元化社会中民族组成部分之间的认知距离,因此,随着社会各组成部分之间的接触或交流的减少,政策制定者更需要制定出可接受的政策,以促进国家融合,避免因分裂而造成的国家衰落。

值得深入阅读的文献提要

Breton, R. -L. (1991). *Geolinguistics: Language dynamics and ethnolinguistic geography*. Ottawa: University of Ottawa Press.

语言很少是静止的,它们随着时间的推移而发展,在同一语言中某些形式比另一些发展得快。语言形式的地理学已经有很长的科学传统,可以追溯到 19 世纪初,然而语言功能的地理学还是一门正在发展的学科,该书对这门学科具有很有价值的贡献。作者一开始划分了形式和功能的界限,然后分析了语言与人类不同群体可能有的各种联系——语言的民族性。他还提出社会——语言的使用者——才是最终决定语言活力的主题。要研究语言的活力,就必须有某种形式的定量资源,这是地理语言学一个重要的技术方面的发展。

Gardner, N., Puigdevall i Serralvo, M., & Williams, C. H. (2000). Language revitalization in comparative context: Ireland, the Basque Country, and Catalonia. In C. H. Williams (ed.), *Language revitalization, policy and planning in Wales* (pp.

311—362). Cardiff: University of Wales Press.

  语言规划者已经意识到,在政策制定和项目发展时必须依靠广泛的经验。本书作者对此的解释是:大部分关于威尔士语言政策的比较研究都是与其他凯尔特地区的学者合作的,特别是爱尔兰和布列塔尼的学者。本文是语言政策专家的代表性工作,他们从欧洲国家,特别是西班牙,汲取大量语言复兴领域的经验。作者们用这个研究说明威尔士语言政策的规划者应该少依赖凯尔特人团结一致的陈词滥调,而转向在巴斯克(巴斯克自治区)和加泰罗尼亚采取的积极政策和项目。这些积极的特性显示了语言规划中积极的政治成分的价值;体制支持体系的不可或缺性,尤其在教育领域;把语言规划与其他规划整合的需要;还体现出对于影响个人或集体语言选择的经济必要性的充分理解。

206　Laponce, J. A. (1987). *Languages and their territories.* Toronto: University of Toronto Press.

  这本书有些年头了,但是它是探讨双语制以及由此引发的政治问题领域的标准文献。作者一开始研究人如何学习语言,然后演示了头脑抵抗双语制的方法。他探讨了单一语言制的动机与建立单一语言制领土有联系的主题,因而每个语言群体会力求发展它独自的语言。相反,在一个多元社会里,主要语言会迫使少数族群语言进入越来越少的少数族群语言区域。雷波斯把他的理论应用到一系列多语言社会并得到了积极的结论。

Peeters, Y. J. D., & Williams, C. G. (eds.) (1993). *The cartographic representation of linguistic data* (Discussion Papers in Geolinguistics, Nos. 19—21). Stoke on Trend: Staffordshire University.

  这本书是英国斯塔福德郡(Staffordshire)大学出版的有关地理语言学系列丛书之一,它包括九篇文章,选自比利时的布鲁塞尔的欧洲族群语言制图中心主办的语言数据制图描写科学研讨班。通过他们在研讨班的研究结果,作者们试图提出地理语言学的概念和方法论的新发展。除了概念和方法论主题,作者们还把地理语言学应用到南非、匈牙利、威尔士和中非的部分地区。这部分研究显示了用地图的形式提供正确的数据的重要性,以及地图制作者和用户正确理解这些数据的评价和意义的重要性。

Williams, C. H. (1993). *Called unto liberty: On language and nationalism.* Clevedon: Multilingual Matters.

　　作者关注以下两大问题的启示意义:与语言有关的冲突,以及民族主义者流动已经成为不断扩展的全球性问题。有利益关系的群体正在挑战已建立的国家,他们在国家事务中寻求更大的代表权并且试图减少对他们的文化生存的威胁。这本书对上述紧张关系做出了评估,还分析了那些文化受到国家经济结构和政治改变挑战的人对国家自由权的呼吁。威廉斯评估了各种民族主义和文化身份主题,然后研究了在威尔士和魁北克语言与民族主义政治运动相互关联的方式。他还提供了一系列通过应用公共政策和社会规划得到利益满足的实例。

讨　论

1. 讨论本章结论中提出的问题。当政治领袖决定采取一种多元解决方法满足一个少数民族的需要时,他们应该:
   (a) 启动一个项目告知广大民众少数民族的需要,提供实行相应政策和项目的原因,或者
   (b) 实施渐进主义计划,政策和项目不经宣传一项一项地执行?
2. 美式英语的说客团支持一项美国多元社会的同化政策,他们开始提出宪法修正,使英语成为国家的官方语言。调查这些说客的活动,到目前为止他们取得任何成功了吗? 他们是否有其他秘而不宣的计划? 他们也在州政府层面活动吗? 如果有,成功了吗?
3. 假设你是美国南部靠近边界的一个小城市的市政府成员,你将根据该城市的人口和对各项服务的需求预计做一个年度预算。在你的居民中有一大部分是西班牙裔,你也知道有许多没有记录的外国人被吸引到你的城市以便与他们的亲戚或朋友为邻。列出可能受到这种人口不能预计的增

长所影响的市政服务:你会采取什么办法适应这种需求?这些办法是否会引起城市中常住人口的强烈不满?

4. 在加利福尼亚,西班牙裔美国人的人口逐年增长。随着这个人群的代表越来越多地选入州立法机构,假设有一条即将颁布的法律,在加州把西班牙语和英语统一列入官方语言,在州政府所有服务、部门和机构中使用。你对这个可能的立法有什么反应?目前加州西班牙裔美国人的人口数量是多少?

注 释

1. 由于篇幅所限这里不能详细描述地理语言学的发展,读者如想探讨相关研究的发展,更多地了解语言和领土的相关内容,可以参考加地夫大学(Cardiff)地理学家柯林·威廉斯(Colin Williams)的著作(Williams,1980,1984,1988)。

参 考 文 献

Ambrose, J. E. & Williams, C. H. (1981). On the spatial definition of minority: Scale as an influence on the geolinguistic analysis of Welsh. In E. Haugen, J. D. McClure, & D. T. Thompson (eds.), *Minority languages today* (pp. 53—71). Edinburgh: Edinburgh University Press.

Baetens-Beardsmore, H. (1987). Language planning in Belgium. In L. Laforge (ed.), *Actes du Collogue International sur L'Amenagement Linguistiques*, Ottawa, 25—29 mai, 1986 (pp. 105—113). Quebec: Presses de l'université Laval.

Breton, R. - L. (1991). *Geolinguistics: Language dynamics and ethnolinguistic geography*. Ottawa: University of Ottawa Press.

Deutsch, K. W. (1953). *Nationalism and social communication: An inquiry into the foundations of nationality*. Llangdysul: Gomer Press.

Gardner, N., Puigdevall i Serralvo, M., & Williams, C. H. (2000). Language revitalization in comparative context: Ireland, the Basque Country, and Catalonia. In C. H. Williams (ed.), *Language revitalization, policy and planning in Wales* (pp. 311—362). Cardiff: University of Wales Press.

Giles, H., Bourhis, R., & Taylor, D. M. (1977). Towards a theory of language in ethnic group relations. In H. Giles (ed.), *Language, ethnicity and intergroup relations* (pp. 307—348). London: Academic Press.

Janelle, D. G. (1973). Measuring human extensibility in a shrinking world. *Journal of Geography*, 72, 8—15.

Laponce, J. A. (1987). *Languages and their territories*. Toronto: University of Toronto Press.

Lorwin, V. R. (1972). Linguistic pluralism and political tension in modern Belgium. In J. A. Fishman (ed.), *Advances in the sociology of language* (pp. 386—412). The Hague: Mouton.

McRae, K. D. (1975). The principle of territoriality and the principle of personality in multilingual states. *International Journal of the Sociology of Language*, 4, 33—53.

McRae, K. D. (1986). *Conflict and compromise in multilingual societies: Belgium*. Waterloo: Wilfred Laurier University Press.

Murphy, A. B. (1988). *The regional dynamics of language differentiation in Belgium* (Geography Research Paper no. 227). Chicago: University of Chicago Press.

Murphy, A. B. (1991). Regions as social constructs: The gap between theory and practice. *Progress in Human Geography*, 15, 22—35.

Murphy, A. B. (1993). Linguistic regionalism and the social construction of space in Belgium. *International Journal of the Sociology of Language*, 104, 49—64.

Nelde, P. H. (1987). Language contact means language conflict. *Journal of Multilingual and Multicultural Development*, 8, 3—42.

van der Merwe, I. J. (1993). A conceptual home for geolinguistics: Implications for language mapping in South Africa. In Y. J. D. Peeters & C. H. Williams (eds.), *The cartographic representation of linguistic data* (Discussion Papers in Geolinguistics, Nos, 19—21) (pp. 21—33). Stoke on Trent: Staffordshire University.

Veltman, C. (1977). The evolution of ethno-linguistic frontiers in the United States and Canada. *Social Science Journal*, 14, 47—58.

Williams, C. H. (1980). Language contact and language change in Wales, 1901—1971: A Study in historical geolinguistics. *Welsh History Review*, 1, 207—238.

Williams, C. H. (1984). *On measurement and application in geolinguistics* (Discussion papers in Geolinguistics, no. 8). Stoke on Trent: Staffordshire University.

Williams, C. H. (1988). *Language in geographic context*. Clevedon: Multilingual Matters.

Williams, C. H. (2000). Conclusion: Economic development and political responsibility. In C. H. Williams (ed.), *Language revitalization, policy and planning in Wales* (pp. 362—379). Cardiff: University of Wales Press.

Witte, E. (1987). Socio-political aspects: Bilingual Brussels as an indication of growing political tensions (1960—1985). In E. Witte & H. Baetens-Beardsmore (eds.), *The interdisciplinary study of urban bilingualism in Brussels* (pp. 47—74). Clevedon: Multilingual Matters.

Young, C. (1976). *The politics of cultural pluralism*. Madison, WI: University of Wisconsin Press.

Zelinsky, W. & Williams, C. H. (1988). The mapping of language in North America and the British Isles. *Progress of Human Geography*, 12, 337—368.

熊海虹 译　　徐明 校对

第十二章 语言政策的社会心理分析

柯林·贝克

有关语言政策的社会心理研究多源自一些学术及理论命题(如语言态度),官方及政治需要(如语言普查和语言测试),而较新的一个流派则与行动研究的目的和方法有关。本章通过讨论一些重要的术语、概念及不同风格的社会心理语言政策研究来探讨这些领域。本章结尾简要指出了针对语言规划的社会心理研究方法中存在的局限。

有关语言政策的社会心理研究之常见概念

有关语言政策的社会心理研究常运用源自心理学和社会学的多维视角。以下简要讨论其中四个概念以阐释这种多样性的渊源。

首先,从20世纪20年代至今,社会心理学领域一直有一个流派专门研究语言态度的相关问题(R. C. Gardner,2002)。在某种语言的生命历程中,人们对于这种语言的态度可能在该语言的复兴、重生及衰退和消亡中起到重要的作用。人们对于双语教育、语言法规或移民语言的态度很可能影响到语言政策实施的成功与否。相关态度的调查可以帮助指明现有群体的思想、信念、喜好和欲求。态度调查的结果提供了种种能体现人们信念改变程度和政策实施成功概率的社会指示器。有关少数族群语言的态度调查则可以提供一个大致的某种少数族群语言是否健康发展的晴雨表。如有一项调查分别在加拿大测量人们对法语的态度,在美国测量人们对西班牙语的态度,在日本测量人们对英语的态度,那么这样的调查很有可能就体现了第二语言在上述各个国家发展的可能性及存在的问题。

正如刘易斯观察的那样：

> 任何有关语言的政策，特别是在教育系统，必须将那些有可能受到政策影响的人的态度考虑在内。长远来看，任何语言政策如果没有符合以下三项条件之一就不可能成功：政策本身对语言的态度跟相关人士显现的语言态度一致；能够劝服那些对政策的合理性持否定态度的人；或能够设法消除那些造成跟相关政策意见相左的原因。在任何情况下了解人们的语言态度都是最基本的，这对语言政策的形成及其成功实施都是一样的。
>
> （Lewis, 1981:262）

某种语言的社会地位、价值及重要性经常通过个体层面上的语言态度的测量获得，或者通过测量某个群体、某个社区的共同态度而得到。不管是从哪个层面获得，这样的信息对于试图民主地代表"民众的观点"的语言政策可能是重要的。民意测验也可能帮助理解社会进程，这是通过展现人们由于个体差异（如年龄、性别、社会经济阶层）和环境差异（如原住民/移民家庭、社区的经济状况）而持有的不同语言态度之间的联系获得的。罗伯特·加德纳（参见 R. C. Gardner, 1985a, 2002）在这方面的研究、设计的态度量表及态度模型是特别具有影响力的。

再者，我们来看一下人类文化语言学活力（ethnolinguistic vitality）这个概念。这是一个同时源自社会心理学和社会语言学的概念（Bourhis, Giles, & Rosenthal, 1981; Giles & Coupland, 1991; Giles, Bourhis, & Taylor, 1977; Giles, Hewstone, & Ball, 1983; Giles, Noels, Ota, Ng, Gallois, Ryan et al., 2000）。贾尔斯（Giles, 1977）等曾试图建立有关少数族群语言活力的统一理论框架，而不是罗列一长串的相关因素，所以他们提出了一个三因素模型：(1)社会地位因素（如经济的、历史的）；(2)人口指数因素（如说话者的原始人数和密集度、出生率及家族中的语言传承）；(3)制度上的支持因素（如该群体及其语言在媒体和教育系统的呈现）。这三项因素合在一起或多或少预示了此种少数族群语言的活力。阿拉德和兰德里（Allard and Landry,1994）则认为八个层面构成了某种语言的人类文化语言学活力。（接下来以某次调查结果为例来解释每个层面）

1. 现时活力（如"在这个区域,西班牙语使用者的数量远远超过英语使用者"）。
2. 未来活力（如"将来,西班牙语使用者将经营本地的大部分生意"）。
3. 合法活力（如在这个区域,当地政府应该对西班牙语使用者提供西班牙语服务）。
4. 社会范例（如我的同龄者参加使用西班牙语的文化活动）。
5. 归属感（如我觉得自己是拉丁裔的）。
6. 限定保护（如学生应该有通过西班牙语接受教育的机会,就像他们通过英语受教育一样）。
7. 功效性（如我在受雇佣的过程中使用西班牙语跟使用英语是一样有效的）。
8. 目标性（如在我将要从事的工作中,我要使用西班牙语）。

第三,社会语言学提出了语言使用概念。此概念涉及各种各样的领域（如:在人口调查和语言使用调查领域）。典型的语言使用调查会让个体将他们的语言使用情况作简要描述,这会涉及一长串的语境和参与对话的不同的人（参见 Baker,2001）。比如,研究可能旨在调查一个双语者的少数民族语使用是否总跟一些较低社会地位的功能联系在一起,这是相比于他的另一种较强势的语言而言的。这样的描述可能就是某种语言衰退甚至死亡的预言。理想地来说,语言使用不仅是有关语境和参与对话的人的,它也跟在不同语境中使用的有效时间有关,如在工作中、家里、宗教场合及休闲过程中。

语言使用的领域和双言（diglossia）这个概念有关（Fishman,1980）,也就是指双语者将两种语言分别赋予不同功能的倾向,如在家里及和亲戚们相处时使用西班牙语;在学校及和校内外朋友们相处时使用英语。这种不同语言在不同语域使用的界限的维系被认为是少数族群语种得以生存的关键所在(Fishman,1980),当然,巴斯克人(the Basques)对以上认识有不同的看法,他们认为少数族群语种的生存在于将语言的使用限制在那些有较低社会地位的功能上(N. Gardner,2000)。

第四,从心理测验、教育测量、绩效指标管理到语言规划领域,都有大量的相关研究来自语言测试领域(Spolsky,1995)。使用一种或多种语言进行理解、会话、阅读和写作所表现出来的语言水平或更准确地说是语言应用能力(有关定义方面的问题及相关的局限性,参见 Baker,2001),经常被当作研究核心或研究中的变量。语言应用能力研究的例子包括美国的英语语言测试(Ovando, Collier, & Combs, 2003),以色列的希伯来语、阿拉伯语和英语测试(Shohamy,2001),英国的英语国家课程考试(National Curriculum testing of English)(Baker,1995,2001),以及爱尔兰的爱尔兰语国家课程考试(Harris & Murtagh,1999)。

有关语言政策的社会心理研究之风格

有关语言政策的心理和社会研究在定性、定量研究这两方面历来都有较多的例子。事实上,较重要的语言政策研究都是通过多样的研究方法达成的,它们能够反映各种各样的本体论和方法论的思想,体现不同个体、群体、网络及他们在不同情境下的互动,这些情境包括决定论的、实证主义的、主观主义的、自然主义的、规范的、解释的、批判的、女性主义的、政治激进的、干涉主义的等多种方法和角度。因此也会采纳广泛多样的研究风格:问卷调查、结构式访谈、焦点小组访谈、开放式访谈、元分析、教育心理测量、批判民族学、行动研究、对参与者和非参与者的观测、准实验研究以及评价技巧等。

本节将简要阐释有关语言政策的社会心理研究的七种具体的研究模式:语言态度测量、人口调查、语言使用调查、社会网络分析、语言应用能力测试、最近使用的绩效指标和目标设定以及行动研究。

语言态度

测量语言态度现有各种各样的方法可供选择,其中里克特量表法、语义差异测量技术及配对变语技术是较好的例子(Baker,1992;Garrett,Coupland,& Williams,2003)。同时,语言态度可以从文献(内容)分析、结构式的或开放性的访谈及自传中测获。被调查的具体语言态度可能包含那些对于语言使用群体(如说西班牙语的人)的态度;对于语言本身的态度;对于语言特征、语言使用及语言文化联系的态度;对于学习某种语言的态度;对于双语教育作为一个过程或产物的态度;对于语言规范的态度;对于语言政策的态度;或者是对于语言实践的态度。

其中配对变语技术(Matched Guise)用来推断人们对于语言变体的态度(如爱尔兰口音的英语、"迈阿密式的西班牙语"、标准英语发音)。对于特定的语言或方言使用者的评价也提供了一种间接测量语言态度的方法,特别是当涉及社会地位、社会声誉及社会偏好时。例如,爱德华兹在1977年发现爱尔兰人对于戈尔韦(Galway)、科克(Cork)、卡文(Cavan)、都柏林(Dublin)及多尼戈尔(Donegal)几种口音有着不同的评价。这种差异体现在能力、社会吸引力及个人品格这几个层面。有关配对变语技术及这种测量语言态度的方法盖瑞特等(Garrett,2003)有综合的评述。

一种最为流行的语言态度测量方法是建立一种态度测量量表,内含如"西班牙语使用者应该受到双语教育"之类的陈述。典型的做法是将被测量对象的回答放到以下五级量表中进行测评:

强烈同意　同意　既非同意也非不同意　不同意　强烈不同意

例如,对所有10到20个陈述句的回答所得的分数加总后得出某个答题者的分数,或者有时候在某个陈述句下设更多细致的问题,计分时每题基于这些小问题得分之和给出总分。语义差异测量技术(the Semantic Differential Technique)在测量语言态度研究中相对使用较少,但是此种方法有时可以挖掘出人们态度中的情感及认知组成部分。当将人们对于某个刺激(例如:阿拉伯语)的反应体现为不同的意义评判时,人们可据此归纳某个人,或者平均推算出某个群体的语言态度。

阿拉伯语

| 非常 | 有些 | 两者皆不是 | 有些 | 非常 |

老式的--现代的
容易的--困难的
有用的--无用的
　弱的--强的
热忱的--冷漠的

有两个语言态度的构成部分已经被研究确定并且成为社会语言学中的重要术语,即工具性导向(instrumental orientation)和融合性导向(integrative orientation)。其中,工具性的动机反映了实用的、功利的目的。对待一种语言的工具性态度,大多是自我导向的,是个人的。例如,以工具性的态度学习第二语言或者保有一种少数族群语言可能是因为度假、社会地位、成就感、个人成功、自我提高、自我实现的种种需要或者是出于基本安全和生存的需要。一个引自加德纳的态度或动机测试组卷(Attitude/Motivation Test Battery)中的有关工具性的题目是这样的:"学习法语对我来说很重要,因为我想这会有助于我日后找到一份好工作。"(R. C. Gardner, 1985b)

而另一方面,对于语言所持的融合性的态度,则大多是以社会和人际交往为导向的,且代表了一种向往成为另一语言群体中的代表人物那样的欲望。所以,对某种特定语言持融合性态度的人可能会关注与某种语言群体及该群体的文化活动的联系和认同。一个融合性态度的测试题目如下:"学习法语对我可能是重要的,因为它能让我遇到更多不同的人并和他们交谈。"(摘自 R. C. Gardner, 1985b)

这种工具性——融合性导向的界定有它的局限性(Ricento, 2005)。比如,融合性导向和工具性导向可能发生重叠或一致;某种少数族群语言情境下的融合性导向可能意味着合并入另一种多数族群语言文化中;同时导向性可以仅指示人们的欲望而非他们的行动(比如,同某种目的语群体进行交谈)。

当某种少数族群语言日渐衰落或濒临消亡时，人们对语言的态度在解释造成此种语言消亡的原因时是颇具解释力的。具体来说，人们对于某种语言没有强有力的融合性及工具性态度可能与家中缺乏让某种少数族群语言重生的理由有关。人们对于某种少数族群语言所持的否定态度可能是父母不愿意将一种传统语言传授给小孩的主要原因。同时少数族群语言在学校的使用(如通过语言课程或者使用少数族群语言的学科教学)受到孩子、老师、学校管理者及政策制定者的影响。学生要在学校成功地学好一门语言，就需要拥有强大的对此种语言的工具性或融合性的语言态度。

人口调查数据

很多国家长久以来已在他们的人口调查中包括了有关语言的问题(如爱尔兰始于1851年；加拿大始于1871年；美国始于1890年)，同时另有一些国家则避免将有关语言的问题包括在人口调查中(如英国、法国)。有关语言的问题被收纳进越来越多的世界各地的人口调查中(如澳大利亚、匈牙利、玻利维亚及委内瑞拉)。其中委内瑞拉(中央统计和信息处，1993)和玻利维亚(农民研究及推广中心 CIPCA，1995)最近的人口调查中所含有的有关语言的细节及其力求精确的方法尤为值得关注，那甚至比欧洲及北美的人口调查还要来得精细(Baker & Jones，1998)。

一次最具影响力的当今语言调查(有重大政策导向意义)是1992年玻利维亚的人口调查。详细的地图不仅标注出艾马拉语(Aymara)、盖丘亚语(Quechua)、瓜拉尼语(Guarani)及西班牙语，同时还注出了许多原住民语。地图不是仅用简单的颜色和阴影标注，它还显示了那里有语言接触和双语形成。这个语言调查地图还用箭头标明语言的变迁方向，比如地图上的葡萄牙语朝玻利维亚的极西北方向推进。西班牙语则大部分朝艾马拉、盖丘亚、瓜拉尼地区推进。而许多原住民语则只有相对较少的人口使用，地图还具体标明它们主要的使用区域(农民研究及推广中心 CIPCA，1995)。

另一个最近的进展是语言调查已不再是由原来简单的问题构成，比如"你说英语吗？是/不是。"最近的问题倾向于不仅仅调查人们语言使用的口头能力,还调查他们的读写能力,并且将阅读和写作分开。2000年的美国人口调查问卷有六个语言版本:英语、西班牙语、汉语、他加禄语(Tagalog 菲律宾)、越南语和韩语。除了英文版外,语言帮助指南(Language Assistance Guides)还有其他49种语言的版本。调查使用了两个问卷。篇幅较短的问卷发往美国的每家每户,要求填写家中个人的资料(如性别、种族、民族、房屋所有权和年龄)。另一篇幅较长的问卷则被发往约六分之一的美国家庭,此版本询问有关祖辈、五年前的住址(搬迁)、收入、教育的情况。里面也有一个问题是关于家庭中的语言使用情况。2000年美国人口调查表格当中的问题11编制如下(请看 www.census.gov)。

问题11

a. 此人在家是否说英语之外的语言?

　　--是的。

　　--不是(跳至第12题)。

b. 是哪种语言?

　　─────────

　　(如:韩语,意大利语,西班牙语,越南语)

c. 该语言的流利程度?

　　--非常好

　　--好

　　--不怎么好

　　--一点都不好

作为一个官方声称的目标,美国人口普查所得的数据是用于帮助州县制定基准及检测社会的发展在多大程度上符合政府宗旨及立法强制执行的目标的(如英语语言在移民中的传播方面)。考虑到教育在促成美国移民学习英语中的作用,这样的普查数据与教育政策的制定是直接相关的。

库布查丹尼(Khubchandani,2001)和贝克(Baker,2001)对语言普查作了

详细的评论,并详尽地描述了其局限性。这些包括:模糊的问题(如不区分语言能力和语言使用);聚合来自完全不相干领域的反馈;处理(可能是潜意识的)有关语言问题时将语言与个人形象和身份联系在一起,如作为爱尔兰人或者威尔士人;给出社会想要的或"预设的"答案,如说某人说英语且说得好;又如,若某种少数族群语言说的人很少且使用者多处社会下层,说那种语言的人可能会称自己不说那种语言;无回应问卷所占的比率,如那些拒绝填完问卷、住得太偏远或者无固定居住地的人群。所有这些局限都使人口特性难以得到准确的概括。

语言使用调查

语言使用调查(有时被称作社会语言学调查,参见 Baldanf,2002)经常用出调查者自己完成问卷或通过结构性访谈来描述个人在各种领域,如家里、学校、职场、大众传媒、宗教场合、读写时等的语言使用。此外也有群体的描述,如对少年群体或流利使用某一语言的群体。因为涉及细节,这样的调查要远比从单一、简单的人口普查表格中的问题深入、广泛得多。

欧盟曾经资助过一项详细全面的语言使用调查。作为欧洲化及欧洲一体化的运动之一项内容,欧盟调查了 40 多个欧洲原住民少数民族语的使用情况。"欧洲语言拼图"项目(The Euromosaic Project)则调查了这些在欧盟国家中原本较少使用的语言的语言活力(Nelde et al.,1996;欧盟委员会 DGXXII,1998)。

调查包括有关语言教育的官方政策和立法;某种语言从学前教育到大学教育,及成人和继续教育的使用情况;较少使用的语言的课程材料规范情况;当地促进某种语言在教育中使用的运动;师资培训;语言教学的督察和监控;政府有关规范教育中语言使用的立法、法令和条例;另外还有在教育和语言领域的施压群体。调查还涉及语言在以下领域的使用:读写、大众传媒、地方和中央政府、文化节日、计算、各类音乐、广告、商品及包装标签、标示系统、医疗、家庭(特别是在抚养小孩的过程中)、新婚、宗教、电话交谈、翻译、配音以及字幕。与这些不同领域相对应的社会身份也在调查中涉及。

一个语言使用调查的问题示例如下：
"家中使用哪种语言？"

	几乎总是使用爱尔兰语	大多使用爱尔兰语	大约爱尔兰语英语各半	大多使用英语	几乎总是使用英语
爸爸	----	----	----	----	----
妈妈	----	----	----	----	----
孩子们之间	----	----	----	----	----

语言使用的社会网络

语言使用调查提供了个体层面的分析。然而语言的使用本质上是交互性的、集体性的。所以，这些调查最终要通过群体及网络中的语言分析来进行补充。一个社会网络包含其中所有成员之间相互关系的总和。社会网络分析是检测各个社会网络中的结构构成及各自属性的（Milroy，2001）。

社会网络需要个体层面的数据，一般作网络分析时会将网络有效地控制在15至50名个体，当然，也有探查更大样本的研究。在社会网络的分析过程中，对网络密集度及多样性的计算是至关重要的。在一个极其密集和多样化的网络中，每个人都会和网络中所有其他人进行定期交往（密集度），而个体之间则会通过一系列的语言情境/语域相互了解（多样性）。当一个社会网络是密集的且多样的，即"紧密编织"的，就可以清楚地看到它的成员会在行为模式上有很强的一致性（比如成员之间总是使用少数族群语言）。网络的紧密程度能够帮助提升其稳固性和交互性，也就是说它使得某种少数族群语言在该网络内有了更多得以生存的机会。如果随着时间的推移，网络内紧密编织的纽带变得松散，或者社会网络中的人际联系减弱，就可能引发语言的变迁。

由"欧盟委员会DGXXII（1998）"领导的研究项目使用了社会网络分析法，该项目的调查涉及爱尔兰、加泰罗尼亚、威尔士及弗里斯兰等地。每个地区都有20人被问及他们平常最频繁交谈对象，他们和这些人之间的关系，以及在这些交谈中使用的语言。在计算威尔士社会网络的密集度过程中用到了三个指数:总体网络密集度、威尔士语使用者的网络密集度、网络中受调查者的威尔士语使用密集度。爱尔兰网络分析则向大家展示了该网络的大小、网络中相熟人员结识的平均持续时间、网络密集度、爱尔兰语在网络中使用的密集度。

社会网络分析方法论典型地涉及以下过程:(1)20位受调查者被问及以下有关他们在社会网络中交往到的成员的问题;(2)和那个成员交往的时间;(3)和那个成员的关系(如:工作中的同事,社会上的朋友,核心家庭或大家庭成员);(4)与20个人中的哪一位用少数民族语交谈;(5)当和其他每个人进行交谈时,他们是否在所有时候都用少数族群语言,或者大多时候如此,或者一半用少数民族语一半用多数民族语,或者大多用多数民族语,又或者全部用多数民族语;及(6)语言的使用是否一直遵循上述第(5)条的模式。

语言能力测试

语言能力测试尤其能在以下两个领域得到例证:政府/国家语言能力测试及为了研究目的而作的语言水平测试(有关其他角度的观点,参见 Brindley,2002)。这两个领域的测试我们依次来做考量。

政府/国家语言能力测试

肖哈密在介绍三个以色列的政府/国家语言测试大纲时作了深入的分析:一为阅读理解测试,一为阿拉伯语测试,又一为英语作为第二语言测试。她调查了这些测试的意图及效果。虽然研究者一般都关心测试的技术效度和信度,肖哈密的研究表明课程的制定者们一般多要求通过高风险的测试来改变"教什么"的问题,如口语能力而不是读写能力的培养,以及"如何教"的问题,如教学方法和课程材料。一个阿拉伯语测试在学校的引入"能够改变整个阿拉伯语教学领域的情况,因为测试的内容事实上被渗透到各个教学领域——课程设置,教授过程与学习过程"(Schohamy,2001:73)。

与此类似的,在以色列,英语作为一个有较高社会地位的外国语的测试

(EFL)决定了课堂教学法:"EFL 测试明显地对课堂活动起到很大的影响,包括对时间分配、内容及方法等的影响……测试本身已变成事实上的新课程设置,事实上的新的教学模式,事实上的新的教学材料,而所有这些都与官方原制定的课程设置相去甚远。"(Shohamy,2001:84)

基于语言能力测试的研究

在研究各种形式的双语教育效果时,可以发现一些用语言测试作研究的例子(如 August & Hakuta,1997;Ramirez,Yuen,& Ramey,1991;Thomas & Collier,2002)。在这些研究中,林德赫姆-李瑞(Lindholm-Leary)在其 2001 年所做的有关使用双语言(dual-language)的学校的教学效果研究尤其值得一提。她有关双语的研究是基于大量的来自 20 所学校的高质量数据。

林德赫姆-李瑞在 2001 年测量了学生的口语水平、读写能力、学科成绩、语言态度、教师和父母的语言态度以及课堂交互过程。她要求学生用双语,即西班牙语和英语,完成语言评估量表(LAS)和艾迪语言水平测试(IPT)。其中 LAS 测得了学生的英语和西班牙语总体口语语言技巧,评估了他们的基本语音掌握情况(语音技能)、词汇(参照技能)、语法(句法技能)及使用语言的能力(语用技能)。IPT 测试则把学生分为 7 个口语水平层次(从初学者水平到完全掌握水平),并且依据相关的双语程度帮助学生进行程度分类。IPT 用英语和西班牙语进行测试,IPT 检测了学生在四个基本方面的口语水平:词汇、理解、句法及言语表达。有关为准则参照测试而设计的基于语言学理论的爱尔兰语听说能力测试,参见 Harris & Murtagh(1999)。

语言规划绩效指标/目标

语言政策制定和语言规划应有清楚的目标及优先考虑的事项。但是宽泛的目标可能会毁坏最好的想法。目标往往是高高在上的想法,而具体政策则是为了实现该目标而付出的努力。语言政策的目标有时候只是有很好意图的心愿和期望,但并非脚踏实地的行动或成功的干预活动。因为语言政策比较灵活多变,有时宽泛的策略看似合理,但这样一刀切的策略也可能缺乏真正有效而且成本合理的政策与做法。

要弥补这些缺点,现在目标语规划的概念已经流行起来(如在威尔士和巴斯克地区)。目标语规划涉及(Baker,2003):(1)一个清晰的有关语言规划的总体概念的形成(如社会地位、语料、习得及机会/奖励规划),(2)目标可实现的、可持续的背景,(3)将这些目标作优先秩序排列,(4)制定目标的完成、实现效果和最终成果都得到监控。

以下是一些目标规划的例子(改编自 Baker,2003)。

语言习得规划目标的例子

1) 至 2008 年 12 月

100% 的新生婴儿父母将被提供有关早期双语教学益处的信息。

2) 至 2008 年 9 月

在小学接受双语教育的学生人数将在 2004 年的基础上提高 5%。

语言使用机会规划目标的例子

1) 至 2008 年 9 月

通过少数族群语言接受职业培训的在校生人数在 2004 年基础上翻一番。

2) 至 2007 年 3 月

使用双语的工作场所数量将在 2003 年所调查的基础上上升 10%。

语言地位规划目标的例子

1) 至 2008 年 12 月

使用双语客户界面的公共事业单位数量将在 2004 年的基础上上升 25%。

2) 至 2006 年 12 月

100% 的路牌将使用双语。

语言本体规划目标的例子

1) 至 2008 年 12 月

在互联网上免费提供少数族群语言的专门用语词典。

2) 至 2005 年 12 月

开发用少数族群语言进行语音识别的软件项目。

行动研究

绩效指标和目标测量的研究方法基本上是从上至下的。这种方法的语言规划模式通常是由中央政府发起并引导的。与之相反,另有一些自下而上的研究方法,他们的语言规划则是由民间层面驱动的,是由当地政府发起并干涉的。在这类较流行的研究中,一个最近的用于语言政策制定的方法是行动研究的方法(Cohen, Manion, & Morrison, 2000)。

行动研究旨在改善实践,通常它是在某个独一无二的情境中发生的。行动研究经常是合作性的,并且是以评价实践中的某个改变为目的的。它旨在提升实践的智慧,增进情境知识,促成有洞察力的决策及推进当前实践的一个螺旋式上升的改进。与源自外力作用或者由学术界或官僚机构支持的研究做出的改变不同,行动研究是通过赋予实践者和政策制定者同样的决策资格来给个人更多的力量和解放。行动研究是由多种定性和定量的研究方法来完成的,它遵从一个潜在的原则:发展是在研究、反思和行动之间有计划的、系统的和持久的关系中进行的。行动研究的各种研究方法是最广泛的研究技术的组合,他们源自于心理学、社会学、人类学及其他社会学科。

举例而言,语言规划中的行动研究会同时研究与评估各种干预,不仅用于确立其影响,更力求提出形成性反馈以改善干预。例如,威尔士语言委员会(即威尔士政府的语言规划机构:www.bwrdd-yr-iaith.org.uk)曾发起一项行动研究项目,培训助产士和卫生访视员,通过他们向新生儿父母宣传用双语养育子女的多种优势,内容覆盖文化、沟通、认知、课程、人格发展和金钱利益(Edward & Newcombe, 2003)。此类项目事关语言的跨代传承,也有助于重建家庭中的少数语言(Fishman, 1991)。

批判性的结论

有关语言政策的心理社会研究受到了一系列的批判,这些批判在所有的人文研究中都较为普遍,尤其是有关于定量研究方法的。在某个层面上,有一些批判是基于理论层面的,如下列各点:

1. 研究(如:有关语言使用和语言态度的研究)不能建立各变量之间的因果联系。
2. 研究无法揭示社会行动中有意义的方面。
3. 人们的意见并非基于具体的情境,所以很容易被误解。
4. 这些研究假设人们的行为是由外部的力量所决定的,并因而忽视了人们的意识、意向及理解的作用,而这些也是人们行动的重要动因。
5. 调查尤为遵循惯常的方法规则,而在理解问题上缺乏想象力及深度。
6. 理论的先入为主是隐含的而非明确的。
7. 这样的研究只测量到了琐碎表面的东西,而无法深入探测到样本人群的深层意思和理解,而是仅仅安排了一些答案来迎合研究者自认为重要的概念。

也有很多的基于研究技巧的批判是部分重叠于理论层面的批判的。其中有如下批判:

1. 问题是模糊的,有时候在答案中有导向、甚至隐含着社会倾向或社会地位偏见。
2. 问题本身可能产生出虚假的意见。
3. 几乎没有证据来建立研究的信度或效度。
4. 过于依赖某个单项的测评。
5. 数据只是有关语言交际与语言生活的静态快照,而非动态影像。
6. 样本往往过小且不具有代表性。
7. 访谈者或研究者可能对回答造成影响。

8. 研究的物理场景或者研究开展的"季节"可能影响到样本的反应。

9. 研究的证据往往被稀释成为一些简单的归类或一系列数字的罗列。

10. 所呈现出的议题与历史事实不符。

但是,心理社会学的语言政策研究已经做出了理论上的(如人类文化语言学活力)、项目应用上的(如有效双语教育的特征)、实际的(如语言传承的行动研究)等方面的重要贡献。在现存的研究方法有局限性的情况下,这些研究还是逐步发展了重要的概念(如语言态度),且在学术界和政府部门之间搭起了桥梁(如人口普查数据),为进一步的语言政策制定提供了有意义的和有影响力的分析。

值得深入阅读的文献提要

CIPCA(Centro de Investigación y Promoción del Campesidado)(1995)
Bolivia plurilingüe:Guia para planifecadores y educadores. La Paz:UNICEF.

这份有关玻利维亚的语言普查数据非常出色地将数据分析、信息地图和分析文本结合在一起。所有这些都既有理论支撑又为政策制定提供依据。

Gardner,R. C. (1985). *Social psychology and second language learning.* London:Edward Arnold.

这是一本经典的探求二语习得的心理社会动因的书籍。书中运用定量的方法,综合地评述了先前研究,并搭建了研究的理论框架,而框架的精炼和力量又在其精心设计的研究中得到了验证。

Garrett,P., Coupland, N., & Williams, A. (2003). *Investigating language attitudes:Social meanings of dialect, ethnicity and performance.* Cardiff:University of Wales Press.

该书提供了最新的、国际上对有关语言态度的文献所做的评述。评论不免有些过苛但确又是公平和面面俱到的,此书还包含了有关方法论的强有力分析。其中配对变语技术特别受作者青睐,在书中对该技术作了详细的解释。

Lindholm-Leary, K. J. (2001). *Dual language education.* Clevedon: Multilingual Matters.

运用多种教育学的、心理测量的和社会心理学的指数及大量的学生样本,凯斯琳·林德赫姆-李瑞(Kathryn Lindholm-leary)在书中提供了针对双语学校的成功经验所做的强有力的仔细分析。这些成功的经验包括语言的发展,教育的有效性及学生和学校的成就感。

Shohamy, E. (2001). *The power of tests: A critical perspective on the uses of language tests.* Harlow: Pearson Education.

艾莲娜·肖哈密(Elana Shohamy)在书中提供了一个充满睿智、博学多才的有关语言测试的批判性分析,而这个测试是跟国际上多个国家有关的。她运用以色列的例子,论证说明政策变革和自上而下的教育变革经常通过语言考试及其他测试获得。

讨 论

1. 有关语言的人口普查数据有何价值及局限性? 这些数据与语言政策制定有何关联?
2. 在你的经验中,语言政策的改变是否由新的语言考试和测试驱动的呢? 如果是的话,谁在控制谁呢,在多大程度上会成功?
3. 对于一种少数族群语言,在(a)青少年、(b)新生婴儿的父母、(c)教育工作者、(d)政治家和(e)广大民众中分别存在怎样的语言态度? 为什么在这些群体中会存在不同的语言态度?
4. 确定一个使用双语的社会网络,例如在某个学校里。通过提问"是谁? 说哪种语言? 又是对谁说的",来尝试描述每种语言的使用语域是怎样的,而这样的描述预示着每种语言怎样的未来?
5. 在你的居住区域,针对某种语言你会率先开展怎样的行动研究项目?
6. 本章描述了不同的研究模式和研究工具。列出其中两种的优点和弱点。

参 考 文 献

Allard, R. & Landry, R. (1994). Subjective ethnolinguistic vitality: A comparison of two measures. *International Journal of the Sociology of Education*, 108, 117—144.

August, D. & Hakuta, k. (1997). *Improving schooling for language-minority children.* Washington, DC: National Academy Press.

Baker, C. (1992). *Attitudes and language.* Clevedon: Multilingual Matters.

Baker, C. (1995). Bilingual education and assessment. In B. M. Jones & P. Ghuman (eds.), *Bilingualism, education and identity* (pp. 130—158). Cardiff: University of Wales Press.

Baker, C. (2001). *Foundations of bilingual education and bilingualism* (3rd edn), Clevedon: Multilingual Matters.

Baker, C. (2003). Language planning: A grounded approach. In J. -M. Dewaele, A. Housen, & Li Wei (eds.), *Bilingualism: Beyond basic principles* (pp. 88—111). Clevedon: Multilingual Matters.

Baker, C. & Jones, S. P. (1998). *Encyclopedia of bilingualism and bilingual education.* Clevedon: Multilingual Matters.

Baldauf, R. B. , Jr (2002). Methodologies for policy and planning. In R. Kaplan (ed.), *The Oxford handbook of applied linguistics* (pp. 391—403). New York: Oxford University Press.

Bourhis, R. Y. , Giles, H. , & Rosenthal, D. (1981). Notes on the construction of a "subjective vitality questionnaire" for ethnoliguistic groups. *Journal of Multilingual and Multicultural Development*, 2, 145—155.

Brindley, G. (2002). Issues in language assessment. In R. Kaplan (ed.), *The oxford handbook of applied linguistics* (pp. 459—470). New York: Oxford University Press.

CIPCA (Centro de Investigación y Promoción del Campesidado) (1995) *Bolivia plurilingüe: Guia para planifecadores y educadores.* La Paz: UNICEF.

Cohen, L. , Manion, L. , & Morrison, K. (2000) *Research methods in education* (5th edn). London: Routledge.

Commission of the European Union DGXXII (1998). *Report submitted to the Commission of the European Union DGXXII: Education, Training, and Youth 31 May 1998: Developing policies to improve the conversion of language competence into language use among young adult groups* (Agreement 96-06-AUT-O145-00). Brussels: Commission of the European Union DGXXII.

Edwards, J. R. (1977) Students' reactions to Irish regional accents. *Language and Speech*, 20, 280—286.

Edwards, V. & Newcombe, L. P. (2003) *Evaluation of the efficiency and effectiveness of the Twf Project: Final report.* Cardiff: Welsh Language Board.

Nelde, P. , Strubell, M. , & Williams, G. (1996). *Euromosaic: The Production and reproduction of the minority language groups in the European Union.* Luxembourg: Office for Official Publications of the European Communities.

Fishman, J. A. (1980). Bilingualism and biculturalism as individual and as societal phenomena. *Journal of Multilingual & Multicultural Development*, 1,3—15.

Fishman,J. A. (1991). *Reversing language shift*. Clevedon:Multilingual Matters.

Gardner,N. (2000). *Basque in education in the Basque Autonomous Community*. Vitoria-Gasteiz:Eusko Jaurlaritzaren Argitalpen Zerbitzu Nagusia.

Gardner,R. C. (1985a). *Social psychology and second language learning*. London:Edward Arnold.

Gardner,R. C. (1985b). *The Attitude/Motivation Test Battery*(technical report). Canada:University of Western Ontario.

Gardner,R. C. (2002). Social psychological perspective on second language acquisition. In R. Kaplan(ed.),*The Oxford handbook of applied linguistics*(pp. 160—169). New York:Oxford University Press.

Garrett, P., Coupland, N., & Williams, A. (2003). *Investigating language attitudes: Social meanings of dialect, ethnicity and performance*. Cardiff:University of Wales Press.

Giles,H. & Coupland, N. (1991). *Language: Contexts and consequences*. Milton Keynes:Open University Press.

Giles,H. ,Bourhis R. ,& Taylor,D. (1977). Towards a theory of language in ethnic group relations. In H. Giles(ed.),*Language, ethnicity and intergroup relations*(pp. 307—348). London:Academic Press.

Giles,H. , Hewstone, M. , & Ball, P. (1983). Language attitudes in multilingual settings:Prologue with priorities,*Journal of Multilingual and Multicultural Development*,4,81—100.

Giles,H. ,Noels,K. A. ,Ota,H. ,Ng,S. H. ,Gallois,C. ,Ryan,E. B. ,et al. (2000). Age vitality across eleven nations. *Journal of Multilingual and Multicultural Development*, 21, 308—323.

Harris,J. & Murtagh,L. (1999). *Teaching and learning Irish in primary school:A review of research and development*. Dublin:Institiuid Teangeolaiochta Eireann.

Khubchandani,L. M. (2001). Linguistic census. In R. Mesthrie(ed.),*Concise encyclopedia of sociolinguistics*(pp. 648—650). Amsterdam:Elsevier Science.

Lewis,E. G. (1981). *Bilingualism and bilingual education*. Oxford:Pergamon Press.

Lindholm-Leary,K. J. (2001). *Dual language education*. Clevedon:Multilingual Matters.

Milroy,A. L. (2001). Social networks. In R. Mesthrie(ed.),*Concise encyclopedia of sociolinguistics* (pp. 370—376). Amsterdam:Elsevier Science.

Oficina Central de Estadística e lnformática(1993). *Censo indígena de Venezuela 1992*. Caracas:Oficina Central de Estadística e Informática.

Ovando,C. ,Collier,V. ,& Combs,M. (2003). *Bilingual and ESL classrooms:Teaching in multicultural contexts*(3rd edn). New York:McGraw-Hill.

Ramirez,J. D. , Yuen,S. D. ,& Ramey,D. R. (1991). *Final report:Longitudinal study of struc-*

tured English immersion strategy: Early-exit and late-exit programs for language-minority children (report submitted to the United States Department of Education). San Mateo, CA: Aguirre International.

Ricento, T. (2005). Considerations of identity in L2 learning. In E. Hinkel (ed.). *Handbook of research in second language learning and teaching* (pp. 895—911). Mahwah, NJ: Lawrence Erlbaum.

Shohamy, E. (2001). *The power of tests: A critical perspective on the uses of language tests*. Harlow: Pearson Education.

Spolsky, B. (1995). *Measured words: The development of objective language testing*. Oxford: Oxford University Press.

Thomas, W. P. & Collier, V. P. (2002). *A national study of school effectiveness for language minority students' long-term academic achievement* (final report). Washington, DC: Center for Research on Education, Diversity & Excellence.

徐明 译　　朱晔 校对

第三部分　语言政策的论题

语言政策的论题：概述

托马斯·李圣托

这一部分将讨论七大论题，分别由在本领域做出重大贡献的学者撰文。主题的选择一部分是考虑到它们反映了语言（及语言政策）是与社会认同、社会变迁等各个方面纵横交织在一起的。语言是一种媒介，个体借此定义自己的身份，为身份找到一个栖居处，同时也借此评价、认定他人的身份。不同的身份，不管是自己获得还是他人认定的，常常会导致冲突，而语言可能在其中扮演着重要角色。世界上有6000至8000种口头语言，却只有200个左右的国家，这说明大多数国家都是不同程度的多语国家，也是多文化国家；同时，在大多数（并非所有）国家，通常只有一种（官方或非官方的）"国家"语言，这就意味着那些掌握一种或多种国家语言的人，相比那些不会说或写国家语言的人，自然会得到更多的认可，享有更高的社会经济地位。如果某个个体或群体无法接触到国家语言，尤其是标准的、"有威望的"书面语，或者有人要求他们抛弃母语（及文化身份）、同化于强势语言，但与此同时，他们又不可能参与该国的政治经济活动、享受其利益；在这些情况下，冲突就可能出现。拥护单一族群语言的人可能会争辩道：所有公民和移民都必须放弃"非国家"的身份，服从国家对公民的要求。反对者则反驳说：单一族群语言的使用不应当作为判定公民身份的依据，尤其是在其他语言也可以作为国家语言时，比如美国的西班牙语。此外，愿意学习国家语言，但无法达到口语流利、读写熟练水平的人，同化的机会也会因此受到限制，而强势群体常常利用种族、宗教、政治等非语言特征来解释为什么少数民族"没有能力"融入主流社会。由此便产生了区分"我们"（"自己人"、好人）和"他们"（"外人"、坏人）的身份观。尽管这种区分会随着时间推移而变化，但一些特定历史时期中都存在着反映文化、语言和政治差异的、由低到高的社会等级制。因此,在有关民族身份的冲突中,语言不是唯一的、更不是核心的影响因素,它只是某些群体用来维护或挑战权力的合法性的一个因素。

由于语言在地方、国家、超国家层面能起到维护、抗争权力和社会制度的作用,便产生了一个问题:如果使用不同族群语言的少数民族选择保留自己的文化和语言,该如何与现代自由国家的多数派强势群体和平相处呢?具体地说,学者、政策制定者提出了什么样的解决方案?这些方案、建议又如何被国家和不同利益团体所接受?

面对当前国家内部的多语制可能引发的冲突,语言权利拥护者们提出了一种被称为少数族群语言权利(minority language rights,简称 MLR,见第十四章,斯蒂芬·梅)或语言人权(简称 LHR,见第十五章,杜夫·斯库特纳布—坎加斯)的解决方案。在讨论该方案的理据前,我们有必要先解释一下,为什么关注少数民族的语言(和文化)命运是有价值的,甚至是有必要的。显然,语言与文化自我们最早的祖先出现之时就开始形成,各种语言此消彼长,从未间断。斯蒂芬·梅在第十四章中列举了我们应该支持 MLR 的四大理由:首先,世界上许多语言呈现指数衰落或消失的态势。梅引用克劳斯的数据(Krauss,1992,1995)说,根据目前的趋势预测,世界上约 6800 种语言中的 20%—50% 将在 21 世纪末"死亡"(Grimes,2000)。梅指出:"语言的衰落和消亡最常发生在双语或多语语境中,其中一种多数民族的语言——即一种拥有更强政治力量、特权和社会声望的语言——逐渐在使用范围和功能上替代了少数民族的语言。其必然的结果是那种少数族群语言的使用者逐渐'转用'多数族群语言。"(May,本书第 231 页)梅还指出,除了语言消亡外,这种转用还会影响到社会、经济、政治,而受影响最严重的群体(估计在 5000—8000 个之间,涉及 2.5 亿—3 亿原住民)主要是那些已经被边缘化,或者处于从属地位的群体。

第二,梅认为,"多数民族""少数民族"语言的区分不是一个自然的过程,从根本上看,甚至也不是语言变化的过程;语言以及附着的身份地位是更宏观的历史、社会和政治力量的产物,从多种语言中发展出来的标准语是国家建构的政治产物。有关一个民族—国家使用一种国家语言的理想是一种近代才有的现象,起源于1789年的法国革命和欧洲民族主义。因此,一个国家一种语言的观念并非人类社会组织的自然的、不可避免的形态,恰恰相反,如上所述,多语制才是常态。正如选择一种语言变体并将其建设成为国家语言是一种蓄意的政治行为一样,"其他语言在这些民族—国家被'少数化''方言化'的过程也是如此"(May,本书第234页)。一个民族国家一种族群语言的强势思想会产生一些想法,比如认为多语制是对一个国家团结和稳定的"威胁"、放弃少数族群语言有助于提高社会流动性、少数族群语言价值不大等等。这种强势思想不应该被当作一种既定事实加以接受,我们应该思考在国家体制内,某种语言是如何被确定为"好的、有用的、有价值的",而另一种语言却被认定为"坏的、无用的、无价值的"。

第三,用"国家"语言取代少数族群语言以提高社会流动性的这类想法,会在民众的心里形成一种期待,即多数民族的语言被视为通向现代化的"交通工具",而少数族群语言仅仅是身份的"载体",所以使用少数族群语言的人选择了生活在过去。这种将语言分为非此(多数族群语言作为工具)即彼(少数族群语言作为身份载体)的二分法不仅是错误的,而且也加深了对少数族群语言和持该语言的人的负面、片面的看法,即持少数族群语言者的唯一"理性的"选择就是转用多数族群语言(如果存在多数族群语言的话),从而使全世界的语言转用持续并加速集中,而到下一个世纪则可能仅有约300种语言存活。罗伯特·菲利普森(第十九章)提出,英语在大多数国际组织、科学研究、国际银行业、世界发展中的特权地位不仅对欧洲其他的国家语言施加了压力,而且使得"强势"与"弱势"间的社会经济不平等现象长期存在。

最后,梅认为:"语言人权的研究范式强调,少数族群语言及其使用者应该被赋予至少一部分多数族群语言已经享有的保护和制度支持"(本书第236页),这样才能从更加平等的角度提高民众参与度。梅继承了金里卡等人的研究,并不坚持所有语言平等对待,也不坚持各种语言的使用者应该有平等的权利诉求。正如他在别处所强调的那样,只有少数民族才有权要求"将他们的语言和文化正式纳入公民范围"(May,2001:266)。尽管梅认为

"如果有足够的人说一门语言,就应该允许他们使用它,这是行使公民的个人权利",以及"允许在私人空间自由自在地发展、追求自己的历史文化和语言习俗",但他仍明确提出:"通过语言人权给予少数族群语言群体更多的族群语言民主,并不等于所有这样的族群都具有语言民族学意义上的平等。"(本书第 237 页)梅认为,多数族群语言仍将在大多数语言领域占据主导地位,然而,对少数族群语言进行正式的(如制度性的)保护和支持,加上国家积极的语言保护措施,至少在私人领域能充分维持"人数足够的"少数族群语言,这将减缓甚至扭转语言消亡的趋势,缩小现有政体下的语言权利差异。

梅和斯库特纳布·坎加斯探索了以道德理据和法律框架为重点的语言—权力的研究方法是否有助于保护语言及其使用领域。乔舒亚·菲什曼(第十七章)则讨论了语言的转用,他提出,语言以无数种方式发生转用,并不受人为因素的干扰,甚至恰恰因为这种人为干扰而发生。他还提出,在世界很多地方,缺乏权威性的政策("无政策的政策")往往对强势的一方有利。因此,LHR 的拥护者才认为国家有必要对弱势一方进行干预性保护,也正因为如此,强势群体要维护自己的权力,就反对干预。然而,在一些领域,国家的语言规划和政策可以发挥积极的、权威的作用,突出表现在教育领域(见克里斯蒂娜·布拉特·波尔斯顿和凯·海德曼所著第十六章),尤其在公立的中小学,由国家及地方当局选择哪种语言或语言变体作为教学媒介语,哪种语言作为外语,哪种语言作为广泛交流的语言等等。前文提到,在公民的生活中,包括在教育体制中,国家一般只认可一种——有时两种语言——为官方或非官方的"国家"语言,排斥其他语言。这种做法慢慢促使人们转用强势语言,导致少数族群语言的消亡。根据利伯森等(Lieberson,1975)提出的观点,总体来看,语言转用的速度和程度在四个参数上因语言少数族群相对地位的变化而变化:(1)地位高的原住民;(2)地位高的移民;(3)地位低的原住民;(4)地位低的移民。利伯森等认为,前两类人的母语消亡速度极为缓慢,而后两类则快得多。影响语言转用速度的其他因素有:群体对语言维系及文化同化的态度,学习多数族群语言的渠道或激励措施,自我设定或外来的界限划分,其他语言的补充性功能分布等(Paulston & Heidemann,本书第297页)。由此可见,尽管在公立学校推广国家语言是促进少数族群语言同化和文化同化的重要手段,但它不是社会发生语言转用的唯一决定因素。还需要指出的是,关于语言权利和语言转用的大多数讨论都是针对口头语言,而非手势语。手势语的情况更复杂,分歧更多,正如蒂莫西·里根所言:"就聋儿而言,'母语'的定义所蕴含的意思也绝非显而易见,而是有可能会引起进一步的争议。"(本书第十八章,Timothy Reagan,第334页)

诚然,国家以及国家支持的机构有其他方式可以影响语言的习得(或不习得)。波尔斯顿和海德曼讨论了标准化的方法,即一种语言开始建立一整套规范的书写、语法、词汇系统。选择哪种语言变体作为"标准语",将会对那些口语与书面语之间存在很大差异的群体产生影响。例如,美国的路易斯安那州法语发展委员会需要在法裔路易斯安那法语(Cajun French)、海地法语(Haitian Creole)、国际法语(International French)之间选择一种作为书面标准语。如果在该州讲"非标准"法语的人在学习标准法语的时候,意识到自己使用的变体是不正确的、不恰当的,可能会失去学习一门强加给他们的语言的积极性。又比如斯库特纳布—坎加斯(引自里根,第十八章,本书第295页)引用的例子,她认为公认的标准手语,比如美国手语,可能成为强势手语取代其他手语。波尔斯顿和海德曼描述了意大利北部的一个语境:拉亭语(Ladin)仅仅以口语形式存在,人们小心翼翼地避免创造一种人为的通用书面语,以免危及口语。作者们还描述了成功振兴新西兰毛利人、西班牙和法国的巴斯克人的少数族群语言的语言政策。以法国的巴斯克人为例,法国政府并未官方承认巴斯克语的地位,但是在20世纪60年代末,一些巴斯克父母组建了一所巴斯克语的学前学校。在当地的支持下,学校人数不断增长,至70年代末,已经从最初的8名学生激增到400多名,到1990年,学校数量增加到十几所,共招生830名。根据波尔斯顿与海德曼的统计,"到2000年,有24所巴斯克语为媒介的学校,从学龄前学校到高中,入学学生几近2000人"(本书第271页)。尽管条件不如西班牙,但在法国学习巴斯克语的积极变化表明,在振兴语言方面,即使没有政府的支持,凭借民间的努力,也是可以获得成功的。

简·布罗马特(第十三章)提出,语言政策应该被视为局域内的活动,活动者(如国家)所开展的各种活动只涉及部分而非全部的领域、活动和关系(本书第 223 页)。在其他领域存在着不同的活动和关系,对不同层次和级别的活动者所制造的语言和交流的不同准则和规定做出反应。本部分各章节描述的则是在这些不同的领域的活动者对语言和交流的不同准则和规定产生的影响、做出的反应。

参 考 文 献

Grimes,B. (ed.)(2000). *Ethnologue*:*Languages of the world*(14th edn). Dallas,TX. :SIL.

Krauss,M. (1992). The world's languages in crisis. *Language*,68,4—10.

Krauss,M. (1995). Language loss in Alaska,the United States and the world:Frame of reference. *Alaska Humanities Forum*,6(1),2—5.

Lieberson,S. ,Dalto,G,& Johnston,M. E. (1975). The course of mother tongue diversity in nations. *American Journal of Sociology*,81,34—61.

May,S. (2001). *Language and minority rights*:*Ethnicity*,*nationalism and the politics of language*. London:Longman.

闻人行 译　朱晔 校对

第十三章　语言政策和民族身份

简·布罗马特

世界不是按照单语国家来整齐划分的,对于社会科学家来说,这是一件很不幸的事。因此,成为一个国家的公民这种官方的行政归属并不等同于这个人的社会语言归属,更勿论总体语言行为的归属。由于"身份"的不可确定性,民族身份与以语言为导向的国家活动之间的关系就显得更加不直接。每当我们谈论身份,我们总是需要区分"自我认定的""栖居的"身份(即人们自己声称所拥有的身份)与"他人认定的""被归属的"身份(即别人给予的身份)。我们在下面将会看到,这两种身份不一定重合,因而事情就变得相当复杂。本章有两个目标,一是澄清语言政策和民族身份之间关系的宏观问题,二是用一个例子阐明这种关系。

本章标题"语言政策和民族身份"就预设了以下这些术语和它们各自蕴含的意义:"语言""政策"(语言政策)、"民族的""身份"(民族身份)。整个组合意味着在语言政策与民族身份之间存在一种有效关系。我认为这种关系是存在的,但是必须被视为意识形态的关系、特定的关系。不过我必须从基本问题着手——对民族和国家做出思考。

民族(和)国家

在本领域的学术文章中,将"民族"与"国家"用作同义词是常见现象。一旦一个国家获得了主权,似乎就等于获得了"民族—国家"的称号,就意味着"国家"——一套正式的机构体制——就是"民族",而民族是民族主义(极为特殊的政治和意识形态过程)的产物。这一组合看似合情合理,却绝非描述一个国家的默认词汇。凭经验而论,有相当一部分国家不具有真正意义上的民族主义方案(定义见 Hobsbawm,1990),"民族"的概念是在高压下,而不是在意识形态一致认同下形成的,因此用"中央集权制"一词也许更为贴切。在我对非洲的研究中,这种证据比比皆是,在世界其他地方无疑也是如此。第二,民族主义不需要国家,它的出现往往是因为反对国家,众多成功的民族主义实际上是反国家的民族主义(例如佛兰德斯—法国,加泰罗尼亚—西班牙,魁北克—加拿大)。这些民族主义的成功便产生了地区性的新的国家结构,并将民族主义规划变成了国家规划。若要更合理地分析,则应该区分"民族"与"国家",将"民族—国家"看作两者的特殊组合,这一组合的合理性有待于在经验中证实,而不是事先假定。

在全球化时代,我们经常听到关于民族—国家消亡的种种言论。有人认为,当前的社会过程,尤其在劳动力和文化领域(包括认同过程),呈"跨民族"的网络状发展,不再与劳动力分工、身份分类的"民族"动态性相一致(参见 Castells,1988 的讨论)。这种观点有其合理性,但是在这里也有必要区分民族和国家。民族主义的经典的、现代主义的规划在全球化中可能更难以实现,所以传统的国家概念正在淘汰,但这不意味着国家本身正在淘汰。根据伊曼纽尔·沃勒斯坦(Immanuel Wallerstein,1983,2000)的观点,当代(全球化的)资本主义世界体系的运作依赖于一整套复杂的国家间的关系网,这张网上的宏观层面的劳动力分工和价值分配是不平等的。在此我们无意深入探究沃勒斯坦观点的细节,但是值得关注他所强调的一点:国家在影响、定义全球化的进程时发挥着积极作用。[1] 在全球化进程中,民族可能感受到压力,但似乎国家的运行状态良好。

诚然,国家并非不受全球化影响,但"国家"这一概念本身并不仅仅指国际公认的"国家"——如索马里、刚果、塞拉利昂,还表明国家作为一种组织和管理的机构是有效、自主的。这一点不能被认为是理所当然,也不能预设,而需要深入探讨。上面的例子——索马里、刚果、塞拉利昂,都代表了"国家"的第一涵义,而非第二涵义。这些国家的政府几乎无法有效地控制本国领土,不具备对领土执行"国家"命令的能力。各种核心"国家"的职能,从有组织的暴力（军队和警察），到教育和医疗服务，事实上是由反政府运动、国际非政府组织（NGO）、联合国难民事务高级专员署（UNHCR）、联合国儿童基金会（UNICEF）、地方机构、跨国企业等"非国家"机构行使的（Ferguson & Gupta, 2002）。除了上述显而易见的例子，位于当今世界体系中心的国家也是如此。政府与各种机构，如跨国企业、欧盟、世界银行、北约等国际组织，地方自治政府（如美国各州），工会等"公民社会"组织等——分享着"国家"权力。从技术层面看，"国家"这一描述"国家行为"的术语可以指公民社会组织、地方政府等"亚国家"机构，也可以指企业等其他网络、欧盟、北约、联合国等"超国家"机构。

上述分析对我们的讨论有何意义？其意义在于，我们的研究对象实际上是几个有限的特殊案例，比如那些通过语言政策有效执行民族主义政策的国家。其意义还在于，"民族"一词须谨慎使用，一项族群语言政策可能仅仅在表面上是民族的，实际上仅限于某个州，而且完全由国家机构执行。语言政策的执行机构及其影响力可能是多重的，可能包括亚国家、国家、超国家等，过程也相当复杂（见 Blommaert, 1999a）。

在研究语言政策的富有挑战的新兴领域中，其中一类研究能够准确分析在各级政府和非政府机构的相互作用下，语言政策是如何形成的。"民族"语言政策可以由超国家的力量强制执行，也可以由政府与新的国际合作伙伴共同实施。欧盟的多语言形象是通过国家批准的教育政策强制推动的，而在世界体系的外围的一些国家，它们的族群语言和教育政策明确规定要越来越重视英语在教育中的使用，究其原因，全球化过程中存在着一种单一核心的概念，那些以英语为主导语言的国家同时也是经济、金融和政治的中心。在刚果、莫桑比克等国，英语曾经是一种被边缘化的语言商品，而目前大力推崇英语，则是被国家政府与美国、国际货币基金组织、世界银行结成同盟的愿望所驱使。

最后一点意义在于，将民族认同与语言联系起来考虑时，就出现了分类的困难。下面我将讨论这个问题。

语言、政策、身份

让我们来回顾一下民族主义的经典研究论题。有意思的是，安德森（Anderson, 1983）、葛尔纳（Gellner, 1983）、格林菲尔德（Greenfeld, 1992）、霍布斯邦（Hobsbawm, 1990）都强调了语言在国家建构进程中的重要作用，但他们所指的是一种特殊的语言：大量发行的、刺激"标准族群语言"成长和传播的印刷文字。事实上，出版印刷业在现代化过程中，即我们所知的民族—国家诞生的历史阶段，发挥了核心作用（Bauman, 1991; Habermas, 1984, 1987; Latour, 1993）。但是出版印刷业也成为了特殊的语言意识形态一体化的工具。在这个问题上，我将介绍我的主要论点。

语言意识形态起源于萨丕尔—沃尔夫的语言人类学，指存在于社会和文化中的、语言和语言形式的元语言概念化（Kroskrity, 2001; Silverstein, 1979, 参见 Schieffelin, Woolard, & Kroskrity, 1998）。人们在使用语言时，脑子里有一些观念在引导他们的交流行为："品质"、价值、地位、准则、功能、所有权等。他们按照已有的观念使用语言，同时也使这些观念得到不断的复制。这些观念是意识形态的构念，是权力和权威所在。从意识形态层面看，语言的使用是分层次、有标准的，在每次具体的使用中，都可以明确区分哪些语言或语言形式是"最好的"，哪些是"不太合适的"（Gal & Woolard, 2001; 参见 Kroskrity 2000）。书面语被认为比口语更尊贵，标准语比方言更尊贵，专业语言比外行人的语言更尊贵，等等。

出版业的商业化的到来给语言意识形态的传播提供了手段。在语言意识形态下，最尊贵的语言类型是自主、结构完整、语义清晰的（书面）语言，这也是受过教育的中上层阶级垄断着的精英语言，现在却作为唯一的语言被强加于整个社会。与此对立的是"土话""口语""方言"，以及受教育程度低的民众使用的"不准确的""粗俗的""混乱的"（口头）语言。那种精英语言出现在语法书、词典中，然后作为一系列严格的规则进入新兴国家教育系统，成为标准语言。

鲍曼和布里格斯(Bauman & Briggs,2003)将这种语言意识形态的根源追溯到培根,尤其是洛克。洛克提出了精英化的语言观,他将普通民众讲述的乡土故事、奇闻轶事视为反理性的、情绪化的、无序的,认为语言作为现代性的中心——理性主义和超然个人主义的一部分,必须被去语境化、被"净化",语言在这种意义上超然于口头的、民间的"传统",这就是现代性的"标准"语言。但在鲍曼和布里格斯(Bauman & Briggs,2003)看来,上述情形的发生首先需要第二种推助。遭洛克摒弃的口头和民间的传统得到了赫尔德和格林兄弟的拯救,并被提到"民族性格"的高度。然而,此时的"传统"已经被理性化了,被洛克所推崇的清晰、标准的语言改变了。正是传统(民族身份)与对标准语言所持的理性观念的结合,才提供了民族(标准)语言的启动平台,于是族群语言有了我们所知道的名称("英语""德语""祖鲁语"),语言成为去语境化的规则、标准,局限于民族的区域内,成为民族身份的象征。[2]

有一点非常重要:"唯一语言"形成、传播的方式以及它与国家的关系(这是一种将国家象征为"民族"的关系),都是意识形态过程,这些过程并不需要反映国民实际使用语言的状况。在社会语言学领域不言而喻的现实是,不管对单语制的自我感知如何,社会几乎总是多语言的,语言的变体、样类、风格、语码总是多种多样的。社会确实反映并维持一个国家的社会语言制度,反映在通过规范来维持的等级制和与其相关的主流观念。这些观念包括拥有、使用一门语言、对其有发言权。比如"这是我们的语言""我们是美国人,我们说英语""这种语言不适合""这门语言他讲得不好"。

因此,我们沿用希尔弗斯坦(Silverstein,1998)的观点,区分"语言社团"(linguistic communities)和"言语社团"(speech communities),前者坚定地捍卫合乎规范的、与意识形态相连的"标准"语言("我们说英语"),后者则实际使用专门的言语形式,如行话、方言,甚至语言的"标准"变体。上面提到,两者并非同态同形,社会语言社团与语言意识形态社团的距离反映了语言意识形态霸权的强弱,并常常产生语言现象中的盲点。以我的研究为例,比利时—佛兰芒(Belgian-Flemish)语言的法律迫使我用单一语言——"荷兰语"讲课,在佛兰德地区的公共生活中,荷兰语的地位不可动摇,这被认为是佛兰芒语民族主义对比利时法语帝国主义的胜利。如果"教书"的意思是在课堂上口头讲授,那么我的确是用荷兰语在教书。然而,我的大部分教学资料是英语和法语的,我的研究成果也可能是多语的。因此,即便那些希望参加我的课程的学生强烈感受到自己是在"用荷兰语"学习,即便我们大学和我所在的地方政府强调荷兰语在佛兰德地区学术生活中的重要性,学生们在课堂上实际接触到的是多种语言的混合体。

希尔弗斯坦(Silverstein,1996)将这种现象称为"单语"意识形态,它的基础是一种被意识形态构建的信念,相信社会实际上是单语的,即单语是一个事实,不是意识形态的观念,这种信念还否定一切体现多语和语言多样性的事实(Blommaert & Verschueren,1998)。这种现象的基础是认为存在一种"纯洁"、标准的语言,存在族群语言意义上的"人民",还存在一片同族群语言的人民共同居住的地区,三者的结合形成了这种信念。这种意识形态会产生一些影响,下面将讨论三种主要影响。

1. 它影响教育等关键的公共生活领域的语言制度。语言政策的基础永远是语言意识形态、"社会期望的"语言形式、社会"理想的"语言场景,它们的背后是宏观的社会政治意识形态。因此,单语意识形态不仅否定语言多样性的存在,而且持续而有效地禁止公共领域的语言多样性,这种例子数不胜数。近来有学者将其形容为"语言灭绝"(Skutnabb-Kangas,2002)。实际上,与语言有关的民族主义哪怕有时还明确声称鼓励社会多语制,它们仍常常制定旨在减少语言多样性的语言政策(见 Blommaert,1999a)。

2. 它制造、调节身份。国家常常以"语言—人民—国家"三位一体的单语思维的守护人的形象出现,给公民提供(经常是强加)归属性的族群语言意义上的身份。这是一种普遍的现象。比如,既然这里是印度尼西亚,人们就应讲印尼语;这里是坦桑尼亚,就讲斯瓦希里语;既然这里是佛兰德,就讲荷兰语,等等。这一过程是错综复杂的、多方面的、经常是"自动的",即隐含而非显著的,其形态类型是福柯所谓的"治理性",旨在调节人们生活的规范体系,并导致布迪厄所谓的"习性"——整套顺应了的、"自动"指导我们行为的秉性,因此可以转换成"栖居"的身份。国家推广的最常见、最有力的族群语言身份是"族群语言的单语使用者",就是假设人生来就是单语者、单语是公民的有机特征。因此,国家常常用某一门语言的名称,比如荷兰语、英语、汉语、祖鲁语,来维护并阐释"唯一语言"的存在价值。"民族身份"几乎从一开始就是一种国家或国家附属机构(如教育系统)给予的归属身份,而且常常是在单语背景下,被臆想在民族和行政归属与语言间存在一一对应的关系。结果就可能出现栖居的身份,人们借此有效地获得族群语言的民族身份,即全部身份的一部分。

3. 对学术产生巨大影响。语言的描写受到了"单一语言"是物化的、层级性的、单语的特征的影响。在族群语言密切相关的、内部为同质的社团讲同一种(纯洁的、去语境化的、标准的)语言,这种特征投射到了世界上其他语言(Fabian,1986;Irvine & Gal,2000),后来又被后殖民政府树立为"好"语言的典范(Blommaert,1999b)。相同的意识形态对语言学和社会语言学影响甚广,即便是当代学者,也将界限分明的、有规则制约的、物化的"语言"作为自己的研究对象(见 Blommaert,1996;Hymes,1996 的评论)。

毋庸置疑,所有这一切已深刻地影响到我们对于身份的思考。我们忽略了身份的细微差别,这种差别常常不是通过单一"语言"体现,而是通过不同语言变体中那些微妙的、时刻发生着的变化体现的,如口音、语域、风格、样类等。如上所述,身份最好不要被看成是单一的身份的加总,而是各种不同的身份综合体,其中每一种都有特定的范围和功能。在这种意义上,就如上面所说,类似"民族身份"这样的术语最好被看作是附加在人们身上的特定的归属性标签,充其量是人们偶然"得到的"、采用的标签,但其社会语言功能总是局限的,常常涉及个人和国家的相互关系(如填写表格,回答民意调查,或者比如我解释我自己在大学里的教学行为)。如果将此作为人们主导的、压倒一切的(单一)身份,那我们就很难理解,我们在交流时如何能够有效地发挥身份的多样性及其不可预测、变化无常的作用。[3]以这种观点为基础的学术传统导致了"单一语言"与"单一身份"之间过分简单化的联想,忽略甚至屏蔽了实际情形下身份的多样性和复杂性(参见 Myers-Scotton,1993)。

意识形态过程的例证

下面我将举例说明前几小节所讨论的过程。这是一个坦桑尼亚(东非)的语言政策的例子。我的重点是说明语言—政治过程从根本上来说是意识形态的过程。由于篇幅所限,我不可能详细探讨语言政策的社会语言环境和历史,更多细节和讨论详见布罗马特(Blommaert, 1999b 和其中的参考书目)。我必须强调的一点是,坦桑尼亚被选作研究语言政策与民族身份的典型是非常适合的,因为它是一个民族主义国家,至少在某一个阶段是如此。在这样的语境下,语言便成为明确的主题。

后殖民主义的坦桑尼亚(当时称为坦噶民喀)是最早宣布将原住民的斯瓦希里语作为族群语言的国家之一,它与前殖民地的语言——英语同为官方语言。尽管没有任何正式的语言规划,但是许多语言政策和措施都源于此。此后不久,斯瓦希里语便作为小学的教学媒介语引入课堂,而英语则作为小学后教学的传统媒介语。紧接着,斯瓦希里语成为政治生活的语言,出现在坦桑尼亚领导人在对选区选民讲话、议会讨论议题、大多数电台和报界这样的大众媒体中。用斯瓦希里语创作文学作品的行为也得到积极鼓励。

真正推动斯瓦希里语的发展是在 20 世纪 60 年代中叶,国家发起大规模的兴国运动,目的是建立社会主义霸权。斯瓦希里语在其中起关键作用,被定义为体现非洲社会主义(Ujamaa)思想和价值观的语言,斯瓦希里语的普及程度是衡量社会主义思想传播程度的一项指数。就民族身份而言,非洲社会主义—坦桑尼亚的一名公民(mwananchi)就是一名社会主义者、非洲人,也是斯瓦希里单语者。坦桑尼亚的民族身份是从政治—意识形态和语言方面来定义的,而不是从种族或其他文化方面。

从前几节的讨论,我们可以得出以下结论。第一,兴国运动的设计师们设想的理想场景是单语的,当民众使用满载着意识形态的单种语言——Ujamma 的语言时,这场运动就成功了。当时的目标是"同质主义"(Blommaert & Verschueren, 1998),普及斯瓦希里语和非洲社会主义必须齐头并进,而其他语言和意识形态应该同时消失。首当其冲的当然是英语,它是帝国主义、资本主义、压迫阶级的语言。本地语言曾经是传统的、殖民前文化的媒介,斯瓦希里语的"非标准"变体(如语码转换、城市方言)似乎也表现出霸权的不完整性,也成为运动的对象。因此,一个人的斯瓦希里语越"好"、越"纯正",他就能成为一个越好的社会主义的坦桑尼亚爱国者。这是典型的赫尔德式的理想社会结构的混合体,即一种语言即是一种文化,也是一片疆域。赫尔德还曾经采纳了洛克的观点,强调"纯洁的"语言就是表达真实的最佳媒介。当非洲社会主义者的非洲语言——即传递他们"价值观"的媒介——得到净化、标准化时,他们自己才是真实的。

第二,将语言作为一套明确的(政治意义上的)意识形态价值观的媒介不但是赫尔德式臆想的典型例子(因此也是源自殖民地语言描写的一种意识形态),而且是承袭了前殖民地政府的、具有可操作性的整体语言观(类似 Irvine & Gal,2000 的描写,参见 Blommaert,1994)。斯瓦希里语经学者之手被标准化,主要手段是通过正规的教育体制,形成(标准化)读写能力。学者和政客关注标准化、语言的"发展和现代化"、纯粹主义等等,简言之,就是将斯瓦希里语建设成具有参照功能的、净化的(洛克主义的)标准化人工制品。

这样一种"完全语言性"(full languageness)可以找到一个范本——英语。在后殖民的坦桑尼亚语言学历史上,每当学者们讨论斯瓦希里语应该"发展、现代化"到何种程度时,总是以英语为参照。英语被视为占据世界霸主地位的语言,代表经济繁荣、历史辉煌,享有全球盛誉,是"真正的"语言。[4]斯瓦希里语的"完全语言性"尚未达到如此的高度,因此在高等教育领域不得不使用英语为国家培养一流的专业知识分子。斯瓦希里普及到了全国每个角落,在日常社会中被普遍使用,而在基础教育后的领域,英语(至今)仍保持着霸主地位。

始于20世纪60年代、至今长达三十年的投入和努力普及了斯瓦希里语。从社会语言学角度看,斯瓦希里语及各种变体已经成为坦桑尼亚公共活动中的验证码。从这种意义上看,普及运动获得了极大成功。然而,国家的意识形态同质化并没有出现。虽然斯瓦希里语的普及过程从表面看是成功的，但是单语主义的理想——语言、政治意识形态、身份相一致——却失败了。英语、当地方言、斯瓦希里语的"不纯洁的"变体都没有消失。在语言规划者看来，这意味着坦桑尼亚人还没有完全成为非洲社会主义者，仍然通过英语依附着资本主义价值观，通过本地语依附着前社会主义生活模式。斯瓦希里语的普及没有使非洲社会主义变得活力四射，在20世纪80年代，坦桑尼亚一党制度垮台，被多党、自由主义、资本主义的国家组织代替。具有讽刺意味的是，这个国家组织将斯瓦希里语作为国内交流的媒介。

这意味着什么？首先，这意味着在语言规划者构想的归属身份（即在社会主义的坦桑尼亚，人们只讲斯瓦希里语），与人们"栖居"的身份之间的鸿沟在日益加大。上面提到过，斯瓦希里语普及到了全国每个角落，成为人们言语能力的一部分。人们用斯瓦希里语达到不同的目的：跨越族群语言界限的交流、行政事务、基础教育，他们借此表达出自己与理想的坦桑尼亚的公民（mwananchi）相一致的"栖居"的身份。当然，还不止这些。语言规划者们对于社会主义霸权和斯瓦希里语的总结性构想是错误的。实际上，政治只是语言使用的一个领域，在这一领域，斯瓦希里语占据绝对的强势地位。但那只是一个领域而已，在其他领域，人们继续使用当地语言，或者其他新出现的交流形式（Msanjila，1999）。从仅仅设想了一种身份的意义上来说，这场运动是失败的；从采用了更实际的视角，将人视为拥有多种（因领域而异的）身份的意义上来说，这场运动是成功的。斯瓦希里语的普及推动了社会语言学的重大变化，带给民众新的机会，让他们拥有"栖居"的、获得的身份，身份的种类更多样更丰富。但是，若只用坦桑尼亚公民的身份来涵盖众多的归属身份，并不完全合适。在语言政策方面，采纳单语的赫尔德意识形态来评价斯瓦希里语运动的影响，同时还造成了巨大的盲点。

不论是过去还是现在，坦桑尼亚都是世界的一部分。它在上下两股动力间被挤压，下面的动力是坚持使用当地语言、以斯瓦希里语为基础的新的城市语言变体、带地方口音的斯瓦希里语、亚文化的行话和俚语；上面的动力是历史的和全球的单语意识形态、语言纯洁性的主导思想，英语的市场压力等。坦桑尼亚作为这些不同层面的"信息交换台"，也许使用了最糟糕的语言—政治工具,使它无法在上下之间穿梭,它只突出了某一个空间,即国家的自主性。就指导整个过程的意识形态而言,这样一种投射的"理想的"公民身份是永远行不通的。

结 论

坦桑尼亚的例子对于其他希望兴国的国家而言也许有着借鉴意义。将语言简单地投射到民族身份上再也行不通了。成熟的社会语言学将国家及其运作视为该国社会政治文化领域的所有活动的一部分,除非在集权体制内,否则它会有专门的、而不是全部的领域、活动、关系。此外,还存在着其他专门的领域、活动、关系,而且它们会继续存在下去,会对不同层次、不同范围运作的不同的标准和规则体系做出反应。因此,应该将语言政策看作壁龛里的活动。它渴望的产品——民族身份——也是如此,我们可以将它定义为壁龛里的意识形态活动,尽管初看之下它占据了强势地位,但仍然是被许多其他活动所包含,是与其他活动相互关联的。

值得深入阅读的文献提要

Bauman, R. & Briggs, C. L. (2003). *Voices of modernity: Language ideologies and the politics of inequality*. Cambridge: Cambridge University Press.

本书对培根起至博厄斯(Boas)期间影响我们的"现代"语言观、导致普遍的不平等政治的意识形态发展有精彩的分析。

Blommaert, J. (ed) (1999). *Language ideological debates*. Berlin: Mouton.

本书采用历史和社会语言学视角,收录的文章论证了政治辩论中语言意识形态的关键作用。

Blommaert, J. & Verschueren, J. (1998.) *Debating diversity: Analysing the discourse of tolerance*. London: Routledge.

本书分析了在比利时移民的语境下,民族文化和族群语言学多样性如何被谈论、如何概念化,书中还特别强调了"同质主义"——将否定多样性作为社会理想的趋势。

Castells, M. (1998). *End of the millennium* (2nd edn), Oxford: Blackwell.

  卡斯特尔这部著作在迅速发展的全球化研究领域仍然占据着独一无二的地位,作者对国家和全球网络之间的相互作用分析精辟,并提供了全球化研究的部分基础词汇。

Fabian, J. (1986). *Language and colonial power: The appropriation of Swahili in the former Belgian Congo 1880—1938*. New York: Cambridge University Press.

  本书极为精彩地分析了殖民语言规划,显示殖民地当局如何制造出斯瓦希里语的一种特殊形式。是对社会语言学过程的高度批判性的阐述。

Gal, S & Woolard, K. A. (eds.) (2001). *Languages and publics: The making of authority*. Manchester: St Jerome.

  本书讨论了语言意识形态、语言标准化、权威性之间的联系,并展开历时和共时的分析。

Hobsbawm, E. (1990). *Nations and nationalism since 1780: Programme, myth, reality*. Cambridge: Cambridge University Press.

  欧洲民族—国家发展的经典分析,术语使用精确,仍然非常实用。

Hymes, D. (1996). *Ethnography, linguistics, narrative inequality: Toward an understanding of voice*. London: Taylor and Francis.

  本书从根本上重铸了我们对社会语言学过程的看法,焦点为不平等,而不是差异。该书也是海姆斯关于民族学方法和方法论的最雄辩的著作之一。

Kroskrity, P. (ed.) (2001). *Regimes of language*. Santa Fe: School of American

Research Press.

本书和谢菲林(Schieffelin,1998)的著作都是语言意识形态的标准参考书,读者在其中可以读到关于"现代"语言意识形态发展的具有洞察力的长篇论文。

Rampton, B. (1995). *Crossing: Language and ethnicity among adolescents.* London: Longman.

兰普顿研究了英国多种族青年的语言"混杂"和"交织",记录了现代社会的身份动态,讨论了他的发现对理论和实践的意义,尤其是对语言教学的意义。是一部经典著作。

Schieffelin, B. Woolard, K., & Kroskrity, P. (eds.) (1998). *Language ideologies: Practice and theory.* New York: Oxford University Press.

这是一部语言意识形态的经典论文集。对大量案例提供了理论和经验的观察视角,概述了语言意识形态研究范围。

Wallerstein, I. (1983). *Historical capitalism.* London: Verso.

这是一部关于"世界体系分析"的标准参考书,着重分析劳动力分工的跨国资本主义制度下的不平等的范围和过程。

讨 论

1. 鉴于国家的壁龛式活动,是否还有其他行为者在其他"壁龛"强制施行根据语言意识形态制定的标准和规则?是否需要不同的社会语言行为方式?
2. 你能找到反强制社会语言学即反国家强制体制的例子吗?
3. 请描写你身处其中的国家组织的和国家导向的行为、有效的语言标准和语码。
4. 你能用"壁龛式"社会语言学活动的视角反思全球化过程吗(比如互联网使用能力的全球化)?
5. 你能用同样视角反思选举制度吗?

注　释

1. 我们注意到,这否定了政治家经常使用的全球化的"别无选择"(TINA)论(There Is No Alternative,缩略为 TINA)。全球化被表现为国家政府无法影响的巨大的、非个人的力量。见吉登斯(Giddens,1998)的例证。
2. 这便是经典的"赫尔德"三角——"人民—语言—疆域"。"人民"(Volk)的特征是:在一片"疆域"内拥有单——种普及的"语言"。赫尔德这种族群语言学—国家共同体的形象成为语言政策领域的强势语言意识形态。请注意:赫尔德系统地使用 Volk 的两种意思:一是作为"种族的"或族群语言界定的人民,二是作为"普通人",即社会的平民(Bauman & Briggs,2003:183)。因此,民族真实性并不体现在知识分子或者上层阶级(其特征是拥有多语资源),而是在他所认为的持有单语的"普通人"。请注意,关于赫尔德的评论常常忽略了疆土范畴,他所设想的民族—国家显然是在疆域上有边界的单位,即同一族群语言的 Volk 居住的疆土。
3. 本·兰普顿的著作是这方面的典型,他分析了不同种族的英国青少年如何表达身份、使用对方的口音、运用亚文化俚语如雷鬼乐中的元素、模仿教师言语风格、使用阶级代码,等等(Ben Rampton,1995)。这种不稳定性及其问题也出现在"无疆土的"人群中,如难民通过言语风格和变体的复杂变化表达错综复杂的身份。那些不属于任何"民族的"社会文化制度、但一生都在迁徙的族群,与管理难民的官方机构的"民族"语码之间存在巨大的鸿沟(Maryns & Blommaert,2001)。
4. 欧文与盖尔(Irvine & Gal,2000)将这一过程形容为"偶像化",认为语言质量反映社会质量。

参 考 文 献

Anderson, B. (1983). *Imagined communities: Reflections on the origin and spread of nationalism.* London: Verso.

Bauman, R. & Briggs, C. L. (2003). *Voices of modernity: Language ideologies and the politics of inequality.* Cambridge: Cambridge University Press.

Bauman, Z. (1991). *Modernity and ambivalence.* Cambridge: Polity.

Blommaert, J. (1994). The metaphors of development and modernization in Tanzanian language policy and research. In R. Fardon & G. Furniss(eds.), *African languages, development and the state* (pp. 213—226). London: Routledge.

Blommaert, J. (1996). Language planning as a discourse on language and society: The linguistic ideology of a scholarly tradition. *Language Problems and Language Planning*, 20, 199—222.

Blommaert, J. (ed.)(1999a). *Language ideological debates.* Berlin: Mouton.

Blommaert, J. (1999b). *State ideology and language in Tanzania.* Cologne: Köppe.

Blommaert, J. & Verschueren, J. (1998). *Debating diversity: Analysing the discourse of tolerance.* London: Routledge.

Castells, M. (1998). *End of the millennium* (2nd edn). Oxford: Blackwell.
Fabian, J. (1986). *Language and colonial power: The appropriation of Swahili in the former Belgian Congo 1880—1938.* New York: Cambridge University Press.
Ferguson, J. & Gupta, A. (2002). Spatializing states: Toward and ethnography of neoliberal governmentality. *American Ethnologist*, 29, 981—1002.
Gal, S. & Woolard, K. A. (eds.) (2001). *Languages and publics: The making of authority.* Manchester: St Jerome.
Gellner, E. (1983). *Nations and nationalism.* London: Blackwell.
Giddens, A. (1998). *The third way: The renewal of social democracy.* Cambridge: Polity.
Greenfeld, L. (1992). *Nationalism: Five roads to modernity.* Cambridge: MA: Harvard University Press.
Habermas, J. (1984). *The theory of communicative action. Vol. I: Reason and the rationalization of society.* London: Heinemann.
Habermas, J. (1987). *The theory of communicative action. Vol. II: Lifeworld and system: A critique of functionalist reason.* London: Heinemann.
Hobsbawm, E. (1990). *Nations and nationalism since 1780: Programme, myth, reality.* Cambridge: Cambridge University Press.
Hymes, D. (1996). *Ethnography, linguistics, narrative inequality: Toward an understanding of voice.* London: Taylor and Francis.
Irvine, J. & Gal, S. (2000). Language ideology and linguistic differentiation. In P. Kroskrity (ed.), *Regimes of language* (pp. 35—83). Santa Fe: School of American Research Press.
Kroskrity, P. (ed.) (2000). *Regimes of language.* Santa Fe: School of American Research Press.
Kroskrity, P. (2001). Language ideologies. In J. Verschueren, J.-O. Östman, J. Blommaert, & C. Bulcaen (eds.), *Handbook of pragmatics 2001* (pp. 1—17). Amsterdam: John Benjamins.
Latour, B. (1993). *We have never been modern.* Cambridge, MA: Harvard University Press.
Maryns, K. & Blommaert, J. (2001). Stylistic and thematic shifting as a narrative resource: Assessing asylum seekers' repertoires. *Multingua*, 20, 61—84.
Msanjila, Y. (1999). The use of Kiswahili in rural areas and its implications for the future of ethnic languages in Tanzania. Doctoral dissertation, University of Dar es Salaam, Tanzania.
Myers-Scotton, C. (1993). *Social motivations for code-switching: Evidence from Africa.* Oxford: Clarendon Press.
Rampton, B. (1995). *Crossing: Language and ethnicity among adolescents.* London: Longman.
Schieffelin, B. Woolard, K. & Kroskrity, P. (eds.) (1998). *Language ideologies: Practice and theory.* New York: Oxford University Press.

Silverstein, M. (1979). Language structure and linguistic ideology. In P. Clyne, W. Hanks, & C. Hofbauer(eds.), *The elements: A parasession on linguistic units and levels* (pp. 193—247). Chicago: Chicago Linguistic Society.

Silverstein, M. (1996). Monoglot "standard" in America: Standardization and metaphors of linguistic hegemony. In D. Brenneis & R. Macaulay(eds.), *The matrix of language: Contemporary linguistic anthropology* (pp. 284—306). Boulder, CO: Westview Press.

Silverstein, M. (1998). Contemporary transformations of local linguistic communities. *Annual Review of Anthropology*, 27, 401—426.

Skutnabb-Kangas, T. (2000). *Linguistic genocide in education—or worldwide diversity and human rights?* Mahwah, NJ: Lawrence Erlbaum.

Wallerstein, I. (1983). *Historical capitalism*. London: Verso.

Wallerstein, I. (2000). *The essential Wallerstein*. New York: New Press.

闻人行 译　　周颂波 校

第十四章　语言政策与少数族群权利

斯蒂芬·梅

这一章主要探讨语言政策与少数族群权利之间的相互关系。少数族群权利可以被描述为少数族群成员所享有的文化、语言以及更广义的社会和政治权利，其背景往往是民族国家，但并不仅限于民族国家。而这个定义反过来也是基于社会学与政治文献中常用的所谓少数族群和多数族群之间的差别而形成的。这种差别不是数量上的差别，而是族群间力量、地位和权利的清晰可辨的差别。

本章主要是围绕语言政策与少数族群权利所展开的，这是一段复杂而有争议的历史，尤其是关于语言政策与少数族群语言权利之间的相互关系。同时也会强调对语言政策从社会历史学、社会文化学、社会政治学等更广视角进行分析的重要性。其中特别要提到的是关于当今世界上少数族群语言的地位、使用和力量等一系列问题，以及这些问题对继续使用这些语言的少数族群成员在物质上的影响。

之所以有必要采用更宽视角的社会历史学、社会政治学的研究方法，一个关键原因在于，在语言学作为学术性学科存在的历史上，对语言的研究大半充斥着理想主义的、抽象化的研究方法。简而言之，语言过多地被孤立于其使用的社会和政治条件之外进行研究（相关的语言学评论可参见 Bourdieu, 1991; Mey, 1985）。这种对语言的非历史学、非政治学的研究方法也已成为社会语言学的一个特征，尽管社会语言学研究对社会学是重视的。对语言政策的很多讨论也是如此。这一点尤其令人惊讶，因为人们恰恰有理由认为对语言政策和实践的任何分析都应该与广泛的社会与政治条件——还和它们极其重要的历史前身——紧密相关，因为正是这些造就了目前的语言政策与实践。

早期语言政策

在语言政策研究中,这种"现代主义的"方法倾向(May,2003a)在语言政策发展的早期阶段,即 20 世纪 60 年代至 70 年代最为明显。在这个时期,语言政策被其倡议者视作是非政治、非意识形态、实用主义甚至是技术性的范式(相关内容请参考 Ricento,2000)。其显然单纯而直接的目标是为了解决非洲、亚洲和中东新出现的后殖民地国家紧迫的语言问题。因此这个时期的语言问题主要关注如何建立稳定的双言语境以使其中的多数族群语言(常常是前殖民地语言,而最常见的是英语和法语)作为公共语言在更广泛的交流中得以推广。即便当地语言,即实际上的少数族群语言得以推广,也被视作是受限于私下或家庭语言领域。尽管时时都有人关注少数族群语言的保持,但是语言政策在此阶段的主要重心在于根据西方发达国家的情况在后殖民地环境中建立和推广"有利于统一"的国家语言(请参见 Fishman,1968;Rubin & Jernudd,1971)。在这些早期的语言政策力求解决的问题中,并未包括在此过程中有关的更广泛的历史、社会和政治问题以及造成这些问题的特殊意识形态。卢克、麦克霍尔和梅提出,在维持"科学客观性的虚饰"这些早期语言规划者极为重视的东西之外,语言政策"试图避免直接触及语言变化、使用和发展以及语言规划本身实际所涉及的社会和政治问题"(Luke,McHoul,& Mey,1990:26—27)。

这种忽略是很有问题的,这其中有很多原因。首先,从一开始,它没有质疑或评论导致多数族群语言和少数族群语言及其语言使用者层级化的非常具体的历史进程。这些进程带着现代国家主义政治的深深烙印。而现代民族主义认为,建立国家语言和公共语言同质化是现代化与西方化的中心原则,甚至是根本原则。于是,语言政策的早期拥护者轻易就接受,甚至提倡国家语言的规范优势,而其他语言的地位则取决于其与国家语言之间的关系。

其次,早期语言规划试图建立"稳定双言",它的重要基础是语言互补的说法,而这种说法本身就是有问题的。早期语言规划者理解的语言互补,至少暗示着某种程度的相互依存和相互关联,以及相关多数族群语言和少数族群语言之间的分界和界限。而所谓稳定双言在这些方面却恰恰不是互补的关系。事实上,国家语言(从外延来说,国际性语言如英语)的规范优势明确地排挤少数族群语言的实际使用甚至存在。

换言之,如果多数族群语言被持续建构为"更广泛交际"的语言,而少数族群语言被(仅仅)视为"传统"或"历史身份"的载体,就像在早期语言政策不难看出语言政策的归宿。少数族群语言将不可避免地被逐渐看作是有局限的,甚至可能是十分无用的语言——不仅仅是其他人,少数族群语言的使用者本身也会这么想。这可以帮助我们解释为何少数族群语言使用者越来越愿意为使用一种多数族群语言而舍弃自己的第一语言——这也是当前社会语言学分析极其关注的一种语言转用和语言替换过程。正是由于人们开始从更广泛的角度关注对少数族群语言及其使用者带有贬低意味的"定位",后来才出现了对少数族群语言权利的支持和发展。

语言转用与消亡

支持少数族群语言主要出于四种考虑。其一是世界上众多语言正出现越来越快的衰微和消亡。确实,当今世界据估约有6800多种的口头语言(Grimes,2000),根据现在的趋势预测,20%到50%的语言将会在20世纪末之前"死亡"(Krauss,1992,1995)。语言的衰落和消亡最常发生在双语或多语语境中。其中一种多数族群语言——即一种拥有更强政治力量、特权和社会威望的语言——逐渐在使用范围和功能上替代了少数族群语言。其必然的结果是那种少数族群语言的使用者逐渐"转用"多数族群语言。

这里所描述的语言转用过程常常包含三个大的阶段。在第一阶段,少数族群语言使用者面临越来越大的压力,要求其使用多数族群语言,特别是在正式语言领域,最常见的是在之前所讨论的"双言"语境中。使用多数族群语言的教育经常引发和促进这个阶段,结果导致了少数族群语言功能的减少。而少数族群语言虽然是使用者的第一语言,其公共和官方功能却不得不被多数族群语言所取代。第二阶段是一个双语制时期。在这个时期两种语言继续同时使用。但是这个阶段的一个特点常常是少数族群语言的使用者数量不断下降,在年轻一代中尤其明显。因为少数族群语言的使用频率减少,使用的场合也越来越少,少数族群语言使用者的流利程度也不断降低。在第三也是最后阶段——可能需要两三代人的时间,有时较短一些——多数族群语言取代了少数族群语言。可能少数族群语言的剩余使用者还"记着"他们的语言,但是这种语言不再被用于广泛交际(Baker & Prys Jones,1998)。

当然,这样的语言消亡和语言转用时时都在发生;在人类历史中,有多少语言曾经兴起,衰落,逐渐不为人知,最后走向死亡,或是为了存活而变化以适应变化的环境,但是以前从来没有出现过这种程度、这种速度的语言变化。一些社会语言学评论者甚至将其描述成一种"语言灭绝"(Skutnabb-Kangas,2000,并参见本书第十五章)。这样的说法看起来也许显得过度紧张或杞人忧天,但是他们有硬数据的支持。比如说,美国夏季语言学研究院在1999年发表的一份调查显示,有51种语言仅存一个使用者,有500种语言仅存100个以内的使用者,有1500种语言仅存1000个以内的使用者,而超过3000种语言的使用者少于10 000人。这个调查还显示,世界上的6800种语言中,多达5000种语言的使用者少于100 000人。最后这个调查更加明确地总结说,世界上96%的语言为仅占世界人口4%的人所使用(Crystal,1999)。

这些数字形象地向我们强化了迈克尔·克劳斯(Michael Krauss,1992,1995)先前提出的预测,即在下个世纪不但有50%的语言将会消亡,另外40%的语言将会"受到威胁"或是"濒危"。考虑到上文所述的语言转用与衰退,以及现在众多少数族群语言岌岌可危的状况,我们可以很清楚地明白个中原因。因为即使一些多数族群语言也不能免遭此劫,所以这绝不仅仅是由于英语横空出世成为一种全球语言(Crystal,1997a,1997b)。所以,如果我们相信克劳斯的话,仅仅600种(10%)语言会得以保存;他甚至说,可能只有300种而已。

从更广的视角看,关注语言消亡之所以与少数族群权利相关,是因为这种转用和消亡对少数族群语言使用者产生了社会、经济和政治后果。语言消亡,或者说语言灭绝,如斯库特纳布-坎加斯(2000,本书第十五章)所述[1]——一般总是更广泛的社会、文化及政治移位的一个组成部分。我们可以清楚地看到,如果要考虑何种族群受语言消亡影响最大的话——那么几乎总是少数族群(已经)在社会和政治方面遭到边缘化或从属化。这些族群的数量被不同人认为在5000个到8000个之间(Stavenhagen,1992),其中包括世界上的2.5亿到3亿左右的原住民(Tully,1995),他们可能是所有人类族群中最被边缘化的族群。如克劳福德(Crawford,1994)所述,语言消亡很少在富有的特权群体中出现,大多出现在穷苦无力的人群中。另外,特殊群体的语言错位很少,即便发生这种情形,也很少脱离社会文化及社会经济错位而单独出现(Fishman,1995)。

国家主义,政治以及语言少数化

由此我们开始探讨导致支持少数族群语言权利的第二个主要问题——为什么有些语言和它们的使用者会逐渐被"少数化"。少数族群语言权利的支持者认为,多数—少数族群语言层级体系的建立既不是一个自然过程,从根本上来说甚至也不是一个语言学过程。实际上还不如说它其实是一个历史的、社会的和政治的建构过程(Hamel,1997a,1997b;May,2000a,2001,2002,2003a),而且深为更广泛(而不平等)的力量关系所影响。由此可以看出,如果语言及其地位是更广泛的历史、社会和政治力量的产物,那么,反过来,各种多数族群语言所具有的地位和威望也没有什么"自然"的地方,少数族群语言或者方言所经常附有的污点也是这样。

这里有两个具体问题。第一个是关于一种多数族群语言和一种少数族群语言或者一种方言之间实际有什么区别。这种区别可能不像很多人想象的那样直接。比如说,同一种语言可能根据情况既被视作是一种多数族群语言又被视作是一种少数族群语言。在西班牙和很多拉美国家,西班牙语是一种多数族群语言,但是在美国却是一种少数族群语言。甚至"语言"这个术语本身就暗示着这是个建构的过程,因为作为例证,方言由何构成已有定论,而相反,语言由何构成到现在还是有争议的(参见 Mühlhäusler,1996; Romaine,2000)。当然,从语言学角度出发我们不总是能很容易地区分语言和方言,因为有些不同语言相互之间都清楚易懂,而同属一种语言的某些方言之间却并非如此。对此经常举的例子是挪威语,因为在 1814 年丹麦对挪威的统治结束前,它一直被视作是丹麦语的一种方言。直到 1905 年挪威从瑞典独立后,挪威语才真正取得了一种独立语言的地位,尽管它始终能够与丹麦语和瑞典语互通。当代的例子可以取自前捷克斯洛伐克。在 20 世纪 90 年代早期,捷克和斯洛伐克再次出现了有显著区别的语言变体,取代了之前共用的国家语言。在前南斯拉夫,我们发现类似的情况,独立的塞尔维亚、克罗地亚和波斯尼亚语言变体(重新)成型,取代了塞尔维亚—克罗地亚语,而后者本身也是二战后南斯拉夫共产主义联盟的人工语言产物。

这些例子清楚表明语言是建国政治所"创造的",而不是像我们经常认为的相反的情况(Billig,1995)。挪威独立、前捷克斯洛伐克与前南斯拉夫分裂都促成了语言变化,创造了之前完全不存在的独立语言。政治环境的重要角色,特别是它在民族国家层面上所展现的功能,可以帮助我们解释之前讨论的语言消亡的预测规模。只要知道当今世界民族国家的数量大约在 200 个左右,而长期留存下来的语言数量据预测在 300 个左右,就不难做出相应的联系。

由此我们开始讨论这里的第二个关键问题:民族国家组织现有的核心影响,国家主义政治,以及国家(和国际)语言的形成和巩固过程,还有伴随这些因素形成的语言层级。在这个问题上,民族国家语言同质化的模型——在早期语言政策中采用的"理想"语言模型——实际上只是一个较新的历史现象,产生于 1789 年法国大革命和接下来的欧洲国家主义发展阶段。先前的政治组织形式并不要求语言一致性达到这种程度。比如说,对于帝国来讲,只要税赋按时交纳,什么都不是问题,对文化多元以及包含于其中的语言多元,大多情况下不必大动干戈。但是,随后欧洲国家主义政治固然可能席卷全球,但其中有一个单一、共用的"国家"语言或者一批国家语言的

第十四章 语言政策与少数族群权利

构想,这将很快成为现代社会和政治组织的主旋律。

这是如何达成的呢？主要是通过这些新兴欧洲国家的政治机器,以及大众教育的核心作用(Anderson,1991;Gellner,1983)。选择和建立一种国家通用语言的过程往往涉及两个关键领域:合法化和制度化(May,2001;Nelde,Strubell & Williams,1996)。这里所说的合法化意指这种语言需要得到民族国家的正式承认——经常是通过给予"官方"语言地位来达成。而制度化可能是更加重要的层面,它指的是语言在一个较广范围的、正式及非正式的社会、文化和语言领域或环境中被逐渐接纳的过程,或者被逐渐认为是"理所当然"的过程。这两个因素加起来不但可以达到民族国家的中心要求——文化及语言同质化——还可以将"少数"族群语言和方言同时放逐到私下领域中去,这看起来也是很有必要的。

我们往往事后才会发现,这种"国家"语言的选择和确立往往是一种蓄意的政治行为。如果是这样,那我们可以认为,其他语言在这些民族—国家中被"少数化"和"方言化"的过程也是如此。这些其他语言实际上被这些新形成的国家定位成具有较少政治用途和价值的语言。于是,国家语言开始与现代性与进步挂上了钩,而它们不够幸运的同类则被(方便地)与传统和晦涩联系在了一起。常见的情况是,后者同时也被安排成为国家建设大计的障碍,成为国家"统一"的威胁。过去三个世纪里国家主义的一大特征是不断诋毁、削减和禁止少数族群语言,这为其提供了合适的理由(对此情况的总体概观请参见梅,2001)。如多利安所总结的:"正是民族国家的概念及其官方标准语言的结合体……构成了对现代少数群体身份和语言的最大威胁。"(Dorian,1998:18)库尔马斯更简要地说,"民族国家自法国大革命发展以来成为了少数族群的天敌"(Coulmas,1998:67)。

少数族群语言的倡议者认为,在民族国家中对文化和语言同质化,以及对伴随而来的语言层级化的强调并非是不可避免或纯洁的,特别要看到民族国家的历史还不长,且相关语言被各自安排成为"国家"语言或"少数"族群语言的过程其实经常是武断的、人为的。这些关于国家语言是历史和地缘政治情形产物的说法在超国家层面上也适用。值得一提的是,一批杰出的社会语言学评论家已经声称英语作为当今的世界性语言(lingua mundi),所迅速达到的范围和影响,同样也是历史和政治进程的结果,很明显主要是通过起初是英国,后来是美国的地缘政治影响达成的(如 Pennycook,1994,1998;Philipson,1992,2003)。

与国家语言的建设相类似,当前英语的支配优势也是和现代性与现代化联系在一起的,使用英语的人也得到了愈来愈多的相应好处。少数族群语言权利的倡议者提出,这样的结果是将其他语言定位为拥有较少"价值"和"用处",而因此延伸为更加有问题地限制和取消"非英语使用者"的社会、文化和语言资产,而"非英语使用者"一词本身即体现了英语的规范性优势。这种定位的常见推论之一是,如果少数族群语言使用者能够舍弃任何其他(少数民族)语言,其社会流动性将愈发增加。

语言替换与社会流动性

关于少数族群语言权利的第三个主要问题是对"语言替换"的原则进行评价。这一原则就是,应该/必须放弃自己的第一语言来学习这些语言。该原则是上述社会和政治进程的基础。于是,在集体/公共层面推行文化和语言同质化就与个人单语主义产生联系并由后者表达(也请参见 Skutnabb-kangas,本书第十五章)。这就形成了一种语言的社会达尔文主义而且有助于解释为什么语言转用、消亡或衰退变得如此突出。

这些论点支持语言替换的关键是认为少数族群语言使用者个人的社会流动性会因此增强。与此对比,由于少数族群语言的拥护者将少数族群语言群体置于一种没有太大用处的语言限制之中,大大限制了他们的社会流动性,因而一直倍受批评(如 Barry,2000;Brutt-Griffler,2002;Schlesinger,1992)。难怪批评者认为,很多语言少数族群的成员会无视少数族群语言活动家的期求而选择学习另一种往往是更强势的语言,以从这个语言少数族群中"脱身"。我们可以从广义上将这个论述的逻辑总结如下(详细讨论请参见 May,2003b,2004):

1. 多数族群语言由于其"工具性"价值倍受赞誉,而少数族群语言被赋予"情感"价值,但是更多被认作社会流动性和进步的障碍。
2. 因此,学习一种多数族群语言可以为个人提供更大的经济和社会流动性。
3. 学习一种少数族群语言虽然(可能)对个人所属文化群体有重要的作用,但是却会限制个人的流动性,其影响最大程度可能会导致实际的"族群隔离"。
4. 如果少数族群语言使用者"清醒"的话,那么他们应该通过学习多数族群语言选择流动性和现代性。
5. 不管如何决定,多数族群语言和少数族群语言都被认作是相互敌对,甚至是相互排斥的选择。

这些论点看上去很有说服力。但是作为回应,少数族群语言权利倡议者认为,将语言流动性仅仅与多数族群语言画上等号的推测和假设本身就是有问题的。首先,这种定位将语言的工具性和独特性分离开来。从这个角度看来,少数族群语言可能对于维持独特性是重要的,但是却没有工具价值,而多数族群语言则被认为主要是工具性的,却很少有或没有独特性价值。我们在早期语言政策一系列的倡议中清楚地看到,多数族群语言被视为现代性的"传播手段",而少数族群语言则(仅仅是)独特性的"载体"。但是,很显然,所有语言都为其使用者体现并达成独特性和工具性价值。而具体语言之间的区别,特别是多数或少数族群语言之间的区别在于它们达到这些功能的程度,而这反过来取决于它们在使用中所处的社会和政治局限而非语言限制(Carens,2000)。所以,从少数族群语言的角度来讲,由于更广泛的社会和政治进程导致公共领域中其他语言被优越化,它们的工具性价值经常受到限制。同时,对多数族群语言来讲,语言的独特性特征对其使用者来讲显然是重要的,但是这些语言所能满足的工具功能经常将这种特征遮盖和规范化。这在英语单语使用者身上可以非常明显地体现出来,因为英语是当前的世界性语言。

在此基础上,少数族群语言支持者认为,特定少数族群语言在任何给定时间内受限的工具性不需要永远受限。确实,如果一种少数族群语言的地位是更广泛的历史和当前社会政治关系的特殊产品,那么为一种语言积极地改变这些更广泛意义上的关系将不仅能提高这种语言的工具性,也能够增加其使用者的流动性。在当下的威尔士和加泰罗尼亚,我们可以看到之前受压制的语言重新出现在公共领域之中,特别是通过教育途径,但也不仅限于此(May,2000b,2002,2003b)。

同样,当多数族群语言使用者明白他们自己的语言也可以为他们满足作为个体和族群极为重要的独特性功能时,他们对少数族群语言使用者放弃自己语言的要求也会因此放松。或者,换言之,如果多数族群语言能够给予其使用者特殊的,而且常常是重要的个人或集体形式的语言独特性,像它们明显可以的那样,那么看起来要拒绝将同样的益处给予少数族群语言使用者就显得不够公正。

由此我们也就开始探讨少数族群语言权利的最后一个主要关注点——潜在的,可以建立的,用以提高少数族群语言使用者流动性,而同时又能够保护他们继续使用一种少数族群语言(如果他们如此选择的话)的立法保护。正是在这个方面,语言人权(linguistic human rights)范式的影响显得尤其重要(同时参见 Skutnabb-Kangas,本书第十五章)。

语　言　人　权

语言人权的研究范式强调,少数族群语言及其使用者应当被赋予至少一部分多数族群语言已经享有的保护和制度支持(如 Kontra,Skuttnabb-Kangas,Phillipson & Várady,1999;Skutnabb-Kangas,2000,2002;Skutnabb-Kangas & Phillipson,1994)。这些在最近几年形成的更广义的有关少数族群权利的学术和法律话语中也得到了大量回应(见 Capotorti,1979;de Varennes,1996;Henrard,2000;Thornberry,1991,2002)。两种话语都作出了一个关键的区分,即国家少数族群应区分为原住民和少数民族两个群体。前者可以被视作是由于历史原因而与某个特殊地域联系在一起,也就是说他们并非是从其他地域移居来的,但是由于征服、联邦或者殖民化的缘故现在被视作是那个区域中的少数族群。后者可以被视作生活在一个新的国家背景下的自愿移民和非自愿的避难者(详细论述见 Kymlicka,1995;May,2001)。

　　国际法的三个关键原则可以在根据这两个少数族群的分类应用到语言人权的进一步发展上。第一个原则已广为接受,即期望国家成员对国家通用的公共语言有所知并不是毫无理由的。这条原则当然是为现代民族国家当前的公共语言同质化奠定基础的中心原则。但是,语言人权的支持者宣称在这个基础上,有可能在一个民族国家为国家少数族群的语言争取合法化和制度化,以及争取他们认为的至少是国家语言所享有的利益的一部分。语言人权倡导者解释说支持这样的少数族群语言权利不是语言替换观的反向实施——即用一种少数族群语言替换一种多数族群语言。这其实是在质疑和反抗为什么一种多数族群(国家)语言的推广必须以牺牲其他所有语言为代价。他们认为,如此一来便可以有效地挑战和反抗文化及语言同质化的国家主义原则中的语言排他性。

　　第二个原则是为了避免语言歧视,不管何种"其他语言",只要拥有足够数量的使用者,这些使用者都应被允许使用这种语言,以作为他们行使公民个人权利的一部分,这是很重要的。也就是说,如果他们愿意的话,应当有机会使用第一语言。如德·瓦勒纳(de Varennes)所说,"对个人语言原则的尊重,如若正当合理,应当来源于一种基本权利,而非某种特惠或特权待遇。简单地说,这种权利就是要求平等对待、无歧视,每个人都被赋予此种权利"(1996:117;黑体为原作者强调)。同样,这条原则很明显可以应用在具体民族国家的少数族群语言使用者身上。

　　第三个原则直接来源于上一个原则——在个人语言选择中如何准确地确定什么是"正当合理"的。在杰出的政治理论家威尔·金里卡(Will Kymlicka,1995)之后,梅(May,2001)提出,只有国家少数族群才可以合理地要求将其语言和文化正式包含在国民领域内。但是,这样的要求不必要也不应当妨碍其他少数族群最起码被允许在私下场合培养、追求自己的历史文化和语言实践而不受阻碍。换言之,将国家少数族群和少数民族的权利区分开来仍旧给予了后者很多语言保护,这是现在很多这样的群体还远不曾享有的——也就是说,国家采取积极的语言保护,全力保护他们的第一语言。这种保护至少在私下领域是可以实行的,而且根据国际法的原则,"有数量保证的话",也将可以在公共领域实行。²

通过语言人权给予少数族群语言群体更多的族群语言民主,并不等于所有这样的族群都具有族群语言学意义上的平等。同样,呼吁更多的族群语言民主也显然并不意味着在所有强势多数族群语言的领域强调语言平等。多数族群语言将继续在大多若非全部语言领域中维持其强势,因为现在已经清楚,这是它们优越的社会历史、社会政治地位(定位)所拥有的特性。相反,认为只有国家少数族群可以要求少数族群语言权利是正当的,却并非是说应当简单地忽视其他民族的要求(详细讨论见 May,2001)。

结论及说明

这些有关少数族群语言权利理论、政策和立法的发展将我们从早期对于语言政策的形成和实施讨论上偏离了不少。接下来,语言人权范式的发展又将注意力转向那些隐藏至深的歧视,其中充满了对少数族群语言及其使用者的污蔑和伤害,不仅在语言方面,也有文化、社会、经济和政治方面。因此,即使在语言权利不再是主要关注点时,更多的新近语言政策研究和原则也越来越关注这些问题。当然,如李圣托(Ricento,2000)所言,很多语言政策的"前沿研究"现在直接关注语言政策的局限(May,2001;Schiffman,1996)和它推进社会变革的潜力(Freeman,1998;Hornberger,1998;May,2001)。

在这两种情况下,文化和语言同质化的国家主义原则及通常伴随而来的语言替换观受到了越来越多的质疑。这些质疑也提出了以下挑战:需要通过语言的更加多元化和包容化的方式重新思考民族国家的概念。直击一些历史不平等现象,如将少数族群语言及其使用者置于社会政治边缘的做法,通过这一过程让我们看到了允许更多具有代表性的多民族和多语言国家存在的可能。对少数族群语言权利的支持者来说,改变国家和公民社会的语言选择,或者至少是扩充这样的选择,可以更好地反映当今大多多民族和多语言国家的文化和语言人口统计学特征。不仅如此,它还可以极大地改善那些少数族群语言个人和族群的生存机会,他们在当下获取及参与公共服务、就业和教育时是处于劣势的,因为语言因果无法同社会经济与社会政治因果分开,反过来也是如此。同样,通过改变"游戏规则",即人们想当然认为的强势语言、现代性及流动性之间具有排他性的关系,应当可以使少数族群语言的保持更加容易。

即便如此,也应该清楚,要使人们更多地承认和接纳少数族群语言及其使用者还是相当艰巨的任务,这绝不仅仅是因为少数族群语言转用和消亡已经达到相当的程度。因此,对语言政策及其学术分析的挑战就是:消除语言政策一直依赖的基本排除历史、排除政治的现代主义的研究方法,以便能够直接地、更具批判性地介入更大范围的社会和政治环境,特别是它们的历史前身,正是这些塑造了语言政策。

值得深入阅读的文献提要

Blommaert, J. (ed.) (1990). *Language ideological debates*. Berlin: Mouton.

  这部编著通过一系列差异巨大的国家背景探讨语言、政治意识形态、国家主义及其对语言政策与规划的实施(及论战)产生的相关影响。

May, S. (2001). *Language and minority rights: Ethnicity, nationalism and the politics of language*. Harlow: Longman.

  本书通过学科交叉与批判性的分析将民族性、国家主义及有关少数民族权利的社会政治理论讨论联系到一起,以讨论它们对少数民族权利的具体意义。本书对少数民族权利进行了非本质主义的辩护,并对来自世界各地的重要案例进行了深入分析。

Skutnabb-Kangas, T. (2000). *Linguistic genocide in education—or worldwide diversity and human rights?* Mahwah, NJ: Lawrence Erlbaum.

  针对当前少数族群语言转用与消亡的过程,或者作者所说的"语言灭绝"及其对立面等问题,本书为少数族群语言权利或语言人权提供了极具抨击性、篇幅极大同时却是易懂而富于信息量的概述。贯穿全书的众多注释与练习提供了大量信息,为此书更添光彩。

讨 论

1. 在你的民族国家范围内使用的语言种类有哪些？它们与哪些群体有关联？
2. 这些语言及其使用者与当下语言规划与政策的重点有何关系？
3. 在你的语言规划与政策环境中,区域性、全国性及国际性语言之间是如何平衡的？与其相关的论点是什么？你认为这些论点在何种程度上是可取的？
4. 审视你自己国家的语言规划与政策历史。其起源何在？在不同时间发生过哪些变化？
5. 在你自己的国家中,少数族群语言权利的原则对语言规划与政策的讨论产生过何种影响？这些原则可能在未来产生何种影响？

注 释

1. 对少数族群语言权利持怀疑态度者时常认为"语言灭绝"一词的使用是很有问题的。他们认为这过于情感化,有阴谋性质。斯库特纳布—坎加斯反驳说,很多怀疑者更倾向于使用的"语言死亡""语言消亡"等术语都有不小的问题,最起码缺少对动因及责任的指认。语言"死亡"或"消亡"并非毫无理由地发生,也并非自然或不可避免的。实际上,它的发生常常在社会、文化、政治层面上与语言群体之间或之内的(常常是极不平等的)权利关系有着密切关系。
2. 总体上来说,斯库特纳布—坎加斯更反对国家少数族群和少数种族的划分,特别是因为这种区分有可能限制后者的语言权利。

参 考 文 献

Anderson, B. (1991). *Imagined communities: Reflections on the origin and spread of nationalism* (rev. edn). London: Verso.

Baker, C. & Prys Jones, S. (eds.) (1998). *Encyclopedia of bilingualism and bilingual education*. Clevedon: Multilingual Matters.

Barry, B. (2000). *Culture and equality: An egalitarian critique of multiculturalism*. Cambridge, MA: Harvard University Press.

Billig, M. (1995). *Banal nationalism*. London: Sage.

Bourdieu, P. (1991). *Language and symbolic power*. Cambridge: Polity.

Brutt-Griffler, J. (2002). Class, ethnicity and language rights: An analysis of British colonial policy in Lesotho and Sri Lanka and some implications for language policy. *Journal of Lan-*

guage, *Identity and Education*, 1(3), 207—234.

Capotorti, F. (1979). *Study on the rights of persons belonging to ethnic, religious and linguistic minorities*. New York: United Nations.

Carens, J. (2000). *Culture, citizenship and community: A contextual exploration of justice as evenhandedness*. Oxford: Oxford University Press.

Coulmas, F. (1998). Language rights: Interests of states, language groups and the individual. *Language Sciences*, 20, 63—72.

Crawford, J. (1994). Endangered Native American languages: What is to be done and why? *Journal of Navajo Education*, 11(3), 3—11.

Crystal, D. (1997a). *English as a global language*. Cambridge: Cambridge University Press.

Crystal, D. (1997b). *The Cambridge encyclopedia of language* (2nd edn). Cambridge: Cambridge University Press.

Crystal, D. (1999). The death of language. *Prospect*, November, 56—59.

de Varennes, F. (1996). *Language, minorities and human rights*. The Hague: Kluwer Law.

Dorian, N. (1998). Western language ideologies and small-language prospects. In L. Grenoble & L. Whaley (eds.), *Endangered languages: Language loss and community response* (pp. 3—21). Cambridge: Cambridge University Press.

Fishman, J. (1968). Sociolinguistics and the language problems of the developing countries. In J. Fishman, C. Ferguson, & J. Das Gupta (eds.), *Language problems of developing nations* (pp. 3—16). New York: John Wiley & Sons.

Fishman, J. (1995). Good conferences in a wicked world: On some worrisome problems in the study of language maintenance and language shift. In W. Fase, K. Jaspaert, & S. Kroon (eds.), *The state of minority languages: International perspectives on survival and decline* (pp. 395—403). Lisse: Swets and Zeitlinger.

Freeman, R. (1998). *Bilingual education and social change*. Clevedon: Multilingual Matters.

Gellner, E. (1983). *Nations and nationalism: New perspectives on the past*. Oxford: Blackwell.

Grimes, B. (ed.) (2000). *Ethnologue: Languages of the world* (14th edn). Dallas, TX.: SIL.

Hamel, R. (1997a). Introduction: Linguistic human rights in a sociolinguistic perspective. *International Journal of the Sociology of Language*, 127, 1—24.

Hamel, R. (1997b). Language conflict and language shift: A sociolinguistic framework for linguistic human rights. *International Journal of the Sociology of Language*, 127, 105—134.

Henrard, K. (2000). *Devising an adequate system of minority protection*. The Hague: Kluwer Law.

Hornberger, N. (1998). Language policy, language education, language rights: Indigenous, immigrant, and international perspectives. *Language in Society*, 27, 439—458.

Kontra, M., Phillipson, R., Skutnabb-Kangas, T., & Várady, T. (eds.) (1999). *Language: A right and a resource. Approaching linguistic human rights.* Budapest：Central European University Press.

Krauss, M. (1992). The world's languages in crisis. *Language*, 68, 4—10.

Krauss, M. (1995). Language loss in Alaska, the United States and the world：Frame of reference. *Alaska Humanities Forum*, 6(1), 2—5.

Kymlicka, W. (1995). *Multicultural citizenship：A liberal theory of minority rights.* Oxford：Clarendon Press.

Luke, A., McHoul, A., & Mey, J. (1990). On the limits of language planning：Class, state and power. In R. Baldauf & A. Luke (eds.) *Language planning and education in Australia and the South Pacific* (pp. 25—44). Clevedon：Multilingual Matters.

May, S. (2000a). Uncommon languages：The challenges and possibilities of minority language rights. *Journal of Multilingual and Multicultural Development*, 21, 366—385.

May, S. (2000b). Accommodating and resisting minority language policy：The case of Wales. *International Journal of Bilingual Education and Bilingualism*, 3, 101—128.

May, S. (2001). *Language and minority rights：Ethnicity, nationalism and the politics of language.* London：Longman.

May, S. (2002). Developing greater ethnolinguistic democracy in Europe：Minority language policies, nation-states, and the question of tolerability. *Socialinguistica*, 16, 1—13.

May, S. (2003a). Misconceiving minority language rights：Implications for liberal political theory. In W. Kymlicka & A Patten (eds.), *Language rights and political theory* (pp. 123—152). Oxford：Oxford University Press.

May, S. (2003b). Rearticulating the case for minority language rights. *Current Issues in Language Planning*, 4(2), 95—125.

May, S. (2004). Rethinking linguistic human rights：Answering questions of identity, essentialism and mobility. In D. Patrick & J. Freeland (eds.), *Language rights and language "survival"：A sociolinguistic exploration* (pp. 35—53). Manchester：St Jerome.

Mey, J. (1985). *Whose language? A study in linguistic pragmatics.* Amsterdam：John Benjamins.

Mühlhäusler, P. (1996). *Linguistic ecology：Language change and linguistic imperialism in the Pacific region.* London：Routledge.

Nelde, P., Strubell, M., & Williams, G. (1996). *Euromosaic：The production and reproduction of the minority language groups in the European Union.* Luxembourg：Office for Official Publications of the European Communities.

Pennycook, A. (1994). *The cultural politics of English as an international language.* London：Longman.

Pennycook, A. (1998). *English and the discourses of colonialism.* London：Routledge.

Phillipson, R. (1992). *Linguistic imperialism.* Oxford: Oxford University Press.

Phillipson, R. (2003). *English-only Europe? Challenging language policy.* London: Routledge.

Ricento, T. (2000). Historical and theoretical perspectives in language policy and planning. In T. Ricento(ed.), *Ideology, politics and language policies: Focus on English* (pp. 9—24). Amsterdam: John Benjamins.

Romaine, S. (2000). *Language in society: An introduction to sociolinguistics* (2nd edn). Oxford: Oxford University Press.

Rubin, J. & Jernudd, B. (eds.) (1971). *Can language be planned? Sociolinguistic theory and practice for developing nations.* Hawaii: University of Hawaii Press.

Schiffman, H. (1996). *Linguistic culture and language policy.* London: Routledge.

Schlesinger, A. (1992). *The disuniting of America: Reflections on a multicultural society.* New York: W. W. Norton.

Skutnabb-Kangas, T. (2000). *Linguistic genocide in education—or worldwide diversity and human rights?* Mahwah, NJ: Lawrence Erlbaum.

Skutnabb-Kangas, T. (2002). Marvellous human rights rhetoric and grim realities: Language rights in education. *Journal of Language, Identity and Education,* I, 179—206.

Skutnabb-Kangas, T. & Phillipson, R. (1994). Linguistic human rights, past and present. In T. Skutnabb-Kangas & R. Phillipson (eds.), *Linguistic human rights: Overcoming linguistic discrimination* (pp. 71—110). Berlin: Mouton.

Stavenhagen, R. (1992). Universal human rights and the cultures of indigenous peoples and other ethnic groups: The critical frontier of the 1990s. In A. Eide & B. Hagtvet (eds.), *Human rights in perspective* (pp. 135—151). Oxford: Blackwell.

Thornberry, P. (1991). *International law and the rights of minorities.* Oxford: Clarendon Press.

Thornberry, P. (2002). Minority and indigenous rights at "the end of history." *Ethnicities,* 2, 515—537.

Tully, J. (1995). *Strange multiplicity: Constitutionalism in an age of diversity.* Cambridge: Cambridge University Press.

朱晓宇 译　　方富民 校对

第十五章　语言政策与语言人权

杜夫·斯库特纳布—坎加斯

正如本书引言和许多其他章节所说的那样,语言政策可以有多种不同的定义。语言人权把语言权和人权联系在一起,语言人权仅仅是语言权中的一部分,首先,这部分语言权对于满足人们的基本需要并使他们过上有尊严的生活是必不可少的;其次,这部分语言权是十分基础与根本的,没有一个国家、个人或群体可以侵犯。许多语言权并不属于语言人权。如诉讼中,即便是在民事诉讼中,理想状况是法官或证人都应该使用每一个当事人的语言,或用该语言签字,无论这门语言的实际人数有多少。目前多数情况下,只有在刑事诉讼中告知指控罪名时才使用嫌疑人能理解的语言(不一定是其母语),这才是语言人权;所有其他都可能是语言权,人们能否拥有这种权利取决于具体的国家和语言;最好的情况也就是聘请口译员,并由国家付费。同样,理想状况是能够满足以下要求:

> 所有语言社区都有权支配一些必要的人力和物质资源,这些资源可以确保他们的语言以他们想要的方式在他们属地内的不同教育层次存在。这些资源包括:经过正规培训的教师、适宜的教学法、教科书、资金、房屋和设备,以及传统科技和创新科技。
>
> (《世界语言权宣言》(草案),1996)

但是这些要求根本不切实际,因而不能认为它们属于语言人权。[1]目前,世界上只有几十个语言社区拥有这类权利;而全球约有 6500—7000 种口头语言和大约同等数量的手势语。[2]

语言人权领域有两类不同的关注点。一类是"把语言作为身份标记的表现性关注",另一类是"把语言看作交流工具的工具性关注"(Rubio-Marín, 2003:56);这些很好地对应于斯库特纳布-坎加斯和菲利普森[如1994]所指的"必需"权利和"充实取向的"权利)。表现性(或非工具性)语言观"旨在确保个体能够享有安全的母语语言环境,并且语言群体拥有文化自我繁殖的公平机会"(Rubio-Marín, 2003:56)。只有这些权利才被卢比欧-马林(Rubio-Marín,塞维利亚研究宪法的一位教授)称为"严格意义上的语言权"(第56页);也就是说,这些权利可以看作是语言人权。"工具性"语言观"旨在确保语言不会阻碍人们充分享有某些具有语言特点的权利,不会阻碍人们切实参与公共机构和民主过程,也不会阻碍人们享有需要语言技能的社会和经济机会"(第56页)。

到目前为止,尚不清楚哪些应该属于而哪些不应该属于语言人权,对此存有激烈的争论。难点之一在于这一问题涉及多门学科。人权律师常常对语言所知甚少,至少最初是这样。语言专家往往不太了解法律问题。一些社会语言学家、社会学家、教育学家、政治科学家等可能比较清楚与所有语言政策问题都必然相关的权力关系,但对于人权法甚至语言还是不太清楚。工具论者认为,对语言表现性方面感兴趣的专家未能考虑语言的工具性以及语言以交流为目的的特点,例如,由于阶层或性别原因无法公平使用正规语言或国际语言,消极争端便由此产生。刊登于《语言、身份与教育期刊》(*Journal of Language, Identity and Education*)(1(3),2002;3(2),2004)中的争论就说明这一旧有分歧又重新浮现了。20世纪60年代和70年代,在少数民族整合(如,他们认为自己的语言和就业哪个更重要?)和原住民权利(认同或自治、土地权)的问题上也发生了同样的争论。大多数群体既关注表现性权利,也关注工具性权利,通常两者互为条件、互为因果。我们许多人都会接触到这两类权利,并认为它们是互补的,而不是互相排斥的。

在篇幅不长的这一章里,我将首先分析国际和地区人权公约和宣言中包含(或未包含)的语言人权类型,然后讨论教育语言人权及其缺失。接下来我将罗列在语言权讨论时经常用到的一些对立概念,并澄清一个问题,即如果语言政策的目标之一是(少数民族以及全社会的)恰当整合而不是被同化,那么语言人权在其中所处的位置是什么。最后,本章将得出一些试探性结论。

人权中的语言

语言是最重要的人类特征之一,人们不应因其语言而受到歧视。其他类似特征有性别、"种族"和宗教。尽管如此,在有约束力的人权文书有关教育的条款中,常常不见语言的踪影。例如,在《世界人权宣言》(1948)中,教育相关的条款(第26条)根本就没有提到语言。该条款的主旨是确保免费全民教育。联合国教育权特别报告员、人权律师卡塔利亚·托马塞斯基女士(Katarina Tomaševski)在她诸多的报告中指出,在许多国家,即便这一权利也未能得到保障(见 www.right-to-education.org/content)。教育相关的条款中提到"人性的全面发展"以及家长"选择孩子应受教育类型"的权利,但是并未包括选择教育用语的权利。教育语言人权,尤其是以母语为教育用语的受教育权利,对于任何少数群体都是最重要的权利。如果丧失这些权利,有学龄子女的少数群体通常无法作为一个少数群体而自我繁衍。那么,这个群体将无法融入多数群体而是被迫同化。

人权文书中有约束力的教育条款和其他条款相比,有更多退出选择、变动、备选项等。以《联合国在民族或族裔、宗教和语言上属于少数群体的人的权利宣言》(1992;原作者强调:引号表示"强制性的"积极措施;黑体表示不予遵守)为例:

    1.1 各国在各自领土内"应保护"少数群体的存在及其民族或族裔、文化、宗教和语言上的特征,并"应鼓励"那些"促进"该特征的行动。

    1.2 各国"应采取"适当的立法"和其他措施以实现这些目的"。

    1.3 各国**应采取适当的**措施,**在可能的情况下**,使少数群体的人有**充分的**机会学习其母语或接受母语教学。

第十五章 语言政策与语言人权

欧洲议会制定的《保护少数民族框架公约》和《欧洲地区语言或少数族群语言宪章》于1998年生效,两者都包含许多这样的变动、备选项和不予遵守选择。[3]《框架公约》的教育条款如下:

> 在传统上由属于少数民族的人居住的区域或少数民族聚居的区域,"如果有充分需求",各方应"努力"确保,"在可能的情况下"并"在他们的教育体制框架内",属于这些少数民族的人有"充分的"机会以其族群语言接受教育"或"以该语言进行教学。(引号内为本书作者强调)

当然,在撰写对当地环境敏感、并具约束力的公文时,存在一些实际困难。尽管如此,很显然因为《宪章》和《公约》中有了不予遵守选择和备选项,不愿遵守这些规约的国家就完全可以仅在最低限度上满足这些要求,并且把这些做法合法化:他们宣称实施某一条款不"可能"或不"合适",或者总数不"够大"或不足以"证明"可以实施这一条款,或者某一条款"允许"少数民族把自己的语言作为一门学科来组织教学,不过所有费用得由他们自己承担。这意味着少数族群语言甚至说这些语言的人可以"在可能的情况下"并"在[这个国家的]教育体制框架内",获得一些模糊的权利、"适当的措施"或"充分的机会",不过条件是"有充分需求"和"可观的数量"或者"有足够数量的学生有此愿望"或"某个地区语言或少数族群语言的使用人数足够多"。涉及教育用语的条款限制颇多,因此少数民族完全听凭国家的摆布。在世界其他地区,尽管有几种特定的语言可能享有广泛的权利(如加拿大的法语),但是与少数族群语言或与讲少数族群语言的人明确相关的通用文书通常还没有美国的这么多(有关少数民族权利的讨论,见本书第十四章)。

尽管如此,人权体制应该在全球化进程中保护人们,而不是完全听凭市场力量的摆布。人权律师卡塔利亚·托马塞斯基(Katarina Tomaševski, 1991:104)认为,人权,尤其是经济和社会权利,应该对自由市场起纠正作用。第一个国际人权条约废除了奴隶制。禁止奴隶制意味着不应该把人当作市场商品来对待。国际劳工组织进而补充道,不应该把劳工看作商品。

但是价格标签也应该从其他方面移除掉。托马塞斯基认为(第104页),"国际人权法的目的在于……推翻供需法则,把价格标签从人们及其赖以生存的生活必需品中去掉。"而这些赖以生存的必需品不仅仅包括基本食物和住房(这些归于经济和社会权利之下),还包含基本的公民权、政治权和文化权,以便维持有尊严的生活。因此,给予人们完整的语言人权是符合人权精神的。

教育语言人权及其缺失

在缺乏有约束力的教育人权的情况下,大多数少数民族不得不接受以强势语言或大族群语言为教学用语的减损性教育。在减损性语言学习中,一门新的(强势或大民族)语言的学习是以损失母语为代价的,母语不得不让位,形成双言现象,[4]进而母语常常会被取而代之。同化主义的减损性教育是种族灭绝性的。教育制度和大众媒介是语言和文化灭绝中(最)重要的直接执行者。隐藏其后的是全球的经济、科技军事和政治体系。

每当人们听到有关语言和教育的"种族灭绝"一词时,他们的反应常常是惊呼:"这个用词有些过于厉害了。"《联合国防止和惩治种族灭绝罪公约》(E73)(1948)对于种族灭绝有五项定义。其中两项适用于当今的原住民和少数民族教育:第二条(e),"强迫把一个群体的儿童转移至另一群体"和第四条(b),"致使该群体成员在身体上或精神上遭受严重伤害"。在《公约》的最后草案的第三条(1)中,还有一项有关语言灭绝的明确定义——这一条款后来被16个国家投票否决,因而未能成为《公约》的一部分:"禁止在日常交际中使用该群体的语言或者禁止印刷和发行该语言的出版物。"以下是来自不同研究的一些具体实例。从中可见,一个语言群体的儿童被强迫转移至另一语言群体,或浸入式教育对儿童造成了严重精神伤害。亚努尔夫(PirjoJanulf,1998)在一项历时研究中表明,在瑞典的芬兰移民,如果所受教育是以瑞典语为教育用语,那么他们都不用芬兰语和子女交谈。尽管这些人自己可能没有完全忘记芬兰语,但他们的子女至少在语言上无疑被强迫转移到了多数群体。爱德华·威廉斯对赞比亚和马拉维的 1500 名一到七年级学生进行了一项研究,结果表明相当数量的赞比亚学生(接受的所有教育都是用英语进行的)"在两门语言上的阅读能力都非常弱或甚至为零"(1998:62)。马拉维儿童(最初四年由当地语言教学,英语是一门独立科目)的英语考试成绩要稍好于赞比亚学生。威廉斯得出的结论是:"显然,把英语作为教学用语这个政策存在风险,它有可能阻碍而不是促进学业和认知发展"(第63—64页)。这符合联合国对于种族灭绝定义中的"造成精神伤害"。在德赛(Zubeida Desai,2001)的研究中,南非讲科萨语(Xhosa)的四年级学生和七年级学生首先需要对一组图片进行排序,然后用科萨语和英语描述图片。用德赛的话说,结果表明"当孩子们用科萨语表达的时候,词汇很丰富;而用英语表达时,词汇却很匮乏"(第321页)。凯瑟琳·休(Kathleen Heugh,2000)对南非黑人学生的期末考试成绩进行了全国范围的历时性数据分析,结果表明,随着用母语学习的年份减少,黑人学生通过考试的比例也相应下降。安·洛威尔(Anne Lowell)和布莱恩·德夫林(Brian Devlin)在文中描述道,"在双语学校中,原住民学生和他们的非原住民老师之间沟通不畅",并清晰地表明"即使到小学后阶段,学生常常无法理解用英语进行的课堂教学"(Lowell & Devlin,1999:137)。孩子和他们的非原住民老师之间常常出现沟通问题(第138页),结果是"当用英语进行教学和交流时,沟通的问题严重阻碍了儿童教育"(第137页)。他们对此提出的结论和建议是:"采用儿童还未充分掌握的语言作为教学语言是原住民儿童成功进行课堂学习的最大障碍。"(第156页)

在题为"双语教育——以基韦廷(Keewatin)为例"的报告中,凯特琳·左祖卡和西蒙(Katherine Zozula & Simon,1985)描述了加拿大因纽特(Inuit)"学生不能用任何一门语言流利对话或读写",并通过数据表明学生们"在接受九年学校教育后,最终成绩只是达到四年级水平"(引自 Martin,2000b,第3页;亦可见 Martin,2000a)。加拿大原住民皇家委员会(1996)的报告书中提到,"如果浸入式教育策略既没有尊重儿童的第一语言,也未能帮助他们流利地使用二语,那么就会导致两门语言的流利度都遭受损害"(引自 Martin,2000b,第 15 页）。1998 年 3 月召开的加拿大努纳威特（Nunavut）语言政策大会指出，"对于有些人，两门语言都不扎实"（引自 Martin,2000b:23）。麦克·马龙和阿里克西娜·库布卢（Mick Mallon & Alexina Kublu,1998）声称"有相当数量的年轻人语言不够流利"，许多学生"常常两门语言的语言技能都非常弱，他们自己对此无动于衷"（引自 Martin,2000b:27）。基蒂克莫（Kitikmeot,1998）在一份加拿大报告中力图阻止因纽特语（Inuktitut）的消亡，他指出"青少年无法和他们的祖辈流利交谈"（引自 Martin,2000b:31）。

许多有关聋儿的研究（Branson & Miller,2002;Jokinen,2000;Lane,1992 等）显示，如果聋儿仅接受口头教学，而手语在课程中没有任何地位，这样的同化主义浸入式教育常常会对其造成精神伤害，包括严重阻碍或延缓认知发展。这样的例子不胜枚举。简而言之，减损性教育的后果是什么呢？根据联合国《种族灭绝公约》对于种族灭绝的定义，减损性教育是具有种族灭绝性的。它取代了母语，扼杀了语言。它使学习者无法获取深层次的文化知识，无法获取与他们的天赋才能相符合的知识和技能，而这些知识和技能对于学习者实现社会经济的流动性和民主参与是必不可少的。此外，减损性教育还浪费了资源。

语言人权作为阻止语言灭绝的必要（却不是充分的）措施，对于所有这些学生（包括他们的家长和社群）都是必需的。但是对于许多研究者（更不用说从政者或者"普通人"）而言，语言多样性似乎是件麻烦事。即便是像威尔·金里卡（Will Kymlicka）和艾伦·帕顿（Alan Patten）这样颇受尊敬的政治理论家也似乎认为"语言多样性使事情复杂化了"（Patten & Kymlicka,2003:3），或者语言多样性是"建立更强的欧洲公民认同感的最重要障碍之一"（第 9 页），或者语言多样性是一个"问题"（第 9 页）。这些不只是出言不当的口误。金里卡和帕顿（2003）在文中反复提到所谓语言多样性是一种障碍等这类偏见（第 6 页），另外还提到了其他偏见（见下文）。把语言多样性称为一个难题、障碍或者问题其实就是在否认现实，并为这样的现实而遗憾——就好比宣称有两条腿和五个手指比只有一条腿、一个手指要复杂得多。除了极少数的几个例外，全世界的绝大多数国家都是多语国家，按照德比·帕塔那亚克(Debi Pattanayak)的说法,"主张单一语言对于多语国家并不现实"(Debi Pattanayak,1988:382)。语言多样性是我们这个星球正常的生活状态。在我看来,所谓的难题、障碍或问题,并不在于语言多样性,而是在于我所讨论的单语简化论观点(如2000:238—248)。

甚至连一些值得信赖的学者也普遍持有其他一些错误观点。他们认为,不知什么原因,少数民族不太愿意("不能够或不情愿",Kymlicka & Patten,2003:12)学习大民族/强势语言,他们聚居在一起,这样"即便是第二代或第三代移民,他们生活和工作中使用的语言也主要是祖辈的语言,他们对国语的掌握程度极低或为零"(Patten & Kymlicka,2003:6;同一句话出现在 Kymlicka & Patten,2003:6)。这样看来,好像不迫使他们"语言一体化"(这似乎就意味着同化,"接受同一语言的标准化公共教育")就"会把公民分割成相互敌对的不同群体"(Kymlicka & Patten,2003,第12页)。因此,根据这一推理,给予少数民族权利以接受用母语进行的教育,对于少数民族本身乃至整个社会,都会是一个名副其实的灾难。

大多数情况下,这些观点都不正确,但它们却构成了同化主义神话的一部分,其结果是语言灭绝和文化灭绝而不是享有语言人权。教育语言人权既包括有权接受以母语为教学用语的基础教育,也包括有权掌握官方/强势语言。这两者并不矛盾。在增加式学习环境中,高水平的大族群语言技能增进了高水平的母语技能。阿林·斯泰尔斯(Stairs,1994)的研究表明,"在那些支持因纽特语启蒙学习的学校中,如果三年级和四年级学生因纽特语的写作能力强,那么这些学校的英语写作分数也最高"(引自 Martin,2000b:60;亦见 Stairs,1988)。阿拉斯加的于匹地区(Yu'piq)教师南希·夏普(1994)做了这样的比较:当于匹地区儿童以英语接受教学时,会被"白人"老师看作智力低下,学生们也没有学到什么知识;而当以于匹语接受教学时,他们就是"出色的写作者,是聪明而快乐的学生"(引自 Martin,2000b:62;另见 Lipka with Mohatt & the Ciulistet Group,1998)。许多论著详细说明了尊重教育人权和其他人权的增加式教育的组织方式。[5]

许多软法文件(有关这一概念,见下文)中也能找到一些佐证。欧洲安全与合作组织少数民族问题高级专员署(OSCE High Commissioner on National Minorities)通过的《海牙少数民族教育权的若干建议》(1996)提议,所有层次的少数民族教育(包括中等教育)都应开展以母语为教学用语的教育。这需要把强势语言作为第二语言的双语教师(第11—13页)。注释部分对于浸入式教育有如下陈述:"如果课程完全是以国家语言作为教学用语,少数族群儿童完全被纳入到多数族群儿童的课堂中,这样的浸入式教学法不符合国际标准"(OSCE High Commissioner on National Minorities,1996:5)。这意味着大多数原住民和少数民族接受的教育即浸入式教育不符合国际人权标准。

一些政治家可能会对此表示认同,许多可能宣称他们的出发点是想要组织更高质量的教育,但是通常对之反驳的论据是:"既让学生获得深层次的文化知识和创造力,使他们能够高水平地使用多种语言,同时又维持世界的多语性,这样的可持续性教育难道不可能实现?或者在经济上不可行吗?"巴布亚新几内亚(Papua New Guinea),一个大约500万人口的小国家,就是一个很好的例子。这个国家拥有全世界最多的语言:超过850种。根据世界银行的戴维·克劳斯(Klaus,2003)的报道,自2002年以来,有470种语言在学前教育和一、二年级中被作为教学用语。其效果部分如下(Klaus,2003):学生们更快速更轻松地学会识字。与在以英语为教学用语的旧体制下学习的同胞相比,这些学生学习英语更快速更轻松。孩子们,包括女孩子们在内,都留在学校接受教育。从1993年开始用母语教学的三个省份在六年级期末考试中的成绩要远远高于其他一开始就用英语教学的省份。因此,教育不参与到语言灭绝行动中,是完全可能的。

人权中的对立概念

在一些国家,要保障语言人权障碍重重,其原因是人们担忧语言多样性会妨碍国家通过统一语言来实现国家整合。据说有一类语言政策目标(少数民族的语言同化)是促进这一整合。我们首先需要对整合和同化概念下定义,以便看清一个否认语言人权的语言政策是否真正促进整合。[6]

同化(assimilation)可以被定义为:(1)区别性特征消失,即在客观上,物质和非物质文化的特定成分消失,并在主观上,对某一特定族群的归属感消失;(2)与此同时,在客观上,吸收了另一文化的特征,以此取代原有文化的特征,同时主观上对于第二文化产生归属感。整合(integration)指在异质族群中形成一系列共同特征。同化是减损性的,而整合是增加式的。就原住民和少数民族儿童的教育而言,这些概念可以定义如下。在减损式教学(subtractive teaching)中,教学用语是强势语言而不是少数民族儿童的母语。他们学习强势语言是以牺牲母语为代价的。在增加式教学(additive teaching)中,教学用语是少数民族的母语,而把强势语言作为第二语言来进行高质量地教学。增加式教学使得少数民族的儿童能够高水平地使用双语或多语。他们除了自己的语言外,还学习了其他语言,并且都学得很好。我们还可以把减损式和增加式概念用到同化或整合概念,那么同化是一个(强势)文化对一个(弱势)群体强迫进行的减损性"学习"。同化意味着转移到另一个群体中。整合的特点是对其他文化的增加式"学习",这种学习是双向的,也是自愿进行的。整合意味着自愿选择加入某一群体。就这两组定义而言,显然大多数国家对于原住民和少数民族的态度还处于这样一个阶段,即讨论同化/整合的时候,只是从与原住民/少数民族相关的情形或设想的情形出发,却很少考虑到与强势人群有关的情形,说实在也没有指望或设想强势人群会有变化。如果教育和语言政策的总体目标是真正的整合而不是同化,那么此时需要哪种语言人权呢?

讨论人权时常会遇到几组对立概念。接下来,我们将分析这些对立概念,以便确定原住民和少数民族必须拥有哪些权利才能参与相互整合而不需被同化? 其中一些对立概念如下所示:

- 消极权利与积极权利
- 容忍性权利和促进性权利
- 个体权与集体权
- 属地权与个人权

● "软法"中的权利与"硬法"中的权利

消极权利被马克斯·范·德尔·斯窦(Max van der Stoel,1999:8)定义为"享有人权时不受歧视的权利",而积极权利则指"通过自由追求他们少数民族生活的独特方面——通常是文化、宗教和语言,从而得以维持和扩展身份的权利"。消极权利必须

> 确保少数民族得到所有其他保护,而无须考虑他们的种族、民族或宗教状况;他们因此享有该国所有人都享有的许多语言权利,例如言论自由以及在刑事诉讼中用他们所理解的语言被告知指控罪名的权利,如果有需要也可以通过免费提供的口译员告知。(van der Stoel,1999:8)

积极权利

> 包含不歧视之外的积极义务……[这]包括许多仅仅因为少数民族身份而与少数民族有关的权利,例如使用自己语言的权利。这一核心权利非常必要,因为一个单纯的不歧视准则结果可能是迫使少数民族人们转向大族群语言,实际上是拒绝给予他们身份权。(van der Stoel,1999:8—9)

许多政治科学家似乎认为,只有(大的)少数民族的语言才应该由国家来推广,也就是享有积极权利,而小的少数民族和原住民,尤其是移民能够期望的最多也就是容忍性的消极权利。另一方面,容忍和不歧视,从民主的角度可以理解为国家不因一个群体的特性(如宗教)而加以干预,而这在语言上并不适用。一个国家必须选择某个(或某些)语言作为施政、法庭、教育抑或媒体等使用的语言,而这势必给予某种(或某些)语言特权(见Rubio-Marín,2003)。我的观点是,对于恰当整合而言,积极的促进性权利是必需的。仅仅享有消极的容忍性权利还不够,而且可能会导致少数群体被迫同化。

以下一组对立概念是关于个体权与集体权。两次世界大战之间的国家联盟的人权制度中包含许多集体权；原则上大多数少数民族权利都应该是集体权（见本书第十四章）。1945年后的联合国体制下，有观点认为，既然每个人都作为个体受个体权的保护，因而不再需要集体权。简单地说，西方国家大多反对集体权，非洲国家对许多集体权都表示支持，而亚洲国家在这一问题上则存在较大分歧，而这正是亚洲地区性人权法案不能通过的重大障碍之一。我的第二个观点是，为了恰当整合，个体权利和集体权利两者都需要。单单拥有其中一项权利并不够。这并不是两者选其一的问题，而是两者都要有。

另外一个观点是，为了恰当整合，属地权与个人权两者都是需要的。属地权只有对有传统领域并居住在该领域内的少数民族适用，如果你住在某个地域内，例如瑞士的"德语"州或者"意大利语"州内，不管你的母语是什么，你仅有权利享受由那个语言提供的服务。至于个人权，不管你在何处居住，都可以以个人身份享有权利，对于聋人、罗姆人（Roma）、移民和其他非地域性少数族群更重要。这些权利对于居住在群体地域外的背井离乡、散居在各地的人们也非常重要。

最后一个观点是，为了恰当整合，传统的"硬法"权利（"hard law" rights）（对于批准国具有约束力的盟约、公约、宪章等内包含的权利）和"软法"权利（"soft law" rights）（宣言、建议等以及开始形成判例却不具约束力的最高法院判决内包含的"权利"）都是必不可少的。大多数硬法文书反映的是二战之后或主要的去殖民化时期的情况。它们并不能应对当前面临的挑战。

不同群体可以根据他们受人权保护的程度进行等级排序。降序排序结果如下：

1. 语言多数族群/强势语言群体与语言少数族群/弱势语言群体
   (a)（土生土长的）少数民族
   (b)原住民
   (c)移民
   (d)难民

2. 有声语言使用者与手语使用者

有声语言使用者比手语使用者享有更多的权利（即便手语使用者享有一些残疾人权利）。《欧洲地区性语言或少数族群语言宪章》（欧洲委员会，1998a）就是一个例子：没有一个国家承认它适用于手语（批准的只是口头语言），尽管《宪章》中对于"地区性语言或少数族群语言"的定义理应把手语包含在内。这是很可悲的，因为《欧洲宪章》至少可以在第八条教育条款中给予一个群体一些教育权利。

结　　论

语言人权可能有助于

- 防止语言灭绝；
- 促进整合，避免人们被迫同化；
- 推动国家制定有关少数族群语言的积极政策；
- 进一步保护全球语言多样性；
- 进一步防止冲突；推动民族自决。

我们是否应该保持乐观呢？斯塔文哈根教授（Rodolfo Stavenhagen, 1995:76—77）做了如下陈述：

> 民族整合政策、民族文化发展政策实际上常常意味着种族文化灭绝政策，也就是对于文化群体的蓄意毁灭。不管是少数族群还是多数族群，族群的文化发展必须置于民族自决权的框架内进行考虑。根据公认的国家标准，民族自决权是基本人权，没有民族自决权，其他人权都不可能真正享有。政府担心，如果少数族群拥有完全政治独立权意义上的民族自决权，现有国家就可能瓦解。因此就目前而言，国家利益还是比族群人权更重要。

创造力、发明、投资、多语制和增加式教学归于一体。创造力和新思想是知识社会的主要资产(文化资本),是人类适应变化、解决自己造成的灾难的前提条件。在工业社会,主要产品是商品。那些控制原材料的获取、拥有其他必要条件和生产工具的人才能有所成就。在知识或信息社会,主要产品是知识和想法。那些能够获取不同知识、不同信息、不同想法即创造力的人才能有所作为。在知识社会,一致性是一种不利条件。有些一致性可能对于工业化的某些方面会有促进作用。而在后工业知识社会,一致性肯定是一种不利条件。

创造力、革新和投资作为增加式教学和多语制的产物,它们三者之间的关系可以被描述如下:创造力先于革新,同样也体现在商品生产中;投资紧随创造力之后;多语制可能会提高创造力。与单语使用者相比,高水平的多语使用者作为一个群体在有关"智力"、创造力、发散性思维、认知灵活性等方面的考试上表现更好。[7]最后,增加式教学能促进高水平地使用多种语言。各国应该推进语言人权,这不仅仅是出于道德考虑,更确切地说是为了各国自身的利益。

值得深入阅读的文献提要

de Varennes, F. (1996). *Language, minorities and human rights*. The Hague: Kluwer Law.

本书是目前有关语言和法律最完整的参考书。作者是一位律师,该书包括将近 100 种与语言权有关的国际、多边和双边文书中的条款,以及 140 个国家有关语言的宪法条款。

Kontra, M., Phillipson, R., Skutnabb-Kangas, T., & Várady, T. (eds.) (1999). *Language: A right and a resource. Approaching linguistic human rights*. Budapest: Central European University Press.

本书涉及多种学科,作者分别为社会语言学家、律师、经济学家、媒体研究者和语言学家。该书比较和应用不同国家语言人权的一些概念,以便澄清这些概念。书中还提供不少东欧的实例。

Kymlicka, W. & Patten, A. (eds.) (2003). *Language rights and political theory*.

Oxford: Oxford University Press.

  本文集由大多承袭自由主义思想的政治科学家所著,强调语言政策和权利的经验局限和规范的复杂性,明确了语言多样性对于政治理论提出的挑战。

May, S. (2001). *Language and minority rights: Ethnicity, nationalism, and the politics of language.* London: Longman.

  本书由一横跨多学科的社会学家所著,全面阐述了书名提及的若干问题之间的相互关系。该书汇集了语言社会学、民族社会学、民族主义社会学、社会语言学、社会和政治理论、教育学、史学以及法学关于语言的争论,书中给出了多个民族的背景和实例。

Skutnabb-Kangas, T. (2000). *Linguistic genocide in education—or worldwide diversity and human rights?* Mahwah, NJ: Lawrence Erlbaum.

  本书共818页,综合了以下方面的理论性问题和实证调查:语言人权、多语教育和少数民族教育、语言生态学和濒危语言、生物多样性和语言多样性之间的关系,以及不平等的权力关系对种族地位、语言和文化能力及身份认同的影响。

Skutnabb-Kangas, T. & Phillipson, R. (eds.) (1994). *Linguistic human rights: Overcoming linguistic discrimination.* Berlin: Mouton.

  本书描述了什么是语言人权,哪些人拥有语言人权,哪些人被剥夺了语言人权,并解释其原因。然后分析了原住民和少数民族的人权,既有概要分析,也有对北美和拉丁美洲、数个欧洲国家、苏联、印度、库尔德斯坦以及澳大利亚的具体分析。附录内容充实,包括与人权有关的精选文件中的摘录。

Thornberry, P. (1997). Minority rights. In Academy of European Law (ed.), *Collected courses of the Academy of European Law. Vol. VI, book* 2 (pp. 307—390).

The Hague: Kluwer Law.

这篇文章完整地描述并讨论了当代少数民族权利。

讨 论

1. 想想自己的生活。首先,列出你认为应该属于语言人权的语言权。在理论上,哪些语言权对于你过上有尊严的生活并满足你的基本需求是绝对必需的?以小组为单位完成,然后比较所列的语言权。确保你们小组中至少有一些成员来自语言少数族群。哪些方面你们表示赞同,哪些方面你们有不同意见?你们所有人是否都拥有基本语言人权?如果不是,分析其原因。

2. 请看欧洲委员会文书中有关退出选择的表述和变更项。选择一个你感兴趣并有所了解的国家,在网上找到这个国家每个文书的报道以及相应的监管委员会的报道。了解教育条款是如何被诠释和报道的。看看监管委员会(主要由律师构成)是否对教育有足够了解?你能够提供给他们什么知识?

3. 组织一次讨论,模拟首例法庭诉讼案(目前正在准备过程中),考查对某个特定儿童或群体进行以大族群语言作为教学用语的教育是否符合种族灭绝的标准。在附近学校找到你知道的相关例子。正反两方(一方认为这是种族灭绝的问题,另一方认为不是)既扮演律师的角色,又扮演专家证人的角色。你将如何论述?在案件辩论中还需要哪些额外知识?你可以从哪些途径获取这些知识?

4. 你自己是否参与过教育中的语言灭绝行动?请讨论!

5. 如果说"要使教育不参与到语言灭绝行动中,是完全可能的",为什么事实上没有这么做呢?比较两者的长期和短期代价。从两个附近学校的预算出发,其中一个学校采取以强势语言为教学用语的浸入式课程,另一学校采取晚退过渡性课程。查看数据以了解长期后果。(也许可以参考 Thomas and Collier,2002。)你还需要哪类数据以便有个完整了解?语言经济学家弗朗索瓦·格林是这一领域在理论和实际应用方面的专家(www.geneve.ch/sred/collaborateurs/pagesperso/d-h/grinfrancois/francoisgrin_eng.html)。

注　释

非常感谢凯丽·林·格拉姆(Kelly Lynne Graham)为本文所做的、我所见过的最仔细的编辑工作。

1. 有关《世界语言权宣言》(草案)的内容和批判性评论,请见 Skutnabb-Kangas(2000:541—548)。
2. 相关语言的罗列,请见 www. sil. org/ethnologue。有关数据的不可靠性,请见 Skutnabb-Kangas(2000,第一章)。
3. 更新请见 http://conventions. coe. int/treaty/EN/cadreprincipal. htm。
4. "双言现象"指语言在功能上的区别;例如,一种语言在家庭及邻里间使用,另一种语言在学校以及和权威方交流时使用。
5. 文献请见吉姆·克劳福德(Jim Crawford)主页(http://ourworld. compuserve. com/homepages/JWCRAWFORD)、吉姆·卡明斯(Jim Cummins)主页(www. iteachilearn. com/commins/index. htm)和 www. terralingua. org 的参考书目。亦可参看 Skutnabb-Kangas(1995)。
6. 整合和同化的定义引自 Skutnabb-Kangas(2000:123—134 的讨论部分)。
7. 综述请见 Cummins(2001)。

参 考 文 献

Branson, J. & Miller, D. (2002). *Damned for their difference: The cultural construction of deaf people as disabled.* Washington, DC: Gallaudet University Press.

Council of Europe (1998a). The European Charter for Regional or Minority Languages. Retrieved April 19, 2004, from http://conventions. coe. int/treaty/EN/cadreprincipal. htm.

Council of Europe (1998b). Framework Convention for the Protection of National Minorities. Retrieved April 19, 2004, from http://conventions. coe. int/treaty/EN/cadreprincipal. htm.

Cummins, J. (2001). *Negotiating identities: Education for empowerment in a diverse society.* Los Angeles: California Association for Bilingual Education.

Desai, Z. (2001). Multilingualism in South Africa with particular reference to the role of African languages in education. *International Review of Education*, 47(3—4), 323—339.

Heugh, K. (2000). *The case against bilingual and multilingual education in South Africa* (PRAESA Occasional Papers No. 6). Cape Town: University of Cape Town.

Janulf, P. (1998). *Kommerfinskan i Sverige att fortleva? En studie av språkkunskaper och språkanvändning hos andragenerationens sverigefinnar i Botkyrka och hosfinlandssvenskar i Åbo* (*Will Finnish survive in Sweden? A study of language skills and language use among second-generation Sweden Finns in Botkyrka, Sweden, and Finland Swedes in Åbo, Finland*) (Acta Universitatis Stockholmiensis, Studia Fennica Stockholmiensia 7). Stockholm: Almqvist & Wiksell.

Jokinen, M. (2000). The linguistic human rights of sign language users. In R. Phillipson (ed.),

Rights to language:*Equity*,*power and education*(pp. 203—213). Mahwah, NJ:Lawrence Erlbaum.

Klaus, D. (2003). The use of indigenous languages in early basic education in Papua New Guinea:A model for elsewhere? *Language and Education*,17(2),105—111.

Kymlicka, W. & Patten, A. (2003). Language rights and political theory. *Annual Review of Applied Linguistics*,23,3—21.

Lane, H. (1992). *The mask of benevolence*:*Disabling the deaf community*. New York:Alfred Knopf.

Lipka, J., with Mohatt, G. W. & the Ciulistet Group(1998). *Transforming the culture of schools*:*Yup'ik Eskimo examples*. Mahwah, NJ:Lawrence Erlbaum.

Lowell, A. & Devlin, B. (1999). Miscommunication between Aboriginal students and their non-Aboriginal teachers in a bilingual school. In S. May (ed.), *Indigenous community-based education*(pp. 137—159). Clevedon:Multilingual Matters.

Martin, I. (2000a). Aajjiqatigiingniq:Language of instruction research paper. A report to the government of Nunavut. Unpublished manuscript, Department of Education, Nunavut. imartin@ glendon. yorku. ca.

Martin, I. (2000b). Sources and issues:A backgrounder to the discussion paper on language of instruction in Nunavut schools. Unpublished manuscript, Department of Education, Nunavut. imartin@ glendon. yorku. ca.

OSCE High Commissioner on National Minorities(1996). *The Hague Recommendations Regarding the Education Rights of National Minorities*. Retrieved April 19,2004,from www. osce. org/hcnm.

Pattanayak, D. P. (1988). Monolingual myopia and the petals of the Indian lotus:Do many languages divide or unite a nation? In T. Skutnabb-Kangas & J. Cummins (eds.), *Minority education*:*From shame to struggle*(pp. 379—389). Clevedon:Multilingual Matters.

Patten, A. & Kymlicka, W. (2003). Introduction. Language rights and political theory:Context, issues, and approaches. In A. Patten & W. Kymlicka(eds.), *Language rights and political theory*(pp. 1—10). Oxford:Oxford University Press.

Rubio-Marín, R. (2003). Language rights:Exploring the competing rationales. In W. Kymlicka & A. Patten (eds.), *Language rights and political theory*(pp. 52—79). Oxford:Oxford University Press.

Skutnabb-Kangas, T. (ed.)(1995). *Multilingualism for all*. Lisse:Swets & Zeitlinger.

Skutnabb-Kangas, T. (2000). *Linguistic genocide in education—or worldwide diversity and human rights?* Mahwah, NJ:Lawrence Erlbaum.

Skutnabb-Kangas, T. & Phillipson, R. (1994). Linguistic human rights, past and present. In T. Skutnabb-Kangas & R. Phillipson (eds.), *Linguistic human rights*:*Overcoming linguistic*

discrimination(pp. 71—110). Berlin: Mouton.
Stairs, A. (1988). Beyond cultural inclusion: An Inuit example of indigenous education development. In T. Skutnabb-Kangas & J. Cummins (eds.), *Minority education: From shame to struggle*(pp. 308—327). Clevedon: Multilingual Matters.
Stavenhagen, R. (1995). Cultural rights and universal human rights. In A. Eide, C. Krause, & A. Rosas(eds.), *Economic, social and cultural rights: A textbook*(pp. 63—77). Dordrecht: Martinus Nijhoff.
Thomas, W. P. & Collier, V. P. (2002). *A national study of school effectiveness for language minority students' long term academic achievement*. George Mason University, VA: Center for Research on Education, Diversity & Excellence(CREDE). Retrieved April 19, 2004, from www. crede. ucsc. edu/research/llaa/1. 1_final. html.
Tomaševski, K. (1996). International prospects for the future of the welfare state. In *Reconceptualizing the welfare state* (pp. 100—117). Copenhagen: The Danish Centre for Human Rights.
UN Declaration on the Rights of Persons Belonging to National or Ethnic, Religious and Linguistic Minorities (1992). Retrieved April 19, 2004, from www. unhchr. ch/html/menu6/2/fs18. htm#ANNEXI.
UN International Convention on the Prevention and Punishment of the Crime of Genocide (E793) (1948). Retrieved April 19, 2004, from www. hrweb. org/legal/genocide. html.
Universal Declaration of Linguistic Rights(draft) (1996). Article 25. Retrieved April 19, 2004, from www. unesco. org/most/lnngo11. htm.
Universal Declaration of Human Rights (1948). Article 26. Retrieved April 19, 2004, from www. un. org/Overview/rights. html.
van der Stoel, M. (1999). *Report on the linguistic rights of persons belonging to national minorities in the OSCE area and Annex: Replies from OSCE participating states*. The Hague: OSCE High Commissioner on National Minorities.
Williams, E. (1998). *Investigating bilingual literacy: Evidence from Malawi and Zambia*(Education Research No. 24). London: Department for International Development.
www. right-to-education. org/content

周颂波 译　　王海虹 校对

第十六章 语言政策及语言少数族群的教育

克里斯蒂娜·布拉特·波尔斯顿 凯·海德曼

本章首先对题目中的两个主要概念进行定义和限制,因为它们具有许多不同的涵义。

教育语言政策,可能最好视作是语言政策和语言规划的子集。对于这方面的政策,我们将主要在国家层面上进行考虑,因此要排除私立学校及个体语言群体的实践。由于篇幅关系,我们也不对读写能力、双语教育、使用手语的聋人、教师培训、测试学、课本及教材建设进行讨论,尽管以上都是语言少数族群教育政策的重要组成部分。

语言规划的常用定义是"在语言规范的习得、结构和功能分配方面影响他人行为的人为努力"(Cooper,1989:145)。而霍恩伯格(Hornberger,1994)则更进了一步,她尝试建立一个连贯体系,以融合二十年来的语言政策/语言规划研究成果(见表16.1)。

另一方面,斯波斯基将语言政策简化为三个要素:

> 可以将一个言语社区的语言政策区分为三个组成部分:其语言实践——在不同类别中进行选择以组成其语能库的习惯方式;其语言信念或语言意识形态——关于语言及语言使用的信仰;以及通过任何方式的语言干预、规划或管理对这种实践进行修正或影响的努力。(Spolsky,2004:5)

表 16.1　语言规划目标：一个综合体系

方法 类型	（形式上的）政策规划 目标	（功能上的）培植规划 目标
地位规划（有关语言使用）	标准化 官方化 国家化 语言禁用	复兴 维护 语际交流： 　国际 　国内 传播
习得规划（有关语言使用者）	群体 教育/学校 文学 宗教 大众媒体 工作场所	再习得 维系 外语/二语 转换
本体规划（有关语言本身）	标准化： 　本体 　辅助代码 图表化	现代化： 　词汇的 　文体的 革新： 语言净化 语言改革 文体简化 术语统一

来源：基于库珀（Cooper,1989）；弗格森（Ferguson,1968）；豪根（Haugen,1983）；克洛斯（Kloss,1968）；纳希亚（Nahir,1984）；内乌斯特普尼（Neustupný,1974）；斯图尔特（Stewart,1968）的研究。

出于本章的写作目的，习得规划或语言管理也同样可以用来思考教育语言政策。不管是在欧洲还是国际层面上，语言少数族群还没有普遍接受的定义（Henrard,2003:9），尽管欧盟已经出台了一些有关语言少数族群的法令和宪章。少数族群仅体现在数量方面的差距，一些学者指出，大多数少数族群最显著的特征是其地位在一个政体中与多数族群之间呈现从属—超强势的关系（Giordan,1992；Paulston,1994；Vilfan,1993）。如威尔凡所说，更确切的区分应该是享有特权的或强势族群及没有特权的或不具强势的族群。

是否强势取决于"一系列情形,比如社会结构、社会群体的分布、选举制度、历史传统,以及各自相关的'历史民族'①的声誉"(Vilfan,1993:6)。这个观点亨拉尔德(Henrard)也作过引述,值得在此进一步探讨。群体的人口规模从法律上决定了一个少数族群可以对国家提出的具体要求(Deschênes,1986:269)。关于强势的提法,"很明显,不具强势并不一定意味着属于从属地位或者受压迫地位。在多元社会中各个不同民族、不同信仰和不同语言的族群均可被视作少数族群。而实际上此类社会中任何族群在人口数量上都不一定处于强势(Thornberry,1991:169)"(Henrard,2003:10)。

那么,在此体系中语言少数族群指的是一个现代民族国家或政体中族群之间接触的一种延伸。从语言学角度来看,这种接触在语言方面产生的主要结果是语言维系,双语制,或者语言转用,以及对这些现象及其社会条件的理解。理解这些是调整一个国家族群间相互作用而制定的教育语言政策的一个前提条件。

视 角

对语言少数族群的教育当然可以从很多不同角度进行研究。赫勒和马丁-琼斯(Heller & Martin-Jones,2001)的观点对本章是一个很有帮助的补充。他们认为,多语环境课堂是研究文化认同与社会不平等产生和繁衍的重要场所。而教育则被认为是繁衍及质疑不平等的主要领域。

但在本章中,我们将关注力求解决语言少数族群问题的那些语言政策。正如有的学者(Spolsky,2004;Wright,2003)所质疑的那样,如果语言管理确有可能的话,那么课堂实践只代表着政策实施内在及外显的过程,而非政策本身,因此我们将采用另一种方法。

本章写作的主要视角是:我们只有将语言上不具强势的少数族群的教育视作某些社会因素作用的结果,而不是将其认作儿童某些行为的原因,才

---

① 即影响历史的重要民族。——译者注

可以开始理解这种教育。大多数有关双语教育和类似问题的研究都认为教育计划是一个自变量或因变量——即某些结果的唯一成因。在很多试图通过标准化测试成绩来评估学生阅读水平的研究中，作为教育手段使用的语言（母语或第二语言）被视为自变量，这可以当作上述见解的例证。而我们认为，这些教育计划实际上应当被视为干预变量，即对民族关系影响阅读成绩进行修正的因素。举几个简单的例子来说，儿童带入学校的社会背景、他们可以获取的支持、未来的生活前景和他们的自我感知，这些对学生教育的最终成功而言更加重要。这对那些以国家语言为单一语言的儿童也是一样的，但是对于语言少数族群尤为突出，因此如果将教育计划视作干预变量或语境变量的话，不管在正式研究设计时还是在将教育语言政策相关问题进行概念化时，都可以加深我们的理解。

因此我们认为，最好建立一个民族关系的比较体系以涵括促成语言少数族群教育各种形式的社会历史、文化和政治经济因素。

语言维系和语言转用：社会变量

一些学者凝练地描述了语言维系或语言转用的社会条件。一个主要观点是，如果对现代民族国家内的族群给予机会和激励，人们一般会转用强势族群的语言。前提条件是很重要的：如果缺乏学习新语言的渠道或者动力（主要表现为经济收入和语言声望），那么人们对新语言的学习兴趣就不显著，原有语言便得以维系。用利伯森的话来说，母语多样化的主要因素之一，在于接触情景（Lieberson, Dalto, & Johnston, 1975, Schermerhorn, 1970）。自愿移民，特别是个人和家庭移民，导致的语言转用最为迅速；而在国家吞并及殖民化过程中，由于整个族群被置于另一国家，而其婚姻和家族制度、宗教及其他信仰和价值观体系等社会体系仍处于原位，或多或少维系着原样，因此即使有语言转用也相对非常缓慢。

值得强调的是，这些结论都是在以民族国家作为基本政体的层面上进行分析得出的。要对少数民族主义的发展和国际秩序的变化（Keating &

McGarry)定论还为时过早,但是像加泰罗尼亚那样的地方民族主义对语言维系确有重要的意义。

利伯森等学者声称"种族及民族关系的发展将因其所在环境中从属族群是原住民还是移民而有所不同"(Lieberson,1975:53)。他们主要考虑四种族群:(1)地位高的原住民,(2)地位高的移民,(3)地位低的原住民,(4)地位低的移民。他们发现在前两个族群中即使发生母语转用也是不常见的:"一个在政治和经济上占据强势的族群几乎必然会保证它的语言地位得以维系。可能也会出现双语制,但是这与母语转用是不同的。在正常情况下,在这两类族群中,有可能发生的至多是母语极其迟缓的变化。"(1975:53)

从属族群为原住民的,在通过国家殖民化或兼并进行接触时,不太会发生急速的变化。唯一容易发生母语迅速转用的族群是移民从属族群。在所谓的移民国家,如澳大利亚、加拿大和美国,正常情况是三到四代内完成转用。相反,在美国,虽然原住民从属族群身处同样的公共教育体制,语言转用却相当缓慢。路易斯安那州是200多年前(1803年)从法国购入的,法语在此州与英语同为官方语言,而在本书写作之时,新任州长,也是该州第一位女州长,用两种语言一起宣誓就职。她的法语反映了她是法国后裔(来自原阿卡迪,现在的亚新斯科舍)。

语言转用的机制是双语化,这经常但不一定是通过异族通婚达成。在此种情况下,父母与祖父母使用原有语言,而父母与儿女使用新语言。双语机制在所有族群语言转用中都成立,虽然转用的速度可能有所不同。

谢默霍恩(Schermerhorn)认为,决定族群间关系性质及其融入周围社会过程的因素主要有三个。第一个是从属族群与强势族群进行接触的起源,比如说国家吞并、移民或殖民;第二个是遍布整个社会的制度和关联网络对从属族群的包围(体制分离或分割)程度;第三个是强势族群在给定社会中对从属族群所需稀缺资源的支配程度。

尽管对一个国家中的大多数族群来说,如果给予一定渠道和动力,它们会转用其他语言,但是它们维系民族文化的程度与转用的速度会有所不同。

它们的民族自尊与民族固见程度也不一样——参见爱德华·史宾撒（Edward Spicer）的《世界上坚韧的民族》(the enduring peoples of the world)（Castile & Kushner, 1981 : xv）——即便在它们转用语言并且从社交上融入一个国家以后也具有这两种品质。不同族群的黏合力也不同，在同一族群内不同成员对语言维系和文化同化的态度也大相径庭。如若没有发生语言转用，那么主要的三种因素或原因（除缺乏渠道和动力外）为：自行维持族群界限，外部维持族群界限以及语言的互补性功能分布。

自行维持族群界限（Barth, 1969），使族群维持独立，一般是出于宗教原因，其达成机制一般是不同语言、有时是服装的使用。门诺教派教徒（宾夕法尼亚荷兰人，实际上是德国人）以及犹太教的哈西德派教徒（伊地人）就是属于此种情况。

外部维持族群界限可以作为例子，用来解释谢默霍恩的包围程度，一般体现在外部拒绝给予族群食物和服务，特别是就业机会。非洲种族隔离后在本国居住的族群就是一个例子。地域隔离也是一种造成语言维系的外部维持族群界限，亚马孙丛林中的很多部落就证明了这一点。

语言的功能分流是一种类似双言的情况，两种语言共存，功能互补。每一种语言都有特殊的使用目的和领域，在一种情况下使用另一种语言是不合适的，如马格里布地区的现代阿拉伯语及此地区母语的情况。

最后一种可能出现的结果是族群双语使用时间变长，如加泰罗尼亚和巴斯克群岛，或者国家双/多官方语而大多数人使用单一语言的情况，如瑞士或比利时。限于篇幅，本章对双语制并不进行赘述，但我们可以通过已发生的这些情况进行推测，双语制发生的缘由大多是地方民族主义。[1]

少数族群的通用语言政策

接下来要讨论一些在国家层面上为语言少数族群教育制定的最常见语言政策。其动机有着很大差异，从国家直接控制与同化（如加利福尼亚全民公决的所谓昂茨提案[Unz Proposal]有效地使双语教育非法化）到实现普遍人权与对邻国表示友好(如南非共和国最近选择新增加9种国家官方语言)各不相同。不管一个人的语言意识形态如何,要理解这样的政策就毫无疑问要观察社会环境,所谓的一般情况也总是有例外的。但是如果某种语言政策与地方现有的社会文化力量有所冲突,那么从长远意义上讲,它将很难获得成功。

虽然我们现在是通过语言政策来展开讨论,但是很显然,这些语言政策呈瓦状相互覆盖和交叉,同样的案例研究可以在不同的题目下进行。在理查德·鲁伊斯(Richard Ruiz,1984)频繁引用的三条语言基本导向中,即语言作为问题,语言作为权利和语言作为资源,我们可以推知,至少在乌托邦中,儿童的语言政策主要是与语言权利和资源相关的。实际上,图利指出,所有与语言相关的立法的基本目标都是通过法律建立和确定每种相关语言的地位及使用,解决同一区域由于所使用语言间的冲突与不平等产生的语言问题(Turi,1994:111)。我们和联合国教科文组织都把"母语是教育儿童的最佳媒介"奉为公理,这是我们下面讨论的出发点,大家也应该从这个角度来理解本章。但是这段引用语结束时所说的话却鲜为人引用,即"在学校中使用母语并非时时可行,即便可行,也会受到一些因素的阻碍和限制"(UNESCO,1953:11)。

语 言 选 择

语言选择是主要语言问题之一。尽管美国的二十多个州有法定的语言,但美国全国并没有一种法定国家语言或官方语言。是选择一种国家语言还是不做选择,这对教育有着很大的影响,因为大多数情形下国家语言至少成为了教育媒介之一。南非共和国(RSA)种族隔离的终结始于约翰内斯堡郊区索韦托学生反抗在课程中使用南非荷兰语(两种官方语言之一)而引起的骚乱。类似的情况也发生在拉脱维亚,拉脱维亚议会通过了一项法律(2004年2月),在所有学校课程中引入唯一国家语言拉脱维亚语,而对此数以千计的使用俄语的拉脱维亚居民涌上里加街道进行抗议。我们说"类似",因为从表面上来看,两种情形都涉及一种新的语言政策,由政治上强势族群决定,在课程中引入一种国家语言。实际上,它们的环境和背景是非常不同的。在南非,黑人(见 Mesthrie,2002:4)学生所抗议的与其说是语言还不如说是通过压迫者的语言体现的令其憎恶的种族隔离象征。1994 年和 1996 年新成立的南非现在有 11 种官方语言(英语、南非荷兰语和其他 9 种大多属于班图语的语言),所有语言都被规划为教学媒介(Deprez & du Plessis,2000;Mesthrie,2002)。但是黑人民众希望他们的子女使用的语言很明显不是他们的母语而是英语,主要原因是会说英语具有更大的向上社会流动性。

而在拉脱维亚,语言立法背后的驱动力是担心语言即将转用为俄语而拉脱维亚语言将永远消亡和死亡。拉脱维亚语是真正的小语种,只有 200 万使用者,使用区域内还有几乎同等数量的俄语使用者(从苏联时期开始)。这些俄语使用者大多只说俄语,而拉脱维亚人大多能说拉脱维亚语和俄语两种语言——这是语言转用的经典场景,在此情形下双语使用者逐渐转用使用单语的多数族群的语言。但是这个场景在 1991 年拉脱维亚独立后一夜间发生了改变。拉脱维亚人作为多数族群,可以通过语言立法来保护他们的语言。更多控制和包围将更容易使此类语言政策导致冲突与对抗。另外,欧盟(拉脱维亚于 2004 年成为欧盟成员国之一)的少数族群语言政策更倾向于支持俄语使用者的要求(Bernier,2001),没有人能够准确预测将来会产生何种后果。

很明显,有关国家语言选择的语言政策在南非和拉脱维亚看起来是相似的,但它们实际上所代表的情形是不一样的,试图修正它们的尝试也是不同的。如图利所说,其相同点是,"在语言政策领域内的主要语言立法是在某种政治背景下,同一地区所使用语言间存在对抗、冲突和不平等的证明"(Turi,1994:111)。

另一种语言选择是有关字母或书写系统的,从表面上看似乎同样是应该由语言专家做出的科学结论,但事实上也是极具政治意味的。费厄曼(Fierman,1991)对乌兹别克斯坦所进行的语言政策研究指出,某些此类选择实际是为明确社会身份、保护精英地位和促进国家发展做出的。中国的情况也是如此。因此,尽管几十年来一直倡议实行各类文字改革,如拼音系统,但最后还是决定使用简化汉字,因为如果缺少了汉字,国家身份和历史传承将变得难以想象。

第三个语言选择与教学媒介直接相关。关于双语教学、浸入式学习、祖裔语言项目和类似教学的书籍可谓汗牛充栋。柯林·贝克(Colin Baker,2001)的双语教学和双语制基础可以视作是探讨这个问题及其文献的启蒙书。

哈勒克-琼斯研究了1990年纳米比亚从南非控制中独立后所实行的语言政策,他说:"因此,教育是一种直接的政治活动,被决策者视作和用作社会政策的主要工具",这无疑是正确的(Harlech-Jones,1990:68)。而国家语言并非教育媒介时尤其如此。

在美国,很多语言政策以1964年的《民权法案》——社会政策的一个主要标记——为先例在法院中胜出。1974年最高法院对劳诉尼科尔斯案(Lau v. Nichols)的裁决,基本上同意不懂英语的语言少数族群无法享受平等教育机会,但实际上这个裁决仅在联邦层面有效。但是三个州(加利福尼亚、亚利桑那和马萨诸塞州)的选民已用公决通过了这个决定,这将大大限制和减少主要是西班牙语作为教学媒介的使用。[2]

欧盟在超国家层面上的一体化进程和民族主义上的弱化都将使人们越来越关注原住民语言少数族群。特别是欧洲理事会在1992年形成《欧洲区域性语言及少数族群语言宪章》,建立了一整套规定,体现了对此情况的承认与支持。这个宪章代表了政治话语里关于欧洲教育系统中原住民少数族群语言的历史性转用(Wright,2000),尽管此宪章在象征层面以外的实际效力还需要进一步建立。

但是,从非常不同的视角来看,还有其他组织,以及欧洲安全与合作委员会(OSCE)国家少数族群高级委员、欧洲理事会和欧盟的共同影响,都提供了巨大的推动力,特别在新国家进入欧盟和北约的候选资格上体现出来,正如伯尼尔(Bernier,2001)及欧佐林(Ozolins,2003)所指出的那样。

这些"移动的球门柱"①(Ozolins,2003)正在向着增加语言少数族群权利的方向移动。

显然,在国家内部对待少数民族的问题上,美国和欧盟表现出了两种非常不同的方式。

标准化

语言学家认为,一种标准语言拥有通过选择、标准制定、扩张和接受某些语言变体后产生的规范正字法、语法和字典(Haugen,1966)。儿童从入学初期就开始明白有一种"正确"的表达方式,其他方式要么不存在(比如说"'ain't'不是一个词"),要么就是错误的。很少有家长能够成功反驳老师的判断(很幸运,'ain't'在字典里查得到),而且众多儿童在入学早期就明白他们的家庭语言无法被老师和学校接受。这是个世界上所有公共教育体系都会遇到的问题,而如果儿童使用一种特别的区域性方言,要通过教育将一种标准语言变成他们的母语是极其困难的。这种情况常常在语言少数族群的语言教育中出现。最终的结果往往不能如愿,但是这样的失败却鲜见于文献中。

贝克·布朗(Becky Brown,1993)记述了"用路易斯安那法语写作的社会后果"的相关案例。路易斯安那州立法机构在1968年声明,法语是本州官方语言,同时建立了路易斯安那法语发展理事会(CODIFIL,the Council for the Development of French in Louisiana)。这一事件与《双语教育法案》同年,正处于社会敏感意识时期。问题是发展何种法语——法裔路易斯安那法语(Cajun)②,海地克里奥尔语,还是拥有标准声望的国际法语。如布朗所说,"一方面是立法者希望找到一种有声望的规范;另一方面是地方社区成员明白他们的母语是不正确和不合适的"(Brown,1993:92)。这是一个非常真实的问题,在世界很多地方不断重复(见赫勒 & 马丁琼斯和他们对"合法"语言的探讨)。

---

① 俚语,即相关标准。——译者注
② 在美国路易斯安那州南部通用。——译者注

艾格尔和麦克林(Egger & McLean)报告了北意大利南提洛尔拉汀谷问题的一个鲜见的解决方法。学校系统使用三种语言：德语、意大利语和拉汀语(请不要和犹太西班牙人所说的拉地诺语 Judeo-Spanish Ladino 混淆)，体现了"两种对立的社会政治趋向之间的政治妥协：一种认为德语是主要教学媒介，而另一种认为意大利语是主要教学媒介(2001:65)"。其结果是一个获得官方支持并且取得成功的教学制度。我们真正感兴趣的是学校采取的不同寻常的方法，即使用地方话——拉汀语。这只是一种口语媒介，[3]而任何试图使多种方言实现标准化(在山区存在的很典型的情形)、"创立一种人造通用语言"以取而代之的尝试都被认为是不必要的，而且对语言有危险，因此被谨慎地避免了。拉汀谷的学校没有采用一种标准的书面语言，轻而易举地避免了整个"语言合法性"问题。这真是一个不错的办法。

少数族群语言推广

从历史上来讲，欧洲语言政策的特点一直是较少包容少数族群语言和总体上更倾向于国家多语主义(Wright, 2000)。但在挪威，二战以后萨米(Saammi)地区的语言政策的变化很大，今天，挪威内部的萨米语言法规已被视为全球范围内较为进步的原住民语言政策之一(新西兰语言规定也是如此)。特别是在20世纪早期开始，萨米语在公共教育体系中已取得了显著的代表性，在课程内已作为一种合法语言得到承认(Todal, 2003)。这些教育规定具体包括了萨米语的初级、中级和高级课程资料与课本，以及凯于图凯努(Kautokeino)萨米学院提供的教师培训计划。

尽管要考虑挪威的萨米语言政策在何种程度上复兴了这种语言的语言活力还为时过早，它还是从国家政治角度体现了挪威公共教育体系内少数族群语言使用的一个较大变化。乔恩·托达尔(Jon Todal)曾经描述了引起这种政策变化的机制，他说地方政治的鼓动与国际原住民权利组织的相互作用促成了"(挪威)当局解决纷争的新态度"(Todal, 2003:191)。

我们也可以看到，更多情况下少数族群语言不是得以推广，而是被削弱,以利于(有时是强迫的,有时是自愿的)少数民族的同化以及国家语言的推广。加利福尼亚、亚利桑那和马萨诸塞州的公决代表了这一类倾向。

复兴的努力

语言复兴指的是一种已在使用中的语言新出现的活力(因此与语言复生,即一种已经死亡的语言的重生不同),经常是试图阻止语言消亡和语言死亡的结果。新西兰政府长期以来就一直积极推行原住民语言毛利语的复兴计划(Benton,1981;May,2001;Spolsky,2003)。

更加成功的语言复兴可能不是由多数族群的政府推行的,而是由少数族群自己进行的。巴斯克省和伊卡斯托拉(Ikastola)代表了这一类情况。法国巴斯克地区的伊卡斯托拉运动体现了在教育领域中一个社区集体复兴一种少数族群语言可以带来的重要影响。在西班牙巴斯克自治社区(Euskadi),巴斯克语享有与西班牙语同样的官方语言地位,在西班牙的纳瓦拉省也取得了一些区域性承认,但法国国家不予其官方承认,仅给予最低限度支持。法国少数族群语言政策长期以来的特点都比较倾向于文化保守主义(见 Wright,2000),在这样的环境中,一小群巴斯克语家长在 20 世纪 60 年代组织了一个巴斯克学龄前语言学校。十年以后,这群人成立了一个叫作"西卡萨"(Seaksa)的组织,意思是种子。在佛朗哥时期,边境那一边的西班牙巴斯克地区曾长期组织过一些秘密学校。20 世纪 60 至 70 年代,西卡萨效法这些学校的模式,开始组织起一些社区巴斯克语小学。由于不能从法国取得国家官方支持,早期的学校称作伊卡斯托拉课(ikastolak 是 ikastola 的复数形式),它们通过一系列地方资源得以运行。它们通过摇滚乐音乐会、回收瓶子等活动筹集资金,而家长慷慨地提供劳力、烹煮食品或打扫教室。到了 20 世纪 70 年代末,入学学生数量从 8 名增加到超过 400 名,1980 年又成立了一所中学。与学生数量增长同步的是其他团体越来越多的支持和参与。到 1990 年,有了 12 所学校,入学学生数量在 10 年内翻了一番,达到 830 人。1994 年,这种社区集体行为得到了回报,法国官方通过国家协议承认了伊卡斯托拉系统,将其作为公共教育系统的一部分,并同意为其教师提供与其他国家公立学校教师同等标准的工资。整个 20 世纪 90 年代,继续发展,到 2000 年,有 24 所巴斯克语为媒介的学校,从学龄前学校到高中,入学学生几近 2000 人。

由于在边境那一边的西班牙实行较为积极的语言维系政策,与这种环境相比,法国西南的巴斯克的语言消亡从量化标准来看情况较为恶劣(见 Oyharcabal,1999:33—53),但是毫无疑问,对于这种语言的态度正在改变,随之而来的是变化的可能。在伊卡斯托拉课,非巴斯克家庭儿童的入学率增加证明,这个区域的人对这种语言的态度正在变得更加积极,而不久以前这种语言还被认为是"媚俗"和"落后"的。

结　　论

本章探讨了针对语言少数族群的一些较为重要的语言政策,以及它们所处的教育环境的社会文化和政治经济特点。通篇来讲,我们强调了民族关系比较体系,并进行了不少案例分析。我们的目标是介绍教育领域语言规划的特殊力量与不平等之间关系的来龙去脉,以便强调并重申,语言政策永远不仅仅只和语言相关。

值得深入阅读的文献提要

Heller, M. & Martin-Jones, M. (eds.) (2001). *Voices of authority: Education and linguistic difference*. Westport, CT: Ablex.

本书提出的中心问题是教育系统内参与者的社会语言学实践是如何挑战社会秩序并使其再生的。作者使用比较法,审视了包括发展中国家内后殖民和新殖民地、后工业国家内移民、原住民和区域性语言少数族群等多种多语环境。此书的目标是观察多语环境下教育、文化认同与社会不平等之间的关系。

Ogbu, J. (1990). Minority education in comparative perspective. *Journal of Ne-*

gro Education ,59 ,45—57.

在这篇会议论文中,奥格布建立了一个理论框架来解释这样的现象:为何在公立学校的一些少数族群学生中比其他人更优秀。他为观察美国少数族群建立了一个笼统的类型学模型,认为他们要么是"自治的"(如宾西法尼亚州的门诺教派教徒),"移民"(如加利福尼亚州的东亚人),或者"非自愿的/等级化的"(如非裔美国人或美洲原住民群体)。其概念化类型为了解一个少数族群与多数族群相比,在社会、文化、历史及政治经济条件上的特殊之处提供了深刻的观点。这也就相应地与不同少数族群在公共教育系统中怎样及为何产生不同经历有关。

Spolsky,B. D. (ed.) (1999). *Concise encyclopedia of educational linguistics*. Oxford:Elsevier.

此书长达 877 页,涵盖了语言及教育领域可以想象得到的所有议题,并包括了人名及主题索引。不论对思考学期论文、课堂展示、论文、寻找某个主题的参考依据还是寻找事实都是一个不错的参考。

Spolsky,B. D. (2004). *Language policy*. Cambridge:Cambridge University Press.

本书是对此领域的新的介绍,博纳德·斯波斯基探讨了语言政策前沿的很多论辩:正确性与坏语言的概念;双语制与多语制;语言死亡及保护濒危语言的努力;语言选择作为人权及公民权及语言教育政策。通过观察语言实践、语言信念及从家庭到超国家组织的社会群体的语言管理,他提出了关于现代国家语言政策及其控制的一些主要力量,如有效交流的需要,民族认同的压力,将英语作为全球性语言使用的吸引力以及引发的反抗,和由于对语言影响日增而导致的对人权及公民权的不断增长的关注。本书所提出的两个核心问题是如何识别语言政策及语言到底是否能够管理。

汉译本信息:
《语言政策——社会语言学中的重要论题》,张治国 译,赵守辉 审订,商务印

书馆,2011 年出版。——译者注

Tollefson, J. (ed.) (2002). *Language policies in education: Critical issues.* Mahwah, NJ: Lawrence Erlbaum.

这本文集使用了批判理论的视角,以课堂、国籍、地域及民族性为主要背景比较分析了语言政策与语言不平等之间的关系。托尔夫森特别收集了一系列文字,根据四个主题证明了教育领域语言政策的问题。这些主题包括:多语制与民族国家;社会政治纷争;身份以及语言意识形态。通过使用国际性、比较性的案例分析,本书为观察影响教育语言政策过去及当前趋势的地方、国家及跨国因素提供了深入的视角。

Wright, S. (2004). *Language policy and language planning: From nationalism to globalization.* New York: Palgrave.

这是一本综合性的著作,不但涵盖了经济及政治进程促成的语言学习,也包括了由于社会流动性、经济优势或群体认同原因导致的语言选择。本书第一部分评论了建立国家社区及国家身份时标准语言的发展及作用。第二部分审视了相互接触群体间的语言适应,主要通用语言及国际英语的情况。第三部分探讨对国家主义及全球化的反应,并对语言权进行了一定的关注。

汉译本信息:
《语言政策与语言规划——从民族主义到全球化》,陈新仁 译,商务印书馆,2012 年出版。——译者注

讨 论

1. 在探讨教育语言政策时,使用比较分析的方法有什么意义?
2. 比较区分拉脱维亚和南非的语言政策。看起来最相似的社会和历史变量是什么?最不同的社会和历史变量又是什么?这些条件对语言少数族群的教育有什么样的影响?

3. 影响语言转用的主要因素有哪些？语言转用过程对教育有什么意义？

4. 语言标准化在社会政治层面上有何表现，有何后果？

5. 一所学校可以对某种少数族群语言的复兴产生影响吗？需要考虑何种社会文化及政治经济变量？

注　释

1. 关于语言维系与语言转用的讨论见波尔斯顿（Paulston，1994）。
2. 有关唯英语运动的论证大多是在 H. L. 门肯"如果耶稣认为英语够用的话，那么对你来说也够用了"的观点层次上进行的（关于英语官方化运动的严肃批评请同时参见 González，2000）。
3. 拉丁语曾在其不同形式的方言中被书写下来，请不要同这个事实混淆。

参 考 文 献

Baker, C. (2001). *Foundations of bilingual education and bilingualism.* Clevedon: Multilingual Matters.

Barth, F. (1969). *Ethnic groups and boundaries: The social organization of culture difference.* Boston: Little, Brown.

Benton, R. A. (1981). *The flight of the Amokura: Oceanic languages and formal education in the South Pacific.* Wellington: New Zealand Council for Educational Research.

Benton, R. A. (2001). Balancing tradition and modernity: A natural approach to Maori language revitalization in a New Zealand secondary school. In D. Christian & F. Genessee (eds.), *Bilingual education* (pp. 95—108). Arlington, VA: TESOL.

Bernier, J. (2001). Nationalism in transition: Nationalizing impulses and international counterweights in Latvia and Estonia. In M. Keating & J. McGarry (eds.), *Minority nationalism and the changing international order* (pp. 342—362). New York: Oxford University Press.

Brown, B. (1993). The social consequences of writing Louisiana French. *Language in Society*, 22, 67—101.

Castile, G. P. & Kushner, G. (1981). *Persistent peoples.* Tucson, AZ: University of Arizona Press.

Cooper, R. L. (1989). *Language planning and social change.* Cambridge: Cambridge University Press.

Deprez, K. & du Plessis, T. (eds.) (2000). *Multilingualism and government.* Pretoria: Van Schaik.

Deschênes, J. (1986). Qu'est-çe qu'une minorité? *Les Cahiers de Droit*, 255—291.

Egger, K. & Lardschneider McLean, M. (2001). Trilingual schools in the Ladin Valleys of South Tyrol, Italy. In D. Christian & F. Genessee (eds.), *Bilingual education* (pp. 57—67). Arlington, VA: TESOL.

Ferguson, C. A. (1968). Language development. In J. Fishman, C. A. Ferguson, & J. Das Gupta (eds.), *Language problems of developing nations* (pp. 27—35). New York: John Wiley & Sons.

Fierman, W. (1991). *Language planning and national development*: The Uzbek experience. Berlin: Mouton.

Giordan, H. (1992). *Les minoritiés en Europe: Droits linguistiques et droits de l'homme*. Paris: Kimé.

González, R. D. (ed.) (2000). *Language ideologies: Critical perspectives on the official English movement. Vols 1 and 2*. Mahwah, NJ: Lawrence Erlbaum.

Harlech-Jones, B. (1990). *You taught me language: The implementation of English as a medium of instruction in Namibia*. Cape Town: Oxford University Press.

Haugen, E. (1966). *Language conflict and language planning: The case of modern Norwegian*. Cambridge, MA: Harvard University Press.

Haugen, E. (1983). The implementation of corpus planning: Theory and practice. In J. Cobarrubias & J. Fishman (eds.), *Progress in language planning: International perspectives* (pp. 269—290). Berlin: Mouton.

Heller, M. & Martin-Jones, M. (2001). Introduction: Symbolic domination, education, and linguistic difference. In M. Heller & M. Martin-Jones (eds.), *Voices of authority: Education and linguistic difference* (pp. 1—28). Westport, CT: Ablex.

Henrard, K. (2003). Language rights in education: The international framework. In P. Cuvelier, T. du Plessis, & L. Teck (eds.), *Multilingualism, education, and social integration* (pp. 9—22). Pretoria: Van Schaik.

Hornberger, N. H. (1994). Literacy and language planning. *Language and Education*, 8, 75—86.

Keating, M. & McGarry, J. (eds.) (2001). *Minority nationalism and the changing international order*. New York: Oxford University Press.

Kloss, H. (1968). *Research possibilities on group bilingualism: A report*. Quebec: International Center for Research on Bilingualism.

Lieberson, S., Dalto, G., & Johnston, M. E. (1975). The course of mother tongue diversity in nations. *American Journal of Sociology*, 81, 34—61.

May, S. (2001). *Language and minority rights: Ethnicity, nationalism, and the policies of language*. London: Longman.

Mesthrie, R. (2002). *Language in South Africa*. Cambridge: Cambridge University Press.

Nahir, M. (1984). Language planning goals: A classification. *Language Problems and Language Planning*, 8, 294—327.

Neustupneý, J. V. (1974). Basic types of treatments of language problems. In J. Fishman (ed.), *Advances in language planning* (pp. 37—48). The Hague: Mouton.

Oyharçabal, B. (1999). Droits linguistique et langue Basque: Diversité des approaches. In C. Clairis, D. Costaouec, & J. B. Coyos (eds.) *Langues et cultures regionale de France: Etat des lieux, enseignement, politiques* (pp. 33—53). Paris: L-Harmattan.

Ozolins, U. (2003). The impact of European accession upon language policy in the Baltic states. *Language Policy*, 2, 217—238.

Paulston, C. B. (1994). *Linguistic minorities in multilingual settings*. Amsterdam: John Benjamins.

Ruiz. R. (1984). Orientations in language planning. *NABE Journal*, 8, 15—34.

Schermerhorn, R. A. (1970). *Comparative ethnic relations*. New York: Random House.

Spolsky, B. D. (2003). Reassessing Maori regeneration. *Language in Society*, 32, 553—578.

Spolsky, B. D. (2004). *Language policy*. Cambridge: Cambridge University Press.

Stewart, W. (1968). A sociolinguistic typology for describing nationalmultilingualism. In J. Fishman (ed.), *Readings in the sociology of language* (pp. 531—545). The Hague: Mouton.

Thornberry, P. (1991). *International law and the rights of minorities*. Oxford: Clarendon Press.

Todal, J. (2003). The Sámi school system in Norway and international cooperation. *Comparative Education*, 39, 185—192.

Turi, J. -G. (1994). Typology of language legislation. In T. Skutnabb-Kangas & R. Phillipson (eds.), *Linguistic human rights: Overcoming linguistic discrimination* (pp. 111—119). Berlin, Mouton.

UNESCO. (1953). *The use of vernacular languages in education*. Paris: UNESCO.

Vilfan, S. (ed.) (1993). *Ethnic groups and language rights*. Aldershot: Dartmouth Publishing.

Wright, S. (2000). *Community and communication: The role of language in nation-state building and European integration*. Clevedon: Multilingual Matters.

Wright, S. (2004). *Language policy and language planning: From nationalism to globalization*. New York: Palgrave.

朱晓宇 译　　方富民 校对

第十七章　语言政策与语言转用

乔舒亚·A.菲什曼

"语言政策"表示官方将资源分配给一般意义上的语言,尤其是书面语言或印刷语言。从传统意义上来说,每一种自然语言都和某一社区的语言使用者联系在一起。那个社区的语言权威根据一些建议决定变动或改进社区语言(抑或是决定不做变动或改进),这些决定的形成和实施与社区的规范相适应,而这种规范又在更宏观的意义上决定着"权威决策的文化模式"。关于语言权威的政策制定(尤其是书面语或印刷语和正式口语)在全世界范围内即使没有一千年的历史,也长达几个世纪了。然而,在过去一个世纪里,这成为了美洲、欧洲、非洲、亚洲和大洋洲一些较晚发展起来的社群所关心的事情。在那些社群里,语言规划与教育规划、工业规划、农业规划、文化规划、身份规划和受权威指导的社群现代化的其他方面时常同时发生。

语　言　权　威

语言权威通常和社区的政治权威联系在一起,语言政策最终要依靠这些政治权威来实施。语言权威的范围可以从"语言学院"(如法国、西班牙和以色列)或"语言管理会"(如尼日利亚的豪萨族)和"语言委员会"(如第一次世界大战时期日本占领区的印度尼西亚语)到特殊的群体,如作家群体、教育家群体、词典编纂者们或神职人员,甚至到单独一个裁决人或专家。例如,他们要对《纽约时报》的新闻中出现的外国名字的发音、拼写和连字符使用等做出规定。上述规定并不需要使用武力手段或经济制裁来实施。有些权威可能只有权力做道义上的劝告,例如美国时尚业的年度颜色术语委员会,或者负责更新美国心理协会的《精神疾病诊断与统计手册》的委员会成员们。我们可以这么假设,使用个人喜好的、过时的或不正确的术语足以惩罚使用者,使大多数专业人士的语言"步调一致"。然而,另有其他的权威人士或者是他们政治上的拥护者颁布严厉的制裁和奖励措施,甚至使自己卷入生死攸关的事件之中,例如,一些权威人士参与了20世纪30年代阻止乌克兰正字法修订事件,而那个正字法在20年代末期就已经完成且获准使用了(Hornjatkevyc,1993)。

上文简短提及语言政策的约束力,暗示着语言权威拥有任意支配的权力,政策的执行直接来自这个权力链。也存在极端强制执行和温和执行之间的各种执行力度。举一个例子,语言学院所提出的命名系统可能只在当地政府管辖之下才有效。比如在以色列,学校采用何种教科书必须征得教育部同意,作为政府机构的教育部必须依法实施希伯来语学院所推荐的词法和正字法。在有些情况下,语言学院定期在社区的语言使用者中展开民意调查,以便制定语言政策。比如在现代瑞典语(与新词有关)的变动中,民意调查备选语言的哪些变动更易被全体民众接受,尤其是被一些特殊行业的群体接受。有些权威人士提供较为宽松的语言变动的过渡时间,以便教师、编辑工作者和校对者可以在那段时间内掌握最新推荐的用法;而另一些权威人士则单方面地确定较紧迫的执行期,对所有达不到新要求的人处以重罚,就像20世纪20年代土耳其的阿塔图尔克语的修订和革新事件(参见Landau,1993)。语言政策实施的那种约束反映了社会的常规约束文化。所有语言政策的实施不是过于严厉就是过于极端,对于这一点我们深信不疑。任何一种规划文化都不可能仅仅在语言政策上实施独裁,而在其他方面都非常民主。

地 位 规 划

1968年美国联邦政府开始支持实施双语教育政策和之后诸多的延长拨款政策,这些都是语言政策的例子。根据这个双语政策,大批说非英语或有限英语的移民儿童所说的英语之外的各种语言,在一定时间内,在公立学校内应获得共存的教学语言的地位。由于美国的联邦政府不直接管理学校,政府在实施这个新语言地位政策时,最多能做的就是向有意实施共存的教学语言、又能达到联邦教育部的严格要求的州提供资金补偿。在这个例子里,语言政策的"权威"可以一分为二,一方面是联邦政府,另一方面是州政府和其他地方政府单位(如学区)。

美国联邦政府允许或支持在公立教育中使用除英语之外的语言,这种为数不多的例子也同样关注"地位规划"。然而,请注意,联邦政府或者任何一个州政府从没要求学校引入双语教育。事实上,美国最高法院的迈耶诉内布拉斯加州案(1923)否认南达科塔州有权禁止学校和教师使用英语之外的语言教学,就是语言政策规划的重要例证。1923年的决议可能是个夸张的例子,就像美国的语言权利宪章也有些夸张一样,但这确确实实把学校的教学语言事宜交给了家长和教师,语言政策的决定权不再属于政府。近年来有更多的州政府为了其州政府利益和服务(尤其不是指语言教学本身的服务)要求禁止使用除了英语之外的任何语言,美国最高法院并未推行这个要求。然而,许多美洲印第安民族仍拥有"协议权",能全部或部分地使用他们自己的语言开办部落学校(McCarty,2002)。因此,有些民族甚至摒弃政府的教育支持,这样他们自己的语言政策比起周围其他州的语言政策更有可能实施成功。大部分与美洲印第安人有关的教育问题通常都在州法院里解决,但也有诸多问题要上诉到更高一级联邦法院裁定。许多类似的案例仍然在不同层面上被无限期地搁置着,尤其是那些牵涉有争议的土地所有权的案例。

然而,大多数在美国说非英语的人既不是移民也不是移民的后代,这样他们就不能用协议权来维护其语言规划的自主权。全世界的移民语言(或者更确切地说是"有移民标记的语言")除了两种情况外,在"权力图腾柱"上地位低下:一种是与数量有关(从最初来源来看,美国、澳大利亚和南非说的英语也是移民语言);另一种是与殖民而不是与通常定义的移民有关。移民者并不颠覆先前存在的权力结构,而殖民者却往往这么做。当然,殖民主义已经在每个大洲都强制推行了一些欧洲语言,尤其是英语、西班牙语和法语。英语潮正在缓慢减弱(Fishman,1996);法语潮正在更缓慢地减弱,除了在马格里布地区(Maghreb),在那里,替代法语的阿拉伯语的地位也岌岌可危;虽然有些原住民语言被声称是共存的官方语言,如巴拉圭的瓜拉尼语以及秘鲁、厄瓜多尔和玻利维亚的齐楚亚语(Quechua/Quichua),西班牙语潮未见减弱。仅靠殖民者强力根除和取缔语言而产生的一个副产品不仅仅是地方语言被有计划地取代和替换,而且在殖民地出现了新语言,如南非荷兰语、帕皮阿门托语、巴布亚皮钦语以及其他多种多样的皮钦语与克里奥尔语。这些语言,不论是起源于殖民征服还是移民,现今都没有被烙上移民语言的标记。

然而,总的来说,移民语言丧失了权力,受比他们更强势的语言和权威摆布。尽管欧盟是一个享有语言宽容度的权威组织,有二十种官方语言(截至2004年),信奉所有的欧洲原住民语言"在原则上"都真正平等地是"欧洲的子孙",也不曾给予欧洲大陆上的各种移民语言任何权利和礼节性的认可。在通常情况下,那些语言被容许存在,通常只在生死攸关时刻、特殊的纪念时刻或者是紧急事件中,语言的政府功用才发挥出来。双语教育具有过渡性或以回流移民为中心,除了出现极端的地方事务,美国(法庭判决的)的做法,即提供双语选票来拉动读不懂英语的少数民族、移民者和原住民参与投票,是不会得到仿效的。然而,也有少数一些例外,美国的移民在完全自愿的基础上建立了自己内部的语言政策权威,例如伊地语、罗姆语和苏联"解体"前的几种少数族群语言,如乌克兰语和白俄罗斯语。

在大多数的例子中,移民语言的本体规划(参见下一节)通常在小范围的知识界和民族社区学校里是有意义的,他们都遵循"原来世界"的母语语言权威的拼写、语法和术语命名规则和制度等。也有极少数情况,双语教育制度建立后,政府主动制定移民语言的拼写、语法和术语命名规则,以进行课堂阅读,而在他们的母语国家里,使用这些移民语言并不是为了提高识读能力(如海地的克里奥尔语、阿拉伯白话和佛得角语)。传教士把《圣经》和《古兰经》译成以前没有书面文字的语言,用以传播基督教和伊斯兰教,与这样的付出相比,这种短期的识读能力多半会瞬间即逝,这是因为官方认定接受联邦政府财政资助的双语教育是过渡性的。值得一提的是,甚至在最理想的情况下,为某个原住民人群制定本体规划也许会以维护原住民语言的面目示人,但实际掩盖的却是语言转用。

隐性的地位规划议程

本体规划包括语言的各种基本要素,比如技术术语、书写系统、拼写规则、写作格式、辞典、语法和标点规则等。本体规划也有助于地位规划,即被权威认可的某一特殊语言的社会功用。我们通常认为本体规划和地位规划是"同一枚硬币(语言规划)的两面"(Fishman,2004),这暗示了两种规划不可避免地要同时出现。从理论上说这是可行的,但是在实际应用中它们既没被要求也不会经常同时出现。实际上,语言政策是持续不断的"硬币"两面间的"追赶"机制。显然,一种语言在没有获取足够的语言本体时去寻求新的语言地位(比如,在政府部门、法庭、高校和军队里)不是明智之举,有了充足的语言本体,才能充分地、准确地、巧妙地表达与这些地位相关的话题。同样,如果无限制地扩充语言本体,使其现代化而不去争取本应该获取的地位,这同样也是不可取的。因为地位规划比本体规划更加困难也更有争议,所以很容易发现地位规划在整个过程中尾追本体规划(虽然不是落后很多)。事实上,整个世界的现代化背景有很多证据表明,尤其当地位竞争者对峙时,首先进行的是本体规划。特别要指出的是,在两种或多种语言的影响力差别很大的地方,影响力相对较弱的一方可能更容易获取外部的权威支持来召开本体规划会议,而不是召开会议公开讨论政治上禁止的或是有争议的地位问题。[1]

但是,正如我们可以否认语言的影响力或地位,也能宣布其不合法一样,本体规划也可以被人为操纵,有时表面上看起来是为了语言的发展的本体规划,而实际上却是暗中削弱一种语言。趋同(Einbau)的本体规划(从两个结构非常相似的语言中创建一种语言,参见 Fishman,2004)创建了一个平台,通过策划语言间的相似性最终以甲语言替代了乙语言。只要把乙语言的书写系统改成甲语言的书写系统,就可以消除乙语言最重要的区别性特征,正如苏联规定几乎所有的少数族群语言都必须采用西里尔字母的书写系统,而不是采用他们传统的本土语言的书写系统。那就要求进入甲语言的新词与进入乙语言的新词是同一批词汇(比如,在挪威,是采用新挪威语还是书面挪威语的那场既折磨人又很昂贵的斗争延续了几十年,从1938年开始,另一种新的丙语言,即萨姆诺什克语衍生了)(Ager,2003)。这表明两种语言在处理政治敏感问题和关键的文化问题时,需要使用同样的、相对固定的词汇。本体规划看上去几乎没有任何的政治色彩,也确确实实给有指导的语言转用提供很多权威的帮助,那就足够了。

本体规划也有其他方向,比如引导较弱势的语言进行相互沟通,或者较早地接触周围更强势的语言,但这样却导致了它们的早衰。本体规划政策强调科技术语的西方化而不是保留独特性和地方性,认定那些已经在非正式语体里使用、大部分来源于旅游、外来媒体或产品的流行的"街头用语"是为了书写的目的;也不是强调经典化,即那些与独立的"优秀传统"最接近的经典的语言组成部分;强调区域化,利用临近的强势语言作为本体规划的典范,也不是寻求"纯正性",做出这些本体规划决定时很少注意到本体政策的转用趋势。采用趋同(Einbau)而非自立(Ausbau)的方式,追求与强势同源语的靠近,也是语言的自我削弱,最终会导致语言转用而无法保护语言。所谓自立,就是让该语言远离一种强势的、结构上与其相似的语言,因为在强势语言的影子下该语言通常会被认为是方言,而不是真正意义上的自治语言(Fishman,1993)。正在受到威胁的语言和代表受威胁语言的本体规划的指导方向,经常在甲社区或乙社区或两个社区里随着政治、经济的改变而发生同步变化。也可以通过本区域更接近的语言达到西方化的目标,比如,让蒙古人学中文普通话,罗塞尼亚人学俄语,让那些住在坦桑尼亚和乌干达高原深处的人们学斯瓦希里语等等。这些影响均有兴衰,来个180度的扭转也非罕见。例如,第二次世界大战前摩尔多瓦语(Moldovan)一直被认为是罗马尼亚语的区域方言,它完全独立于罗马尼亚语,采用西里尔字母书写体,受苏联控制直到苏联共同体解体;摩尔多瓦语不同于罗马尼亚语,却又与之有着明显的联系,与罗马尼亚语一样,在摩尔多瓦独立的早期它采用拉丁体的书写体系,最后仅成为罗马尼亚语的一个口语变体,因此采用罗马尼亚语的书面语作为它的识读语言。这种语言历程也完全反映了本体规划受政治阻碍的程度。这就解释了为什么本体规划和地位规划经常变成废止规划,或者重新规划,但是每次都会导致语言转用(Clyne,1997)。

语 言 转 用

语言转用虽然不能总得到权威的直接赞助,但通常都能得到政府的资助。语言从甲地传播到乙地可能是因为两地有经济差异。这种差异不可避免地会导致边界移民,尽管双边政府都坚决反对这种边界转移。美国—墨西哥边界就是一个很好的例子。美墨边界持续不断出现北上的人群,而物流、电子通讯、消费、更不用提与文化相关的行为则都是向南转移。没有一项政策规定由于这种转移需要从西班牙语转用到英语,或者由于规模小得多的反向移民而引起的从英语转用到西班牙语,但无论如何,语言转用已经发生。事实上,缺乏权威的语言政策对于具有语言强势的一方有利,这促使世界很多地方出现了"无政策政策"。强势语言在其政府及权威的支持下,通过文化旨趣、价值观和其他战略目标计划推销其语言惠利。如果要让人们成功地面对、反对和改变这样的政策,必须让人知晓这种"无政策政策"的后果,就像魁北克的法国人已经制定了反法语或支持英语的成文法律,尽管这种法律数量还很少。然而,摆在眼前的事实是,大部分正式语和书面语的转用都是由于外界因素被转用或者是明显地被促使转用的,例如,通过征服或其他一些大规模的动乱,而不是"任其所为地自然转用了"。事实上,现今诸多语言都很脆弱,影响力被削弱,即使"友善的语言规划"也可以使它们消亡,如果这些语言规划仅仅暗示那些操本族语者并不能正确有效地读、写、说他们的母语。具有强势的语言一方可能采取政体间行为或政体内部行为,包括清晰的和含蓄的语言规划决定,来破坏处于相对劣势的语言一方所拥有的风俗文化和经济。

政体内行为

美国的印第安人被迫成群迁移,伴随着的是传统惯例、对话者和奖励机制遭破坏,而这些本来都是用来维系语言,并使其代代相传的。协议权单方面被废止了,遭遇同样命运的还有居住在新西兰的毛利族放弃权利而签订怀唐伊协议(the Waitangi Treaty),他们本来希望公众支持"维持他们的财富",语言就是其中的财富之一,但这种希望也只是昙花一现。挪威、瑞典和芬兰当局"不愿意"将原住民地区从欧洲商业掠夺和竞争中排除出去,或反过来扶植原住民企业朝着自我治理的方向运行,这种"不情愿"促使许多居民放弃坚持争取自治的斗争,往"非原住民保护区"的城市转移,在那里他们要面对与家庭语言和传统的急速分离,以完全迅速地融入那里的生活。不管他们是否与相关地方政体的当权者有着种族上的联系,这已经成了几乎所有的原住民澳大利亚人,拉丁美洲人和非洲社群的主要问题。这些当权者已经在前一代或更久以前就经历了文化交汇和语言交汇,例如在墨西哥、秘鲁、厄瓜多尔和大部分的中美地区的梅索蒂斯混血儿,回顾往事,他们经常认为非但不觉反感,反而觉得这些交汇对他们的后代来说是一件好事。

玛雅人(萨帕塔主义者)希望向墨西哥的"中央"靠拢就属于这个性质,具有同样性质的还有秘鲁的克丘亚族或光辉道路游击队抵抗势力和苏联高加索地区长期结怨的车臣抵抗势力。他们最近企图反对从工业、商业和农业革命开始的进程,这些革命在五百年前就改变了西欧的大部分地区,其代价就是破坏了爱尔兰语、威尔士语和苏格兰语等区域语言,更不用提西班牙和法国的区域语言了。资本主义和共产主义都同样反对"无益于国家构建"的地方语言,天主教会也持同样的反对意见。

政体间过程

当我们思考世界范围内所发生的现代化进程时,我们发现很难硬性区分政体间起因还是政体内部起因。这是因为有族群语言学基础的大部分东欧和南欧地区的东正教教堂和东天主教教堂("东仪天主教会的信徒")和约翰·戈特弗里德·赫尔德的主要影响,才在那些地方避免了一场类似的离乡背井,得到多民族和多语言的奥匈帝国和沙皇帝国支持的泛德语和俄语运动遭到失败。西方国家长期以此为荣的是,虽然各地的"国家构建"当局滥用地方语言(起初是区域语言)和族群,但被推向实质性的消亡边缘的语言和族群并不多。

然而,一旦我们撇开东正教和赫尔德民族主义的结合,就像在几乎所有的亚洲、非洲和太平洋地区一样,我们发现狂热的伊斯兰教和持有必胜主义的西方化的结合常常有区域的影响力,就像天主教和工业革命在西方国家的早期影响一样。北非的阿拉伯化(阿拉伯语替代法语,但绝不是解放了柏尔语和沃洛夫语),南非和东亚等部分地区英语占统治地位(例如,日本和韩国都曾考虑把英语作为并存的国家官方语,英语在原英国殖民地印度和新加坡也拥有类似的地位),这些都是推进语言转用的内外部相互作用的具有教育意义的例子。还需注意到菲律宾和新几内亚一直在把英语作为"官方语言"还是"并存官方语言"间徘徊。上述每一个国家都曾为了英语去实施权威的语言规划措施,这对各种地方语言的语言使用者来说是促进了语言向英语转用,同时也培育了低产阶级和中产阶级日益增强但不切实际的期望,他们期望与当地的精英一样获得与英语相关的成功。

教育中特殊的语言转用功能

与大部分权威专家相比,教育系统的权威在规划语言转用中参与更多。与其他政府机构一样,教育关注正式的书面语。因为教育总体上来说是义务的,它关注年轻人,它的影响力不仅仅在那些"接受教育"的年轻人中持续不中断很多年,而且要在接下来未知的时间里帮助年轻人取得成就。在与识读能力相关的地位中,多种因素的结合使教育成为非常有用、无法逆转的语言转用机制。后现代评论通常认为,语言规划忽视了受当代媒体、旅游业和年轻人文化影响的言语的混杂性和自然性,因而完全错失连接正式语言和教育语言(口语和书面语)的良机。

后一种交流方式才成为政府权威的主要关注点,教育部门有义务长时间关注遍及国家每一个角落的儿童生活。对"儿童语言的认可"问题,学校可以但非必须采取过渡的、和缓的态度。例如在说巴斯克语的毕尔巴鄂地区,小学低年级过渡性地使用在当地口语方言基础上发展起来的一种学校语言变体,替代了圣塞巴斯蒂安标准语(the San Sebastian / Donostia standard),但这也不过是个临时措辞而已,意在让儿童平稳步入教学生活,步入方言转用,逐步接受各种真正的教学变体。进一步说,对以识读文化为基础的教育而言,不管是采用当地的、或区域的、或民族的语言,道理都是一样的。这种变体必须从当下的、混乱的日常言语中分离出来,尤其要从那些贫穷的、年轻的和未受过正规学校教育的人的言语中分离出来。这种变体被抹上神秘色彩,在国家功能和民族身份中开始扮演最重要的象征性角色。那些接触这种变体时间最长,程度最深的人不得不在成人生活中、在离开学校后的生活中逐渐转移到这种变体中。这确实可能成为半途辍学或最终毕业的学生的语言,最终成为新一代人的母语。

当然在欧洲也有一些保护当地和其他少数民族文化和语言的国际条款和规定。然而,没有一个条款和规定具有约束力,或具有法律效力,或者是成为最重要的国际组织一员所必需的。也没有一个条款或规定适用于当地方言或移民语言,如留出很多"摇摆空间"以用来划分方言或语言的边界。甚至在没有条款提供温和的保护措施的情况下,仅"在西欧、中欧和波罗的海国家的大约一亿人,说着约200种不同的语言变体"(Dandridge,1997:3)。而且,这些亚族群语言的协定几乎只面向基础教育,极少关注中等教育,而大学教育几乎在他们的关注范围之外。所有这些都给欧洲的未来提供了诸多的语言转用前景,有意识和无意识地将少数民族的言语社区,包括"民族"语言的方言,都紧紧纳入现代化和全球化的轨道。其他大洲也将可能体验这个过程,因为他们也朝这个方向发展,这个过程不仅有些姗姗来迟,而且与前述的例子相比,并不显得"有利可图"。以少数族群语言作为教学媒介的学校(甚至大学),除非延长这个过程,否则影响甚小。当局甚至也开始感到有压力,他们本来有安全的民族界限,能有效控制其他语言产品的流通,因为少数民族缺少他们自己的权威影响力。荷兰、丹麦和芬兰,当然还有日本、韩国、新加坡和印度,以及大部分英国和美国以前的殖民地国家,都乐意建议在中等教育和高等教育全部或大部分采用英语教学(Fishman, Conrad, & Rubal-Lopez, 1996)。

英语"阴谋论"

上述的讨论大部分是在国内权威性语言规划政策上形成的,即便是这样,我们也必须承认,当美国、英国和法国这些世界强权国家也执行这些政策的话,国际影响也就产生了。但是,这个讨论已经被提高了一个层次,达到有阴谋的国际化的层次了(Phillipson, 1992)。虽然还没有足够的证据,但菲利普森怀疑英国文化委员会和美国给英语不是母语的学生进行英语教学的国际英语教师组织(Teachers of English to Speakers of Other Languages, TESOL)已经成功地谋求支持对外英语教学,特别是在英国和美国的原殖民地国家,以便暗中实施他们各自国家的外交政策和夺取经济支配权,尽管表象是他们公开宣称的教育目的。而且,这些机构都支持使用来自于他们本国的教科书,巧妙地强化培养他们本国的生活方式与消费文化,从而进一步削弱原住民文化和生活方式。大多数语言学家和语言教师都曾否认阴谋指控,然而,语言和文化确实发生了转用,但至今仍无人接受后果指控。阴谋指控是这两种指控中更具有戏剧性的,类似于新出现的"英语老年人礼节"(Protocols of the Elders of English),但后果指控更为严重。有太多强有力的纽带将被殖民国和它们以前的殖民国之间紧密联系在一起,如经济、工业、商业、政治和教育上的联系,以至于几乎不可能梳理出菲利普森公开指出的语言规划在两个机构里的独立角色。另外值得注意的是,那些较早开始而且一直重视英语教育的国家,如古巴(Corona & Garcia, 1996)和沙特阿拉伯(Al-Haq Al-Abed & Smadi, 1996)很显然是有反西方倾向的,他们已经使用英语来更迅速地影响和反抗西方,也就是说,通过英语来推进他们自己的进程,而不是被"有阴谋的帝国主义者"影响进程。

也许可以这样说,比起我们上述谈论的易被人疏忽的语言转用政策和后果,我们认为菲利普斯的观点显得有些异类。20世纪和21世纪物质和非物质文化的全球化已经毫无疑问地偏爱英语,但其他说法语、西班牙语、阿拉伯语、希腊语和中文的国家也偏爱英语,更不用说那些附属全球化的国家,如说豪萨语、斯瓦希里语、葡萄牙语和日语的国家,它们用各自的客户文化直接传播英语和现代化。而且,就更低的程度而言,菲利普森所谴责的西方化过程正在他们各自附属权力国的附属语言的主导下发生着,诸多的西化过程经历有规划的再语言化甚至再民族化,历时几十年甚至更长。它们在当地取得的巨大成功决不能单独归功于英语,而是应归功于甚至连英语的传播都受其支配的更大、更基本的力量。

我们不能津津乐道于阴谋理论或是盎格鲁与语言之间的因果关系,回顾前—现代化的大规模的语言转用现象,我们可以更全面地看待在全球化之前就显露出来的、在超越语言化和超越种族化时代,语言所扮演的角色。这些转用现象涉及北美大陆的英语化现象,北非地区的阿拉伯语化现象,西伯利亚和高加索地区的俄语化现象,拉美地区的西班牙语化和葡萄牙语化现象,以及中国全面的中文化现象。所有这些大的转变都是在权威支持下发生的,带来了广泛的传播、不可逆转的语言转用后果。大多数的前述转变涉及领土占领,但全球化过程中很少如此。这使得我们有可能发现这两者之间的一些共同线索。两种情形共同的主要线索可能就是与当地的、自我规范的社会改变严重脱节,不管这个脱节是否有计划,这两种情形都会造成脱节,线索也可能是对以前语言、文化的权威当局的摒弃和对以前的权威做了语言上的,更通常是在文化上的否定。

有计划的转用与无计划的转用

从贯穿世界的语言转用主要过程来看,很有必要讨论有计划的转用的程度。我们不可能很准确地回答这类问题,因为从文化角度对与全球化相关的现象做出的精确解释还少之甚少。然而我的印象是,和前文提到的"占领的例子"完全不同,全球化需要大量的"非—菲利普森"计划。既然我们首先要研究在大多数与权利相关的地位角色中正式语和书面语的应用,我们也同样通过一些途径来研究语言的变化,比如课程、教材、证书和文凭、讨论会、会议、官方记录与政府机构的信函往来、政府机构单方的官方信函,以及其他政府机构掌握的活动,因此比领土占领中得到的权利转移(完全失控)更加能控制和指导。语言规划,包括本体规划和地位规划,都是"自上而下"的典型类型,"上"是指积极地、实际地或指导性地参与全球化进程的那一批人。

结　　论

　　任何工具都能做好事也能办坏事,能建设也能破坏。语言规划也这样,大多数时候我们运用语言规划来提升某种特定语言或语言群体的地位和本体。然而,在一个相互关系密切的世界里,对一种语言是"好事"可能有意识或无意识,有目的或无目的地对其他语言造成破坏或带来问题。语言消亡和语言转用都不再是政治正确的语言规划目标了,但这些有害的后果当今既有生命力也有破坏力,正如它们在语言规划整个长历史时期一直既有生命力也有破坏力一样。"教育"是个有益的、受大家欢迎的活动,甚至连它都被我们利用来达到破坏当地的传统、法律系统、宗教和权威结构等秘而不宣、居心叵测的目的。鉴于前面的论述,世界超级大国(只是指当前的)本应该对世界上大大小小各种语言的语言功能和社会结构(更不要提其存在时间的长短了)都有很大的影响力。美国通常不对其他语言发布公开的和前瞻性的语言政策,但这个事实并不意味着这种"无政策政策"不能加强在美国和其他英语非母语的国家里,为了权力目的而传播英语;这个事实也并不意味着,整个语言世界里,随处所见的出版物、电视和收音机里没有充斥着英语的术语、表达方式、连环图画和歌曲。美国可能并不打算这么做,也可能并不想卷入一场要消灭世界语言的阴谋中,有些人可能还会提出控诉,但是不管抱有怎样明显的动机,结果可能都是一样的。这可能就是美国境内语言的现状,那里没有一种移民语言在过去的 200 年时间里达到自主生存的水平,就是我们现在使用的西班牙语也是如此。如果出现这种结果,就应该呼吁积极的、正面的和有意识去实施的语言政策。那么就只留下了两个问题:(一)语言政策制定者是否认可这个目标:即在美国恢复英语之外其他语言的活力;(二)现在开始拯救大多数的美洲语言是否已经为时过晚。

值得深入阅读的文献提要

Al-Haq Al-Abed, F. & Smadi, O. (1996). The status of English in the Kingdom of Saudi Arabia(KSA) from 1940—1990. In J. A. Fishman, A. W. Conrad, & A. Rubal-Lopez(eds.), *Post-imperial English: Status change in former British and American colonies*, 1940—1990 (pp. 457—484). Berlin: Mouton.

本章从一个合适的角度再次审视了一种责难,即责难在国外推行英语就是为了实现美国目标这样一个明确的目的。对待世界范围内传播的伊斯兰教,除了英语之外还有什么选择?

Clyne, M. (ed.) (1997). *Undoing and redoing language planning*. Berlin: Mouton.

本书指出,不论语言规划的具体时间和具体目的如何,都具有循环性和对立性。

Corona, D. & Garcia, O. (1996). English in Cuba: From Imperial design to imperative need. In J. A. Fishman, A. W. Conrad. & A. Rubal-Lopez(eds.), *Post-imperial English: Status change in former British and American colonies*, 1940—1990 (pp. 85—112). Berlin: Mouton.

本章让我们再度认识到反美政权一直坚持要求他们的公民掌握英语的目的是为了对抗而不是培育美国在全世界(尤其在新世界)的利益。

Fishman, J. A. (ed.) (1993). *The earliest stage of language planning*. Berlin: Mouton.

本书阐述语言规划是怎样吸引那些最早的和最初的权威人士,其中大部分是教师、作家、教授和神职人员,为了达成这些目标他们经常重新召集和建立一个永久的"中心",而后又得以轻而易举地实现那些目标。

Fishman, J. A. (1996). Summary and interpretation: Post-imperial English, 1940—1990. In J. A. Fishman, A. W. Conrad, & A. Rubal-Lopez (eds.), *Post-imperial English: Status change in Former British and American colonies*, 1940—1990 (pp. 623—640). Berlin: Mouton.

本论文假设有一股强大的力量促进世界范围内的英语传播,而这股力量并不是由美国控制也不是为美国服务,并提供对假设的实证。

Fishman, J. A. (2004). Ethnicity and super-ethnicity in corpus planning: The hidden status agenda in corpus planning. *Nations and Nationalism* 10, 79—94.

这篇论文一方面强调语言规划的独特性和独立性,另一方面强调它与其他事物的联系,并讨论了可采取的语言规划的各种方法。诸多的语言规划权威企图同时追求这两个方向(虽然看起来不大可能实现)或者逐一实现这些方向,这会导致他们采取迂回的政策,正如美国联邦政府对美洲印第安人采取的政策。

讨 论

1. 中央集权的语言规划机构对美国有用吗?为什么有用?为什么没有用?
2. 为什么"无政策"最终又变成了语言政策?这又是如何转变的?
3. 美国和苏联的语言政策的相似之处或不同之处表现在哪些方面?
4. 为什么大多数英语为母语的国家没有英语语言学院?
5. 本体规划政策通常都关注词汇。你能举出本体规划关注书写系统改革和语法变化的例子吗?
6. 哪种语言规划形式在下列情形下变得更加困难:1)增强或减弱语言;2)本体规划和地位规划?

注 释

1. 例如:黑体字是相对弱势的语言:西班牙语对**加泰罗尼亚语**(Marti i Castell,1993);荷兰语对**印度尼西亚语**(Moeliano,1993),或者英语对**托克皮钦语**;仅以此为例。

参 考 文 献

Ager, S. (2003). Norwegian(Norsk). Omniglot: A guide to writing systems. Retrieved February 26, 2004, from www.omniglot.com/writing/Norwegian.htm.

AI-Haq AI-Abed, F. & Smadi, O. (1996). The status of English in the Kingdom of Saudi Arabia (KSA) from 1940—1990. In J. A. Fishman, A. W. Conrad, & A Rubal-Lopez(eds.), *Post-imperial English: Status change in former British and American colonies, 1940—1990* (pp. 457—484). Berlin: Mouton.

Clyne, M. (ed.) (1997). *Undoing and redoing language planning*. Berlin: Mouton.

Corona, D. & Garcia, O. (1996). English in Cuba: From imperial design to imperative need. In J. A. Fishman, A. W. Conrad, & A. Rubal-Lopez (eds.), *Post-imperial English: Status change in former British and American colonies, 1940—1990* (pp. 85—112). Berlin: Mouton.

Dandridge, B. (1997). Protecting minority languages proves a challenge for EU officials. *European Dialogue*, 2, 1—3.

Fishman, J. A. (ed.) (1993). *The earliest stage of language planning: The "first congress" phenomenon*. Berlin: Mouton.

Fishman, J. A. (1996). Summary and interpretation: Post-imperial English, 1940—1990. In J. A. Fishman, A. W. Conrad, & A. Rubal-Lopez(eds.), *Post-imperial English: Status change in former British and American colonies, 1940—1990* (pp. 623—640). Berlin: Mouton.

Fishman, J. A. (2004). Ethnicity and supra-ethnicity in corpus planning: The hidden status agenda in corpus planning. *Nations and Nationalism*, 10, 79—94.

Fishman, J. A., Conrad, A. W., & Rubal-Lopez, A. (eds.) (1996). *Post-imperial English: Status change in former British and American colonies, 1940—1990*. Berlin: Mouton.

Hornjatkevyc, A. (1993). The 1928 Ukrainian orthography. In J. A. Fishman(ed.), *The earliest stage of language planning: The "first congress" phenomenon* (pp. 293—304). Berlin: Mouton.

Landau, J. (1993). The first Turkish language congress. In J. A. Fishman(ed.), *The earliest stage of language planning: The "first congress" phenomenon* (pp. 271—292). Berlin: Mouton.

Marti i Castell, J. (1993). The first international Catalan language congress. In J. A. Fishman (ed.), *The earliest stage of language planning: The "first congress" phenomenon* (pp. 47—68). Berlin: Mouton.

McCarty, T. (2002). *A place to be Navaho: Rough Rock and the struggle for self-determination in indigenous schooling.* Mahwah, NJ: Lawrence Erlbaum.

Moeliano, A. (1993). The first efforts to promote and develop Indonesian. In J. A. Fishman (ed.), *The earliest stage of language planning: The "first congress" phenomenon* (pp. 129—142). Berlin: Mouton.

Phillipson, R. (1992). *Linguistic imperialism.* Oxford: Oxford University Press.

Wurm, S. (1993). The first congress for Tok Pisin in 1973. In J. A. Fishman(ed.), *The earliest stage of language planning: The "first congress" phenomenon* (pp. 257—270). Berlin: Mouton.

王海虹　译　　闻人行　校对

第十八章　语言政策和手语

蒂莫西·雷根

本章将探讨与手语语言规划和语言政策相关的问题及发展。探究手语确有其不同寻常之处：与研究其他语言不同的是，研究者首先就必须确立手语作为一种"合法"人类语言的地位。而且，手语完全属于人类语言，并符合我们用来描述语言的任何合理标准，这一点不仅已被大家接受，也被语言学界普遍认可（见 Fromkin, 2000; Valli & Lucas, 2000: 2—15）。然而，这一工作远比其看起来要繁复得多。并不是所有的"手势"都属于"手语"，手语的多样性也非常重要。因此，在讨论本章的中心主题——手语的语言规划和语言政策之前，我们的确有必要描述一下手语的不同种类。它们的背景各自不同，事实上又在不同状况下共存。

手语的多样性

事实上，手语的多样性指的是许多不同种类的、有意义的多样性。首先，大量手语都是世界各地聋人在不同场景下使用的自然手语。这些不同的自然手语有某些共性，如它们的手势和视觉特性，以及出于语言目的使用空间概念等等。有些手语还有某种起源上的联系，也就是说，如同口语的语系一样，手语语系也是存在的。[1] 尽管如此，这些语言之间仍然界限分明。语言学家已经对许多自然手语有所研究，这其中不仅包括美国手语（American Sign Language, ASL），还有澳大利亚手语、英国手语、丹麦手语、荷兰手语、法国手语、德国手语、香港手语、印巴手语、以色列手语、意大利手语、俄罗斯手语、南非手语、瑞典手语、台湾手语和委内瑞拉手语等，而这还远非是一个详尽的清单。实际上,尽管这一清单本身就足以让人叹为观止,但因为大部分自然手语(就像大部分口头语言一样)仍然有待研究,所以这也仅仅是"冰山一角"而已。斯库特纳布-坎加斯曾经提醒过我们,"世界上估计有约6500到10 000种口头语言,手语语言种类数量也差不多"(Skutnabb-Kangas,2000:30)。

但是,自然手语的数量只是我们所谈论的手语多样性的一个方面。手语多样性的第二个方面指的是某些特定的自然手语所表现出来的多样性。比如,就美国手语而言,我们知道词汇多样性不仅体现在地区上,而且还与年龄、性别和民族相关(见Lucas, Bayley, & Valli, 2001)。南非手语则为我们提供了一个更极端的例子。南非手语以丰富的词汇变化和基本一致的句法为特征,这一特征至少部分源于南非在种族隔离政权下奉行的社会和教育政策。潘和里根曾经指出:

> 南非手语研究项目为南非手语字典收集了2500词条,其中,只有2%的词条表示不同聋人群体的通用手势,大约10%的词条只有一个或者两个手势变体……平均说来,每个词条大约有6个变体,而某些单个词条可能拥有多达11个变体。(Penn & Reagan, 2001:55)

诚然,情况非常复杂,所以对于这究竟是一种手语还是各种不同手语的集合体,研究南非手语的手语语言学家们有着不同意见(见Aarons & Akach, 2002; Branson & Miller, 2002:244—245)。

手语多样性的第三个方面也有助于手语理解。它更多的是针对"手势"方面的,而不是从手语语言方面来说的。事实上,"手语语言"与"手势"大相径庭。到目前为止,我们还只研究了自然手语,也就是出现在失聪群体中,并有助于他们在内部交流时所使用的手语。但是聋人并非生活在无声世界里,相反,他们通过各种方式在不同程度上融入了有声世界。绝大部分聋人的父母听力正常,并且绝大部分聋人的子女听力也正常。除此之外,聋人要社交或赚钱,也必须要接触一些听力正常者。尽管有些聋人的子女很有可能把他们父母的手语当作母语来学，但大部分聋儿的父母和其他一些与聋人打交道的人并不会去学习自然手语。相反，他们会学习使用一种本质上属于交际手语的手势——这一手语既具备自然手语元素，也具备周边口语的元素（见 Lucas & Valli, 1989, 1991, 1992）。这种交际语最初被称为"皮钦手势"，事实上它们属于听力正常者和聋人在交际时所使用的初级手语。这些交际语和自然手语一样，都是语言自然发展的结果。它们与口语交际语同时出现。最后，还有研究人员曾尝试设计"手势代码手册"来代表口头语言（见 Bornstein, 1990; Reagan, 1995）。这些手势代码手册只是为了用手势或者视觉方式来表示口头语言，也基本可以等同于写下一门口头语言。在教育机构中，这些手势代码手册曾被用来当作让聋儿接触口语世界的一种方式。例如，在美国，最常用的手势代码手册就是精确手势英语（SEE-II）（Gustason & Zawolkow, 1993）；在英国，帕格—格曼系统虽然不是那么复杂，但也基本上起到了同样的功效（见 Paget, 1951）。值得指出的是，手势代码手册仅仅只是表示语言的代码，它们本身并不是语言（见 Reagan, 1995, 2001a）。这些手势代码手册的实际教育意义还存在一定的争议，但是对于一个娴熟的手语者而言，这些代码通常会让人觉得迟缓、蹩脚和困惑。

手语语言规划和语言政策

有了上述背景知识，我们现在可以讨论手语语言规划和语言政策方面的一些成果。近年来，在美国和其他许多国家，手语已经成为地位规划和本体规划的研究方向（见 Covington, 1976; Deuchar, 1980; Erting, 1978; Nash, 1987; Nover, 1995; Ramsey, 1989; Reagan, 2001a; Reagan & Penn, 1997; Woodward, 1973）。当然，每一个研究都有其独特之处，但是在全球各地的手语语言规划研究中，还是出现了许多共同的主题。这里，我们首先要探讨语言地位规划方面的研究，然后是语言本体规划的研究。

地位规划

如同卡普兰和巴尔道夫所述，地位规划研究"可被定义为语言规划中主

第十八章 语言政策和手语

要反映社会问题和社会热点的那些方面,属于规划中的语言的外部特征。构成这一模式的两个地位问题是**语言选择和语言实施**"(Kaplan & Baldauf,1997:30,黑体为原作者所加)。在手语语境中,语言选择一般是指对一种自然手语的官方认可,而语言实施主要是指在教育环境中,或者在某种程度上,在司法或者医疗环境中使用(或禁止使用)手语。在美国,对美国手语的官方认证主要在州一级政府进行;迄今为止,美国50个州中大约有35个州已经通过立法确认了美国手语的法律地位,其他几个州也正在努力通过类似的法律。[2]需要指出的是,此类立法,或者是诸如瑞典在1981年通过的国家立法(见Wallin,1994),并不一定就确认了手语作为"官方"语言的地位;事实上,它只是将手语的确是一种"真正"的语言这一事实"记录在案"。在某些情况下,它也明确了手语使用者的具体语言权利。有趣的是,世界聋人联合会的《手语认可倡议书》的情况也是一样的。该倡议书呼吁将手语确认为"本土语言",同时强调聋人作为少数语言族群一员的语言权利(见Reagan,2001a:177—180)。只有在南非,自然手语的"官方"地位已经得以认可。在后种族隔离年代,随着新宪法的起草,人们对于是否应该授予南非手语"官方"语言地位展开了严肃的讨论(Reagan,2002)。尽管新宪法不仅涉及了南非手语使用者的权利,也涉及了对南非手语的地位及重要性的认可,但是,尽管南非确立了11种官方语言,南非手语没有得到这样的地位(见Reagan,2001b;Webb,2002)。

有关手语的地位规划在教育机构中也得到了广泛关注,特别是在聋人学校里。在那里,拒绝使用手势的"口语主义者"和提倡使用手语的"手语主义者"(尽管有时他们使用的是手语代码而非自然手语)之间经常剑拔弩张,展开语言政策方面的辩论(见Baynton,1996;Reagan,1989;Weisel,1998;Winefield,1987)。在另一教育背景下,也有着关于手语地位的争议,这与将手语当作"外语"学习有关——这一点在美国的初级教育机构和高级教育机构里都得到了持久关注,而且在未来几年内,在其他国家也可能会发生(见Reagan,2000;Wilcox & Wilcox,1997)。

无论是聋人,还是聋人的拥护者和支持者,都普遍认为对手语地位进行讨论和辩论是一种积极的发展。然而,尽管这些讨论的确有潜在的促进作用,但是我们仍然有必要指出这些讨论并非没有风险。正如斯库特纳布-坎加斯所言:

> 现在,就在有些手语正逐渐得到一些认可、权利和关注的时候,其他一些手语却正在被取代(扼杀)……被那些已经得到认可的手语,有时是被那些标准化手语,出人意料的还有,被美国手语所取代(扼杀),整个手语数量正在减少……如同一些强势方言变成了"语言",然后强势官方语言在全国范围内取代了其他语言,在任何一个聋人开始有组织化的国家,通常只有一种手语会得到认可。在大多数情况下,操纵这种语言歧视过程的人是听力正常者。他们当中有些是手语教师,但是大部分都是对手语知识一无所知的教师。(Skutnabb-Kangas,2000:227)

也许,对手语使用者的语言权利的日益关注一直都是手语地位规划中最重要的一方面,而正是在这一领域,令人瞩目的工作亟待完成。尽管人们都在公开极力否认这一点,但是少数族群语言的权利在全世界范围内的确是一个相当有争议的话题。而聋人的语言权利问题显得尤为复杂和艰难。在这里有必要指出,这不仅仅是因为语言权利本身的问题,而是因为绝大多数聋人的父母都是听力正常者。因此,就聋儿而言,"母语"的定义所蕴含的意思也绝非显而易见,而是有可能会引起进一步的争议(见 Jokinen,2000;Muzsnai,1999;Skutnabb-Kangas,1994)。

本体规划

根据卡普兰和巴尔道夫的观点:

> 本体规划可被定义为语言规划中侧重于语言本身的规划,因此也属于语言的内部特征。这些与语言有关的方面包括:(a)正字法改革,包括设计、协调、字母的改变和拼写变革;(b)发音;(c)语言结构的变

化;(d)词汇扩展;(e)语域简化;(f)文体;以及(g)语言材料的准备。(Kaplan & Baldauf,1997:38)

就手语而言,本体规划研究可以分为五大类:词典学、词汇创新和扩充、教材编写、手势代码手册的制定以及手语正字法体系的发展。下面我们将对每一类别做一简短介绍。

近年来,手语词典学取得了重大进展(见 Armstrong,2003a,2003b)。最早的手语词典只不过收集了一些手势图片。它们通常按强势口头语言的字母顺序排列。在许多情况下,这些"词典"的主要信息并不来自于聋人,而是依赖一些有正常听力的专家们的意见,由他们来决定某个特定单词应该用何种手势来表达。尽管这类"词典"仍然大量存在,但是现在也有许多相当不错的手语词典。这些词典都是基于非常可靠的语言学研究,其中最好的几本词典分别是:泰南特和布朗所编的《美国手语手形词典》(Tennant & Brown,1998),约翰斯顿所编的《澳大利亚手语词典》(Johnston,1989)和布莱恩所编的《英国手语词典》(Brien,1992)。不过,最有影响力的应该还是《多媒体美国手语词典》。由于该词典利用了电脑技术,所以对于手语学习者和使用者来说,它远比其他词典有用得多(见 Wilcox,2003)。

自然手语中的词汇创新和扩充主要有五种方式:现有手势合成、借用、形态演变、新手势的创造以及语义扩展(见 Reagan,1990:257—258)。合成是指将两个现有的手势组合在一起形成一个具有不同语义内容的新手势。这一过程在口语中相当普遍,如英语中"breakfast"来源于"break"和"fast",而且在美国手语、法国手语和以色列手语都曾有记载。几乎可以肯定的是,这一过程存在于大多数自然手语中。例如,在美国手语中,SPACESHIP[3](宇宙飞船)的手势就是由 SPACE(太空)和 SHIP(船)两个手势相加而成,还有 SMOG(烟雾)由 SMOKE(烟)和 FOG(雾)的手势相加而成,DECODER(解码器)由 TELEVISION(电视)和 CAPTION(字幕)的手势相加而成;在以色列手语中,LIBRARY(图书馆)的手势由 BOOK(书)和 EXCHANGE(交换)这两个手势相加而成,CAFÉ(咖啡馆)则是由 COFFEE(咖啡)的手势加上 SIT(坐)

的手势组成。自然手语也需要从其他口语或者手语中借用新的词汇（见Brentari,2001）。手语经常从口头语言中借用术语，通常都是指拼借用手势，就是在结构和形式上有所变化并且已经成为标准手势的指拼术语。例如，美国手语中的此类指拼借用术语有#OR,[4] #TOY, #DOG, #EARLY 和#TOAST；英国口语中有#QUARTER, #ENGLAND 和#ANSWER。有些手语还会使用"词首字母"手势（也就是在手势中嵌入其所代表的单词的首字母）。词首字母手势让人们可以在一个普通手势基础上成批创造相关的手势。比如说，在美国手语中，FAMILY（家庭），GROUP（团体），ASSOCIATION（协会）和TEAM（团队）这几个词的手势的主要差别就在于字母的手指形态差异上。越来越多的手语也会从其他手语中借用手势；在大多数情况下，由于美国手语词汇较为丰富，技术上发展较为成熟，因而它成了源手语，尽管美国手语也会从其他手语中借用手势，尤其是就外国国名而言，近几年来尤为如此，比如GERMANY（德国），JAPAN（日本），KOREA（韩国）和CHINA（中国）等词的手势。[5] 在美国手语中，有时会通过两种构词方式来形成新手势。第一种构词法形成的手势可以被定义为"派生手势"；例如，有一个手势以动词开头，然后通过改变动作的属性，就可以创造一个相应的名词。因此，如果将动词BLOW-DRY-HAIR（吹—干—头发）的手势变成一个重复性的短暂动作，那么就形成了名词BLOW-DRYER（电吹风）的手势。第二种构词方式就是将类别语素合并。例如，将"a large flat object（一个大而平的物体）"里的类别词（object 物体）与"a two-legged person（一个具有双腿的人）"里的类别词（person 人）手势合在一起组成HANG-GLIDING（滑翔式运动）的手势。一些专业手势通常都是为了满足使用者的需要而创造的，尤其是在教育机构中。这些手势在计算机科学、医学、工程学等方面尤为常见。以美国手语为例，美国国立聋人技术学院和加劳德特大学就是新词条的主要创造单位。最后，当已有的手势出现了新的或者附加的意义时，语义扩展也随之出现。例如，在美国手语中，FULL（满了，吃饱了）这个手势也可以表示FED UP（受够了，厌倦）的意思，而在英国手语中，PULL-THINGS-OFF-A-WALL（把东西从墙上拉下来）这一手势也发生了语义扩展，现在可以用来表示任何一种装饰或装潢。

教材编写是手语本体规划的一个重要方面。第一套手语教材不过是由一些词汇表组成的,再加上少量的(如果也算有的话)自然手语句法和结构信息。事实上,在过去,手语教学主要侧重于教有正常听力的学生如何使用某一种交际手语与聋人交流。因此,从真正意义上来讲,学生根本就不是在学习自然手语。近年来,在手语教材开发、课程设置和培养合格教师方面的研究中,美国在纠正上述误区方面取得了重大进展。现在有相当多的好教材都是名副其实的美国手语教材。这其中不仅包括著名的"绿色书籍"系列(Cokely & Baker-Shenk,1980a,1980b,1981a,1981b;也可参见 Baker-Shenk & Cokely,1980),还包括最近其他人的新作(如 Humphries 和 Padden(1992),Humphries,Padden 和 O'Rourke(1994),Shelly & Schneck(1998),以及 Stewart(1998))。

口语手势代码手册的创作及使用是手语本体规划的第四大类型。虽然手势代码手册的开发是一种国际现象,但是手势代码手册的出现和教育施行最早主要还是发生在美国。美国的第一本手语代码手册始创于 20 世纪 60 年代中期。这本手册为其后来发展成为《可视基础英语》(SEE-I)打下了基础。起初,在 1969 年 1 月,一批聋人和听力正常者集聚在南加利福尼亚,开始为《可视基础英语》制定手势和准则。据古斯塔森和伍德沃德所述,"他们成立了一个五人工作小组。由这五人教授手势课程,并且在纸张上将每一个手势标记出来,然后在课堂上使用这些纸张。随后将这些纸张寄给那些对之感兴趣的人"(Gustason & Woodward,1973:v)。由于对手册中手势的某些特征存在不同意见及分歧,该小组在 1971 年解散了,从而导致了《可视基础英语》与《精确手势英语》(SEE-II)以及《视觉英语语言学》并存的局面(见 Ramsey,1989;Schein,1984:66—67;Wilbur,1979:204—205)。除了上述人工手势代码手册之外,在美国还有一本《手势英语》。它是为学前儿童设计的,与《可视基础英语》及其后来的教材有很多相同的特征,但在句法、语义和结构上尽量做到相对简单(见 Bornstein 等,1975:295—296)。手势代码手册的日益多样性成为了聋人社区里的一个幽默主题,这一点可以从由聋人剧作家吉尔伯特·伊斯特曼(Gilbert Eastman)所著的,以《窈窕淑女》为蓝

本的美国手语戏剧 *Sign Me Alice*(1974)中窥见一斑。

尽管这些美国手势代码手册各有千秋,但是它们在哲学基础和基本结构原则方面具有相似之处。比如说,所有这些人工分类系统都至少从美国手语借用了一些手势(尽管与美国手语认同的语义空间有可能不完全一样)。相对于美国手语而言,那些手语代码手册采用了截然不同的形态原理,全部需要使用各种前缀或后缀来表达特定的英语句法信息。同时,所有这些手语代码手册不仅可以使用指拼法,还可采用广泛流传的首字母功能。当然,在不同的代码手册系统里,这种首字母功能的适用标准又是各不相同的。最后,原则上,各种手势代码的语序和英语语序通常是一样的。综合上述特征,各种手势代码手册创作者的基本目的就很清楚了:即通过视觉/手工方式来表达英语。毫无疑问,聋人的教师和聋儿的有正常听力的父母都普遍认为这一目的合情合理(见 Ramsey,1989:143—154),然而,从语言学的角度来说,这一目标充其量也只能说是差强人意。就其本质而言,手势代码手册就是试图在手势/视觉语境中来表达口语词汇,这才是问题的关键。结果,一种实际上是"不伦不类"的手势交流方法也就诞生了。手势代码手册往往既让人感到别扭又让人感到困惑,而且经常违背美国手语的结构和词法规则与标准。如帕登和汉弗莱斯所言,人们致力于设计手势代码手册,"无论如何,其初衷是好的,基于人们普遍认为手语本来就是'不完整的'体系,可以为了各种教育目的而随时改动。但是,他们忽视了一个事实:单个的手势,就像词语一样,都是一个大的语法体系不可分割的一部分"(Padden and Humphries,1988:64)。诺瓦又进一步指出:

  美国有七种英语代码手册,但是没有哪一种能够从真正意义上反映美国聋人群体的观点。研发和实施这些手册的人在普通语言学、美国手语语言学和社会语言学、语言规划过程等方面都缺乏足够的专业知识。在用手势来表达口头或者书面的英语语言方面,这些在特定情况下编造出来的代码没有充分的系统理论基础,但是却被出于教学目的的英语教育者广泛认同。研究表明,这些语言发展和规划过程并没

有把聋人群体的表达方式考虑在内。(Nover,1995:128)

手语本体规划的最后一种形式是正字法系统的开发研究。其目的是将手语以书面形式记录下来。近年来,随着计算机科技的发展,这些"手势—书写"系统变得日渐普遍和切实可行。这些尝试虽然看似有趣(见 Hutchins 等,1990;Papaspyrou & Zienert,1990;Prillwitz & Zienert,1990),但到目前为止,它们还没得到手语群体的大力支持。这些手语群体普遍将他们周围正常听力群体的书面语言作为自己的书面语言。尽管如此,这些尝试仍然有益于从语言学角度来描述手语,从而对手语词典和手语教材的编撰都有着巨大的影响。

结 论

作为应用社会语言学的一部分,语言规划既能成为权力和解放的工具,又是一种压迫和统治的方式(Reagan,2002)。由于语言规划和语言政策行为通常涉及隐性或显性目标,所以这种说法多少有它一定的道理。如罗伯特·库珀所言:

> 语言规划要满足如此多的隐性目标实在是不足为奇的。语言是社会的基本制度,不仅仅是因为它是个人所经历的第一套制度,也是因为所有其他制度都是建立在其监管模式基础之上的……规划语言就是规划社会。因此,一个理想的语言规划理论必然会带来一个理想的社会变革理论。(Cooper,1989:182)

随着语言规划和语言政策隐性和显性目标的出现,与他们进一步密切相关的是这些活动的基本意识形态性质。托尔夫森解释道:

> 语言政策是一种约束力。它成功与否多少取决于国家是否有能力

把分化为"局内人"和"局外人"的社会个体纳入社会机制中……在很大程度上,这个要通过语言与民族主义的紧密结合才能实现。通过将语言作为民族主义的表现机制,国家可以创设一种安全感和归属感……在语言政策上,国家通过在教育、职场和政治参与方面设定限制来约束和控制工作者。从这种意义上来说,语言政策的本质是属于意识形态的。(Tollefson,1991:207—208)

正如我们所知,手语的语言规划为这一观点提供了充分有力的支撑。不管是在地位规划方面还是在本体规划方面,与手语相关的语言规划活动既为一些集团带来权力,也使另一些人遭受长期统治和压迫。例如,人们试图让手语得到"公认",他们这样做的性质与目的,以及由于选择的"官方"语言不同而导致的"认可"程度不同,都能让我们看出上述观点。或许我们能从聋人教育所使用的手势代码手册的发展中非常清楚地看到这一基本冲突。语言规划活动推动了显性计划(即聋儿的英语教育)和隐性计划(即在聋人教育中,自然手语地位下降和正常听力者的长期特权)的诞生,上文中已列举了一些有趣的案例(见 Ramsey,1989;Reagan,1995)。归根结底,如同语言规划与政策中的所有真正问题一样,这些活动中有待解决的问题均在于权力问题。

值得深入阅读的文献提要

Baynton,D. (1996). *Forbidden signs:American culture and the campaign against sign language.* Chicago:University of Chicago Press.

在 19 世纪和 20 世纪初,聋人教育中存在着"口语主义者"(oralists)和"手语主义者"(manualists)的争议。这本书对此进行了历史回顾。

Lane,H., Hoffmeister, R., & Bahan, B. (1996). *A journey into the DEAF-WORLD.* San Diego:DawnSign Press.

DEAF-WORLD(聋人世界)是美国手语中用来表示聋人的文化和语言的手势。这本书包含有关聋人世界的权威生动的介绍,内容主要包括美国手语、聋儿的双语教学、失聪学生的语言和识读方面以及聋人的文化世界。

Valli, C. & Lucas, C. (2000). *Linguistics of American Sign Language: An introduction* (3rd edn). Washington, DC: Gallaudet University Press.

  这是一本最通俗易懂的美国手语语言学导论,它包括了各种与美国手语的语言学研究相关的补充读物。虽然读者并不一定要熟悉手势和手语的基本原理,但相关知识的了解对他们肯定是有益的。

讨　　论

1. 本章中所陈述的手语的本质和结构与你的假设和期望有何不同?对于自然手语的确是"人类语言"这一观点,你的认同程度如何,又有多少保留意见?为什么?
2. 自然手语使用者群体是与众不同的,因为这一群体中的大多数成员(大约90%)并不是从父母那里而是从伙伴,往往是在诸如聋人寄宿学校里学会他们的语言。这一事实对手语语言政策有何启示?
3. 有些聋人认为,将具有特殊需求的学生纳入学校正规班级的举措和最近提倡的"融合教育"会对聋人文化和语言群体的延续、甚至存在构成威胁。这些社会和教育行为对语言政策有何启示?
4. 最近,在美国的许多场合,对于是否应该允许学生(高中生和大学生)学习美国手语以取代"外语"颇有争议。你认为,什么样的语言政策会有助于解决这一争议问题?
5. 在手语地位规划和本体规划中,有正常听力的致力于聋人教育的专家应该扮演什么角色?有正常听力的聋儿父母应该扮演什么角色?在这些决定中,成年聋人群体又该扮演什么角色?
6. 手势代码手册的创作和以前没有书面语的语言正字法的创作有何不同?为什么有必要将它们区别开来?

注　　释

1. 关于不同手语间的历史关系方面的讨论,请参见 Woll, Sutton-Spence 和 Elton(2001)。
2. 美国国家聋人协会和美国手语教师协会提出的美国手语模型议案,请参见 www.nad.org/infocenter/infortogo/asl/modelASLbill.html。

3. 按惯例,我根据英文的大写字母来表示某一个手势,如 BOY(男孩)。需要指出的是,许多手势都需要用多个英语单词来表示;在这些情况下,英语单词间用连字符连接,用以表示:某一个手势是用几个英语单词来表示其意思的,如 I-ASK-YOU(我问你)。

4. 符号"#"用来表示这是一个指拼借代手势。

5. 这些手势已经取代了早期那些具有冒犯性的、往往含有种族歧视含义的美国手语。

参 考 文 献

Aarons, D. & Akach, P. (2002). South African Sign Language: One language or many? In R. Mesthrie (ed.), *Language in South Africa* (pp. 127—147). Cambridge: Cambridge University Press.

Armstrong, D. (ed.) (2003a). Special issue on dictionaries and lexicography. Part I: General issues in lexicography. (Special issue). *Sign Language Studies*, 3(3).

Armstrong, D. (ed.) (2003b). Special issue on dictionaries and lexicography. Part II: The development of national sign language dictionaries. (Special issue). *Sign Language Studies*, 3(4).

Baker-Shenk, C. & Cokely, D. (1980). *American Sign Language: A teacher's resource text on grammar and culture*. Washington, DC: Gallaudet University Press.

Baynton, D. (1996). *Forbidden signs: American culture and the campaign against sign language*. Chicago: University of Chicago Press.

Bornstein, H. (ed.) (1990). *Manual communication: Implications for education*. Washington, DC: Gallaudet University Press.

Bornstein, H., Hamilton, L., Saulnier, K., & Roy, H. (eds.) (1975). *The Signed English dictionary for preschool and elementary levels*. Washington, DC: Gallaudet University Press.

Branson, J. & Miller, D. (2002). *Damned for their difference: The cultural construction of deaf people as disabled*. Washington, DC: Gallaudet University Press.

Brentari, D. (ed.) (2001). *Foreign vocabulary in sign languages: A cross-linguistic investigation of word formation*. Mahwah, NJ: Lawrence Erlbaum.

Brien, D. (ed.) (1992). *Dictionary of British Sign Language/English*. London: Faber and Faber.

Cokely, D. & Baker-Shenk, C. (1980a). *American Sign Language: A student's text, Units 1—9*. Washington, DC: Gallaudet University Press.

Cokely, D. & Baker-Shenk, C. (1980b). *American Sign Language: A teacher's resource text on curriculum, methods, and evaluation*. Washington, DC: Gallaudet University Press.

Cokely, D. & Baker-Shenk, C. (1981a). *American Sign Language: A student's text, Units 10—18*. Washington, DC: Gallaudet University Press.

Cokely, D. & Baker-Shenk, C. (1981b). *American Sign Language: A student's text, Units 19—27*. Washington, DC: Gallaudet University Press.

Cooper, R. (1989). *Language planning and social change*. Cambridge: Cambridge University Press.

Covington, V. (1976). Problems for a sign language planning agency. *International Journal of the Sociology of Language*, 11, 85—106.

Deuchar, M. (1980). Language planning and treatment of BSL: Problems for research. In I. Ahlgren & B. Bergman (eds.), *Papers from the First International Symposium on Sign Language Research* (pp. 109—119). Stockholm: Swedish National Association of the Deaf.

Eastman, G. (1974). *Sign me Alice: A play in sign language*. Washington, DC: Gallaudet University Press.

Erting, C. (1978). Language policy and deaf ethnicity in the United States. *Sign Language Studies*, 19, 139—152.

Fromkin, V. (2000). On the uniqueness of language. In K. Emmorey & H. Lane (eds.), *The signs of language revisited: An anthology to honor Ursula Bellugi and Edward Klima* (pp. 533—547). Mahwah, NJ: Laurence Erlbaum.

Gustason, G. & Woodward, J. (eds.) (1973). *Recent developments in manual English*. Washington, DC: Department of Education, Gallaudet College.

Gustason, G. & Zawolkow, E. (1993). *Signing exact English*. Los Alamitos, CA: Modern Signs Press.

Humphries, T. & Padden, C. (1992). *Learning American Sign Language*. Englewood Cliffs, NJ: Prentice-Hall.

Humphries, T. & Padden, C., & O'Rourke, T. (1994), *A basic course in American Sign Language* (2nd edn). Silver Spring, MD: T. J. Publishers.

Hutchins, S., Poizner, H., McIntire, M., Newkirk, D. (1990). Implications for sign research of a computerized written form of ASL. In W. Edmondson & F. Karlsson (eds): *SLR'87: Papers from the Fourth International Symposium on Sign Language Research* (pp. 255—268). Hamburg: Signum.

Johnston, T. (1989). *AUSLAN dictionary: A dictionary of the sign language of the Australian deaf community*. Petersham: Deafness Resources, Australia.

Jokinen, M. (2000). The linguistic human rights of sign language users. In R. Phillipson (ed.), *Rights to language: Equity, power, and education* (pp. 203—213). Mahwah, NJ: Lawrence Erlbaum.

Kaplan, R. & Baldauf, R. (1997). *Language planning: From practice to theory*. Clevedon: Multilingual Matters.

Lucas, C. & Valli, C. (1989). Language contact in the American Deaf community. In C. Lucas (ed.), *The sociolinguistics of the deaf community* (pp. 11—40). San Diego, CA: Academic Press.

Lucas, C. & Valli, C. (1991). ASL or contact signing: Issues of judgement. *Language in Society*, 20, 201—216.

Lucas, C. & Valli, C. (1992). *Language contact in the American deaf community*. San Diego, CA: Academic Press.

Lucas, C., Bayley, R., & Valli, C. (2001). *Sociolinguistic variation in American Sign Language*. Washington, DC: Gallaudet University Press.

Muzsnai, I. (1999). The recognition of sign language: A threat or the way to a solution? In M. Kontra, R. Phillipson, T. Skutnabb-Kangas, & T. Várady (eds.), *Language: A right and a resource. Approaching linguistic human rights* (pp. 279—296). Budapest: Central European University Press.

Nash, J. (1987). Policy and practice in the American Sign Language community. *International Journal of the Sociology of Language*, 68, 7—22.

Nover, S. (1995). Politics and language: American Sign Language and English in deaf education. In C. Lucas (ed.), *Sociolinguistics in deaf communities* (pp. 109—163). Washington, DC: Gallaudet University Press.

Padden, C. & Humphries, T. (1988). *Deaf in America: Voices from a culture*. Cambridge, MA: Harvard University Press.

Paget, R. (1951). *The new sign language*. London: Welcome Foundation.

Papaspyrou, C. & Zienert, H. (1990). The SyncWRITER computer programme. In S. Prillwitz & T. Vollhaber (eds), *Sign language research and application: Proceedings of the International Congress* (pp. 275—293). Hamburg: Signum.

Penn, C. & Reagan, T. (2001). Linguistic, social and cultural perspectives on sign language in South Africa. In E. Ridge, S. Makoni & S. Ridge (eds.), *Freedom and Discipline: Essays in Applied Linguistics from Southern Africa*. (pp. 49—65) New Delhi: Bahri.

Prillwitz, S. & Zienert, H. (1990). Hamburg notation system for sign language: Development of a sign writing with computer application. In S. Prillwitz & T. Vollhaber (eds.), *Current trends in European sign language research* (pp. 355—379). Hamburg: Signum.

Ramsey, C. (1989). Language planning in deaf education. In C. Lucas (ed.), *The sociolinguistics of the deaf community* (pp. 123—146). New York: Academic Press.

Reagan, T. (1989). Nineteenth century conceptions of deafness: Implications for contemporary educational practice. *Educational Theory*, 39, 39—46.

Reagan, T. (1990). The development and reform of sign languages. In I. Fodor and C. Hagège (eds.), *Language reform: History and future*, Vol. 5 (pp. 253—267). Hamburg: Buske.

Reagan, T. (1995). Neither easy to understand nor pleasing to see: The development of manual sign codes. *Language Problems and Language Planning*, 19, 133—150.

Reagan, T. (2000). But does it *count*? Reflections on "signing" as a foreign language. *Northeast Conference on the Teaching of Foreign Languages Review, 48, 16—26.

Reagan, T. (2001a). Language planning and policy. In C. Lucas (ed.), *The sociolinguistics of sign languages* (pp. 145—180). Cambridge: Cambridge University Press.

Reagan, T. (2001b). The promotion of linguistic diversity in multilingual settings: Policy and reality in post-apartheid South Africa. *Language Problems and Language Planning*, 25, 51—72.

Reagan, T. (2002). Language planning and language policy: Past, present and future. In R. Mesthrie (ed.), *Language in South Africa* (pp. 419—433). Cambridge: Cambridge University Press.

Reagan, T. & Penn, C. (1997). Language policy, South African Sign Language, and the deaf: Social and educational implications. *Southern African Journal of Applied Language Studies*, 5, 1—13.

Schein, J. (1984). *Speaking the language of sign: The art and science of signing*. New York: Doubleday.

Shelly, S. & Schneck, J. (1998). *The complete idiot's guide to learning sign language*. New York: Alpha Books.

Skutnabb-Kangas, T. (1994). Linguistic human rights: A prerequisite for bilingualism. In I. Ahlgren & K. Hyltenstam (eds.), *Bilingualism in deaf education* (pp. 139—159). Hamburg: Signum.

Skutnabb-Kangas, T. (2000). *Linguistic genocide in education—or worldwide diversity and human rights?* Mahwah, NJ: Lawrence Erlbaum.

Stewart, D. (1998). *American Sign Language: The easy way*. Hauppauge, NY: Barron's.

Tennant, R. & Brown, M. G. (1998). *The American Sign Language handshape dictionary*. Washington, DC: Gallaudet University Press.

Tollefson, J. (1991). *Planning language, planning inequality: Language policy in the community*. London: Longman.

Valli, C. & Lucas, C. (2000). *Linguistics of American Sign Language: An introduction* (3rd edn). Washington, DC: Gallaudet University Press.

Wallin, L. (1994). The study of sign language in society. In C. Erting, R. Johnson, D. Smith & B. Snyder (eds.), *The deaf way: Perspectives from the International Conference on Deaf Culture* (pp. 318—330). Washington, DC: Gallaudet University Press.

Webb, V. (2002). *Language in South Africa: The role of language in national transformation, reconstruction, and development*. Amsterdam: John Benjamins.

Weisel, A. (1998). *Issues unresolved: New perspectives on language and deaf education*. Washington, DC: Gallaudet University Press.

Wilbur, R. (1979). *American Sign Language and sign systems*. Baltimore, MD: University Park

Press.

Wilcox, S. (2003). The multimedia dictionary of American Sign Language: Learning lessons about language, technology, and business. *Sign Language Studies*, 3, 379—392.

Wilcox, S. & Wilcox, P. (1997). *Learning to see: Teaching American Sign Language as a second language* (2nd edn). Washington, DC: Gallaudet University Press.

Winefield, R. (1987). *Never the twain shall meet: Alexander Graham Bell, Edward Miner Gallaudet—The communications debate.* Washington, DC: Gallaudet University Press.

Woll, B., Sutton-Spence, R., & Elton, F. (2001). Multilingualism: The global approach to sign languages. In C. Lucas (ed.), *The sociolinguistics of sign languages* (pp. 8—32). Cambridge: Cambridge University Press.

Woodward, J. (1973). Manual English: A problem in language standardization and planning. In G. Gustason & J. Woodward (eds.), *Recent developments in manual English* (pp. 1—12). Washington, DC: Department of Education, Gallaudet University Press.

方富民 译　朱晓宇 校对

第十九章 语言政策和语言帝国主义

罗伯特·菲利普森

> 欧盟存在的最严重的问题在于其拥有太多种语言了,这成了欧盟取得真正统一和发展的障碍。
>
> 美国驻丹麦大使,埃尔顿先生,1997年
>
> 欧盟尊重文化、宗教和语言的多样化。
>
> 《欧盟基本权利宪章》第二十二条,2000年

"语言帝国主义"这一概念不仅反映了作为社会政治结构的帝国在过去三千年里的兴衰史,而且还体现了对在近几个世纪以来统领世界舞台的帝国所用语言的地位的深刻分析。英语、法语、葡萄牙语和西班牙语在全球范围内的现有势力显示了这些语言在所占殖民地的长期使用这一事实。由于德国在1918年的溃败,德语在亚洲和非洲的命运也因此一落千丈。同样,日本在1945年的战败也彻底改变了其在以日语作为官方语言的某些亚洲国家的影响力。荷兰语在印尼的消亡和在非洲南部的衰退也表明,会说荷兰语和南非荷兰语的政治权力正在减弱。苏联共产主义的瓦解限制了俄语在中亚地区的使用,并严重束缚了其在东欧的使用。类似的变化也发生在其他帝国语言身上,例如,丹麦语在格陵兰岛和冰岛的使用情况。从整个世界范围来看,语言等级调整一向具有极强的流动性和不稳定性。语言政策挣扎于两种压力之间,一方面是为了维系本国语地位的自上而下的压力,而另一方面是为了确保语言多样性和贯彻实施语言权的自下而上的压力。带给这两种趋势的冲击便是世界上日益增加的英语使用率。其他一些在国际关系中运用广泛的语言(尤其是法语)的命运也由于英语的统治地位而受到影响。

这里,我将仅探讨在当代英语扩张中的语言帝国主义现象,重点将放在全球的发展和欧洲语言政策的发展趋势上。由于欧盟不仅致力于多语制和语言多样性,而且还完全参与到与英语息息相关的全球化过程中,因此欧洲的语言政策发展趋势就具有启发性。一方面,在处理欧盟事务的过程中以及在成员国内会用多种语言,而另一方面,推动英语发展的势头正在加强。两者之间存在着一种悬而未决的紧张局面。与之相关的问题在于美国是否正在建立一个与以前帝国形式不同的全球性帝国。如果是这样的话,对语言政策会产生什么影响? 由于语言史料在全球范围内日趋丰富,所以有必要对英语多重功能的相关理论工具的充分性展开评估,同时也评估英语对当地语言生态的影响。这包含了诸多关于英语作为一门"世界性"的语言的著作。最近这方面的著作包括 Block and Cameron(2002), Brutt-Griffler(2002;Phillipson,2004), Jenkins(2003), Maier(2003)以及其他一些论文集,如《全球化背景下的语言》(*Languages in a globalizing world*, Maurais & Morris,2003)。

从帝国主义到后帝国主义再到新帝国主义

在关于语言帝国主义的专著中(Phillipson,1992),我探讨了英语如何在前殖民地保持其强势地位,英语如何在南北关系中发挥其核心作用,以及语言教学法如何巩固以英语为首的语言等级制度等方面的内容。有些学者(Canagarajah,1999;Pennycook,2001)对我提出的方法进行了深刻的利弊分析评论。[1]在发表于《意识形态、政治和语言政策:聚焦英语》(*Ideology, politics, and language polices: Focus on English*)一书中题为《新世界秩序中的英语:语言帝国主义和"世界"语的变迁》的文章中(*Post-imperial English: Status change in former British and American colonies, 1940—1990*)(Ricento,2000),我对三本著作进行了评论,其中一本是菲什曼、康拉德和鲁巴-洛佩兹所著的《后帝国主义英语:1940年至1990年间在前英美殖民地的地位变化》(*Post-imperial English: Status change in former British and American Colonies,*

1940—1990,Fishman,Conrad,& Rubal-Lopez）。这本著作对不同情境下的英语功能有着大量的实证性描述。然而,"后帝国主义"是一个非常笼统的概念,我同意一篇书评中的观点,即"那些构成'后帝国主义'陈述基础的方法并没有给予充分的界定。如果我们将它与缺乏可靠统计数据相结合,我们就会发现我们仍然需要大量的思考和实证性研究"（Görlach,1997:218）。

菲什曼等人特别要求 29 位特约撰稿人评估一下,语言帝国主义是否在他们负责的国别研究中起了作用,这里语言帝国主义的意义同上所述。他们都涉及了这个问题,但是,没有一位作者试图对这一概念进行完善,同样他们也没有尝试探究是否存在更权威、更精确的英语支配理论。只有菲什曼在引言和结语中,不仅把各国"盎格鲁化"的不同程度制成表格,而且还推测英语"已经被重新诠释了,从一种帝国主义的工具转化到一种国际化的工具……我们或许需要从后帝国主义（……从这种意义上来讲,并没有直接推动纯英美的区域、经济或文化扩张）而非后资本主义的角度来重新审视英语"（Fishman et al. ,1996:8）。与世界银行、世界货币基金组织、世界贸易组织、联合国、北大西洋公约组织和区域性经济集团合作的全球范围内的共同活动,使得权力较之在早期的民族—国家帝国主义和新殖民主义的背景下更趋分散。在构建和支配新世界秩序的过程中,英语起到了关键作用,但是,它并非只考虑单一国家的利益。

格尔拉克指出,从统计数据来看,关于把英语作为第二语言或外语的使用者的可靠数据是欠缺的。[2]令人遗憾的是,方法论方面的这一弊端也同样出现在"法语区"的表述中。理由在于大多数关于世界上法语能力的统计数据对能力这一概念抑或给出模糊不清的定义,抑或未提供任何定义,而这些数据即使不具欺骗性,也都是不可靠的（Chaudenson,2003）。然而,相对于确定英语的具体功能和英语是否在语言等级中具有支配地位而言,英语使用者在数量上日益增多并不显得有什么意义。

在梳理和推测全球化如何与美国化和英国化相吻合方面,批判社会语言学面临着巨大的挑战。语言帝国主义包涵了某些特定语言的不同语言能力的个体或群体之间不平等交换和不平等的交流权利。当这种不正当的利用变成合理而自然的体制时,不平等的利益也会接踵而来。民族—国家授予某一种特定的语言以特权,并往往试图根除其他语言,迫使讲这些语言的人不得不转而使用强势语言。显然,语言帝国主义曾经是这些过程中的特征之一。同样,它也是殖民帝国的特征之一,在移民国家(如加拿大)的语言渗透化程度比在剥削型殖民地(如印度和尼日利亚)要深。有些学者正在探索有关英语和当地语言的殖民政策的复杂性(Brutt-Griffler,2002;Pennycook,1998)。然而,即使解释问题的方式有所不同,这些研究并没有与英语帝国主义的等级体系相违背(Phillipson,2004)。在一个关于香港的历时研究中,研究者从需求角度来看英语,认为英语并不是让人上瘾、使人虚弱的鸦片;相反,英语可以被比作人参,价格昂贵、品种多样、味道略苦,但颇具效果(Li,2002)。

直到后殖民时代,语言政策几乎没有发生任何变化。因此,在这些国家里,正是那些会说前殖民语言的人成了强势群体。尤其是受到世界银行在近几十年来的影响,后殖民教育体系往往会重视前殖民语言,而当地语言则被放在一个次要的位置。

然而,语言群体和他们所在的国家之间并不完全吻合,同样,在这个全球化的世界里,语言在不同国度也被视为平等的。随着技术的发展,即使在更为复杂的网络中,金融、商业和文化方面的信息交换也能够成为现实。全球经济是由"全球化城市"来推动的,它们管理着"资本、生产、服务和文化的国际化进程"(Yeung,2000:24)。因此,香港、首尔、新加坡和东京的全球化方式和法兰克福、伦敦和纽约的一样。但是,新德里和上海则不然,因为从本质上来说,它们具有本土化的功能。

正如世界银行内部人士明确所指出的那样,军事、政治、经济和文化领域的强势团体与其他地方的类似群体形成网络以促进全球经济发展,而这继续拉大了强者和弱者之间的差距(Stiglitz,2002)。反复频发的军事、经济和政治危机表明,这样的体系一直都无法向全世界人民传递和平、稳定和符合人权标准的生活质量。"自由"贸易对强势群体有利,而对弱势群体则不利。这或许可以通过公平贸易的方式来弥补,但在接下来的一系列包括西雅图和坎昆世贸会议上,那些强者,尤其是美国和欧盟,都没有表示出朝该方向发展的意愿。无论是在国内还是国际的语言生态中,公平条件也是必需的。在民主体制或更压迫性的制度中,某些语言会得到更多的支持。在大多数国际论坛上,英语享有特权地位,而说其他语言的人的公平性待遇很少能够得到保障。有些人能用他们的母语进行交流、协商、贸易或文化产出,而其他人则不得不使用第二语言或外语,这公平吗?美国和英国可以不用在外语教育方面投资很多,而为了进入全球经济领域和文化产业,几乎所有其他教育系统都必须做出很大的投资,这公平吗?尽管英语地区在经济和文化方面拥有极其可观的优势,然而,因为全球语言霸权的结构和意识形态方面的立足点往往被视为是合理的,所以这样的不平等大多也未曾被记录和量化。

例如,在国际交流(期刊、参考文献、教材、会议、网络)中,科学学术成就越来越成为一个唯英语领域。这在国内和国际上都会产生连锁反应。在国内,语言重心转移到英语上,尤其是在研究生阶段,培训或翻译需要经费;在国际上,英美国家的范例受到偏爱,英语不是母语的人在会议上被边缘化等。在《话语和社会》杂志8(3)中,范·迪克发表了一篇题为《英语帝国主义》的文章,指出英语逐渐闯入到那些早期由其他语言主宰的领地:"语言障碍已经成为更为普遍的学术和文化障碍……然而,语言多样性和学术的主要障碍来自于英语国家内(尤其是美国)语言权力的傲慢性"(van Dijk, 1997:292)。

有些欧洲大陆的国家非常关注英语对于国语的影响。因此,在每个北欧国家都进行了研究,目的在于评估丹麦语、芬兰语、冰岛语、挪威语和瑞典语在商业、媒体、科学和其他领域是否存在领域丧失。目前的结果大都用某一种相对应的语言发表(或许需要提醒那些只能读懂英语的人,好作品事实上都是用其他语言发表的)。这些结果证实了问题的严重性,因此,制定更为积极的语言政策已经迫在眉睫了。总的情况已经以一种更为普及的方式用瑞典语得以呈现,并附有长达15页的英语概要(Höglin, 2002)。由于译文远非能够对瑞典语原文进行精确或准确地诠释,所以,具有讽刺意味的是,它证实了国际交流中不平等性这一问题的存在和本质。

毋庸置疑,诸多因素导致了目前英语的支配地位。从广义上来说,它们可以分为两大类:结构因素(包括:英语与全球经济、金融和军事工业复合体相联结;英国和美国对英语的推介;教育系统对英语教学的投资)和意识形态因素(包括:通过媒体、流行文化和精英文化、成功的含义、必要性等构建的英语意象)。[3]布什政府的决策者认为在全球范围内灌输美国价值观是他们的权利和义务。[4]

布什政府奉行的单边主义与克林顿政府奉行的多边政策大相径庭,以至于很多学者都会谈及美帝国主义或者认为美国是霸权国。史学家埃里克·霍布斯鲍姆(Erik Hobsbawm)指出,语言从属于经济和军事政策。美国占领伊拉克后,他在2003年6月出版的《外交世界》杂志上发表文章说,"虽然美国在政治上保持着某些优势,但是在过去的十八个月里,它已经将大多数优势化为灰烬了。美国文化称霸世界文化和英语语言的确会给美国带来某些较小的好处。然而,目前帝国工程的最主要的利益都是军事方面的"(p.2)。正如基辛格研究所的大卫·罗斯科夫(David Rothkopf)在1997年发表于《外交政策》上的一篇文章所述,语言政策对这一任务起着至关重要的作用:

> 无论是从经济利益还是从政治利益角度来看,美国都有必要确保这几点:如果全世界都将使用一种通用语言,那么它就应该是英语;如果全世界都将采纳统一的通信、安全和质量标准,那么被采纳的就应该是美国标准;如果全世界都将树立一样的价值观,那么它们应该是那些不会让美国人感到不自在的价值观。这些愿望并不仅仅是说说而已的。英语是连接整个世界的纽带。(Rothkopf,1997:45)

在20世纪,美国化的渐进过程势头很猛,而且在近几年被推广为全球化:

"全球化"既是一个口令,也是一个口号,而事实上,它只是为某项政策的实施戴上了合理的面具而已。此项政策的目的在于普及经济和政治强国(尤其是美国)的特定利益和传统,以及将这种最有利于强国的经济文化模式扩展到全世界。同时,它也旨在将此模式视为一种规范或要求、宿命或普遍命运以获得信奉,或至少博得普遍顺从。(Bourdieu,2001:84)

此分析揭示了霸权是如何施压或诱使其他国家和地区接受其统治的。

在《帝国》(Empire)一书中,哈特和奈格里(Hardt & Negri,2000)从政治、经济和文化理论以及哲学中综合了不同的观点,他们还巧妙地阐明了交流在全球社会趋势下的作用,以及语言是如何构建我们的宇宙的:

因此,巨大的工业和金融力量不仅生产出商品,而且还孕育了主体。它们生产出生态政治[5]环境中的行动主体。它们生产出需求、社会关系、肉体和心灵——换句话说,他们生产出生产者。在生态政治领域中,生命以生产为目的,而生产也以生命为目的。(Hardt & Negri,2000:32)

我们应锁定的一处生态政治秩序生产场所是由通信产业发展起来的语言、交往、象征的生产结成的非物质节点。通信网络的发展与新世界秩序的出现有着有机的联系。换句话说,它们是一种因与果、产品与生产者的关系。通信交往不仅表现了而且还组织起全球化的运动,其方式是通过网络繁衍和建构各种相互关系。它给予全球化的运动以表达,控制着充斥在所有交往关联中的想象的意义与向度……也正因为如此,今日通信产业才占据着如此核心的位置。它们不仅以新的规模组织生产,设定适应于全球空间的新结构,而且还从自身内部为自己提供合法依据。权力,在生产之同时,也在组织;在组织之同时,也在自我表述,宣称自己是权威。语言,在实现交流之同时,不仅在生产商品,更在创造主体,把他们固定在各种关系中,向他们发号施令。通信产业把想象和象征一起交织在生态政治之图景中,不仅使两者为权力服务,而且实际上已把它们融入到权力的职能中。(Hardt & Negri,

2000:32—33)

这些作者解释了为什么企业界不仅要左右媒体,而且要支配教育。企业界的发展在为经济服务的同时,也要培养消费者而不是具有批判意识的公民(Monbiot,2000)。在对"协调沟通能力"的教学和市场化过程中,我们不难发现从语言帝国主义到交际帝国主义的一大转变:"语言是一种有不同地方风味的全球性产品……就像国际语言的传播那样,'全球性'交际规范和流派的传播也包含了一种从强势文化到庶民文化的专业知识单向流通"(Cameron,2002:70)。"专家们"所定义的现代协调沟通能力的重心在于美国人说话方式的普及。往往是在没有意识到民族优越感的情况下,全球化就在全世界范围内传播着美国人的说话方式。占主导地位的消费主义文化的交流形式、流派和风格得到了英语教师和"沟通能力"培养方面的教师的有意或无意的支持。

很多欧洲大陆人士都明白这一点,如果英美规范导向继续以不加限制的方式发展,那么文化生命力和多样性无疑会因为当代语言帝国主义而遭殃。鉴于英语的日渐重要性,瑞典和丹麦分别于 2002 年和 2003 年制定了有关如何加强国语地位的政府政策。其明确的目标是为了培养"平行"语言能力。[6]这意味着,参与商务、政治、高等教育、科学和传媒的瑞典人和丹麦人既能用本国语也能用英语很好地工作。通过确保将资源分配给目前正濒临边缘化的、但近几个世纪在全国范围内有着无可争议的地位的语言,同时通过树立意识,为除了英语外的其他语言提供发展的条件,领域丧失和语言等级体系才得以相互抵消。

这些建议措施明确指出,那些在语言政策方面历来采用自由放任法的国家正参与到对国语和国际语言的本体规划中。1994 年,法国也颁布了一条法律以抵抗英语使用日趋增多的现象。问题在于,许多相关压力都是国家—民族无法掌控的,结果或许只能治标而不治本。也许,欧洲日益深化的一体化非但不能限制全球化、美国化和英国化的进程,反而会促进它们的发展。

英语被看作是对成员国语言和文化的一种威胁。这种威胁论开始对超国家语言政策的制定和同步产生影响。在20世纪90年代,欧盟决策范围扩展到教育、语言和文化等领域。2003年8月,欧盟委员会出台了《促进语言学习和语言多样性:2004—2006三年行动方案》的文件,旨在控制在教育系统和社会中英语过于集中这一现象。文件指出(第4—8页),"仅仅学会一门通用语是不够的……光有英语是不够的……最近,非英语国家趋向于用英语进行教学活动,这对国语的生命力或许已经产生了不可预见的后果"。此项政策声明提倡终生外语学习,包括小学阶段学习两门外语(目前,政策实施的自主权在于成员国)。它试图将语言政策提上国家议程,并且提升语言多样性的意识。它支持构建包容式"无障碍语言环境"的理念。

无法预测这个文件到底会带来什么影响。在这个复杂多变的背景下,在超国家以及国家利益和语言的界限变得模糊化的情况下,难以估量这样的例行公事式的支持在许多欧盟官方文本中使用多种语言有多大意义,也难以推测抵制英语化的相关政策的实施程度。怀疑者说:"没有人会愚蠢地相信这些赞同多语制的言辞激烈的声明。多语制只不过为英语传播充当了烟幕弹而已"(Chaudenson,2003:297)。德·斯旺把英语视为欧盟的"唯一通用语"(很显然,这个表述是可以被否决的——欧盟有几种通用语),并且声称在欧盟,"语言存在越多,英语使用频率也会越多"(De Swann,2001:144,147)。[7]

要了解欧盟是否能够掌控、改变或抵制英语使用日渐增多带来的主要压力,就必须从历史角度进行分析。欧洲经济和政治的一体化遵循两大相互促进的议程:一是建立相互依存的形式以避免军事侵略;二是将美国定位为世界强权。马歇尔计划是以欧洲经济的一体化为前提条件的。随着欧洲化程度的不断加深,百分之八十的成员国的法律都规定,必须贯彻实施欧盟这一超国家层面做出的决议。欧洲各国公民和代表之间的交往以及国家政府机构和欧盟委员会之间的交往日益加强;因此,欧盟的经费主要用于强化外语学习和在欧盟机构提供语言服务。原则上,自2004年起,这些举措旨在帮助20种官方和工作语言取得公平地位。每个工作日都有平均55场会议,笔译和口译服务中心要聘用近几千名笔译人员和大约750名口译人员。每一种语言都被赋予了公平的法律效力,因此每一种语言版本的官方文件都有。从理论上讲,没有哪一个文件属于其他译本的源语文本。然而,可以说,在某些欧盟内部活动中,在欧洲市民社会的商业、科学、政治、传媒和教育领域,英语正占据江山,结果,其他语言只能快速沦落到"二等公民"的地位。在欧盟成立的最初几十年里,法语曾占据着首要位置,但自从英国、爱尔兰和丹麦于1973年加入欧盟以来,主导语言慢慢变成了英语。现在,三分之二的欧盟草案都是用英语拟定的,而且这个数据还以每年2%的速度在递增。在2004年,新成员国又引进了九种其他语言,但是在与新成员国的谈判中,唯一使用的语言实际上还是只有英语。[8]

从法语转移到英语(法国和比利时政府正试图抵制这一点)昭示着权力从法国思潮及影响转移到反映当代全球化趋势的英美思潮及影响。目前,不管英语是第一语言还是第二语言,只要你能自如地使用英语,那么你肯定会倍受青睐。有些学者认为,这显然是语言帝国主义的征兆。

尽管德语是四分之一的欧洲公民的母语,而且德国负担相当大的欧盟费用开支,但是由于德国的纳粹历史,德国人都不想让其他国家觉得他们要积极推介他们的语言。然而,诸如德国语言协会等机构担心德语可能会失去其优势地位。德国语言协会指责德国的精英阶层帮助推动了美国化进程,并在几十年中都没有给德语很大的扶持(请参考 Gawlitta & Vilmar 2002 年的著作,开篇文章题为《语言帝国主义:分析,抵制》(Sprachimperialismus: Analyse; Widerstand))。

相反,当芬兰在1999年担任欧盟轮值主席国时,它就抨击德国推行语言帝国主义。由于没有提供相应的德语口译服务,在芬兰召开的非正式部长级会议,德国一概抵制,不去参加。芬兰人因此控诉德国带有语言帝国主义倾向,因为他们坚持自己应该取得和其他欧洲大语种使用者一样的平等权利。最终,芬兰人还是迫于德国的压力而让步,外交危机得以化解,但原则性问题或语言权利问题却没有得以澄清。芬兰人无法明白,法国和德国坚持欧盟官方语言的平等性实际上是保护诸如芬兰语这样的欧盟"小"语种的权益(Kelletat, 2001: 37)。从芬兰和德国媒体对此危机的报道中可以看出,芬兰的美国化现象相当显著。某一位芬兰首相懂几门外语,但事实上,他在欧盟会议上谋求一种单一语言机制。具体地说,他推崇的是一种基于法兰克福德国中央银行模型的唯英语方案。此提倡就是假借"实用主义"的名义,将全球化、欧洲化和英国化归并在一起。[9]这一政策调整表明了在欧盟活动方面的一大彻底改变。

在欧盟最高级会议上,以及在布鲁塞尔和斯特拉斯堡签署具有法律约束力的文件时,欧盟语言的平等性是一个确实存在的事实。然而,现实存在的语言等级问题极具政治敏感性,因而这个问题也未曾得以彻底解决。正如欧洲议会法国代表团主席所言,"在欧洲,这是一个爆炸性的话题"。[10] 2002年12月16日召开的哥本哈根欧盟峰会主要讨论了新成员国的准入条件。此后,西班牙外交大臣安娜·帕拉西奥(Ana Palacio)在西班牙第一大报《国家报》(El Pais)发表的一文中也曾提到语言等级问题。在欧盟峰会后的记者招待会上,在欧盟成员国和欧盟潜在成员国的国家首脑身后悬挂着一个英语大标题——"一个欧洲"(One Europe)。帕拉西奥写道:

> "一个欧洲"的英语口号值得我们深思。即使哥本哈根没有面临语言问题,这依然是悬而未决的问题之一。为了使这个带有全世界使命的欧洲项目能够继续存在、得以发展,必须尽快讨论这个问题。在这个项目中,西班牙语是欧盟官方语言之一,全球有20多个国家、4亿多人口以西班牙语为母语。因此,西班牙语应该发挥其作用。

她并没有提到这到底应该是什么"地位"。因为欧盟并没有制定标准以引导更加公正合理的语言政策,所以这一点也就不足为奇了(参见 Phillipson,2003,第五章)。欧盟是一个新的政治组织形式。迄今为止,其语言政策显然既代表了超国家的民族国家语言政策,又代表了对不具备公开语言政策的全球化议程的全盘接受。欧盟经常把多语制挂在嘴边,但是欧盟制度不仅反映了在不同国别间达到一致意见的复杂过程,而且还体现了经济、政治、军事和文化领域方面的发展中赋予英语的特权地位。欧洲一直都具有文化和语言多样性的特征,而制定积极的语言政策并没有帮助解决欧洲公民和国家不断变化的交际需求如何能够加强文化和语言多样性这一问题。

结　　论

如上述例子所述,"语言帝国主义"这个术语虽然含义广泛,但西班牙外长却不以为然。"语言帝国主义"在这里指的是不平等、语言上缺乏公平性、赋予某种语言和那些更加自如使用这种语言的人不公的特权、被动接受英语成为一种默认语言、盲目地把英语当作一种欧洲通用语言,而实际上却不能把英语从美国化和不平等中剥离出来。

在这个发展迅猛的世界中,全球化正试图施加或诱发一种新帝国主义的世界秩序,在交际、文化、教育和科学领域也产生了帝国主义现象,而语言帝国主义和这些现象相吻合。国语和国际语(对有些人来说,英语既是国语又是国际语)之间的关系存在着悬而未决的重大冲突。同时,一方面要参与全球经济,另一方面又要保持国家主权、语言多样性和人身自由。协调这两方面的关系也是亟待解决的突出问题。当全球语言隔离现象出现时,也就是说,当英语能力在国家或国际社会之巅成了等级标志时,印度独立后第一任总理尼赫鲁对此曾经提出警诫,我们现在或许正朝着这个方向在发展。随着美国化的日益普遍,英语正在以自下而上和自上而下的模式扩张。同时,在试图创建一个更为公正的世界秩序以取代目前的世界无序状态时,英语也在不断扩张。

值得深入阅读的文献提要

Canagarajah, S. (1999). *Resisting linguistic imperialism in English teaching*. Oxford: Oxford University Press.

　　本书从理论角度对西方世界关于语言支配和教育误区的分析进行了精准的批判。其观点基于在斯里兰卡开展的批判教学法的丰富实证和关于英语如何获取特殊地位的相关文件。

Fishman, J. A., Conrad, A. W., & Rubal-Loez, A. (eds.) (1996). *Post-imperial English: Status change in former British and American colonies, 1940—1990*.

Berlin: Mouton.

除了一般性文章,这本实证研究的论文集有很大一部分都是涉及英美和欧盟影响下的一些国家。对于语言帝国主义,不仅各个作者分析的角度不尽相同,而且编辑们对这一概念及其运用保持距离的方式也不一致。

Jenkins, J. (2003). *World Englishes: A resource book for students.* London: Routledge.

这一系列涉及面广泛的读物和问题集结了世界英语的形式和功能分析、英语的历史发展、当下的争议以及有关国际性语言的权力、所有权和规范方面的范畴。

Maurais, J. & Morris, M. A. (eds.) (2003). *Languages in a globalising world.* New York: Cambridge University Press.

该论文集共收录21篇文章,有些涉及全球性语言级别和语言政策,有些涉及世界一些主要地区,还有一些涉及广泛使用的具体语言。与英语霸权尤为相关的是 Hamel 的有关南美洲南方共同市场国家的文章。

Mühlhäusler, P. (1996). *Linguistic ecology: Language change and linguistic imperialism in the Pacific region.* London: Routledge.

本书涉及整个太平洋地区,提供了大量语言及文化细节。这些细节囊括了从前殖民时代到整个欧洲化时期(即读写能力、克里奥尔语、语言转变和政策的冲击)及至未来语言多样性得以维持的可能性。

Phillipson, R. (2003). *English-only Europe? Challenging language policy.* London: Routledge.

本书主要针对一般读者,书中章节探讨了语言放任政策的风险;欧洲语言:家族,民族,帝国,邦国;全球趋势对欧洲语言政策的冲击;欧洲体制中的语言;走向公平交流;以及关于语言政策的行动建议。

讨 论

1. 英语化可否被视作独立于全球化和美国化之外？你可以考虑评估有关世界英语的文献是否已经做到了这一点。
2. 是否有办法消除国际交流中的不平等以避免英语流利使用者的特权？
3. 如果将来单语消失而双语盛行，那么致力于平行语言能力是否是有效且现实的教育和社会目标？
4. 发生在欧洲的这些新情况在其他地方，如美洲、非洲或亚洲是否也有存在？
5. 如果就其本质而言，全球化如同所有语言一样无所谓好坏，那么应该采用怎么样的政策来维持语言生态平衡？
6. 你能否想出一个比"语言帝国主义"更好的术语来描述英语现阶段在全球化进程中所扮演的角色？

注 释

1. 在彭尼库克的表格 3.2 "对英语全球化角色的理解框架"中，他表示说，一个人如果要分析语言帝国主义现象，他就必须"少教英语"。实则不然：就像卡纳伽拉雅（Canagarajah）抵制英语语言帝国主义的方法那样，他应该使用加法式的英语教学手段。也可以参照赛德霍夫尔（Seidlhofer,2003）关于语言帝国主义和英语在全球的作用的一系列观点。
2. 斯库特纳布-坎加斯（Skutnabb-Kangas,2000:37—46）对这些数据进行了对比。
3. 有关详细描述，请参见 Phillipson,2003,第三章。
4. 具体请参见 2003 年 1 月 9 日从 www.copvcia.com 网站上下载的布热津斯基（Brzezinski,1997）在 *Wilderness Publications* 上的文章。（康多莉扎·赖斯（Condoleezza Rice）语："世界上其他国家和地区可以通过美国追求自身的利益来获取最大的效益，因为美国的价值观是普遍的。"可参见 www. newamericancentury. org.)
5. 福柯认为，生命权力可以被视作"一种从其内在来约束社会生活的权力形式。这种权力形式遵循、诠释、吸收和重述社会生活。只有当权力成为一种每个个体都会自主地接受和重新激活的必不可少的、不可或缺的功能时，它才能对人们的整个生活起到有效的支配和控制……权力的风险在于生命本身的诞生和繁殖"。（Hardt & Negri, 2000:23—24）。
6. 这些政策除了有瑞典语和丹麦语的版本外，很少会有其他语言的版本。可以尝试用这些关键词在网上进行检索：Denmark, Sweden, Ministry of Culture, language policy, sprogpolitik, Språkpolitik。
7. 关于德斯旺的书评，请参见 Phillipson（2004）。
8. 关于欧盟机构内部语言使用的详细信息，请参见 Phillipson（2003,第四章）。
9. 芬兰政府被认为是坚信这一点的：芬兰加入欧盟主要是由于芬兰可以最大程度上得益

于全球化和欧洲化带来的经济效应。芬兰在经济上取得了巨大成功,但同时依然能够稳定地保持其文化和语言传统。关于这方面的资料,请参见菲利普森(Phillipson, 2003:83)。

10. Pierre Lequiller,汇报 No.48,欧盟委员会 2003 年 6 月 11 日。

参 考 文 献

Block, D. & Cameron, D. (eds.) (2002). *Globalization and language teaching*. London: Routledge.

Bourdieu, P. (2001). *Contre-feux 2: Pour un mouvement social européen (Counter fire 2: For a European social movement)*. Paris: Raisons d'agir.

Brutt-Griffler, J. (2002). *World English: A study of its development*. Clevedon: Multilingual Matters.

Brzezinski, Z. (1997). *The grand chessboard: American primacy and its geostrategic imperatives*. New York, Basic Books.

Cameron, D. (2002). Globalization and the teaching of "communication skills." In D. Block & D. Cameron (eds.), *Globalization and language teaching* (pp. 67—82). London: Routledge.

Canagarajah, S. (1999). *Resisting linguistic imperialism in English teaching*. Oxford: Oxford University Press.

Chaudenson, R. (2003). Geolinguistics, geopolitics, geostrategy: The case for French. In J. Maurais & M. A. Morris (eds.), *Languages in a globalising world* (pp. 291—297). New York: Cambridge University Press.

Commission of the European Communities. (2003). *COM (2003) 449 Final. Communication from the Commission to the Council, the European Parliament, the Economic and Social Committee and the Committee of the Regions. Promoting language learning and linguistic diversity: An action plan 2004—2006*. Brussels. Retrieved January 4, 2004, from http://europa.edu.int/comm/education/doc/official/keydoc/keydoc_en.html.

de Swaan, A. (2001). *Words of the world: The global language system*. Cambridge: Polity.

Fishman, J. A., Conrad, A. W., & Rubal-Lopez, A. (eds.) (1996). *Post-imperial English: Status change in former British and American colonies, 1940—1990*. Berlin: Mouton.

Gawlitta, K. & Vilmar, F. (eds.) (2002). *"Deutsch nix wichtig?" Engagement für die deutsche Sprache ("German unimportant?" Commitment for the German language)*. Paderborn: IFB.

Görlach, M. (1997). Review of *Post-imperial English: Status change in former British and American colonies, 1940—1990. Sociolinguistica*, 11, 215—218.

Hardt, M. & Negri, A. (2000). *Empire*. Cambridge, MA: Harvard University Press.

Hobsbawm, E. (2003). United States: Wider still and wider. *Le Monde Diplomatique*, 1—2.

Höglin, R. (2002) *Engelska språket som hot och tillgång i Norden (The English language as* threat or opportunity in the Nordic countries). Copenhagen: Nordiska Ministerrådet.

Jenkins, J. (2003). *World Englishes: A resource book for students*. London: Routledge.

Kelletat, A. F. (2001). *Deutschland: Finnland 6:0. Saksa: Suomi 6:0*. Vol. 4. Tampere: University of Tampere, Deutsche Studien.

Li, D. (2002). Hong Kong parents' preference for English-medium education: Passive victims of imperialism or active agents of pragmatism? In A. Fitzpatrick (ed.), *Englishes in Asia: Communication, identity, power and education* (pp. 29—61). Melbourne: Language Australia.

Maier, C. (ed.) (2003). *The politics of English as a world language: New horizons in postcolonial cultural studies* (Cross/Cultures 65 ASNEL papers 7). Amsterdam: Rodopi.

Maurais, J. & Morris, M. A. (eds.) (2003). *Languages in a globalizing world*. New York: Cambridge University Press.

Monbiot, G. (2000). *Captive state: The corporate takeover of Britain*. London: Macmillan.

Mühlhäusler, P. (1996). *Linguistic ecology: Language change and linguistic imperialism in the Pacific region*. London: Routledge.

Pennycook, A. (1998). *English and the discourses of colonialism*. London: Routledge.

Pennycook, A. (2001). *Critical applied linguistics: A critical introduction*. Mahwah, NJ: Lawrence Erlbaum.

Phillipson, R. (1992). *Linguistics imperialism*. Oxford: Oxford University Press.

Phillipson, R. (2003). *English-only Europe? Challenging language policy*. London: Routledge.

Phillipson, R. (2004). English in globalization: Three approaches. Review article, books by de Swaan, Block and Cameron, and Brutt-Griffler. *Journal of Language, Identity, and Education*, 3, 73—84.

Ricento, T. (ed.) (2000). *Ideology, politics, and language policies: Focus on English*. Amsterdam: John Benjamins.

Rothkopf, D. (1997). In praise of cultural imperialism? *Foreign Policy*, 107, 38—53.

Seidlhofer, B. (ed.) (2003). *Controversies in applied linguistics*. Oxford: Oxford University Press.

Skutnabb-Kangas, T. (2000). *Linguistic genocide in education—or worldwide diversity and human rights?* Mahwah, NJ: Lawrence Erlbaum.

Stiglitz, J. (2002). *Globalization and its discontents*. New York: W. W. Norton.

van Dijk, T. A. (1997). Editorial: The imperialism of English. *Discourse & Society*, 8(3), 291—292.

Yeung, Y-m. (2000). *Globalization and networked societies: Urban-regional change in Pacific Asia*. Honolulu: University of Hawai'i Press.

方富民 译　朱晓宇 校对

索　引

（本索引后的页码为原著页码，即本书边码）

acquisition planning　习得规划　32,293
action research　行动研究　222—223
acts of identity　身份行为　70
additive bilingualism　增补性双语　202
additive teaching　增加式教学　282
African American Vernacular English　非裔美国黑人本地语　44,48
　　另见 Ebonics　美国黑人英语
Africaans　南非荷兰语　299,346
American Sign Language（ASL）　美国手语　236,330,332,335—338
Americanization　美国化　348—357
Amish　门诺教派　297
Anderson,B.　B.安德森　241
Arabic　阿拉伯语　297
Aristotle　亚里士多德　95
ascriptive identity　归属身份　245
ASL 见 American Sign Language　美国手语
assimilation　同化　103,200,282
　　assimilationists　同化主义者　104,106
ATLAS.ti　一种质性分析软件　182
Attitude/Motivation Test Battery　态度/动机测试组卷　215
attitude surveys　态度调查　210
Ausbau　自立　317
Australia　澳大利亚　50,80,155,296
Australian Sign Language　澳大利亚手语　330,335

Austria　奥地利　185—187

Bacon,F.　F.培根　242
Baker,C.　C.贝克　217,221,300
Baldauf,R.　R.巴尔道夫　83,332
Balibar,R.　R.巴利巴尔　117
Barère B.　B.巴雷尔　118,120
Barère Decree　巴雷尔政令　118—119
Basque　巴斯克语　131,196,236,297,303—304
Bauman,R.　R.鲍曼　242
Belgium　比利时　133—134,200—203,239,243,298
Bible　圣经　115
bilingual education　双语教育　43,88—89,220,294—295,315
Bilingual Education Act（1968）　《双语教育法案》　20,162,302,313
bilingualism　双语制　65,199,202,296
Blaut,J.M.　J.M.布劳特　140—142
Bolivia　玻利维亚　131,215
Boone,E.H.　E.H.布恩　145
border,US-Mexico　美国—墨西哥边境　317
border thinking　边界思维　147
Bourdieu,P.　P.布迪厄　43,47,351—352

Bourhis, R.　R. 博尔希斯　194
Breton, A.　A. 布雷顿　78
Briggs, C. L.　C. L. 布里格斯　242
British Sign Language　英国手语　335, 336
Brussels　布鲁塞尔　201—203
Bush II administration (George W. Bush)　布什第二任政府(乔治·W. 布什)　351
Butler, J.　J. 巴特勒　70

Cajun　法属路易斯安那地区　296
Cameron, D.　D. 卡梅伦　70
Canada　加拿大　79, 80, 200, 239, 296　另见 Canadian Nunavut Language Policy Conference　加拿大努纳威特语言政策大会; Canadian Royal Commission on Aboriginal Peoples (1996) Report　加拿大原住民皇家委员会(1996)报告; Inuit　因纽特人
Canadian Nunavut Language Policy Conference (1998)　加拿大努纳威特语言政策大会(1998)　279
Canadian Royal Commission on Aboriginal Peoples (1996) Report　加拿大原住民皇家委员会(1996)报告　279
Canagarajah, S.　S. 卡纳伽拉雅　45, 71, 147
Caribbean　加勒比海　99, 103
Carinthian　(斯洛文尼亚)卡林西亚地区　185—187
Castilian　说西班牙语的　143, 145
Catalonia (Catalunya)　加泰罗尼亚　131, 239, 296, 297
Catholic church　天主教派　319—320
CDA 参见 critical discourse analysis 批判话语分析
Celtic　凯尔特语　196

census, language questions　人口普查,语言问题　215—216
Chechyn resistance　车臣抵抗势力　319
Chinese　汉语　300
Chinese Putonghua　汉语普通话　317
Christ, H.　H. 克赖斯特　170
citizenship　公民身份　52
Civil Rights　公民权利
　　Act (1964)　《民权法案》(1964)　300
　　Movement, US　美国民权运动　20
Clinton administration　克林顿政府　351
CLP,见 critical language policy　批判语言政策
cognitive distance　认知距离　204
colonialism　殖民主义　66—67, 314
colonizer's model of the world　殖民者的世界模型　140—141, 143
Columbus, C.　C. 哥伦布　143
communicative interaction　互动交谈　173
Congo　刚果　240
Cooper, R. L.　R. L. 库珀　24, 31, 154, 339
corpus planning　语言本体规划　28, 30—31, 315—317
Corsica　科西嘉　159
Coulmas, F.　F. 库尔马斯　68, 262
counterfactual　反现实　88
Crawford, J.　J. 克劳福德　259
critical discourse analysis (CDA)　批判话语分析　174
critical ethnography　批判民族学　156—157
critical language policy (CLP)　批判语言政策　42—53
critical sociolinguistics　批判社会语言学　348
critical theory see critical language policy　批

判理论　参见"批判语言政策"
cultural genocide　文化灭绝　277
cultural pluralism　文化多元主义　197
Curie, M. S.　M. S. 居里夫人　116

Danish　丹麦语　260,346
　　Sign Language　丹麦手语　330
Das Gupta, J.　J. 达斯·古普塔　26
Davis, K. A.　K. A. 戴维斯　161
de Cillia, R.　R. 德·西里亚　188
de Nebrija, A.　A. 德·内夫里哈　143
de Varenees, F.　F. 德·瓦勒纳　266
Deaf people　聋人　279,329—340
Derrida, J.　J. 德里达　138
Desai, Z.　Z. 德赛　278
Devlin, B.　B. 德夫林　278
dialect homogenization　方言同质化　135
diglossia　双言　13,114—116,212,257—258,277
discourse, definition　话语,定义　175—177
discourse-historical approach　话语历史方法　171,174—179
discursive strategies　话语策略　178—179
disinvention　去除虚构　69—70
DMK see Dravida Munneetra Karakam　DMK 参见"德拉维达进步联盟"
Dorian, N.　N. 多利安　262
Dravida Munneetra Karakam (DMK) political movement　"德拉维达进步联盟"政治运动　114
Dutch　荷兰　133,243,346
　　Sign Language　荷兰手语　330

Ebonics　美国黑人英语　44
　　另见 African American Vernacular English 非裔美国黑人本地语

école normale (teacher training institute)　师范学校　119
economics in language policy　语言政策中的经济学　8,77—89
Ecuador (Saraguro community in the Ecuadorian Andes)　厄瓜多尔(厄瓜多尔的安第斯山区萨拉古罗语言社群)　159
education of linguistic minorities and language policies　语言少数族群的教育与语言政策　235,292—305
　　另见 minority rights and language policy 少数民族权利与语言政策
EFL see English as a Foreign Language　EFL 参见"英语作为外国语"
Egger, K.　K. 艾格尔　302
Einbau　趋同　316—317
English　英语　86—87,99,103,240—241,246—249,259,263—264,281,313,318,325,346,355
　　as a Foreign Language (EFL)　英语作为外国语　220
　　Only　"唯英语"论　99,350
Enlightenment　启蒙运动　62,145
episteme　认识构念　141
Errington, J.　J. 埃林顿　66
ethnographic methods in language policy　语言政策中的民族学方法　130—131,153—164
ethnolinguistic democracy　族群语言学意义上的民主　266
ethnolinguistic equality　族群语言学意义上的平等　266
ethnolinguistic vitality　族群语言活力　211—212
Eurocentricism　欧洲中心主义　136,142
European Charter for Regional or Minority

Languages 《欧洲区域性语言及少数族群语言宪章》 276,285
European Union 欧盟 51,86—88,217—218,354—357
    Language-minority policies 欧盟语言少数族群政策 299—301,314
    参见 language policy, European Union 语言政策 欧盟
Europeanization 欧洲化 356
expressive language claims 表现性语言观 274

Fairclough,N. N.费尔克劳 175
Ferguson,C. C.弗格森 26,30
Ferrer,J. J.费勒 100
fields of action 行动场 177
Fierman,W. W.费厄曼 300
Finnish 芬兰语 278,318
Fishman,J. A. J. A.菲什曼 10—12,32,83,348
Flanders 佛兰德地区 200—202,239
Flemish 佛兰芒人,佛兰芒语 133,200—203,243
flow of discourses 川流而过的话语 180
focus groups 焦点小组 171
folk linguistics 民间语言学 111
Foucault,M. M.福柯 43,49,141,180
Frameworks and models in language policy and planning 语言政策与规划的框架与模型 24—35
France 法国 117—120,159,303—304
    Reign of Terror （法国)恐怖统治时期 119
    Revolution 法国大革命 233,261—262
Freeman,R. R.弗里曼 161—162
French 法语 117—120,133,159,243,318,346,355
    Sign Language 法国手语 330,335
Friesland 弗里斯兰地区 131
Frisians 弗里斯兰人,弗里斯兰语 196
Frye,N. N.弗赖伊 138

Gallaudet University 加劳德特大学 336
Gardner,R. C. R. C.加德纳 211
Geertz,C. C.格尔茨 138
Gellner,E. E.格尔纳 241
genre 体裁 170—173,177
    email 电子邮件体裁 172
    focus groups 焦点小组的体裁 173
    interviews 面试会谈的体裁 173
    parliamentary debates 议会辩论的体裁 172
    questionnaires 问卷的体裁 173
geolinguistic analysis in language policy 语言政策中的地理语言学分析 132—133,194—204
German 德语 115,297,346,355
    Language Association see;参见 Verein Deutsche Sprache 德国语言协会
    Sign Language 德国手语 330
Germany 德国 80,186
Giddens,A. A.吉登斯 154
GIDS 参见 Graded Intergenerational Disruption Scale 代际传递分级表
Giles,H. H.贾尔斯 194
Girnth,H. H.格林斯 177
globalization 全球化 239—240,348,351—353
Goody,J. J.古迪 143—145
Görlach,M. M.古拉克 348
governmentality 治理性 49
Graded Intergenerational Disruption Scale

（GIDS） 代际传递分级表 35
Gramsci, A. A. 格兰西 43,47
Grant, R. R. 格兰特 95—96
Greenfeld, L. L. 格林菲尔德 241
Grin, F. F. 格林 8,19

Habermas, J. J. 哈贝马斯 43—44,46
Hague Recommendations Regarding the Education Rights of National Minorities (1996) 《海牙少数民族教育权的若干建议》(1996) 281
Hardt, M. M. 哈特 352
Harlech-Jones, B. B. 哈勒克—琼斯 300
Haugen, E. E. 豪根 25—26,27,33
Hegel, G. W. F. G. W. F. 黑格尔 141—142
hegemony 霸权主义 47,87,351
Heller, M. M. 赫勒 157,294
Henrard, K. K. 亨拉尔德 294
Herder, J. G. J. G. 赫尔德 247—249,319—320
Heugh, K. K. 休 278
high-stakes testing 高风险的测试 220
Hindi 印度语 113
Hispanics 说西班牙语的国家和个人 79
historical investigation and language policy 历史调查与语言政策 129—130,135—147
Hobsbawm, E. E. 霍布斯邦 241,351
Hocevar, T. T. 霍赛瓦 81
homogeneism 同质主义 247
Hong Kong 香港 50,349
  Sign Language 香港手语 330
Honig, B. B. 霍尼格 100—103,107
Hornberger, N. N. 霍恩伯格 161,292
HRs see human rights 参见"人权"

human capital 人力资本 79—80
human rights (HRs) 人权 273
  dichotomies 人权中的对立概念 282
  另见 linguistic human rights 语言人权
Humphries, T. T. 汉弗莱斯 338
Hymes, D. H. D. H. 海姆斯 14,27

IDEA Proficiency Test (IPT) 艾迪语言水平测试 220—221
identity 身份 70,95,185—186,197,231—232,244—245,274
  politics 身份的政治认同 97—98
  参见 national identity and language policy 民族身份与语言政策; political identity 政治身份
ideology 意识形态
  dilemmas of 意识形态困境 188
  model of literacy of 有关识字问题的"观念模式" 49
Iggers, G. G. G. G. 伊格斯 138
ikastola 伊卡斯托拉运动 304
Illich, I. I. 伊利奇 145
ILO 参见 International Labor Organization 国际劳工组织
IMF 参见 International Monetary Fund 国际货币组织
immigrant 移民 99—103,107,314,325
  languages 移民的语言 314—315
immigration 移民 99,296
India 印度 26,113—115,163
Indonesia 印度尼西亚 26,346
Indo-Pakistani Sign Languages 印度—巴基斯坦手语 330
instrumental language claims 工具性语言观 274
instrumental orientation （动机的）工具性

导向　214—215
integration　融合　282
integrative orientation　（动机的）融合性导向　215
interdiscursivity　篇际互文性　175
International Labor Organization（ILO）　国际劳工组织　277
International Monetary Fund（IMF）　国际货币组织　241,348
inter-polity processes　政体间过程　319—320
intra-polity actions　政体内行为　318—319
Inuit（Canadian）　（加拿大的）因纽特人　279
Inuktitut　因纽特语　279—280
IPT　参见 IDEA Proficiency Test　艾迪语言水平测试
Ireland　爱尔兰　131
Israel　以色列　26,80
Isreali Sign Language　以色列手语　330,335
Italian Sign Language　意大利手语　330
Italy　意大利　302

Jacobinisme　（法国大革命时期）雅各宾派　120
Jaffe,A.　A.贾菲　159,164
Janulf,P.　P.亚努尔夫　278
Journal of Language, Identity and Education　《语言、身份与教育期刊》　274

Kaiwar,V.　V.凯伊沃　146
Kaplan,R.　R.卡普兰　xii,21n,83,332
Khubchandani,L.M.　L.M.库布查丹尼　217
King,K.A.　K.A.金　159

Kissinger Institute　基辛格研究所　351
Klaus,D.　D.克劳斯　281
Kloss,H.　H.克洛斯　28
Knowledge or information society　知识或信息社会　285
Krauss,M.　M.克劳斯　259
Kymlicka,W.　W.金里卡　7—8,105—107,266,279—280

La Ponce,J.A.　J.A.雷波斯　200
labor income（earnings）　劳动力收入（工资）　80
Ladin　（意大利北部山区的）拉汀语　302
Lamberton,D.　D.兰伯顿　82
Lang,K.　K.兰　80
Language Assessment Scale（LAS）　语言评估量表　220—221
language　语言
　attitudes　语言态度　210,213
　authorities　语言权威　311—313
　change　语言变化　4
　choice　语言选择　299
　contact　语言接触　4
　crossing　风格跨越　70
　death　语言死亡　259
　dialect　方言　260
　goods　语言产品　82
　governmentality　治理性　64—66
　hybridity　混合　4
　"hypercollective" or "super-public" good　"超集体"或"超公共"产品　81
　ideologies　语言意识形态　33,112,241
　legislation　语言立法　117—118,243
　loss　语言消亡　257,259
　maintenance　语言维系　297
　management　语言管理　293

performance testing 语言能力测试 219—220
planning 语言规划 292
  goals 语言规划的目标 30
  international 国际语言规划 322
  intra-national 国内语言规划 322
policy 语言政策
  acquisition planning 语言习得规划的政策 158
  and planning, origins of term 语言政策与规划,术语来源 24—25
  corpus planning 语言本体规划政策 158
  covert 隐性语言政策 159
  critical (CLP) 批判语言政策 42—53
  cycle 语言政策周期 158
  economics 语言的经济学政策 8,77—89
  education of linguistic minorities 语言少数族群的教育政策 235,292—305
  emic view (语言政策中)"唯位的""外部的"视角
  ethnographic methods 语言政策中的民族学方法 130—131,153—164
  etic view (语言政策中的)"唯素的""内部的"视角
  European Union 欧盟的语言政策 179
  frameworks and models 语言政策的框架与模式 24—35
  geolinguistic analysis 语言政策中的地理语言学分析 132—133,194—204
  historical investigation 语言政策的历史调查 129—130,135—147
  implicit 隐性的语言政策 114
  laissez-faire approach 自由放任的语言政策 353

language shift 语言转用与语言政策 233,234—235,311—325
linguistic analysis 语言政策中的语言分析 131—132,170—188
linguistic culture 语言文化与语言政策 5,111—122
linguistic human rights 语言人权与语言政策 17,51—52,232—234,273—286
linguistic imperialism 语言帝国主义的政策 4,6,16—17,67—69,346—357
minority rights 少数民族权力与语言政策 232—234,255—268
national identity 民族身份与语言政策 100,107,238—250
nexus (语言政策中的)结点 180
"no-policy policy" 无政策的政策 325
overt 显性的语言政策 159
political theory 政治理论与语言政策 95—107
positivist tradition 语言政策中的实证主义传统 154
postmodernism 后现代性与语言政策 3,60—71,138—140
"presentist" approach 语言政策中"当下主义"的方法 256
psycho-sociological analysis 语言政策中的心理—社会学分析 131,210—224
sign languages 手语的语言政策 235,285,329—340
status planning 语言地位规划的政策 158,313—317
steps in investigating 语言政策的调查步骤 173—174
technicist paradigm 语言政策的技术性范式 256
revitalization 语言复兴 303

rights (LRs) 语言权利 61,68—69,273

shift 语言转用 15,233,234—235,311—325

status 语言地位 5,28—30,83

testing 语言测试 212

use 语言使用 212

surveys 语言使用调查 217—218

Lardschneider McLean, M. M. 拉德施奈德·麦克林 302

LAS 参见 Language Assessment Scale 语言评估量表

Latin America 拉丁美洲 99

Latvia 拉脱维亚 299—300

Lau v. Nichols 劳诉尼科尔斯案 300

Le Page, R. R. 勒·佩奇 70

League of Nations 国家联盟 284

Lewis, E. G. E. G. 刘易斯 211

LHR 参见 linguistic human rights and language policy 语言人权与语言政策

Lieberson, S. S. 利伯森 295,296

Likert Scale 里克特量表 131,213

Lindholm-Leary, K. J. K. J. 林德赫姆-李瑞 220

lingua franca 通用语 180,354

lingua mundi 参见 world language 世界语

linguicide 语言灭绝 244

linguistic analyses in language policies 语言政策中的语言学分析 131—132,170—188

linguistic culture 语言文化 5,111—122

linguistic diversity 语言多样性 279

linguistic genocide 语言灭绝 258—259,277

linguistic homogeneity 语言同质性 261,267

linguistic human rights (LHRs) and language policy 语言人权(LHRs)与语言政策 17,51—52,232—234,273—286

negative versus positive rights 消极与积极的语言权力 283—284

另见 minority rights and language policy 少数族群的权利与语言政策

linguistic imperialism and language policy 语言帝国主义与语言政策 4,6,16—17,67—69,346—357

Danish 丹麦语的语言帝国主义与语言政策 346

Dutch 荷兰语的语言帝国主义与语言政策 346

English 英语的语言帝国主义与语言政策 346—357

French 法语的语言帝国主义与语言政策 346

German 德语的语言帝国主义与语言政策 346

Japanese 日语的语言帝国主义与语言政策 346

Portuguese 葡萄牙语的语言帝国主义与语言政策 346

Spanish 西班牙语的语言帝国主义与语言政策 346

linguistic integration 语言的融合 280

linguistic minorities 语言少数族群 294

linguistic social Darwinism 语言的社会达尔文主义 263—264

linguistic unification 语言的统一 135

Linguistics of Visual English (LOVE) 视觉英语语言学 337

literacy 识读/读写能力 142—144,162—163,321

cognitive effects 识读能力的认知效应 144—145
societal effects 识读能力的社会效应 144—145
loan-words 外来词 120
Locke, J. J. 洛克 242
Loi Toubon 杜蓬法 117, 119
Louisiana 路易斯安那州 236, 296, 302
LOVE 参见 Linguistics of Visual English 视觉英语语言学
Lowell, A. A. 洛威尔 278
LPP 参见 language policy and planning 语言政策与规划
LRs 参见 language rights 语言权利
Luke, A. A. 卢克 256
Luther, M. M. 路德 115
Luxembourg 卢森堡 161

Madras State 马德拉斯州 参见 Tamil Nadu 泰米尔纳都邦
majority languages 多数族群语言 81
Malawi 马拉维 278
manual sign codes 手势代码 参见 signing 手语
Maori 毛利人,毛利语 236, 303, 318
market failure 市场失灵 83—84
market value 市场价值 85
Marschak, J. J. 马尔沙克 78
Marshall Plan 马歇尔计划 354
Martin-Jones, M. M. 马丁-琼斯 294
Marxist theory 马克思主义理论 43
Matched Guise technique 配对变语技术 131, 213—214
May, S. S. 梅 68, 266
Mayan 玛雅人 319
McCarty, T. L. T. L. 麦卡蒂 46, 49

McHoul, A. A. 麦克霍尔 256
Mexicans 墨西哥人 103, 106
Mey, J. J. 梅 256
Meyer v. Nebraska 迈耶诉内布拉斯加州案 313
micro-ethnography 微观民族学 157
Mignolo, W. D. W. D. 米格诺罗 135, 145, 147
Milroy, A. L. A. L. 米尔罗伊 218—219
minority languages 少数语言 81, 88, 276 另见 minority rights and language policy 少数族群权利与语言政策
minority rights and language policy 少数族群权利与语言政策 232—234, 255—268 另见 education of linguistic minorities and language policies 语言少数族群的教育与语言政策; linguistic human rights and language policy 语言人权与语言政策
models in language policy and planning 语言政策与规划的模式, 参见 frameworks and models in language policy and planning 语言政策与规划的框架与模式
modernism 现代主义 145
modernity 现代性 241
Moldovan 摩尔多瓦语 317
"monoglot" ideology 单语意识形态 243—245
monolingual reductionism 单语简化论 280
monolingualism 单语制 231
Moore, H. H. 穆尔 155
mother-tongue diversity 母语多样性 295
mother-tongue-medium (MTM) education 以母语为教学用语的教育 275, 280
MTM education MTM 教育, 参见 mother-tongue-medium education 以母语为教学

用语的教育
multicultural citizenship 多文化公民身份 105
multilingual country 多语国家 105—106
multilingualism 多语制 231—232, 243, 286, 347, 355—357
multiliteracies 多语读写能力 60
"multimethodical" approach 多重方法的思路 171
multimodality 多模态 66
Munslow, A. A. 孟斯洛 137, 141

Nahir, M. M. 纳希亚 30
Namibia 纳米比亚 300
national identity and language policy 民族身份与语言政策 100, 107, 238—250
national language 族群语言
　institutionalization 族群语言的制度化 261
　language, legitimation 语言,合法化 261
nationalism 民族主义 187, 239
nation-state 民族—国家 6, 64, 239, 260—261
NATO 北约 348
Negri, A. A. 奈格里 352
neoclassical approach to research 新古典主义的研究方法 42
neomodernism 新现代主义,参见 postmodernism in language policy 语言政策中的后现代主义
Nepal 尼泊尔 162
Netherlands 荷兰 196
New Zealand 新西兰 303 318
NGOs 非政府组织 162, 240
Norway 挪威 25—26, 302, 316, 353

Norwegian 挪威语 260, 318
Nover, S. S. 诺瓦 338

occidentalism 西方主义 63
officialization 官方化 31
Olson, D. R. D. R. 奥尔森 144
opinion polls 民意测验 211
oral language 口头语言 285
orientalism 东方主义 146
Orthodox church 东正教派 319—320
outcomes 结果 88
Oyster Bilingual School 奥斯特双语学校 161—162

Padden, C. C. 帕登 338
Palacio, A. A. 帕拉西奥 356
Papua New Guinea 巴布亚新几内亚 281
participant observation 参与者观察 156
Pattanayak, D. D. 帕塔那雅克 155, 280
Patten, A. A. 帕顿 279—280
Penn, C. C. 潘 330
Pennsylvania Dutch 宾夕法尼亚荷兰裔人 297
Pennycook, A. A. 彭尼库克 46, 50
Pepper, S. S. 佩珀 138
performativity 表现性 70
personality 个性 70
Peru 秘鲁 161
Phillipson, R. R. 菲利普森 322—324
"pidgin sign" "皮钦手势" 331
pin-yin 汉语拼音 300
Plato 柏拉图 95
pluralists 多元主义者 104—105
Poland 波兰 116
political identity 政治身份 100
political science 政治学 82, 96

political theory and language policy 政治理论与语言政策 95—107

politicians 政治家 172

postcolonialism 后殖民主义 67,155,245

postcolonial states 后殖民国家 135

postmodernism in language policy 语言政策中的后现代主义 3,60—71,138—140

postoccidentalism 后西方主义 63

print capitalism 出版印刷业 241—242

psycho-sociological analysis in language policy 语言政策中的心理—社会学分析 131,210—224

public education 公众教育 320—321

Puerto Ricans 波多黎各人 103,106

Quebec 魁北克 80,239,318

Québécois 魁北克人 200

Quechua 盖丘亚语/齐楚亚语 159—160,161

Rabari nomads 拉巴里游牧民族 163

Rajagopalan,K. K.拉贾戈帕兰 68

Ramanathan,V. V.拉玛纳坦 47,48

Rampton,B. B.兰普顿 70

Rassool,N. N.拉索尔 68

Reagan,T. T.里根 330

refugees 难民 265

relativism 相对主义 163

Renaissance 文艺复兴 136

Ricento,T. T.李圣托 13,18,26,141,267,347

Robinson-Pant,A. A.鲁滨逊-潘特 162

Romanian 罗马尼亚语 317

Rothkopf,D. D.罗斯科夫 351

Rousseau,J.-J. J.J.罗素 101

Rubio-Marín,R. R.卢比奥-马林 274

Ruiz,R. R.鲁伊斯 33,298

Russian 俄语 116,317,346,
　　Sigh Language 俄国手语 330

Saami 萨米地区 302—303

Sabourin,C. C.萨布林 82

Sanskrit 梵语 114,146

Sapir,E. E.萨丕尔 111

SASL 参见 South African Sign Language 南非手语

Schermerhorn,R.A. R.A.谢默霍恩 297

Schiffman,H. H.希夫曼 5,159

Schmidt,R. R.施密特 8

sedimentation 积淀 4

SEE-I 参见 Seeing Essential English 可视基础英语

SEE-II 参见 Signing Exact English 精确手势英语

Seeing Essential English（SEE-I） 可视基础英语 337

Semantic Differential technique 语义差异法 131,213—214

semantic network 语义网络 181—183

semiotics 符号学 66

Sharp,N. N.夏普 280—281

Shohamy,E. E.肖哈密 220

Sierra Leone 塞拉利昂 240—241

sign languages and language policy 手语与语言政策 235,285,329—340
　　corpus planning 手语与语言本体规划 334—338
　　lexicography 手语与词典学 334
　　morphology 手语形态学 334—335
　　natural 自然手语 329—331
　　status planning 手语与语言地位规划 332—334

textbook production 手语教材的开发 336

另见 individual sign language 个体手语

signing 手势,手语 331,336—337

Signing Exact English (SEE-II) 精确手势英语 331,337

Silverstein,M. M.希尔弗斯坦 243

Singapore 新加坡 159

situated knowledge 情境知识 63

Skutnabb-Kangas,T. T.斯库特纳布-坎加斯 259,333

Slovenia 斯洛文尼亚 186—187

social justice 社会正义 43—44,52

social network analysis 社会网络分析 218—219

sociolinguistic ethnography 社会语言学民族学 157

sociolinguistic regime 社会语言制度 243

sociolinguistics 社会语言学 15,87

Somalia 索马里 240

South Africa 南非 147,278,298—300,333

South African Sign Language(SASL) 南非手语 330—331,333

Soviet Union 苏联 316

Spain 西班牙 143,196,239

Spanish 西班牙语 99,103,260,318,346

speech communities 言语社团 243

Spicer,E. E.史宾撒 297

Spolsky,B.D. B.D.斯波斯基 292

Stairs,A. A.斯泰尔斯 280

standardization 标准化 31

status planning 语言地位规划 28,313,315—317

Stavenhagen,R. R.斯塔文哈根 285

Street,B.V. B.V.斯特里特 48—49

Structural Analysis of Ethnolinguistic Vitality 族群语言活力的结构分析 194

subtractive bilingualism 减损性双语 199

subtractive education 减损性教育 277

subtractive teaching 减损式教学 282

Summer Institute of Linguistics (美国)夏季语言学研究院 258

"supercitizen" 超级公民 101—102

Swahili (非洲)斯瓦希里语 246—249,317

Sweden 瑞典 26,278,332,353

Swedish 瑞典语 278,318

  Sign Language 瑞典手语 330

Switzerland 瑞士 203,298

Tabouret-Keller,A. A.塔布雷-凯勒 70

Taiwanese Sign Language 台湾手语 330

Tamil 泰米尔语 113—115,159

Tamil Nadu(Madras State) 泰米尔纳都(马德拉斯州) 113—114

Tanzania 坦桑尼亚 246—249,317

target language planning 目标语言规划 221

Taylor,D.M. D.M.泰勒 194

Teachers of English to Speakers of Other Languages(TESOL) 对外英语教学(对英语非母语的学生进行英语教学的国际英语教师组织) 322

technology of government 政府技术 64

territoriality 属地权原则 202—203

TESOL 参见 Teachers of English to Speakers of Other Languages(TESOL) 对外英语教学(对英语非母语的学生进行英语教学的国际英语教师组织)

texts 文本 177

Todal,J. J.托达尔 303

Tollefson, J. W.　　J. W. 托尔夫森　24, 339
Tomasevski, K.　　K. 托马塞斯基　275—277
triangulation　三角互证原则　174
Turi, J. -G.　J. G. 图利　298, 300

Uganda　乌干达　317
UN Declaration on the Rights of Persons Belonging to National or Ethnic, Religious and Linguistic Minorities (1992)　《联合国在民族或族裔、宗教和语言上属于少数群体的人的权利宣言》　275
UN International Convention on the Prevention and Punishment of the Crimes of Genocide (E793)(1948)　《联合国防止和惩治种族灭绝罪公约》(1948)　277
UNESCO　联合国教科文组织　298
United Kingdom　英国　197
United Nations　联合国　240, 348
United States　美国　80, 99, 196, 296, 299—301, 325
　census (2000)　美国人口普查 (2000) 215—217
Universal Declaration of Human Rights (1948)　《世界人权宣言》(1948)　275
Universal Declaration of Linguistic Rights　《世界语言权宣言》　273
Unz initiative　昂茨提案　298
Uzbekistan　乌兹别克斯坦　300

Vaillancourt, F.　F. 瓦尔兰科特　78—79
van der Stoel, M.　M. 范·德尔·斯窦　282
Venezuelan Sign Language　委内瑞拉手语　330
Venkatachalapathy, A. R.　A. R. 文卡塔查拉帕色　146

Verein Deutscher Sprache (German Language Association)　德国语言协会　355
Vilfan, S.　S. 威尔凡　293—294
vitality　活力　194—195

Waitangi Treaty　怀唐伊协议　318
Wales　威尔士　131, 197—199, 223
Wallerstein, I.　I. 沃勒斯坦　239
Walloons　瓦龙人　200—203
Watt, I.　I. 瓦特　144, 145
Weber, M.　M. 韦伯　135, 140—142
Welsh　威尔士语　197—199
　Language Board　威尔士语言委员会　223
Western civilization　西方文明　135
White, H.　H. 怀特　137—138
Williams, G.　G. 威廉斯　70, 198—199, 278
Willinsky, J.　J. 威林斯基　140
Willis, P.　P. 威利斯　48
World Bank　世界银行　51, 240—241, 281, 348—349
World Federation of the Deaf's "Call for Recognition of Sign Languages"　世界聋人联合会关于"认可手语的呼吁"　332—333
world language (lingua mundi)　世界语　262
world system　世界体系　240—241
World Trade Organization (WTO)　世界贸易组织　348—349
World War I　第一次世界大战　116
World War II　第二次世界大战　198, 260, 302
WTO　参见 World Trade Organization　世界贸易组织

Xhosa 科萨语 278　　　　　　　　　280—281

Yiddish （犹太人使用的）依地语 297　　Zambia 赞比亚 278
Yugoslavia 南斯拉夫 260　　　　　　Zozula, K.　K.左祖卡 279
Yu'piq （阿拉斯加）于匹地区的语言

图书在版编目(CIP)数据

语言政策导论:理论与方法/(美)李圣托编著;何莲珍等译. —北京:商务印书馆,2016
(应用语言学译丛)
ISBN 978-7-100-12060-9

Ⅰ.①语… Ⅱ.①李… ②何… Ⅲ.①语言政策—研究 Ⅳ.①H002

中国版本图书馆 CIP 数据核字(2016)第 047208 号

所有权利保留。
未经许可,不得以任何方式使用。

应用语言学译丛
语言政策导论:理论与方法
〔美〕托马斯·李圣托 编著
何莲珍 朱 晔 等译
刘海涛 审订

商 务 印 书 馆 出 版
(北京王府井大街36号 邮政编码100710)
商 务 印 书 馆 发 行
北京市艺辉印刷有限公司印刷
ISBN 978-7-100-12060-9

2016年6月第1版 开本 787×960 1/16
2016年6月北京第1次印刷 印张 23 ¾
定价:53.00元